Heidecke

Windows XP Home Edition

D1722124

Martina Heidecke

Windows XP
Home Edition

ESPRESSO!

Bibliografische Information der Deutschen Bibliothek
Die Deutsche Bibliothek verzeichnet diese Publikation in der Deutschen
Nationalbibliografie; detaillierte Daten sind im Internet über http://dnb.ddb.de
abrufbar.

Wichtiger Hinweis

Alle Angaben in diesem Buch wurden vom Autor mit größter Sorgfalt erarbeitet bzw. zusammengestellt und unter Einschaltung wirksamer Kontrollmaßnahmen reproduziert. Trotzdem sind Fehler nicht ganz auszuschließen. Der Verlag und der Autor sehen sich deshalb gezwungen, darauf hinzuweisen, dass sie weder eine Garantie noch die juristische Verantwortung oder irgendeine Haftung für Folgen, die auf fehlerhafte Angaben zurückgehen, übernehmen können. Für die Mitteilung etwaiger Fehler sind Verlag und Autor jederzeit dankbar.

Internet-Adressen oder Versionsnummern stellen den bei Redaktionsschluss verfügbaren Informationsstand dar. Verlag und Autor übernehmen keinerlei Verantwortung oder Haftung für Veränderungen, die sich aus nicht von ihnen zu vertretenden Umständen ergeben.

Evtl. beigefügte oder zum Download angebotene Dateien und Informationen dienen ausschließlich der nichtgewerblichen Nutzung. Eine gewerbliche Nutzung ist nur mit Zustimmung des Lizenzinhabers möglich.

So finden Sie die Dateien zum Download:
1. *Unter **www.franzis.de** geben Sie in den Kasten der Schnellsuche (oben rechts) „Espresso" ein und klicken auf „Go".*
2. *Klicken Sie dann auf das Cover des gewünschten Buchtitels.*
3. *Die Dateien zum Download finden Sie unter „Weitere Infos" im unteren Teil der Seite.*

© 2003 Franzis Verlag GmbH, 85586 Poing

art & design: www.ideehoch2.de
Realisation: www. jordanstext.de
Satz: Astrid Staehr, Sonsbeck
Druck und Bindung:
Oldenbourg Taschenbuch GmbH, Hürderstr. 4, 85551 Kirchheim

ISBN 3-7723-6235-4

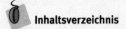

Inhaltsverzeichnis

1 Basiswissen **15**

1.1 Computer einschalten und loslegen 16
Windows XP einrichten 18
Überprüfungen während des Starts 20
Die Anmeldung und die neue Sicherheit 20
Profi-Anmeldeformular sehen 22

1.2 Die neue Benutzeroberfläche 23

1.3 Den Desktop kennen lernen 24
Schnell an alle aktuellen Dinge herankommen 29
Anmelde-Bild und Anmelde-Namen ändern 30

1.4 Benutzerkonten anlegen und ändern 31
Benutzerkonten verwalten 32
Ein neues Benutzerkonto anlegen 33
Vorhandene Benutzerkonten ändern 35
Benutzerkonten mit einem Kennwort schützen 36
Systemsymbole auf dem Desktop einblenden 38

1.5 Die neue Taskleiste 40
Die Platzspar-Automatik des Infofeldes 41
Die Gruppierungsfunktion der Taskleiste 41
Die Taskleiste erweitern 44
Mit der Schnellstartleiste arbeiten 46
Zusätzliche Symbolleisten und weitere Taskleisten .. 47

1.6 Laufwerke und Dateisystem kennen lernen 50
Ihre eigenen Dateien 51
Eigene Dateien und Ordner anlegen 51

1.7 Der Explorer 53
Die Aufgabenleisten 53
Eigene Aufgabenleisten einstellen 56

1.8 Windows XP beenden 58
Ein anderer Benutzer arbeitet am PC 58
Den Computer ausschalten 60

2   Windows XP maßgeschneidert für Sie **63**

2.1   Der Desktop – Ihr ganz persönlicher Schreibtisch 63
      Eigene Dinge auf den Desktop legen 63
      Verknüpfungen auf dem Desktop anlegen 67
      Symbole auf dem Desktop besser anordnen 70
      Desktop-Hintergrundbilder einrichten 71
      Durchsichtige Symbolbeschriftungen sehen
      besser aus 73
      Dem Bildschirm eine bessere Auflösung verpassen .. 74
      Objekte und Schriften vergrößert darstellen 79
      Desktop auf mehrere Monitore ausdehnen 81
      Desktop-Designs: Alle Änderungen im Paket 84
      Einen Bildschirmschoner einrichten 87

2.2   Sicherheitsfunktionen rund um den Desktop 91
      Den Desktopbereinigungs-Assistenten abschalten ... 92
      Desktop-Einstellungen konservieren 94
      Symbole vom Desktop räumen 95
      Sicherheitseinstellungen für den Desktop 96

2.3   Programme besonders einfach erreichen 98
      Programme ganz oben ins Startmenü einbauen 98
      Programme auf den Desktop legen 101
      Programme per Tastenkombination starten 101
      Programme per Schnellstartleiste starten 111
      Programme vollautomatisch starten 113
      Programme zu festgelegten Zeiten starten 114
      Alle Programme-Menü besser organisieren 118
      Alle Programme-Menü abschalten und
      umkonfigurieren 121

2.4   Dokumente besonders einfach öffnen 122
      Zuletzt verwendete Dokumente – das steckt
      dahinter 122
      Zuletzt verwendete Dokumente aufräumen und
      löschen 123
      Windows verbieten, Ihre Dokumente zu
      protokollieren 124

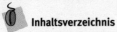
2.5 Geheime Registry-Einstellungen für
Startmenü & Co 126
Befehle aus dem Startmenü streichen 126
Das klassische Startmenü konfigurieren 128
Die Taskleiste sichern und einstellen 129

3 Von Laufwerken, Ordnern und Dateien 133

3.1 Das Dateisystem 133
Die Laufwerke 133
So kontrollieren Sie ein Laufwerk 135
Dateien mit einem Programm öffnen 136
Dateien mit alternativen Programmen öffnen 137

3.2 Den Explorer wie ein Profi bedienen 146
Die Zusatzspalten des Explorers einblenden 146
Festlegen, wie der Explorer Dateninhalte anzeigt 149
Inhalt des Explorers sortieren und Zusatzinfos
einblenden 150
Ordnerinhalte in Gruppen anzeigen 154
Explorer-Optionen für alle Ordner übernehmen 155
Weitere Tricks aus der Praxis 156

3.3 Geheimoptionen des Explorers kennen lernen 158

3.4 Mit Dateien und Ordnern arbeiten 163
Übersicht: So transportieren Sie Dateien
(und Ordner) 163
Ganz neu: Mit den Aufgabenlisten kopieren 164
Klassisch: Per Drag&Drop kopieren 165
In zwei Schritten mit der Zwischenablage kopieren .. 166
Mit Senden an Dateien an wichtige Ziele senden 167
Dateien per E-Mail versenden 168
Dateien als ZIP-Archiv komprimieren 169
Dateien platzsparend speichern 173
Dateien löschen (und notfalls wiederherstellen) 175
Dateien und Ordner umbenennen 179
Dateien auf eine CD-ROM brennen 180
Ordnern ganz individuelle Symbole zuweisen 183

3.5   Nach verschwundenen Dateien und Ordnern
      suchen 184
      Windows nach Dateien suchen lassen 185
      Suchabfrage speichern 187
      Volltextrecherchen 188
      Indexdienst zu Rate ziehen 188
      Indexdienst ein- oder ausschalten 189
      Volltextrecherchen mit dem Indexdienst
      durchführen 190
      Weitere Grundeinstellungen für Suchabfragen 192

3.6   Laufwerke überprüfen und pflegen 193
      Festplatte beschleunigen: Defragmentieren 193
      Speicherplatz auf Laufwerken freigeben 195
      Private Daten aufräumen 197

3.7   Autostart für CD-ROM und DVD 212
      Autostart für Programme 212
      AutoPlay-Mechanismus abschalten 214

3.8   Weitere Tricks und Konfigurationen 214
      Senden an – eigene Befehlserweiterungen 217
      Selbst festlegen, was in Arbeitsplatz
      angezeigt wird 221
      Versteckte Dateien einblenden 223

3.9   Tastentricks 224
      Schnell zwischen Programmen umschalten 224
      Die Taste ⌂ liefert Ihnen geheime Funktionen 225

4   Drucken und Faxe versenden 227

4.1   Drucker startklar machen 227
      Testausdruck 229
      Druckaufträge überwachen 231
      Drucker-Installationsautomatik 233
      Drucker von Hand installieren 234
      Drucker im Netzwerk freigeben 238
      Netzwerkdrucker installieren 240
      Drucker entfernen 241

4.2   Einen Ausdruck starten 242
      Druckoptionen festlegen 243

Automatische Einstellungen für Probe- und
Endausdrucke 245
Drucken von unterwegs 246
In Dateien drucken 247

4.3 Erweiterte Drucker-Eigenschaften verstehen 250
Druckaufträge mit einer Trennseite abgrenzen 251
Druckerspooler 252

4.4 Faxunterstützung 253
Faxunterstützung manuell einrichten 253
Faxkonsole einrichten 254
Mit der Fax-Konsole arbeiten 255
Faxdrucker einrichten 256

5 Internetzugang einrichten 257

5.1 Internetzugang herstellen 257
Modem 259
ISDN 262
Sonstige Einstellungen für Modem und ISDN 265
Modem-Diagnose: Ist alles ok? 267
Internetzugang per ADSL 267
Internetzugang über das Handy 269
Internetzugang über das Netzwerk 271

5.2 Die Internet-Firewall aktivieren 272
Die Firewall feinjustieren 273
Windows XP als Webserver 274

6 Windows XP und das Internet 275

6.1 Im Internet auf Informationssuche gehen 275
Navigation 277
Favoriten 277
Webseiten auf der Festplatte speichern 278
Don'ts im Internet 279
Nützliche Einstellungen im Internet Explorer 280
Internet-Sicherheit 281
Jugendschutz einrichten 285
IP-Adressen 288

6.2 Programme und Treiber im Internet 291
Einen Gerätetreiber finden 291
Download von Dateien aus dem Internet 292

6.3 E-Mail-Konto einrichten 293
Hotmail 294
POP3-E-Mail-Konto einrichten 296
E-Mails mit Outlook Express empfangen und
versenden 299
Weitere Feineinstellungen 302
E-Mail sortieren, einordnen und löschen 303

6.4 Mit dem Messenger Sofortnachrichten
austauschen 304
.NET-Passport anlegen 305
Wer ist online? 307
Kommunikation pur 308
Sofortnachrichten verstehen 309
Festlegen, was der Messenger über Sie verrät 309

6.5 Radio im Internet 310
Radioempfang mit dem Medienplayer 310
Lifestyle und digitale Unterhaltung 310

6.6 Newsgruppen – virtuelle Stammtische 311
Den Newsserver einrichten 311
Eine Newsgruppe besuchen 312
Sich in der Newsgruppe einbringen 313

6.7 Remoteunterstützung: Probleme gemeinsam
meistern 314
Remoteunterstützung erlauben – oder verbieten 317

6.8 Windows XP kostenlos aktualisieren 319

6.9 Ab zur Inspektion: Service Packs 322
Installation des Pakets 323
Die wesentlichen Neuerungen 323
Windows-Zubehör kontrollieren 323
USB 2.0 - Peripheriegeräte schnell und einfach
anschließen 325

7 Zusätzliche Geräte anschließen **327**

7.1 So fahren Sie vor 327
Der Gerätekauf 327

7.2 Der Anschluss 329
Der Einsatz 331
Scanner installieren 333
Die Automatik-Erkennung von Hand starten lassen ... 336
Problembehandlung 336
Windows-Tricks 341

7.3 Neue Treiber 343
Einen neueren Treiber testweise installieren 343

7.4 Mit Hardwareprofilen arbeiten 344
Eigene Hardwareprofile einrichten 345
Der Gerätemanager 347
Ein alternatives Profil aussuchen 348

7.5 Installierte Geräte verwalten 348
Die Spezialoptionen des Gerätemanagers 349
Ressourcen und Interrupts 350
Mit dem Systeminformationstool arbeiten 351

7.6 Hardware für Spiele und Multimedia 353
DirectX-Unterstützung 353
OpenGL-Unterstützung 354
DirectX auf Herz und Nieren testen 354

8 Netzwerk einrichten **355**

8.1 So geht's 355
Verkabelung 356
Firewalls 364

8.2 Netzwerkverbindung testen 367
IP-Adressen selbst auswählen 370

8.3 Im Netzwerk arbeiten 372
Freigegebene Ordner nutzen 375
So funktioniert die Freigabe-Sicherheit 376

Automatische Freigabe-Erkennung 379
Daten im Netzwerk austauschen 381
Auf freigegebene Ordner zugreifen 382

8.4 Verwalten Sie Ihre freigegebenen Ordner 385
Das Freigabe-Dialogfenster 385
Der Ordner wird nicht freigeben 387
Alle freigegebenen Ordner zentral überwachen 387

8.5 Die Internetfreigabe einrichten 389
So geht's 389
Einen Internetzugang freigeben 389
Von anderen Computern auf die Internetfreigabe
zugreifen 392
Freigegebene Verbindung konfigurieren 394

8.6 Die Netzwerkdiagnose 394
Das Netzwerk auf Herz und Nieren prüfen 395
So funktioniert die Netzwerkdiagnose 395
Die Netzwerkauslastung sehen 396

8.7 Drahtlose Netzwerke einsetzen 396
IEEE 802.11-Funknetze 397
Access Point einrichten 398
Funknetzwerkkarte konfigurieren 398
Das Funknetzwerk nutzen 400

9   Multimedia und Digital Imaging 401

9.1 Digitalkamera, Scanner und Video 401
TWAIN-Treiber 401
WIA-Treiber 402
TWAIN oder WIA? 402
Multimedia-Geräte 404

9.2 Eine Digitalkamera anschließen 405
Kameras und PCs 408

9.3 Video und Webcams 410
Videoquellen 411
Videokonferenzen und Bildtelefonie 413

9.4 Scanner 414
    Scanner und PCs 414
    Bilder einscannen 415

9.5 Profi-WIA 418
    WIA-Geräte mit Skripten fernsteuern 419

9.6 Audio-CDs abspielen und brennen 423
    Von Lautsprechern und Soundkarten 423
    Musik-CDs auf die Festplatte kopieren 427
    Mediothek anlegen 428
    Eigene Musik-CDs 428

9.7 DVDs 430
    Filme auf DVD 430

Index **431**

1 Basiswissen

Was ist besser, Windows XP Home oder Professional? Ist dieses Buch nur für Home-Nutzer gedacht? Wo liegen eigentlich die Unterschiede? Windows XP Home und Professional sind beinahe identisch, nur wurden bei Windows XP Professional noch einige Funktionen für Großunternehmen hinzugerüstet (oder besser: bei Windows XP Home künstlich entfernt).

Alles, was Sie in diesem Buch lesen, funktioniert also sowohl bei Windows XP Home als auch bei Windows XP Professional. Die ganz speziellen Besonderheiten, die Windows XP Professional zusätzlich bietet, werden in diesem Buch nicht behandelt. Welche Themen das sind, verrät diese Tabelle:

Windows XP Professional	
Domänenanbindung	Verbindung mit Domänencontrollern, um Benutzer und Richtlinien zentral zu verwalten
Offline-Dateien	Synchronisation mit freigegebenen Netzwerkordnern, wenn das Netzwerk vorübergehend ausfällt
Dynamische Disks	Alternative Partitionstechnik für Festplatten, bei der die Partitionen nachträglich vergrößert und auf mehrere physikalische Festplatten ausgedehnt werden können
Remote Desktop	Zugriff auf den Bildschirm von einem anderen System aus über Terminal Server Technologie – Remoteunterstützung dagegen ist enthalten, also gemeinsam auf einen Bildschirm aufschalten und sich gegenseitig helfen.
Mehrprozessorunterstützung	Für Hochleistungs-Computersysteme mit mehr als einem Prozessor
Verschlüsselndes Dateisystem	Zusatzverschlüsselung zusätzlich zu der auch in der Home Edition vorhandenen NTFS-Sicherung
Internet Information Server (Webserver)	Windows XP Home enthält keinen Webserver

Tab. 1.1 Die zusätzlichen Möglichkeiten von Windows XP Professional

Ich möchte Sie einladen, mir zu mailen, wenn Sie Anregungen haben: *tobias.weltner@epost.de*. Wenn Sie Aktuelles im Internet nachlesen wollen, dann schauen Sie doch mal vorbei: *www.wininfo.de*!

1.1 Computer einschalten und loslegen

Schalten Sie Ihren Rechner ein! Für alle, die das zum ersten Mal tun, sei vertrauensvoll bemerkt, dass dabei anders als in diversen Agententhrillern behauptet rein gar nichts explodieren kann. Der Computer wacht nur mit einem leisen Säuseln auf, und einige wichtig aussehende Lämpchen beginnen zu flackern.

Auf dem Bildschirm sehen Sie nun in den meisten Fällen für einige Sekunden die Welt, wie sie vor Windows war: Ein Textbildschirm zeigt kryptische Meldungen an, mit denen kein Mensch etwas anfangen kann. Wobei das gelogen ist. Hier lesen Sie, wie Sie die ersten Lebenszeichen Ihres Computers entziffern und viele wichtige Details über ihn herausfinden können. Doch im Moment sind diese Selbstdarstellungen Ihres Computers erst einmal herzlich egal.

```
PhoenixBIOS 4.0 Release 6.0
Copyright 1985-2000 Phoenix Technologies Ltd.
All Rights Reserved
Copyright 2000-2001 VMware, Inc.
VMware BIOS build 209

Mouse initialized
Fixed Disk 0: VMware Virtual IDE Hard Drive
ATAPI CD-ROM: VMware Virtual IDE CDROM Drive




Press <F2> to enter SETUP
```

1.1 Das erste Lebenszeichen stammt vom BIOS und kann ignoriert werden

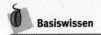

Nach ein paar Sekunden rattert die Festplatte, und Windows XP wird gestartet.

Sonderbare Dinge beim Start

Beim Computerstart können eine Menge sonderbarer Sachen passieren. Die kommen allerdings nur ganz selten vor.

Haben Sie zum Beispiel eine Diskette im Laufwerk vergessen, dann versucht Ihr Computer womöglich, von der Diskette zu starten, und weil das nicht geht, kassieren Sie eine Fehlermeldung. Nehmen Sie in diesem Fall die Diskette heraus und starten Sie den Rechner neu. Am einfachsten geht das über den Resetschalter, der sich meist in der Nähe des Einschalters befindet.

Liegt eine bootfähige CD-ROM im Laufwerk (zum Beispiel die Windows XP-CD), dann versucht Ihr Rechner unter Umständen von der CD-ROM zu starten und wieder erscheinen verwirrende Meldungen. Die Moral beider Geschichten: Nehmen Sie entweder vor dem Start alle Datenträger aus den Laufwerken, oder schauen Sie in diesem Kapitel nach, wie Sie von vornherein dafür sorgen, dass Ihr Computer direkt von der Festplatte startet und liegen gebliebene Datenträger gelassen ignoriert.

> **Espresso-Tipp!** Das Bootmenü erscheint nicht, wenn Sie kein anderes Betriebssystem parallel installiert haben. Es erscheint auch nicht, wenn es explizit abgeschaltet wurde, oder wenn der Rechner aus dem Ruhezustand oder Standby-Modus erwacht. Über einen Druck auf F8 können Sie im Bootmenü außerdem die Notfalloptionen sichtbar machen. Die werden wichtig, wenn Windows XP nicht mehr richtig startet.

Piept Ihr Computer beim Start ein paar Mal, dann steckt ein interner Morsecode dahinter, mit dem der Computer Ihre Aufmerksamkeit erhaschen möchte. Banalster Grund: Sie haben eine zweite Grafikkarte eingebaut, an die aber zur Zeit kein Monitor angeschlossen ist.

Das erste Lebenszeichen von Windows XP ist sein Bootmenü. Haben Sie vor Windows XP ein anderes Betriebssystem wie Windows 98 verwendet und Windows XP parallel installiert, dann können Sie sich jetzt aussuchen, mit welcher Windows-Version Sie starten wollen.

Windows XP kann sich den Computer nämlich mit älteren Windows-Versionen und anderen Betriebssystemen teilen. Selbst Linux-Fans können sich so parallel zu Windows XP ein persönliches Linux halten und ab und zu zur Abschreckung starten.

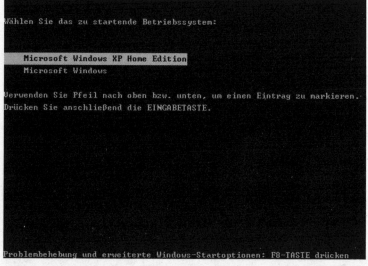

1.2 Das Bootmenü entscheidet, mit welchem Betriebssystem gestartet wird

Anschließend erscheint der Windows XP-Startbildschirm. Allerdings nicht lange. Microsoft hat den Startvorgang von Windows XP dramatisch verkürzt. Es bleibt kaum mehr Zeit, sich einen ordentlichen Kaffee einzuschenken.

Windows XP einrichten

Haben Sie sich gerade durch den Aldi-Markt gekämpft und sich einen neuen Rechner ergattert? Fast alle fabrikneuen Computer werden inzwischen mit Windows XP Home ausgeliefert. Allerdings muss sich das vorinstallierte Windows XP beim ersten Start zuerst auf Ihrem Rechner gemütlich einrichten und fragt Sie dazu ein paar Dinge. Wenn das bei Ihnen der Fall ist, sehen Sie auf dem Bildschirm die Meldung

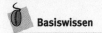

Bitte warten Sie, während Windows für den ersten Start vorbereitet wird. Danach erscheint der Willkommens-Bildschirm. Klicken Sie unten rechts auf *Weiter.* Windows bietet Ihnen nun ein Maus-Lernprogramm an, wenn Sie noch nie mit diesem digitalen Nagetier zu tun gehabt haben. Klicken Sie unten rechts auf *Weiter.* Nun wird es ein wenig ernst: Sie müssen mit der Option *Ja, ich stimme den Verträgen zu* dem Endbenutzer-Lizenzvertrag zustimmen. Klicken Sie wieder auf *Weiter.*

Wenn Ihr Computer mit einer Netzwerkkarte ausgerüstet ist, will Windows nun wissen, wie es im Netzwerk heißen soll. Suchen Sie sich einen Namen aus, aber achten Sie darauf, dass es in Ihrem Netzwerk keinen anderen Rechner mit diesem Namen gibt. Sonst gibt's Streit und Missverständnisse.

Was nun passiert, hängt ein wenig von der Konfiguration Ihres Computers ab. Anschließend fragt Windows, ob Sie sich bei Microsoft registrieren lassen wollen. Verwechseln Sie dies nicht mit der Produktaktivierung, die bei vorinstalliertem Windows schon längst geschehen ist. Die Registrierung ist völlig freiwillig.

Nun wird es noch einmal wichtig: Windows fragt nach, welche Personen diesen Computer verwenden sollen. Geben Sie die Namen der Personen ein. Windows richtet für jede Person ein eigenes Benutzerkonto ein, damit sich jeder in seinem eigenen Bereich anmelden kann. Mehr zu den Benutzerkonten und den vielen Feineinstellungen lesen Sie hier. Klicken Sie dann auf *Fertig stellen.* Erledigt: Windows startet durch und zeigt Ihnen den Anmeldebildschirm. Geschafft!

Erste Schritte für einen Blitzstart

Haben Sie Windows gerade erst zum Leben erweckt, dann lesen Sie sich in Ruhe dieses Kapitel durch. So lernen Sie Windows XP ganz schnell kennen. Ein paar wichtige Dinge sollten Sie sich allerdings schon einmal vormerken und möglichst bald erledigen:

Sorgen Sie dafür, dass Ihr Monitor die beste Auflösung und Bildwiederholrate verwendet. Das kann besonders bei modernen TFT-Flachbildschirmen wichtig werden, denn die zeigen mit den falschen Einstellungen nur ganz unscharfe Bilder. Alle Benutzerkonten, die Sie haben anlegen lassen, sind zunächst allmächtige Computeradministrator-Konten: Die Personen, die Sie angegeben haben, bekommen also volle Kontrolle über den ganzen PC. Das ist meist ganz und gar nicht sinnvoll. Lesen Sie deshalb, wie Sie selbst die volle Kontrolle behalten, aber allen »Mitbenutzern« Ihres PCs nur reine Benutzungsrechte geben. So sorgen Sie dafür, dass andere zwar mit dem Computer arbeiten können, ihn aber nicht »verkonfigurieren« dürfen und auch nicht an besonders geschützte private Datenbereiche herankommen.

Überprüfungen während des Starts

Haben Sie Ihren Computer beim letzten Mal einfach ausgeschaltet oder ist der Strom ausgefallen, dann hatte Windows keine Gelegenheit, alle geöffneten Dateien ordentlich wegzuspeichern. Auf der Festplatte liegen in diesem Fall womöglich halbfertige Dateien herum, und das ist nicht gut.

Deshalb bietet Windows XP in solchen Fällen beim Start an, die Festplatte zu korrigieren. Der Test wird nur durchgeführt, wenn Sie nicht innerhalb von zehn Sekunden eine Taste drücken – haben Sie's also eilig, dann können Sie normal durchstarten. Was aber nicht besonders clever wäre, denn der Check ist gut und nötig.

Die Anmeldung und die neue Sicherheit

Hereingelassen wird bei Windows XP nur, wer sich als Berechtigter ausweisen kann. Alle anderen – vor allen Dingen kleine Brüder, Besucher in öffentlichen Gebäuden, allerbeste Freunde, die man nur kurze Zeit im Zimmer allein ließ oder neugierige große Schwestern respektive Vorgesetzte – müssen leider draußen bleiben.

Gemessen daran, was heute mit Computern alles erledigt wird, ist solch ein Datenschutz höchste Zeit: E-Mails, Überweisungen, Schriftwechsel und Terminplaner sind viel zu wichtig und sensibel, als dass es wildfremden Menschen noch wie bei Windows 98 üblich gestattet werden dürfte, diese Daten auszuspionieren.

Anmelden ist einfach: Der Willkommens-Bildschirm listet alle Benutzerkonten auf, die es auf dem Computer gibt. Jeder, der mit Windows XP arbeiten will, braucht ein eigenes Benutzerkonto. Klicken Sie auf das Benutzerkonto, mit dem Sie sich anmelden wollen. Falls es mit einem Kennwort geschützt ist, geben Sie das Kennwort ein und drücken ↵. Schon lässt der Windows XP-Pförtner Sie durch.

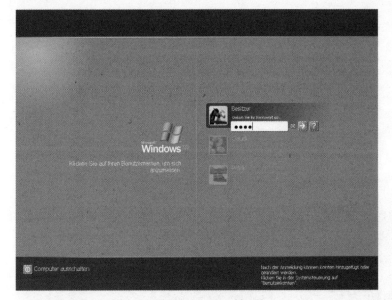

1.3 Ein Mausklick auf das gewünschte Konto meldet Sie an

Espresso-Tipp! Erscheint bei Ihnen gar kein Willkommens-Fenster, und startet Windows XP sofort zu Ihrem Desktop durch? Dann lesen Sie hier, wie Sie sich automatisch anmelden lassen beziehungsweise die automatische Anmeldung abschalten. Und was, wenn anstelle des Willkommens-Fensters nur ein schnöder Anmeldedialog auf Sie wartet? Dann lesen Sie hier, wie Sie selbst bestimmen, auf welche Weise Sie sich bei Windows XP anmelden!

Und woher kommen die Benutzerkonten auf der Willkommens-Seite? Die ersten Benutzerkonten wurden bei der Installation von Windows XP angelegt und sind anfangs noch nicht mit einem Kennwort geschützt. Das allerdings sollten Sie schleunigst nachrüsten, damit Ihre privaten Dinge auch wirklich privat bleiben. Wie das geschieht, lesen Sie hier. Und auch neue Benutzerkonten lassen sich nachträglich hinzufügen, wenn sich mehrere Personen den Computer teilen sollen. Nur wenn Sie bei der Installation kein weiteres Konto angelegt haben, erscheint der Anmeldebildschirm erst gar nicht. Windows XP ist dann der Meinung, dass Sie den Computer ohnehin allein nutzen und keine besondere Sicherheit wünschen. Stimmt das gar nicht, dann schützen Sie Ihr Konto einfach nachträglich mit einem Kennwort oder fügen weitere Konten hinzu. Das kostet Sie nur ein paar Mausklicks. Wo genau Windows angeklickt werden möchte, lesen Sie gleich.

Mit Kennwort anmelden

Klicken Sie auf das Benutzerkonto, mit dem Sie sich anmelden wollen. Falls das Konto mit einem Kennwort geschützt ist, erscheint ein Textfeld. Geben Sie das Kennwort darin ein. Falls Sie das Kennwort vergessen haben sollten, helfen Ihnen zwei bunte Schaltflächen am rechten Rand des Kennwortfelds. Mit dem grünen Pfeil erhalten Sie allgemeine Hinweise und können das Kennwort knacken, wenn Sie eine Kennwortrücksetzungsdiskette zur Hand haben. Das blaue Fragezeichen zeigt die Kennwort-Eselsbrücke an, wenn Sie eine vereinbart haben.

Profi-Anmeldeformular sehen

Brauchen Sie aus irgendeinem Grund das klassische Anmeldeformular, zum Beispiel, weil Sie sich mit einem besonderen Konto wie *Administrator* anmelden müssen, das nicht auf der Willkommens-Seite angezeigt wird? Dann drücken Sie zweimal STRG + ALT + ENTF .

1.4 So offensichtlich sollte die Kennwort-Eselsbrücke natürlich nicht sein!

Über diesen Trick schaltet Windows XP zum klassischen Anmeldedialog um. Erscheint der von vornherein, dann haben Sie lediglich vergessen, die Willkommens-Anmeldung zu aktivieren. Holen Sie's hier nach. Übrigens: Mit dem speziellen *Administrator*-Konto können Sie sich nicht ohne weiteres anmelden. Das Konto ist nämlich anfangs so eingestellt, dass es nur in einem der Abgesicherten Notfallmodi funktioniert.

1.2 Die neue Benutzeroberfläche

Haben Sie schon mal versucht, mit einer original italienischen Espresso-Maschine ein Tässchen Kaffee zu kochen? Es geht, aber die Sache dauert unendlich lange. Kaffee-Vollautomaten liefern brühfrischen Espresso heute auch auf Knopfdruck, und zumindest hinter vorgehaltener Hand kann man durchaus behaupten, dass der beinahe noch besser schmeckt.

Computer haben ebenfalls eine längere Evolution hinter sich, und auch wenn der eine oder andere Computerfan versonnen an die nostalgischen Zeiten des Lötkolbens, der DIP-Schalter und Assembler-Editoren zurückdenkt, möchte doch die Mehrheit der Anwender mit dem Computer einfach nur eins tun: die Arbeit erledigen. Und danach ein Buch lesen oder andere sinnvolle Dinge in Angriff nehmen.

Windows XP stülpt dem Computer eine äußerst benutzerfreundliche Bedienoberfläche auf und degradiert ihn damit zu dem, was er eigentlich schon immer sein sollte: ein reines Werkzeug. Wie immer, wenn Microsoft etwas Neues erfindet, sind die Kritiker schnell zur Stelle und bezeichnen genau diese Errungenschaft als »poppig« und »verspielt«. Dabei ist die neue Benutzeroberfläche von Windows XP in etwa genauso verspielt wie Elektronisches Stabilitätsprogramm und Airbags im Auto. Dinge werden einfacher und sicherer, was die Anwender freut, aber Experten ein wenig weniger wichtig macht.

Um Fenster und Desktop im alten Design erstrahlen zu lassen, klicken Sie mit der rechten Maustaste auf eine freie Stelle des Desktops und wählen *Eigenschaften*. Ein Dialogfenster erscheint. Hier klicken Sie auf das Register *Designs*, wenn es nicht sowieso vorgewählt ist, und wählen in der Design-Liste: *Windows – klassisch*. Dann klicken Sie auf *OK*. Erschreckt weichen nun zuerst alle Farben aus dem Bildschirm, und nach ein paar Sekunden findet sich Windows XP mit Ihrem Wunsch ab: Desktop und Fenster verwenden wieder das klassische Layout. Das Startmenü, das Sie sehen, wenn Sie links unten auf den *Start*-Knopf klicken, ist aber immer noch zweigeteilt. Damit auch das Startmenü wie früher funktioniert, klicken Sie mit der rechten Maustaste noch schnell auf die *Start*-Schaltfläche und wählen *Eigenschaften*. Wählen Sie nun die Option *Klassisches Startmenü*, und klicken Sie auf *OK*. Nun ist auch das Startmenü wieder einspaltig und funktioniert wie in alten Tagen.

1.3   Den Desktop kennen lernen

Der Windows XP-Desktop ist erfreulich aufgeräumt. Bis auf das *Papierkorb*-Symbol sind alle früher vorhandenen Systemsymbole vom Desktop verschwunden. Er gehört nur noch Ihnen allein. Legen Sie alles, was Ihnen wichtig ist, auf den Desktop!

> **Espresso-Tipp!**   Ihr Desktop kann durchaus anders aussehen. Wer selbst Windows XP nachinstalliert hat, sieht wahrscheinlich ein idyllisches Teletubby-Land. Wer seinen PC vom Großhändler gekauft hat, sieht vielleicht stattdessen ein Hersteller-Logo oder irgendein anderes Bild.

In diesem Buch lesen Sie, wie Sie Ihren Desktop selbst gestalten und zum Beispiel ganz eigene Bilder als Desktophintergrund verwenden. Vom Start weg erscheinen immer wieder so genannte Baloon-Tipps, die wie Comic-Sprechblasen aussehen und Ihnen Zusatzinfos zu diesem oder jenem verraten. Möchten Sie den Tipp loswerden, dann klicken Sie ins kleine Kreuz an seinem oberen linken Rand. Wollen Sie den Tipp näher auskundschaften, dann klicken Sie irgendwo in die Sprechblase hinein.

Schnell einen Brief schreiben

Möchten Sie zum Beispiel einen Brief schreiben? Dann klicken Sie mit der rechten Maustaste auf eine freie Stelle des Desktops, wählen im Kontextmenü *Neu* und dann *Wordpad-Dokument*. Zuvorkommend legt Windows XP ein neues leeres Dokument auf den Desktop, und Sie brauchen ihm nur noch einen Namen zu geben, zum Beispiel

Brief an Hugo Klöver [Enter]. Drücken Sie noch einmal [Enter] oder doppelklicken Sie auf das Textdokument, dann öffnet sich die Textverarbeitung, und Sie können sofort lostippen.

Fügen Sie Ihren .NET Passport Windows XP hinzu! [X]

Sie sind jetzt mit dem Internet verbunden. Sie brauchen ein Passport-Konto, um die Internet-Kommunikationsfunktionen von Windows XP (z. B. Sofortnachrichten, Unterhaltungen und Video) nutzen und auf .NET-basierte Dienste im Internet zugreifen zu können.

1.5 Der neue Windows XP-Desktop – erfreulich aufgeräumt!

Am unteren Rand des Desktops liegt die Taskleiste. Sie enthält links das wichtige Start-Menü, mit dem Sie alle wichtigen Windows XP-Funktionen und Programme erreichen. Rechts tickt die Uhrzeit im abgesetzten Infofeld. Darin erscheinen auch alle sonstigen Geräte- und Warnmeldungen. Dazwischen ist reichlich Platz für die Schaltflächen der geöffneten Fenster. Haben Sie im Exkurs gerade die Textverarbeitung geöffnet, dann befindet sich in der Taskleiste jetzt eine Schaltfläche, die das Textverarbeitungsfenster repräsentiert.

Fenstersteuerung in der Taskleiste

Klicken Sie auf eine Fenster-Schaltfläche in der Taskleiste, dann springt das zugehörige Fenster in den Vordergrund. Noch ein Klick versteckt das Fenster. Und klicken Sie mit der rechten Maustaste auf die Schaltfläche, dann erscheint ein Kontextmenü, mit dem Sie das Fenster zum Beispiel schließen können. Einfacher geht das allerdings mit dem roten x-Symbol in der rechten oberen Ecke des Fensters.

1.6 Das neue Startmenü – hier beginnt die Arbeit mit Windows XP

Die tägliche Arbeit beginnt im Büro mit dem Kaffeekochen und bei Windows XP mit einem Klick auf die *Start*-Schaltfläche am linken Rand der Taskleiste. Schon springt das Startmenü hervor und breitet vor Ihnen alle wichtigen Windows XP-Funktionen und -Programme aus. Die linke Seite des Startmenüs kümmert sich ausschließlich um Programme. Hier suchen Sie sich also aus, womit Sie arbeiten wollen.

Ganz links oben befindet sich die Liste Ihrer Lieblingsprogramme. Weil Windows XP noch keine Gedanken lesen kann und deshalb Ihre Lieblingsprogramme auch noch nicht kennt, ist diese Liste anfangs recht spärlich besetzt. Darunter befindet sich die Contra-Liste von Windows XP: Hier zeigt Windows XP alle Programme an, die nicht in der oberen Lieblingsliste stehen, von denen Windows XP aber meint, es seien trotzdem wichtige Programme. Und wie kommt Windows XP zu dieser Weisheit? Indem es Ihr Verhalten beobachtet. Und automatisch die Programme auflistet, die Sie in letzter Zeit am häufigsten verwendet haben. Ziemlich clever, aber anfangs leider ebenfalls nicht besonders nützlich, denn wenn Sie Windows XP zum ersten Mal verwenden, kann Windows XP beim besten Willen noch keine Gewohnheiten erkennen. Deshalb ist auch diese Liste anfangs recht leer.

Ganz unten findet sich der Eintrag *Alle Programme*. Er ist anfangs ungeheuer wichtig, aber je länger Sie Windows XP verwenden, desto mehr gerät dieser Befehl in Vergessenheit. Mit *Alle Programme* öffnen Sie das Programme-Archiv, in dem alle Programme eingetragen sind, die Sie jemals installiert haben. Finden Sie also ein Programm nicht in einer der beiden oberen Listen, dann wählen Sie *Alle Programme* und kramen das Programm aus dem Archiv hervor.

Programme besser erreichen

Öffnen Sie das Startmenü und klicken Sie auf *Alle Programme*. Das Programme-Menü öffnet sich. Öffnen Sie die Programmgruppe *Zubehör*, und klicken Sie auf *Rechner*. Ein Taschenrechner-Programm startet, und Sie können damit beginnen, die Kaffeekasse zu stürzen. Klappen Sie das Startmenü später erneut auf, dann hat Windows XP den Rechner bereits in seine Automatikliste aufgenommen. Sie brauchen also nicht noch einmal durch das Programme-Menü zu klicken.

Haben Sie sich dazu entschlossen, den Rechner wirklich häufig zu verwenden, dann klicken Sie ihn in der unteren Liste mit der rechten Maustaste an und wählen *An Startmenü anheften*. Damit wird er aus der unteren Liste in die obere Liste befördert.

Die obere Liste verwalten Sie allein. Der Rechner bleibt darin auch dann noch stehen, wenn Sie ihn schon seit Wochen nicht mehr verwendet haben und er deshalb aus der Automatikliste schon längst wieder verschwunden ist. Er verschwindet aus Ihrer Liste erst dann, wenn Sie es wollen: Klicken Sie mit der rechten Maustaste auf den Rechner in der oberen Liste, und wählen Sie *Vom Startmenü lösen*. Wählen Sie stattdessen *Aus Liste entfernen*, wirft Windows XP den Eintrag aus beiden Listen heraus. Zwei Einträge in der oberen Programme-Liste haben eine besondere Bedeutung und heißen *Internet* und *E-Mail*: hier blendet Windows XP Ihren Lieblings-Internetbrowser und Ihr E-

Mail-Programm ein. Anfangs sind das der *Internet Explorer* und *Outlook Express*, aber Sie können hier auch beliebige andere Programme eintragen, die diesen Zweck erfüllen – oder die Einträge ganz streichen. Wie das geschieht, lesen Sie im Exkurs.

E-Mail und Internetprogramme

Klicken Sie die *Start*-Schaltfläche der Taskleiste mit der rechten Maustaste an, und wählen Sie *Eigenschaften*. Wählen Sie die Option *Startmenü*, und klicken Sie auf *Anpassen*. Im Bereich *Startmenü anzeigen* können Sie nun Ihre Lieblingsprogramme für Internet und E-Mail angeben – oder die Optionshäkchen vor den Einträgen entfernen, wenn Sie diese Programme nicht in Ihrer Lieblingsprogramme-Liste führen wollen.

Die rechte Seite des Startmenüs kümmert sich um die wichtigsten Windows-Funktionen. Brauchen Sie zum Beispiel Hilfe, dann wählen Sie *Hilfe und Support*, und wenn Sie eine wichtige Datei vermissen, kann *Suchen* sie für Sie hervorkramen. Welche Windows-Funktionen wirklich wichtig sind und deshalb verdient haben, im Startmenü geführt zu werden, das bestimmen wiederum nur Sie allein. Befehle, die Sie nie im Leben brauchen, können Sie deshalb ganz einfach aus dem Startmenü streichen. Wenn das mit den Knöpfen auf der Fernbedienung des Videorekorders nur auch so einfach wäre …

Startmenübefehle streichen

Klicken Sie mit der rechten Maustaste auf die *Start*-Schaltfläche der Taskleiste, und wählen Sie im Kontextmenü *Eigenschaften*. Wählen Sie die Option *Startmenü*, und klicken Sie auf *Anpassen*. Klicken Sie dann auf das Register *Erweitert*. Jetzt sehen Sie die Liste *Startmenüelemente*. Sie bestimmt, was wie im Startmenü erscheinen darf. Nur der Eintrag *Arbeitsplatz* ist Pflicht, der übrige Rest kann ausgeknipst werden.

Allerdings kann die Liste Startmenü-Befehle nicht nur wegrationalisieren, sondern auch cleverer machen. Vielleicht kennen Sie den Befehl *Systemsteuerung* schon. Er öffnet normalerweise den Maschinenraum von Windows, ein Fenster also mit all den verschiedenen Einstell-Modulen für dies und jenes. Wesentlich eleganter wird dieser Befehl, wenn Sie in der Liste *Systemsteuerung – Als Menü anzeigen* wählen. Jetzt nämlich öffnet die Systemsteuerung kein Zwischenfenster

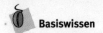

mehr, sondern zeigt die Module der Systemsteuerung als Untermenü an. Trotzdem können Sie notfalls auch noch das normale Systemsteuerungsfenster öffnen. Dazu klicken Sie dann *Systemsteuerung* im Startmenü mit der rechten Maustaste an und wählen *Öffnen*.

Schnell an alle aktuellen Dinge herankommen

Ein wichtiger Startmenü-Befehl fehlt anfangs meist: *Zuletzt verwendete Dokumente*. Dieser Befehl ist eine praktische Alternative, um jeden Morgen ein paar Klicks einzusparen. Wollen Sie nämlich an einer Sache weiterarbeiten, an der Sie gestern auch schon zu tun hatten, dann wählen Sie im Startmenü *Zuletzt verwendete Dokumente* und sehen dann eine Liste Ihrer zuletzt verwendeten Dokumente – daher der Name. Ist das richtige Dokument darunter, dann wählen Sie es einfach aus der Liste aus und können schon damit weiterarbeiten. Programme starten und Dokumente öffnen? Brauchen Sie nicht mehr …

Weil diese praktische Dokumentenliste andererseits ein Eingriff in Ihre Privatsphäre bedeutet – schließlich notiert sich Windows XP hier alles, woran Sie kürzlich gearbeitet haben – und weil Anwender in Deutschland bei der Privatsphäre keinen Spaß verstehen, ist diese Option häufig anfangs abgeschaltet. Mir allerdings ist es ziemlich schnuppe, ob mein kleiner Bruder sieht, woran ich gerade arbeite, und deshalb ist dieser Zeitsparer bei mir sofort eingeschaltet worden. Sie können das auch:

Zuletzt verwendete Dokumente

Um *Zuletzt verwendete Dokumente* im Startmenü anzuzeigen, klicken Sie mit der rechten Maustaste auf die *Start*-Schaltfläche in der Taskleiste und wählen *Eigenschaften*. Wählen Sie die Option *Startmenü*, und klicken Sie auf *Anpassen*. Klicken Sie dann auf das Register *Erweitert*. Jetzt brauchen Sie nur noch unten die Option *Zuletzt verwendete Dokumente* einzuschalten. Mit der Schaltfläche *Liste löschen* können Sie die Dateiliste nebenbei bemerkt jederzeit löschen, spätestens dann also, wenn die Innenrevision vorbeikommt. Klicken Sie auf *OK*. Und öffnen Sie testweise im Startmenü *Zuletzt verwendete Dokumente*.

Überraschung: Die Liste ist bereits gefüllt! Windows hat sich also Ihre zuletzt verwendeten Dokumente die ganze Zeit über gemerkt, auch dann also, als der *Zuletzt verwendete Dokumente*-Befehl noch gar nicht aktiviert war. Und um den Skandal perfekt zu machen, wählen Sie doch spaßeshalber einmal im Startmenü *Ausführen* und geben ein: %USERPROFILE%\RECENT [Enter]. Ein Ordner öffnet sich und zeigt Verknüpfungen auf alle Dateien an, die Sie in letzter Zeit geöffnet haben.

Selbst wenn Sie *Zuletzt verwendete Dokumente* wieder ausblenden, wird dieses Geheimarchiv weitergeführt. Sie brauchen bloß irgendeine Datei zu öffnen und können live mitansehen, wie eine neue Verknüpfung im *Recent*-Ordner erscheint. Die einzige Möglichkeit, diese Liste wirklich zu löschen, ist die *Liste löschen*-Schaltfläche, die Sie eben kennen gelernt haben.

Anmelde-Bild und Anmelde-Namen ändern

Ganz oben im Startmenü befinden sich ebenfalls wichtige Informationen. Hier ist Ihr Anmeldename vermerkt, falls Sie einmal vergessen haben sollten, unter welchem Namen Sie gerade angemeldet sind. Daneben prangt vermutlich ein Fisch. Oder eine Rock-Gitarre. Warum Microsoft ausgerechnet solche Bilder als Vorgabe für Benutzerkonten verwendet, ist nicht überliefert. Die gute Nachricht ist allerdings, dass Sie diese Bilder jederzeit ändern können. Und zum Beispiel durch eigene eingescannte Passfotos oder Fotos aus der Digitalkamera austauschen könnten.

Eigenes Anmeldebild ändern

Wählen Sie im Startmenü *Systemsteuerung* und öffnen Sie das Modul *Benutzerkonten*. Wenn Sie ein Computeradministrator sind, dann suchen Sie sich unten Ihr eigenes Konto per Klick aus. Normale Anwender können ohnehin nur ihr eigenes Konto verwalten, womit wirkungsvoll verhindert wird, dass sich das Anmeldefoto des Abteilungsleiters ständig ändert. Klicken Sie auf *Eigenes Bild ändern*, und suchen Sie sich ein neues Anmeldefoto aus. Entweder begnügen Sie sich mit einem der vorgefertigten Fotos und werden dann von einer quietschgelben Gummiente oder einer der anderen seriösen Vorlagen repräsentiert, oder Sie klicken auf *Weitere Bilder suchen*.

Suchen Sie sich dann den Ordner aus, an dem die anderen Bilder lagern. Wie Sie Bilder aus einer Digitalkamera oder von einem Scanner einlesen, wird später beschrieben. Klicken Sie anschließend auf *Eigenen Namen ändern*. Nun können Sie sich einen besseren Namen

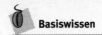

geben. Er muss nicht Ihrem Geburtsnamen entsprechen. Künstlerna-
men sind erlaubt. Klappen Sie anschließend das Startmenü noch einmal auf. Ah, schon besser! Wenn Sie möchten, sollten Sie bei dieser
Gelegenheit Ihrem Benutzerkonto auch gleich ein vernünftiges Kennwort zuweisen. Das ist ungefähr genauso wichtig wie ein Schloss in die
Haustür einzubauen. Klicken Sie dazu im *Benutzerkonten*-Fenster auf
Kennwort erstellen, und geben Sie das Kennwort zweimal ein. Im dritten Feld ist Platz für eine Eselsbrücke, die erscheint, wenn Sie auf dem
Willkommens-Bildschirm auf das blaue Fragezeichen klicken. Weil
diese Eselsbrücke von jederman sichtbar gemacht werden kann, sollten Sie darin sowohl auf schmutzige Witze als auch auf allzu leicht zu
erratende Hinweise verzichten.

1.4 Benutzerkonten anlegen und ändern

Sobald Windows XP seine grundlegenden Einzelteile im Computer-
speicher verstaut hat, erscheint der Willkommens-Bildschirm, mit dem
Sie sich anmelden können. Auf ihm werden alle Benutzerkonten aufgelistet, die es gibt. Klicken Sie einfach auf das Benutzerkonto mit
dem Sie arbeiten wollen. Ist das Benutzerkonto mit einem Kennwort
gesichert, dann verlangt Windows XP nur, dass Sie sich zuerst mit
dem Kennwort ausweisen.

Art der Anmeldung wählen

Wollen Sie sich nicht mit dem neuen Willkommens-Bildschirm bei
Windows XP anmelden, sondern mit dem klassischen Anmeldedialog,
dann wählen Sie im Startmenü *Systemsteuerung* und öffnen das Modul
Benutzerkonten. Klicken Sie auf *Art der Benutzeranmeldung ändern*. Diese Option sehen Sie allerdings nur, wenn Sie sich als Computeradministrator angemeldet haben.Schalten Sie nun die Option *Willkommens-
seite verwenden* aus. Dadurch wird die Schnelle Benutzerumschaltung
ebenfalls mit ausgeschaltet, denn die funktioniert nur zusammen mit
dem Willkommens-Bildschirm.

Und warum sollte man den Willkommens-Bildschirm überhaupt abschalten? Zum Beispiel, weil Sie aus Sicherheitsgründen (in der Firma) potenziellen Hackern nicht gleich alle vorhandenen Benutzerkonten verraten wollen. Zu Hause bleibt der Willkommens-Bildschirm

besser eingeschaltet – er ist wirklich praktisch. Und genau das ist einer von insgesamt drei Bereichen, in denen Sie unbedingt tätig werden sollten:

→ Anfangs sind alle Benutzerkonten ungesichert, also nicht über ein Kennwort geschützt. Weil jetzt der Sohn ganz bequem das Konto seines Papas oder der Sachbearbeiter das Konto seines Vorgesetzten anklicken kann, sollten Sie schleunigst alle Benutzerkonten mit Kennwörtern ausrüsten.

→ Anfangs sind alle Benutzerkonten supermächtig, nämlich vom Typ *Computeradministrator*. Inhaber solcher Benutzerkonten können und dürfen alles, sich also zum Beispiel auch über Sicherheitsbeschränkungen hinwegsetzen. Sie sollten als Familienoberhaupt oder Abteilungsleiter also schleunigst alle übrigen Benutzerkonten degradieren und zu einfachen Benutzerkonten machen – bevor es ein anderer tut und Ihnen damit die Handlungsfreiheit raubt.

→ Anfangs sind die persönlichen Daten der einzelnen Benutzerkonten nicht gesichert. Jeder Benutzer kann also auf die intimen Briefe und Daten anderer Benutzer zugreifen, wenn er weiss, wo die lagern. Sie sollten also schnellstens dafür sorgen, dass die persönlichen Datenbereiche abgeschottet werden und jeder nur noch an seine eigenen Sachen herankommt. Und zwar nicht nur aus Gründen der Privatsphäre, sondern auch, weil so Computerunfälle und Virenattacken auf einzelne Computerkonten beschränkt bleiben.

Benutzerkonten verwalten

Ganz gleich, ob Sie ein neues Benutzerkonto für einen neuen Mitbenutzer anlegen wollen, oder ob Sie die Einstellungen eines schon vorhandenen Benutzerkontos ändern wollen: der Weg zu den Schaltern und Hebelchen, die dies ermöglichen, ist immer gleich: Melden Sie sich dazu mit einem Benutzerkonto vom Typ *Computeradministrator* an. Einfache Benutzer dürfen bloß die eigenen Kontoeinstellungen ändern, können aber keine neuen Konten anlegen oder fremde Konten ändern – hier wird schon deutlich, warum es so wichtig ist, auf den folgenden Seiten genau festzulegen, welches Benutzerkonto welche Macht bekommt. Öffnen Sie dann das Startmenü und wählen *Systemsteuerung*. Öffnen Sie darin das Modul *Benutzerkonten*.

1.7 Computeradministratoren können sämtliche Benutzerkonten verwalten, die es gibt

Wenn Sie ein allmächtiger *Computeradministrator* sind, dann sehen Sie jetzt im oberen Bereich die Aufgabe *Neues Konto erstellen* und im unteren Bereich die Liste der schon vorhandenen Benutzerkonten. Sind Sie dagegen nur ein einfacher Benutzer, dann bietet Ihnen das Fenster nur einige wenige Anpassungsmöglichkeiten für Ihr eigenes Konto an.

Ein neues Benutzerkonto anlegen

Jeder, der mit Ihrem Computer arbeiten können soll, braucht ein eigenes Benutzerkonto. In der Familie sind das also alle Familienmitglieder, und in einem kleinen Büro alle Mitarbeiter, die an diesem Computer zu tun haben. Um ein neues Konto anzulegen, klicken Sie auf *Neues Konto erstellen*. Geben Sie dem Konto dann einen eindeutigen Namen, den noch kein anderes Konto verwendet. Anschließend verleihen Sie dem neuen Konto Macht: Wählen Sie aus, ob das Konto vom Typ *Computeradministrator* oder vom Typ *Eingeschränkt* sein soll.

Diese Einstellung ist von allergrößter Bedeutung. Selbst wenn Ihr Sohn Sie noch so herzzerreißend anfleht: Weisen Sie ihm den Status *Eingeschränkt* zu. Bleiben Sie hart! Knicken Sie dagegen ein und machen Sie ihn stattdessen zum *Computeradministrator*, dann geht sämtliche Sicherheit baden. Computeradministratoren dürfen alles, auch in der ansonsten geschützten Privatpost der großen Schwester herumschnüffeln.

Sicherheit aktivieren – oder nicht?

Wie im echten Leben gibt es bei Windows XP gute Gründe und wahre Gründe. Und natürlich Kompromisse. Benutzerkonten vom Typ *Computeradministrator* sind so allmächtig, dass bei der Arbeit mit ihnen auch am wenigsten Probleme auftauchen. Alte Programme, die sich danebenbenehmen, fallen nicht weiter auf, weil ja keine Sicherheitsregeln nörgeln, wenn das Programm Unsinn anstellt. Und auch die Installation von Treibern und neuen Programmen ist unproblematisch, wenn Sie als Computeradministrator angemeldet sind.

Eins ist also klar: In vielen Haushalten und Kleinbetrieben wird die schöne neue Windows XP-Sicherheit sofort ausgehebelt werden, weil aus Bequemlichkeit oder technischem Unverständnis alle Konten zu Computeradministratoren gemacht werden. Und das ist auch ganz in Ordnung so. Jedes Vorhängeschloss am Geräteschuppen im Garten schützt nicht nur Klappspaten und Rasenmäher, sondern kann auch für Frust sorgen, wenn man wieder mal den Schlüssel verlegt hat. Trotzdem ist das Vorhängeschloss natürlich gerechtfertigt: Auch wenn man jetzt an den Rasenmäher manchmal nur mit Verzögerung herankommt, ist das immer noch besser, als verzögerungsfrei festzustellen, dass er nicht mehr da ist. Wenn Sie also bei Windows XP keine Lust haben, sich mit der Sicherheit auseinanderzusetzen, dann müssen Sie das nicht tun. Alles klappt dann sofort, jeder kann installieren und herumfuhrwerken wie bei früheren Windows-Versionen. Beschweren dürfen Sie sich dann allerdings auch nicht, wenn Ihr Computer durch Viren zu Apfelmus wird, die der Filius mit seinen Freunden eingeschleppt hat, oder wenn der mangelnde Speicherplatz für das neueste 3D-Ballerspiel die spontane Deinstallation der Online-Banking-Software nötig machte.

Die bessere Lösung: Machen Sie alle Benutzerkonten zu *Eingeschränkten Benutzern*, auch Ihr eigenes, und richten Sie vorher genau ein spezielles Konto namens Service als *Computeradministrator* ein. Das Kennwort dafür verstauen Sie an einem sicheren Ort. In der Familienkonferenz kann dann in Ruhe beratschlagt werden, wenn es tatsächlich Probleme aufgrund von fehlenden Benutzerrechten gegeben hat, zum Beispiel bei der Installation eines neuen Programms oder Trei-

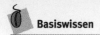

bers. Dann ist immer noch genügend Zeit, das Service-Konto zu verwenden, um Programm oder Treiber nach allgemeinem Zustimmen als Computeradministrator zu installieren. An diese Art der Computerverwaltung, die Unternehmen schon lange einsetzen, gewöhnt man sich schneller als man glaubt. Auch wenn das neueste Spiel so nur mit Verzögerung auf dem Computer landet, sparen Sie unendlich viel Zeit, die Sie früher für die ständige Reparatur und Entseuchung Ihrer Windows-Installation gebraucht haben.

Vorhandene Benutzerkonten ändern

Auch nachträglich lassen sich Benutzerkonten ändern, und das ist eine gute Idee. Alle Benutzerkonten, die während der Installation von Windows XP angelegt oder während einer Update-Installation übernommen wurden, sind nämlich vom Typ *Computeradministrator*. Gerade haben Sie gelesen, dass die damit verbundene Macht für Alltagskonten nicht nur überflüssig ist, sondern sogar ein Sicherheitsrisiko darstellt. Deshalb sollten Sie sich als Nächstes einen Überblick verschaffen, wer alles Benutzerkonten vom Typ *Computeradministrator* besitzt. Schränken Sie dann alle Konten ein, die für den alltäglichen Gebrauch bestimmt sind.

Benutzerkonten sichern

Achten Sie nur darauf, mindestens ein Konto übrig zu lassen, das *Computeradministrator* bleibt. Am besten legen Sie für diesen Zweck wie eben beschrieben ein neues Konto an und nennen es zum Beispiel *Service*. Notieren Sie das Kennwort für dieses Konto an einem sicheren Ort, damit es weder in falsche Hände noch in Vergessenheit geraten kann. Ausschließen können Sie sich übrigens auf keinen Fall. Ein Benutzerkonto der Klasse *Computeradministrator* bleibt immer übrig: *Administrator*. Dieses Konto ist normalerweise unsichtbar und kann weder gelöscht noch eingeschränkt werden. Das Kennwort für dieses besondere Ur-Konto wurde während der Installation von Windows XP festgelegt. Anmelden können Sie sich mit diesem Konto jedoch nur, indem Sie Windows XP im *Abgesicherten Modus* starten.

Und so ändern Sie die Einstellungen vorhandener Benutzerkonten: Melden Sie sich mit einem *Computeradministrator*-Konto an und wählen dann im Startmenü *Systemsteuerung*.

Öffnen Sie das Modul *Benutzerkonten*. Jetzt sehen Sie im unteren Teil des Fensters alle Benutzerkonten. Jedes Konto wird mit einem kleinen Bild, dem Benutzerkonto-Namen und darunter dem Benutzerkonto-Typ angezeigt. Um ein Konto zu ändern, klicken Sie es einfach an. Tun Sie das nun mit allen Konten vom Typ *Computeradministrator* – mit Ausnahme natürlich des *Service*-Kontos, das Sie eben angelegt haben. Jetzt sehen Sie die Einstellmöglichkeiten des Benutzerkontos. Um seine Macht einzuschränken, wählen Sie *Kontotyp ändern*. Wählen Sie die Option *Eingeschränkt*, und klicken Sie auf *Kontotyp ändern*

Benutzerkonten mit einem Kennwort schützen

Anfangs sind alle Benutzerkonten ungeschützt. Das sollte natürlich nur so bleiben, wenn Sie der einzige sind, der Ihren Computer nutzt. Ist Ihr Computer für andere zugänglich, oder teilen sich mehrere Personen den Computer, dann wird ein Kennwortschutz fällig.

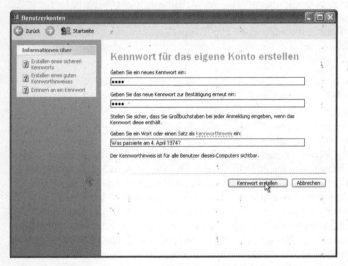

1.8 Ändern Sie nur das Kennwort Ihres eigenen Kontos!

Der ist genauso wichtig wie das Schloss in der Haustür. Grundsätzlich sollte jeder Benutzer sein Kennwort selbst setzen und auch selbst ändern. Als Computeradministrator können Sie das zwar auch für andere Konten erledigen, aber damit erweisen Sie den Kontoinhabern unter Umständen einen Bärendienst. Wer für andere das Kennwort einrichtet, wird damit automatisch nicht nur zum Mitwisser, sondern löscht auch einige Daten des Benutzers. Was genau dahinter steckt, erfahren Sie gleich. Halten Sie sich einstweilen einfach nur an die Regel: Jeder Benutzer ändert sein eigenes Kennwort. Basta. Dazu wählen Sie im Startmenü *Systemsteuerung* und öffnen das Modul *Benutzerkonten*. Als *Eingeschränkter Benutzer* sehen Sie nun sofort die Einstellmöglichkeiten für Ihr Konto. Wählen Sie *Kennwort erstellen*. Sind Sie dagegen *Computeradministrator*, dann klicken Sie zuerst unten auf Ihr eigenes Benutzerkonto und wählen dann *Kennwort erstellen*.

Espresso-Tipp! Sichere Kennwörter sind dummerweise schwierig zu merken, und Kennwörter wie *Sonne*, *Geheim* und *Test* errät jeder halbwegs versierte Hacker in Sekunden. Dabei ist die Sache gar nicht so schwierig. Wie merkt man sich zum Beispiel das sichere Kennwort *IhkBaK68*? Es sind die Anfangsbuchstaben des Merksatzes *Ich hab keinen Bock auf Krautsalat*, angehängt ein Geburtsjahr.

Die Überschrift des Fensters sollte nun lauten: *Kennwort für das eigene Konto erstellen*. Steht hier stattdessen *Kennwort für das Konto von Herrmann Löns erstellen*, dann haben Sie aus Versehen nicht das eigene Konto ausgewählt, sondern ein fremdes. Hier sollten Sie auf keinen Fall weitermachen. Klicken Sie stattdessen oben in der Symbolleiste auf *Startseite*, um zuerst Ihr eigenes Konto auszusuchen. Weisen Sie fremden Benutzerkonten keine Kennwörter zu! Jetzt können Sie ein Kennwort eingeben und müssen es zur Sicherheit im Feld darunter noch einmal eingeben. Im dritten Feld ist Platz für eine Eselsbrücke, die Ihnen helfen soll, sich an das Kennwort zu erinnern, falls Sie es einmal vergessen sollten.

Weil die Eselsbrücke für jeden Benutzer sichtbar ist, darf sie natürlich nicht allzu einfach gestrickt sein. Klicken Sie dann auf *Kennwort erstellen*. Wenn Sie zum ersten Mal ein Kennwort für Ihr Benutzerkonto einrichten, fragt Windows XP, ob Sie Ihre persönlichen Daten vor den neugierigen Augen anderer Benutzer abschirmen wollen. Weil das eine ausgezeichnete Idee ist, klicken Sie auf *Ja, nur für eigene Verwendung*. Windows XP Home kann Ihre privaten Dinge vor neugierigen Augen

abschotten, allerdings nur, wenn Ihre Festplatte das moderne NTFS-
Dateisystem verwendet. Ohne NTFS bietet Windows XP also die Option *Ja, nur für eigene Verwendung* erst gar nicht an.

Kennwortschutz testen

Probieren Sie den neuen Kennwortschutz am besten sofort aus. Dazu
wählen Sie im Startmenü *Abmelden* und melden sich ab. Das Willkommensfenster erscheint.

1.9 Kennwortgeschütztes Konto mit Eselsbrücke

Wenn Sie nun Ihr Benutzerkonto anklicken, schaltet Windows XP
nicht mehr sofort zu Ihrem Desktop um. Stattdessen erscheint ein
Textfeld, in das zuerst das Kennwort eingegeben werden muss. Möchten Sie sich Ihre Eselsbrücke anzeigen lassen, dann klicken Sie auf die
Schaltfläche mit dem blauen Fragezeichen.

Espresso-Tipp! Windows speichert die Eselsbrücken für alle Benutzer in der
internen Registry-Datenbank in diesem Zweig: *HKEY_LOCAL_MACHINE\SOFT-
WARE\Microsoft\Windows\CurrentVersion\Hints*. Wer mit dem Registrierungseditor *REGEDIT.EXE* umgehen kann, der kann also die Eselsbrücken aller
Benutzer bequem auslesen (und auch verändern). Allerdings ist das kein
neues Sicherheitsloch, denn die Eselsbrücken sind ohnehin auch von der Willkommens-Seite aus für jeden lesbar. Das ist ja gerade ihr tieferer Sinn, denn
die Eselsbrücke ist nur dann wichtig, wenn man sich noch nicht mit seinem
Kennwort ausweisen konnte.

Systemsymbole auf dem Desktop einblenden

Systemsymbole wie *Arbeitsplatz* oder *Netzwerkumgebung* sind auf dem
Desktop rar geworden. Windows XP hat die Funktionen dieser Sym-

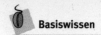

bole komplett ins Startmenü transplantiert. Darin findet sich deshalb immer der Befehl *Arbeitsplatz*. Die übrigen Systemsymbole wie *Netzwerkumgebung*, *Eigene Dateien* und *Internet Explorer* erscheinen ebenfalls darin, wenn Sie sie nicht wie eben gezeigt ausgeblendet haben. Trotzdem gibt es noch eine geheime Verbindung zum Desktop. Sie brauchen nämlich bloß eins der Systemsymbole wie *Arbeitsplatz* im Startmenü mit der rechten Maustaste anzuklicken und *Auf dem Desktop anzeigen* zu wählen.

Schon erscheint es wie in alten Tagen auf dem Desktop, und Umsteiger können sich den Desktop wieder genauso herrichten, wie sie es von Windows 98 oder NT her gewohnt waren. Da es bei Microsoft selten nur einen einzigen Weg gibt, Dinge zu erledigen, können Sie Systemsymbole auch auf diese Art auf den Desktop legen: Klicken Sie mit der rechten Maustaste auf eine freie Stelle des Desktops und wählen Sie *Eigenschaften*. Klicken Sie dann auf das Register *Desktop* und anschließend auf die Schaltfläche *Desktop anpassen*. Das Fenster *Desktopelemente* öffnet sich. Im Bereich *Desktopsymbole* können Sie nun die üblichen Desktopsymbole auf dem Desktop einblenden. In der Liste darunter haben Sie sogar Raum für künstlerische Freiheiten und können den Systemsymbolen neue Symbole spendieren.

1.10 Selber bestimmen, welche Systemicons auf dem Desktop liegen

1.5   Die neue Taskleiste

Anfangs räkelt sich die Taskleiste ganz unschuldig am unteren Bildschirmrand und tut so, als hätte sie sich gegenüber älteren Windows-Versionen überhaupt nicht verändert. Weit gefehlt! Die Microsoft-Techniker haben viele nützliche Überraschungen und Neuerungen in sie eingebaut, die bloß nicht gleich auffallen. Und zwar aus Absicht.

Die Taskleiste an sich hat sich nämlich bestens bewährt und wird deshalb weiterbeschäftigt. Allerdings konnte es früher allzu häufig zu akuter Platznot darin kommen. Und genau hier hat die neue Taskleiste aufgerüstet. Deshalb sehen Sie die Neuerungen erst, wenn Ihre Taskleiste richtig viel zu tun hat, wenn Sie also mit vielen Fenstern und Programmen parallel hantieren.

Hatten Sie bei älteren Windows-Versionen mehr als zehn Fenster geöffnet, dann wurden die Schaltflächen der Fenster in der Taskleiste mikroskopisch klein und die Maus zu einem mikrochirurgischen Instrument bei der Bedienung dieser Schaltflächen. Und auch das Infofeld, in dem die Uhrzeit tickt, erwies sich nicht gerade als Platzsparer: Programmentwickler und Gerätehersteller fanden das Infofeld so toll, dass sich darin bald zig Symbölchen tummelten, um diese oder jene Nachricht anzuzeigen, die die Programmentwickler ungemein wichtig fanden, die meisten Anwender aber nicht. Gegen solche Dinge hat die Taskleiste nun aufgerüstet und bietet zwei wesentliche Neuerungen an:

1. Im Infofeld werden Symbole ausgeblendet, die längere Zeit nichts sinnvolles getan haben. Sie selbst können diese Automatik überstimmen und also auch selbst festlegen, wann welche Symbole im Infobereich auftauchen sollen.

2. Wird der Platz in der Taskleiste eng, dann gruppiert Windows XP Fenster ähnlichen Typs. Alle Explorerfenster werden dann zum Beispiel mit einer einzigen Schaltfläche repräsentiert. Das spart nicht nur Platz: Über diese gemeinsame Schaltfläche lassen sich endlich alle Fenster einer Sorte gemeinsam schließen. Vorbei sind die Zeiten, wo Sie sich in unendlicher Klickarbeit selbst darum kümmern mussten, die Spuren eines hektischen Arbeitstages zu beseitigen und zig Fenster auszuknipsen.

Die Platzspar-Automatik des Infofeldes

Die Platzsparautomatik des Infofeldes wird nur aktiv, wenn Sie es erlauben. Die dafür nötige Genehmigung erteilen Sie über einen Rechtsklick auf die Uhr in der Taskleiste. Wählen Sie *Eigenschaften*. Dann aktivieren Sie unten die Option *Inaktive Symbole ausblenden*. Möchten Sie genauere Kontrolle über die Infofeld-Symbole, dann klicken Sie auf die Schaltfläche *Anpassen*, rechts neben der Option. Jetzt erscheint eine Liste und zeigt unter *Aktuelle Objekte* die Symbole an, die gerade im Infofeld zu sehen sind.

Unter *Vorherige Elemente* werden die Symbole genannt, die kürzlich darin zu sehen waren. Und das ist clever: So können Sie nämlich nicht nur die augenblicklichen Symbole ausblenden, sondern auch solche, die vor Kurzem darin erschienen waren. Das erspart Ihnen lästige Symbole auf die Sekunde abzupassen. Und wie blenden Sie störende Symbole aus? Klicken Sie einfach das gewünschte Symbol in der Liste an! Damit locken Sie eine Ausklappliste hervor. Darin legen Sie fest, was Windows XP tun soll, wenn das Symbol das nächste Mal im Infofeld auftauchen möchte.

Mit *Immer ausblenden* verbannen Sie das Symbol aus dem Infofeld und könnten so zum Beispiel die nervigen Update-Hinweise von Windows XP eliminieren. *Immer einblenden* lässt das Symbol in Ruhe und sorgt dafür, dass es nie von der Ausblendautomatik versteckt wird. Die Vorgabe lautet *Ausblenden, wenn inaktiv*. Solche Symbole erscheinen also zuerst, werden dann aber ausgeblendet, wenn Sie sie links liegen lassen und einfach eine zeitlang ignorieren.

Die Gruppierungsfunktion der Taskleiste

Die Gruppierungsfunktion – mehrere Fenster einer Sorte werden mit einer gemeinsamen Schaltfläche in der Taskleiste repräsentiert – wird ebenfalls erst dann verwendet, wenn Sie einverstanden sind. Weil die Gruppierungsfunktion eine sinnvolle Sache ist, erklären Sie Ihr Einverständnis über einen Rechtsklick auf die Uhr der Taskleiste und *Eigenschaften*. Sorgen Sie dann dafür, dass die Option *Ähnliche Elemente gruppieren* aktiviert ist, und klicken Sie auf *OK*. Von der Gruppierungsfunktion ist anschließend allerdings noch nicht allzu viel zu sehen. Sie setzt erst ein, wenn es in der Taskleiste zu eng wird. Sie müssten also schon etliche Fenster öffnen, um den Effekt in Aktion zu sehen, oder

den Platz für die Fensterschaltflächen in der Taskleiste künstlich ver-
knappen, indem Sie die Breite dieses Elements mit der Maus verkleinern. Und das ist eigentlich schade.

1.11 Die intelligente Taskleiste muss erst eingeschaltet werden

Viel praktischer wäre es, wenn Windows XP gleichartige Fenster sofort
und von vornherein gruppieren würde, nicht erst bei Platzmangel.
Geht auch, allerdings nur über einen kleinen Eingriff in die Registry.
Den sollten nur versierte Anwender durchführen, denn Fehltritte in
der Registry nimmt Windows XP sofort und nachhaltig übel. Um den
Eingriff sicherer und bequemer zu machen, habe ich für Sie ein kleines
Skript gebastelt. Es heißt *taskbar.vbs*. Führen Sie dieses Skript aus,
dann können Sie das Gruppierungsverhalten Ihrer Taskleiste ganz bequem ändern. Dazu geben Sie lediglich eine Kennzahl ein. Statt das
Skript abzutippen, können Sie es auch von *www.franzis.de* herunter-
kopieren.

```
' taskbar.vbs
' (C)2002 T. Weltner
```

```
' Franzis'-Verlag: Espresso! Windows XP Home Edition


Set wshshell = CreateObject("WScript.Shell")
key = "HKCU\Software\Microsoft\Windows\Current"_
    & "Version\Explorer\Advanced\TaskbarGroupSize"

alterwert = "2"
On Error Resume Next
alterwert = wshshell.RegRead(key)
On Error Goto 0

kennzahl = InputBox("Ab wie viel Fenstern soll gruppi"_
    & „ert werden?","Fensterzahl",alterwert)
If IsEmpty(kennzahl)then WScript.Quit


If not IsNumeric(kennzahl)then
MsgBox "Sie haben keine Zahl eingegeben!", _
    vbExclamation
else
    zahl = CInt(kennzahl)
    If zahl<0 or zahl>30 then
        MsgBox "Negative oder astronomisch hohe Zahl"_
    & „en sind nicht erlaubt!", vbExclamation
    else
        wshshell.RegWrite key, zahl, "REG_DWORD"
        MsgBox "OK, eingetragen!", vbInformation
End If
End If
```

Die Änderungen werden wirksam, sobald der Explorer das nächste
Mal gestartet wird. Starten Sie dazu also Windows neu, oder melden
Sie sich komplett ab.

Platzsparautomatik der Taskleiste	
0	Bei Platzmangel beginnt die Taskleiste damit, die am wenigsten verwendeten Anwendungen zu gruppieren
1	Bei Platzmangel beginnt die Taskleiste damit, die Anwendungen mit den meisten geöffneten Fenstern zu gruppieren
2 und mehr	Die Gruppierung beginnt sofort, wenn eine Anwendung mehr als die hier angegebene Zahl von Fenstern geöffnet hat. Wollen Sie gleichartige Fenster immer gruppieren, dann geben Sie als Kennzahl 2 ein.

Tab. 1.2 Zahlenwerte bestimmen, wann die Taskleiste Symbole gruppiert

Programme in Gruppen schließen

Die Gruppierungsfunktion hat viele nützliche Tricks auf Lager und hilft beileibe nicht nur, wertvollen Platz zu sparen. Ist die Platzsparfunktion aktiv, dann erscheint links in der Schaltfläche eine Zahl. Sie verrät, wie viel Fenster dieses Typs geöffnet sind. Möchten Sie alle Fenster auf einmal schließen, dann klicken Sie einfach die Schaltfläche mit der rechten Maustaste an und wählen *Gruppe schließen*. Vorbei sind die Klick-Orgien: Anstatt alle Fenster einzeln auszuknipsen, schließen Sie mit diesem Trick ganze Fenstergruppen, die Sie nicht mehr brauchen.

Die Taskleiste erweitern

Die Taskleiste wartet genau wie die übrige Benutzeroberfläche nur darauf, von Ihnen gemütlicher eingerichtet zu werden. Was Sie aber nicht tun müssen. Gefällt Ihnen die Taskleiste so wie sie ist, dann ignorieren Sie die folgenden Möglichkeiten einfach mit einem freundlichen Nicken und springen zum nächsten Abschnitt.

Bevor Sie die Taskleiste umgestalten können, muss zuerst eine kleine Kindersicherung entfernt werden. Die sorgt normalerweise dafür, dass versehentliche Mausklicks die Taskleiste nicht an einen anderen Bildschirmrand schleudern und beim Anwender ratloses Kopfkratzen hervorrufen. Möchten Sie also die Taskleiste umgestalten, dann klicken Sie zuerst mit der rechten Maustaste auf die Uhr in der Taskleiste und schauen nach, ob die Option *Taskleiste fixieren* mit einem Häkchen

markiert ist. Falls ja, dann klicken Sie auf *Taskleiste fixieren*, um die
Kindersicherung vorübergehend abzuschalten.

1.12 Solange die Taskleiste »fixiert« ist, kann man ihren Aufbau nicht ändern

Jetzt blendet die Taskleiste vor ihren einzelnen Elementen jeweils eine
geriffelte Verschiebeleiste ein. Mit dieser Verschiebeleiste können Sie
nun den Platz in der Taskleiste gerechter aufteilen. Verschieben Sie die
Leisten entweder mit der Maus nach links oder rechts. Oder doppelklicken Sie darauf. Bei jedem Doppelklick schaltet das Taskleistenele-
ment eine Stufe weiter: optimale Breite, maximale Breite, minimale
Breite. Die Doppelklick-Automatik ist allerdings etwas übereifrig und
passt auch die Breiten der übrigen Symbolleisten nach Gutsherrenart
an. Besser ist deshalb, auf sie zu verzichten und die Elemente mit der
Maus genau auf Wunschbreite zu bringen. Wollen Sie die Reihenfolge
der Elemente verändern, dann verschieben Sie einfach ein Element
»über« ein anderes Element hinweg. Es »überholt« dabei die anderen
Elemente und gliedert sich dann hinter ihnen ein. Auch die Taskleiste
selbst kann jetzt umgestaltet werden. Bringen Sie die Maus an den
Übergang zwischen Taskleiste und Desktop, dann verwandelt sich der
Mauszeiger in einen Doppelpfeil. Halten Sie die linke Maustaste jetzt
fest, dann kann die Höhe der Taskleiste vergrößert werden. Sowas geht
natürlich zu Lasten des Desktop-Platzes.

Und falls Sie die Taskleiste lieber an einem der anderen Bildschirmrän-
der andocken wollen, dann bringen Sie die Maus über die Uhr in der
Taskleiste, halten die linke Maustaste fest und steuern dann den gewünschten Bildschirmrand an. Schon dockt die Taskleiste dort an. Verwenden Sie mehr als einen Bildschirm, dann kann die Taskleiste auf
diese Weise auch auf den Nachbarbildschirm transplantiert werden.

Mit der Schnellstartleiste arbeiten

Die Taskleiste kann auf besonderen Wunsch noch viel mehr Informationen anzeigen. Mit der Schnellstartleiste erscheinen zum Beispiel alle wichtigen Programme als kleine Symbole direkt in der Taskleiste, und Sie können so Programme konkurrenzlos schnell auf den Bildschirm zaubern. Ob sowas sinnvoll ist, hängt in erster Linie vom vorhandenen Platz ab. Bei modernen Monitoren und hoher Auflösung steht für solche Extras genügend Platz zur Verfügung. Auf kleinen 15-Zoll-Monitoren und Auflösungen von 800x600 Punkten oder weniger lassen Sie lieber die Finger davon. Und so wird die Schnellstartleiste eingeblendet: Klicken Sie mit der rechten Maustaste auf die Uhr in der Taskleiste, und wählen Sie *Symbolleisten – Schnellstartleiste*. Schwupp – schon erscheint die Schnellstartleiste zusätzlich in der Taskleiste.

Weil Windows XP noch keine Gedanken lesen kann, befinden sich in der Schnellstartleiste noch nicht alle Ihre Lieblingsprogramme. Damit die Schnellstartleiste wirklich praktisch wird, müssen Sie sie erst mit den Dingen befüllen, die Sie wichtig finden.

Schnellstartleiste bestücken

Programmsymbole in der Schnellstartleiste, die Sie nicht gebrauchen können, werfen Sie am besten sofort wieder heraus: Klicken Sie die Symbole mit der rechten Maustaste an, und wählen Sie *Löschen*. Klicken Sie dann mit der rechten Maustaste auf die geriffelte Verschiebeleiste links neben der Schnellstartleiste, und wählen Sie *Ordner öffnen*. Ein Fenster öffnet sich und zeigt Ihnen den Inhalt der Schnellstartleiste an. Aha: Die Schnellstartleiste ist eigentlich also nur ein normaler Ordner namens *QuickLaunch*, in dem Verknüpfungen liegen.

Um neue Symbole in der Schnellstartleiste anzuzeigen, kommt es also nur darauf an, die passenden Verknüpfungen in diesen Ordner zu legen. Dazu öffnen Sie das Startmenü. Sehen Sie links bereits ein wichtiges Programm, dann klicken Sie mit der rechten Maustaste auf das Programm und wählen *Kopieren*. Klicken Sie dann mit der rechten Maustaste auf eine freie Stelle im Schnellstart-Ordner, und wählen Sie *Verknüpfung einfügen*. Voilá! Schon erscheint dieses Programm in der Schnellstartleiste. Genauso gehen Sie vor, wenn Sie sich Programme aus dem Programme-Archiv aussuchen wollen. Wählen Sie lediglich im Startmenü *Alle Programme*, um das Programme-Archiv zu öffnen. Und weil die Schnellstartleiste eigentlich bloß ein Ordner voller Verknüpfungen ist, können Sie auch Verknüpfungen auf wichtige Ordner, Drucker oder Laufwerke darin einfügen. Praktisch, oder?

Die Reihenfolge der Programmsymbole in der Schnellstartleiste kann ebenfalls umgekrempelt werden. Dazu ziehen Sie das betreffende Symbol in der Schnellstartleiste nach links oder rechts. Ein schwarzer senkrechter Balken zeigt die aktuelle Position an, und sobald Sie die linke Maustaste loslassen, wird das Symbol an dieser Stelle eingefügt.

1.13 Verschieben Sie Symbole nach rechts oder links, um sie anders anzuordnen

Sind Sie unsicher, welches Programm hinter einem Symbol in der Schnellstartleiste steckt, dann parken Sie die Maus ein paar Sekunden über dem Symbol. Ein Tooltipp erscheint und nennt Ihnen den Namen des Programms. Na also. Einzig die Symbolgröße ist noch ein Manko: Anfangs sind die Programmsymbole in der Schnellstartleiste ziemlich klein. Wollen Sie der Schnellstartleiste etwas mehr Platz gönnen, dann klicken Sie mit der rechten Maustaste auf den Verschiebebalken an ihrer linken Seite und wählen *Ansicht – Große Symbole*.

Zusätzliche Symbolleisten und weitere Taskleisten

Möchten Sie Ihren Bildschirm zum Airbus-Cockpit ausbauen, dann hat Windows XP nichts dagegen. Sie können nämlich weitere Symbolleisten einblenden und die an den übrigen Bildschirmrändern andocken. Vielleicht stehen Sie ja vor demselben Dilemma wie ich: Einerseits ist die Schnellstartleiste enorm praktisch, aber andererseits wird die Taskleiste dadurch ziemlich überfrachtet. Dann probieren Sie mal den folgenden Trick aus:

Symbolleisten andocken

Ziehen Sie die Schnellstartleiste mit ihrem Verschiebebalken auf eine freie Stelle des Desktops. Sie verwandelt sich in ein Fenster. Mit einem Rechtsklick auf eine freie Stelle des Fensters öffnen Sie ein Kontextmenü und könnten so über *Immer im Vordergrund* dafür sorgen, dass kein anderes Fenster dieses Fenster überdecken darf. Ziehen Sie das Fenster nun an den oberen Bildschirmrand. Dort dockt es an. Sie haben jetzt zusätzlich zur Taskleiste eine weitere angedockte Symbolleiste hinzugewonnen. Damit diese Symbolleisten nicht den wertvollen Bildschirm zu sehr einengen, klicken Sie mit der rechten Maustaste auf eine freie Stelle der Symbolleiste und wählen *Immer im Vordergrund* (damit andere Fenster die Leiste nicht verdecken) und *Automatisch im Hintergrund* (damit die Leiste verschwindet, solange Sie sie nicht brauchen).

Espresso-Tipp! Wenn Sie Adleraugen haben, dann sehen Sie sofort, an welchen Bildschirmrändern sich angedockte Symbolleisten verstecken. Dort nämlich zeigt Windows XP einen feinen Strich an, der bei ungedockten Bildschirmseiten fehlt.

Die Leiste verschwendet jetzt keinen Platz mehr und erscheint, sobald Sie den Bildschirmrand mit der Maus antippen, an dem Sie die Leiste angedockt haben. Klicken Sie dagegen auf eine freie Stelle des Desktops oder in ein anderes Fenster, dann verkrümelt sich die Symbolleiste. Sind Sie auf den Geschmack gekommen? Welche Symbolleisten gibt es sonst noch? Klicken Sie einfach mit der rechten Maustaste auf die Uhr der Taskleiste und schauen Sie selbst im Menü *Symbolleisten* nach! Welche Möglichkeiten sich hinter den unscheinbaren Optionen verbergen, zeigt der nächste Exkurs. Damit basteln Sie sich eine Symbolleiste, die alle Laufwerke anzeigt. So können Sie künftig ohne Umwege beliebige Laufwerke öffnen.

Laufwerke als Symbolleiste

Klicken Sie mit der rechten Maustaste auf die Uhr der Taskleiste, und wählen Sie *Symbolleisten – Neue Symbolleiste…* Das Fenster *Neue Symbolleiste* erscheint. Jetzt geben Sie an, welchen Ordner die Symbolleiste anzeigen soll. Weil Sie die Laufwerke anzeigen möchten, wählen Sie *Arbeitsplatz* aus und klicken auf *OK*. Eine neue Symbolleiste erscheint und zeigt anfangs nur den Schriftzug *Arbeitsplatz*. Klicken Sie mit der rechten Maustaste auf die geriffelte Verschiebeleiste dieser Symbolleiste. Schalten Sie *Text anzeigen* und *Titel anzeigen* aus. Wählen Sie *Ansicht – Große Symbole*. Schon zeigt die Leiste die Laufwerkssymbole an. Jetzt ziehen Sie die Symbolleiste mit ihrer Verschiebeleiste aus der

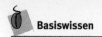

Taskleiste an den rechten Bildschirmrand. Sie dockt dort an. Justieren Sie noch etwas die Breite der Leiste, und klicken Sie dann mit der rechten Maustaste auf eine freie Stelle in der Leiste.

Wählen Sie *Immer im Vordergrund* und *Automatisch im Hintergrund*. Die Leiste erscheint jetzt nur noch, wenn Sie den rechten Bildschirmrand antippen. Um einem Laufwerk einen Besuch abzustatten, klicken Sie künftig das Laufwerk nur noch in der Leiste an. Wollen Sie wissen, wie viel Speicherplatz auf einem Laufwerk noch frei ist, dann parken Sie die Maus über dem betreffenden Laufwerkssymbol. Und wenn Sie das Laufwerk reinigen, warten oder verwalten wollen, dann klicken Sie das Laufwerkssymbol mit der rechten Maustaste an und wählen *Eigenschaften*. Angedockte zusätzliche Symbolleisten können auch kombiniert werden. Wenn Sie den Beispielen gefolgt sind, dann befindet sich jetzt am oberen Bildschirmrand die angedockte Schnellstartleiste. Die braucht aber gar nicht die ganze Bildschirmbreite, um Ihre Lieblingsprogramme anzuzeigen (es sei denn, Sie konnten sich bei der Auswahl nicht entscheiden und haben zig Programme eingefügt). Als ambitionierter Internetsurfer könnten Sie sich deshalb noch schnell die Adressleiste in die angedockte Schnellstartleiste einblenden.

Mit Symbolleisten arbeiten

Tippen Sie mit der Maus den oberen Bildschirmrand an. Wenn Sie die vorangegangenen Beispiele mitgemacht haben, dann klappt nun die Schnellstartleiste aus. Klicken Sie mit der rechten Maustaste auf eine freie Stelle darin, und wählen Sie *Symbolleisten – Adressleiste*. Die Adressleiste erscheint und muss nur noch mit ihrem Verschiebebalken etwas verbreitert werden.

Geben Sie in die Adressleiste eine Web-Adresse ein, zum Beispiel www. scriptinternals.de `Enter`. Schon öffnet sich der Internet Explorer und zeigt die Webseite an – jedenfalls dann, wenn Sie wie später beschrieben bereits Ihr Internet startklar gemacht haben. Geben Sie nun in die Adressleiste ein: CALC `Enter`. Schon startet der Taschenrechner. Sie können mit der Adressleiste also auch eigene Programme starten, wenn Sie zufällig deren Rufnamen kennen. Damit ist die Adressleiste die ideale Ergänzung für die Schnellstartleiste. Und noch einen ganz besonderen Trick sollten Sie kennen. Viele Systemfunktionen lassen sich nämlich auch ganz locker aus dem Handgelenk als angedockte Symbolleiste verwenden. Dazu öffnen Sie das Startmenü und ziehen dann den Arbeitsplatz aus dem Startmenü an den linken Bildschirmrand. Huch: Schon dockt der Arbeitsplatz dort an und zeigt seinen Inhalt sogar mit Symbolbeschriftungen an. Jetzt fehlt nur noch ein Rechtsklick auf eine freie Stelle der neuen Leiste, um *Immer im Vordergrund* und *Automatisch im Hintergrund* zu aktivieren.

Dasselbe funktioniert übrigens auch mit der *Netzwerkumgebung* und allen übrigen Startmenü-Befehlen, die in der rechten Spalte im oberen Teil fettgedruckt erscheinen. Allerdings können diese Systemfunktionen nur dann angedockt werden, wenn am betreffenden Bildschirmrand noch keine andere Symbolleiste angedockt ist. Verwenden Sie zwei Monitore, dann haben Sie allerdings acht Bildschirmseiten zur Verfügung, denn Symbolleisten lassen sich bei jedem einzelnen Monitor separat andocken. Wollen Sie eine Symbolleiste wieder loswerden, dann klicken Sie mit der rechten Maustaste auf eine freie Stelle darin oder auf die Verschiebeleiste und wählen *Symbolleiste schließen*. Vergessen Sie nicht, nach der Umgestaltung Ihres Cockpits wieder die Kindersicherung einzuschalten: Rechtsklick auf die Uhr und *Taskleiste fixieren* wählen. Die geriffelten Verschiebeleisten verschwinden, und auf Ihrem Desktop ist wieder alles so ruhig und friedlich wie zuvor.

1.6　Laufwerke und Dateisystem kennen lernen

Eins der größten Mysterien ist für viele Anwender die leise surrende Festplatte. Alles, was Sie aufbewahren wollen, wird darauf gespeichert. Nur wo? Bei heute üblichen Festplatten von der Größe halb Nordrhein-Westfalens ist die Suche nach Dateien darauf manchmal ganz schön verzwickt – auch für Profis. Aber nicht mehr lange. Mit dem neuen Explorer brauchen Sie sich nicht mehr in tief verschachtelten Ordnerstrukturen zu verirren. Der neue Explorer stellt die Festplatte viel übersichtlicher dar, kann nach verschollenen Dateien endlich so suchen, dass man sie auch wiederfindet, und richtet für jeden Benutzer ein persönliches Plätzchen ein, sozusagen Ihr privates Daten-Biotop. Dieser Privatbereich wird von Windows XP zusätzlich abgeriegelt. Nur Sie kommen also an Ihre Briefe, Bilder und andere Dinge heran, die Sie dort gespeichert haben. Vorbei sind die Zeiten, wo kleine Brüder Spionagetouren durch die Privatkorrespondenz der großen Schwester starten konnten. Schade eigentlich …

Ihre eigenen Dateien

Alles, was Sie speichern, landet automatisch im Ordner *Eigene Dateien*. Jedenfalls dann, wenn Sie nicht ausdrücklich einen anderen Speicherort angeben. So bleibt alles übersichtlich an einem Ort, und Sie brauchen sich Ihre wichtigen Arbeiten nicht aus allen Ecken und Winkeln der Festplatte zusammenzusuchen. Der Ordner *Eigene Dateien* ist ein ganz besonderer Ort. Erstens erreichen Sie ihn konkurrenzlos bequem: Wählen Sie einfach im Startmenü *Eigene Dateien*. Schon sind Sie da. Und zweitens wird dieser Ordner in Ihrem persönlichen Benutzerprofil gespeichert. Alles, was darin lagert, ist ganz besonders gut geschützt. Kein anderer normaler Benutzer kann in Ihr privates Benutzerprofil hineinschauen. Was dort lagert, geht nur Sie etwas an.

Espresso-Tipp! Ob dieser Datenschutz wirklich funktioniert, hängt davon ab, ob Sie bei der Windows-Installation das moderne NTFS-Dateisystem aktiviert und Ihr Konto mit einem Kennwort ausgerüstet haben.

Eigene Dateien und Ordner anlegen

Schauen Sie sich als Nächstes an, wie Windows XP den Computeralltag versüßt. Viele Entscheidungen nimmt Windows XP Ihnen nämlich einfach ab.

1.14 Das Neu-Menü hilft dabei, neue Dinge auf den Bildschirm zu zaubern

Wo Sie früher zuerst das passende Programm starten und dann Ihre Arbeit von Hand am richtigen Ort speichern mussten, geht das bei Windows XP sehr viel einfacher.

Mit Ordnern arbeiten

Öffnen Sie Ihren Ordner *Eigene Dateien*, zum Beispiel über den gleichnamigen Befehl im Startmenü. Legen Sie sich einen neuen Ordner an, in dem Sie Ihre Arbeiten speichern. Dazu wählen Sie *Datei – Neu – Ordner*. Sie können auch mit der rechten Maustaste auf eine freie Stelle im Ordner klicken und dann im Kontextmenü *Neu – Ordner* wählen. Windows ist das egal.

Nennen Sie den neuen Ordner Erster Test `Enter`. Wer es seriöser mag, kann den Ordner natürlich auch Korrespondenz, Steuerunterlagen oder sonstwie taufen. Beschriften Sie Ihre Ordner am besten von vornherein so wie Ordner im gewöhnlichen Aktenschrank, damit Sie später auch noch wissen, wofür er gedacht ist. Dann öffnen Sie den Ordner. Nun wählen Sie im Ordner erneut *Datei – Neu* und suchen sich aus dem Menü den Dateityp aus, den Sie für Ihre Arbeit brauchen. Wollen Sie einen Brief schreiben, dann wählen Sie zum Beispiel *Wordpad-Dokument* aus. Haben Sie Microsoft Office installiert, dann könnten Sie auch *WinWord-Dokument* wählen, denn das *Neu*-Menü wird automatisch um alle Dateitypen ergänzt, die Sie durch weitere Programminstallationen nachgerüstet haben.

Im Ordner erscheint das gewünschte Dokument, und Sie brauchen ihm nur noch einen treffenden Namen zu geben. Öffnen Sie das Dokument dann, und beginnen Sie Ihre Arbeit. Denken Sie nur daran, Ihre Ergebnisse alle paar Minuten über *Datei – Speichern* auf neuestem Stand zu speichern. Wenn Sie fertig sind, schließen Sie das Programm.

Ihre Arbeit liegt nun übersichtlich in einem Ordner in Ihrem *Eigene Dateien*-Ordner. Selbst Büro-Chaoten wie ich finden auf diese Weise wichtige Dokumente und Arbeiten spielend leicht wieder, und mit dem vermaledeiten Dateisystem haben Sie sich so gut wie gar nicht herumärgern müssen. Peinlich wird es höchstens, wenn ein Dateityp ausnahmsweise einmal nicht im *Neu*-Menü geführt wird. In solchen Fällen starten Sie also wie in alten Tagen im Startmenü das gewünschte Programm. Wählen Sie dann *Datei – Speichern*, um Ihre Arbeit an einem sinnvollen Ort aufzubewahren.

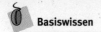

Und schon erleben Sie die nächste Überraschung: Das *Speichern unter*-Fenster ist nämlich viel leichter zu bedienen als früher. Sie brauchen nicht mehr tückische Fangfragen rund um Festplatten und unendlich komplizierte Ordnerhierarchien zu beantworten. Stattdessen sehen Sie links eine freundliche Symbolliste, und wenn Sie darin auf *Eigene Dateien* klicken, wird automatisch Ihr persönlicher *Eigene Dateien*-Ordner eingestellt – ganz gleich, wo der sich in Wirklichkeit auf der Festplatte befinden mag.

Espresso-Tipp! Diese Frage ist ein Dauerbrenner: Kann man die Symbole im *Öffnen-* und *Speichern unter*-Fenster auch verändern? Schließlich scheint man bei Windows XP ja an allen Ecken und Kanten schrauben zu dürfen. Und tatsächlich: Auch die Symbole in den Dialogfenstern sind nicht festbetoniert, sondern können gegen andere Ordner ausgetauscht oder einfach nur ausgedünnt werden. Wie das geschieht, verrate ich Ihnen hier.

1.7 Der Explorer

Hinter all den Ordnerfenstern steckt immer dasselbe Programm: der Explorer. Er ist auch für das *Arbeitsplatz*-Fenster zuständig, das Sie sehen, wenn Sie im Startmenü *Arbeitsplatz* wählen. Schauen Sie sich deshalb mal an, wie Sie dem Explorer beibringen, die Daten möglichst übersichtlich anzuzeigen.

Die Aufgabenleisten

Dass Ihr Computer viele tolle Sachen machen kann, ist ja sonnenklar. Wie man diese tollen Dinge aber ultra-konkret in Angriff nimmt, also zum Beispiel Bilder ausdruckt oder ein Urlaubsbild via E-Mail an Freunde und Bekannte versendet, ist schon eine andere Frage. Nur Chips- und Cola-futternde Freaks scheinen all diese Dinge mit der Muttermilch aufgesogen zu haben. Deshalb gibt es ab sofort die Aufgabenlisten. Die erscheinen als linke Spalte in allen Explorerfenstern und ersetzen lästige Nachhilfestunden in der Volkshochschule.

In den Aufgabenlisten finden Sie alle wichtigen Funktionen und Befehle, die Windows XP für Sie erledigen kann. Weil das ziemlich viel ist und die Listen deshalb eigentlich aus allen Nähten platzen müssten, ist der Explorer clever genug, haargenau die Befehle anzubieten, die in der jeweiligen Situation passend sind.

1.15 In der Aufgabenliste bietet Windows XP genau die richtigen Befehle an

Aufgabenlisten verwenden

Klappen Sie das *Start*-Menü aus, und wählen Sie rechts oben *Eigene Bilder*. Schon öffnet sich der vorgefertigte Ordner *Eigene Bilder*, in dem Windows XP alle Bilder aufbewahrt, die Sie gemalt oder zum Beispiel aus einer Digitalkamera gesaugt haben. Als Vorgeschmack hat Microsoft dort schon mal ein paar Beispielbilder hineingelegt. Öffnen Sie einfach den Ordner *Beispielbilder*, um sich einen schönen Sonnenuntergang oder eins der anderen Beispielbilder anzuschauen.

Werfen Sie nun einen unauffälligen Blick in die linke Spalte des Explorers. Hier finden Sie den Bereich *Bildaufgaben*, also alle Dinge, die Sie rund um Bilder erledigen können. Damit lassen sich die Bilder im Ordner zum Beispiel als Diashow anzeigen oder ausdrucken.

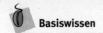

Sogar Abzüge können über das Internet bestellt werden. Sehen Sie die Aufgabenleiste nicht, dann vielleicht nur deshalb, weil sie von der Explorer-Leiste verdeckt wird. Knipsen Sie in diesem Fall die Explorerleiste mit dem kleinen Kreuz in seiner rechten oberen Ecke aus, damit der Blick auf die Aufgabenleiste frei wird. Sie können im Menü auch *Ansicht – Explorerleiste – Ordner* wählen.

Erscheint überhaupt keine separate linke Spalte, dann ist die Infospalte in Ihren Explorer-Fenstern offenbar gerade abgeschaltet. Das kann aus Platzgründen durchaus sinnvoll sein. Um die Infospalte mit den Aufgabenlisten sichtbar zu machen, wählen Sie im Ordnerfenster *Extras – Ordneroptionen.* Das Fenster *Ordneroptionen* taucht auf. Aktivieren Sie die Option *Allgemeine Aufgaben in Ordnern anzeigen,* und klicken Sie auf *OK.* Die andere Option – *Herkömmliche Windows-Ordner verwenden* – blendet die Infospalte aus, sodass nur noch der reine Ordnerinhalt angezeigt wird – ganz so wie bei älteren Windows-Versionen.

Diese Einstellung gilt übrigens für alle Ordnerfenster gemeinsam. Wenn Sie also einen Ordner mit Urlaubsbildern öffnen, dann prahlt Windows XP in seinen Aufgabenlisten nicht etwa mit seinen neuen Musikfunktionen, sondern bietet Ihnen situationsgerecht an, Bilder auszudrucken, eine schöne Dia-Show zu veranstalten oder sogar Abzüge über das Internet zu bestellen. Viele Anwender wussten bis dato vermutlich nicht einmal, dass das überhaupt geht, geschweige denn, wie. Künftig genügt ein Klick auf die passende Aufgabe, und schon erledigt Windows XP die Sache für Sie.

Dateiaktionen leicht gemacht

Zusätzlich zu den speziellen Aufgaben – *Bildaufgaben* beim Bilderordner zum Beispiel – sehen Sie außerdem die Aufgabenliste *Datei- und Ordneraufgaben.* Darin finden Sie alle wichtigen Aufgaben rund um Transportprobleme. So wird es leicht, Dateien an andere Orte zu verschieben oder per E-Mail zu versenden.

All diese Transportaktionen werden gleich noch genauer untersucht. Übrigens werden die Aufgabenlisten sogar noch kräftig aufgestockt, wenn Sie eine bestimmte Datei markieren. Wie funktionieren die speziellen Aufgabenlisten eigentlich?

Eigene Aufgabenleisten einstellen

Die vorgefertigten Windows-Ordner – wie zum Beispiel *Eigene Bilder* – sind schon mit den richtigen Aufgabenlisten bestückt. Legen Sie eigene Ordner an, dann erscheinen nur die *Datei- und Ordneraufgaben*. Schließlich weiss Windows XP nicht, was für Dinge Sie in diesem Ordner aufbewahren wollen. Zum Glück können Sie Windows XP aber auf die Sprünge helfen und ganz leicht die passenden speziellen Aufgabenlisten hinzufügen.

Eigene Aufgabenlisten

Öffnen Sie zuerst Ihren persönlichen Datenbereich, den Ordner *Eigene Dateien*. Dazu klicken Sie links unten auf *Start* und dann rechts oben im Startmenü auf *Eigene Dateien*. Ihr persönlicher Datenbereich wird geöffnet.

Legen Sie nun einen neuen Ordner an, wenn Sie das noch nicht getan haben: Klicken Sie zum Beispiel mit der rechten Maustaste auf eine freie Stelle des *Eigene Dateien*-Ordners, und wählen Sie *Neu – Ordner*. Sie können auch das *Datei*-Menü öffnen und finden darin ebenfalls das *Neu*-Menü.

Geben Sie Ihrem neuen Ordner noch schnell einen Namen, und öffnen Sie ihn dann. Tatsächlich: Links erscheinen nur die *Datei- und Ordneraufgaben*, von einer speziellen Aufgabenliste wie *Bildaufgaben* ist nichts zu sehen. Wählen Sie jetzt *Ansicht – Ordner anpassen*, und klicken Sie auf das Register *Anpassen*. Jetzt sehen Sie Ihren Werkzeugkasten, mit dem Sie Ihren Ordner feinjustieren können.

Im oberen Bereich *Ordnertyp* ist eine Ausklappliste zu entdecken. Klappen Sie die aus, dann sehen Sie all die speziellen Aufgabenlisten, die Windows XP im Handgepäck hat. Hier suchen Sie sich nun einfach die passende Aufgabenliste aus, zum Beispiel *Fotoalbum* oder *Videos* – je nachdem, was Sie in Ihrem neuen Ordner aufbewahren wollen.

Klicken Sie dann auf *OK*. Schwupp, schon blendet Windows XP die gewünschte Aufgabenliste ein. Mit der Option *Vorlage für alle Unterordner übernehmen* sorgen Sie übrigens dafür, dass die ausgewählte Aufgabenliste automatisch auch in allen Unterordnern erscheint, die Sie später in Ihrem Ordner anlegen.

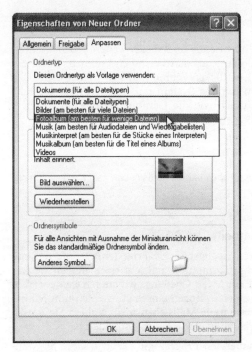

1.16 Aufgabenlisten können Sie sich selbst aussuchen!

Bei früheren Windows-Versionen konnten Sie über verzwickte Skriptprogrammierung das Innenleben der Ordner vollkommen selbst bestimmen. Dabei wurden so genannte *FOLDER.HTT*-Schablonen angelegt, die allerdings kaum ein Mensch je richtig verstanden hat.

Deshalb hat sich Microsoft bei Windows XP von diesem Konzept verabschiedet. Die Aufgabenlisten lassen sich jetzt zwar nicht mehr selbst umprogrammieren, aber dafür funktionieren sie wenigstens reibungslos und können auch ohne Abendstudium sofort eingesetzt werden. Und das ist gut so.

Wer allerdings noch alte *FOLDER.HTT*- und *DESKTOP.INI*-Dateien zur Hand hat, der kann die auch weiterhin noch einsetzen. Nur ihre Erstellung wird nicht mehr unterstützt.

1.8 Windows XP beenden

Am unteren Rand des Startmenüs finden sich weitere lebenswichtige Funktionen, die sich allesamt um den Feierabend drehen. Bevor Sie nämlich Windows XP den Rücken kehren und sich wieder sinnvollen Dingen widmen, sollten Sie das System unbedingt ordnungsgemäß einmotten und nicht einfach wie die Campingheizung ausschalten. Computer mögen sowas nicht.

1.17 Mit *Abmelden* und *Ausschalten* bereiten Sie Windows auf den Feierabend vor

Ein anderer Benutzer arbeitet am PC

Mit *Abmelden* signalisieren Sie, dass Sie zwar mit der Arbeit fertig sind, aber andere Benutzer den Computer vielleicht noch nutzen wollen. Diese Option ist in einer einsamen Chefetage wesentlich weniger sinnvoll als zum Beispiel in einer Wohngemeinschaft, wo sich fünf Mitbewohner den PC teilen, um ihre E-Mails abzurufen. Wählen Sie *Abmelden*, dann können Sie sich entweder wirklich abmelden.

Dabei werden all Ihre laufenden Programme beendet. Oder Sie wählen *Benutzer wechseln*. In diesem Fall läuft Ihre gesamte Sitzung im Hintergrund weiter, und Sie können später durch Neuanmelden nahtlos weiterarbeiten. Drucken Sie zum Beispiel gerade Ihre 1000-seitige Diplomarbeit aus, dann läuft der Ausdruckvorgang weiter – alle Ihre Programme sind also nach wie vor aktiv, nur der Bildschirm gehört Ihnen nicht mehr.

> **Espresso-Tipp!** Noch schneller geht der Benutzerwechsel, wenn Sie WIN + L drücken. Allerdings nur, wenn die *Schnelle Benutzerumschaltung* auch wirklich aktiviert ist.

Benutzer wechseln macht pubertäre Diskussionen in der Familie überflüssig: Wenn die große Schwester mal kurz die neueste E-Mail checken möchte, braucht das spielewütige Brüderchen deshalb nicht mit-

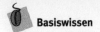

tendrin abzubrechen. Es wird nur einmal kurz der Benutzer ge-
wechselt, das Schwesterchen meldet sich an, schottet den Bildschirm
mit beiden Händen ab und liest kurz die neuesten Verehrer-E-Mails.
Danach meldet sie sich wieder ab, und der kleine Bruder kann sich
sofort wieder in sein Spielegeschehen vertiefen. Gäbe es solch eine
Technik doch auch morgens im Bad …

Dasselbe funktioniert natürlich auch in der Firma, wo ein Administrator sich kurz anmelden und Systemeinstellungen prüfen könnte, ohne
dabei die Mitarbeiter schwerwiegend in ihrer Arbeit zu unterbrechen.
Bevor Sie den Benutzer wechseln, also die Kontrolle über den PC aus
den Händen geben, speichern Sie unbedingt alle wichtigen Dinge!

Sie wissen schließlich nicht, ob andere Benutzer den Computer später
einfach ausschalten, herunterfahren oder über das Netzkabel stolpern.
Alle ungespeicherten Daten wären dann verloren, genauso wie Ihre
gute Laune. Das muss wirklich nicht sein.

Schnelle Benutzerumschaltung

Ob die *Schnelle Benutzerumschaltung* funktioniert, ist eine Einstellungs-
sache. Wählen Sie dazu im Startmenü *Systemsteuerung*, und öffnen Sie
das Modul *Benutzerkonten*. Wenn Sie ein Computeradministrator sind,
dann klicken Sie auf die Option *Art der Benutzeranmeldung ändern*.

Normale Benutzer sehen diese Option erst gar nicht, denn normale
Benutzer dürfen keine Einstellungen verändern, die Einflüsse auf andere Benutzer haben. Sowas vermeidet Streit. Allgemeine Einstellungen dürfen nur vom Computer-Chef geändert werden, und wer das
ist, bestimmen Sie.

Aktivieren Sie dann die Option *Schnelle Benutzerumschaltung verwenden*. Und achten Sie darauf, dass die Option *Willkommensseite verwenden* aktiviert ist. Wer diese Option ausschaltet, muss auf die bequeme
Anmeldeseite verzichten und sich mit dem klassischen Anmeldedia-
logfenster ausweisen.

Sowas ist nur in Firmen sinnvoll, die weit mehr als acht Benutzerkonten einsetzen und bei denen deshalb die Willkommens-Seite unhand-
lich wird. Die *Schnelle Benutzerumschaltung*-Option funktioniert ebenfalls nur, wenn Sie die Willkommens-Anmeldeseite verwenden.

1.18 Ist die *Schnelle Benutzerumschaltung* abgeschaltet, dann sieht das Dialogfenster plötzlich ganz anders aus

Übrigens: Klicken Sie mit der rechten Maustaste auf die Uhr in der Taskleiste und wählen *Task-Manager*, dann erscheint der Task-Manager und zeigt auf seinem *Benutzer*-Register alle parallel laufenden Benutzerkonten an. Das *Benutzer*-Register fehlt, wenn Sie die *Schnelle Benutzerumschaltung* nicht aktiviert haben.

Den Computer ausschalten

Ausschalten ist eine Nummer ernster. Hier signalisieren Sie, dass Sie den Computer für die nächste Zeit überhaupt nicht verwenden wollen. Klicken Sie auf *Ausschalten*, dann weicht alle Farbe aus dem Bildschirm, und ein Fenster bietet Ihnen an, den Computer auszuschalten oder neu zu starten.

Auf halbwegs modernen Systemen wird zusätzlich die Option *Standby* angeboten, mit der sich der Computer in eine Art Winterschlaf versetzen lässt. Er braucht so zwar noch Strom, aber nur ganz wenig, und wenn Sie an der Maus rütteln, dann wacht er genau dort wieder auf, wo Sie ihn eingemottet hatten. Oder gar nicht.

Dann ist Ihr PC nicht kompatibel, und Sie sollten den *Standby*-Modus künftig höflich ignorieren. Die *Standby*-Option ist allerdings nur die halbe Wahrheit. Halten Sie nämlich ⌂ gedrückt, dann verwandelt sich *Standby* in *Ruhezustand* – zumindest dann, wenn Sie den Ruhezustand aktiviert haben. *Ruhezustand* ist wesentlich robuster als der Standby-Modus und verbraucht überhaupt keinen Strom.

Stattdessen verfrachtet Windows XP seinen ganzen sensiblen Speicherinhalt auf die Festplatte und schaltet dann den Computer aus. Wird er später wieder eingeschaltet, dann saugt Windows XP die konservierten Speicherinhalte wieder von der Festplatte zurück in den Speicher und ist ebenfalls binnen Sekunden wieder mitten im bunten

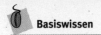

Treiben. Die Umschaltung dauert wegen des Umwegs über die Festplatte zwar ein wenig länger als beim Standby-Modus, aber dafür braucht der Computer in der Ruhephase keinerlei Strom und wacht auch garantiert wieder aus der Siesta auf.

Ruhezustand verwenden

Der Ruhezustand muss zuerst eingeschaltet werden, bevor Sie ihn nutzen können. Dazu wählen Sie im Startmenü *Systemsteuerung* und öffnen das Modul *Energieoptionen*. Ist dieses Modul nirgends zu sehen, dann verwendet die Systemsteuerung offensichtlich die kindergesicherte Kategorienansicht, in der nur die Top-10-Module angezeigt werden. Klicken Sie in diesem Fall links in der Infospalte auf *Zur klassischen Ansicht wechseln*.

Im Fenster der *Energieoptionen* klicken Sie dann auf das Register *Ruhezustand* und aktivieren die Option *Ruhezustand aktivieren*. Das funktioniert allerdings nur dann, wenn auf Ihrer Festplatte noch genügend freier Speicher vorhanden ist, um den Hauptspeicher zu beherbergen, solange der Computer ausgeschaltet ist.

Und natürlich muss das *Ruhezustand*-Register überhaupt da sein. Ist es nirgends zu sehen, dann ist Windows XP der Meinung, dass der Ruhezustand auf Ihrem Rechner keine gute Idee ist. Entweder verwenden Sie in diesem Fall ein völlig antiquiertes Computermodell, das sich nicht konservieren lässt, oder aber – und das ist wahrscheinlicher – es wurden nicht alle Geräte in Ihrem Computer korrekt erkannt.

Haben Sie den Ruhezustand erfolgreich aktiviert, dann wählen Sie im Startmenü *Ausschalten*, halten `Umschalt` fest und beobachten dabei gebannt, wie aus *Standby* plötzlich *Ruhezustand* wird. Klicken Sie auf die Option *Ruhezustand*. Windows mottet seinen Speicher auf der Festplatte ein, und wenig später kehrt selige Ruhe ein: Der Rechner schaltet sich ab.

Schalten Sie ihn gleich wieder ein. Nach dem üblichen BIOS-Fachkauderwelsch auf dem Bildschirm übernimmt Windows XP das Ruder, saugt die Speicherkonserve ein und ist nach einer erneuten Anmeldung sofort wieder da, wo Sie es verlassen hatten. Na also!

Erstaunlicherweise ist der Ruhezustand wesentlich robuster als der Standby-Modus. Er funktioniert nämlich auch auf Systemen, die nicht 100 % ACPI-konform sind, also nicht in allen Aspekten den Energiesparrichtlinien entsprechen.

Falls Ihr Computer solch ein Kandidat ist, dann haben Sie sogar Glück: Weil jetzt der Standby-Modus abgeschaltet ist, zeigt das Ausschalten-Fenster von vornherein nur Ruhezustand als Option an – ohnehin die viel sinnvollere Alternative.

Diesen Luxus können ACPI-konforme Computer nicht bieten. Hier muss immer erst `Umschalt` festgehalten werden, um Ruhezustand anstelle von Standby anzuzeigen.

2 Windows XP maßgeschneidert für Sie

Richten Sie sich Ihr Windows XP individuell ein.

2.1 Der Desktop – Ihr ganz persönlicher Schreibtisch

Der Desktop ist Ihr ganz persönlicher Daten-Abladeplatz für alles, was Ihnen wichtig ist und woran Sie schnell und zügig weiterarbeiten wollen. Anfangs ist der Desktop einfach nur leer. Nur ein kleines *Papierkorb*-Symbol lungert darauf herum. Der Rest gehört Ihnen. Und das ist neu. Bei älteren Windows-Versionen waren meist etliche Systemsymbole wie zum Beispiel *Arbeitsplatz* fest auf dem Desktop verankert. Diese Symbole sind bei Windows XP ins Startmenü eingewandert und haben es sich dort gemütlich gemacht.

Systemsymbole auf dem Desktop

Espresso-Tipp! Trotzdem können Sie natürlich nach wie vor Systemsymbole auf dem Desktop anzeigen, die Ihnen ans Herz gewachsen sind. Wollen Sie zum Beispiel wie in alten Tagen den *Arbeitsplatz* dort anzeigen, dann klappen Sie das Startmenü aus und sehen rechts oben fettgedruckt die Systemsymbole, zum Beispiel auch *Arbeitsplatz*. Die meisten davon können mit einem galanten Mausklick auf den Desktop gelegt werden: Klicken Sie zum Beispiel *Arbeitsplatz* mit der rechten Maustaste an und wählen Sie *Auf dem Desktop anzeigen*. Schon ist der Arbeitsplatz wieder auf dem Desktop heimisch.

Eigene Dinge auf den Desktop legen

Wie legt man eigene Dinge auf den Desktop? Zum Beispiel so: Klicken Sie mit der rechten Maustaste auf eine freie Stelle des Desktops, dann öffnet sich ein Kontextmenü. Wählen Sie darin *Neu* und die gewünschte Datei, zum Beispiel *Textdatei*. Schon liegt eine neue Textdatei auf Ihrem Desktop, der Sie gleich einen neuen Namen geben können. Öffnen Sie danach die Textdatei, dann startet Windows XP automatisch das passende Programm, und Sie könnten zum Beispiel in Rekordzeit damit beginnen, einen Brief zu tippen. Den könnten Sie anschließend auch gleich ausdrucken: *Datei – Drucken*, oder Rechtsklick aud die *Datei* und *Drucken*.

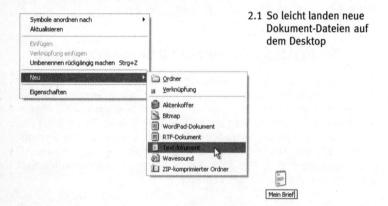

2.1 So leicht landen neue Dokument-Dateien auf dem Desktop

Oder per E-Mail an Freunde und Bekannte versenden: Rechtsklick auf die Textdatei – *Senden an – E-Mail-Empfänger* wählen. Und so sind Sie mit der Arbeit häufig schon fertig, wenn sich ein Windows 98-Anwender vielleicht noch verschmitzt am Kopf kratzt und fragt, wo das passende Programm für sein Anliegen überhaupt zu finden ist. Villariba olé!

Das Neu-Menü verstehen

Ausdrucken und E-Mail-Senden funktionieren vielleicht schon auf Anhieb, je nachdem, wie Ihr System vorkonfiguriert ist. Es kann genauso gut sein, dass Sie zuerst einen Drucker installieren oder Ihr E-Mail-Konto einrichten müssen, bevor alles so elegant klappt wie eben beschrieben. In Kapitel 4 erfahren Sie, wie Sie Drucker startklar machen, und in Kapitel 5 zeige ich Ihnen, wie Ihr System in fünf Minuten E-Mail-fähig ist. Versprochen! Und noch etwas: Das *Neu*-Menü, das Sie gerade kennen gelernt haben, bietet viele verschiedene Dateitypen an. *Textdatei* ist nur einer davon und liefert ganz einfache Textdateien, ohne elegante Schreibschrift oder verschiedene Schriftfarben. Eben nur Text, so wie früher bei den Schreibmaschinen. Wollen Sie einen schicken Brief schreiben, dann wählen Sie *Wordpad-Dokument* oder *Microsoft Word-Dokument*, je nachdem, was bei Ihnen angezeigt wird.

2.2 ... und schon wird die Datei per E-Mail verschickt – einfach, oder?

Der Desktop ist aber auch von anderen Orten aus besonders leicht zu erreichen. Im *Speichern unter*-Fenster der meisten Programme sehen Sie ihn links in der Symbolleiste als großes Symbol, und wenn Sie also eine Datei auf den Desktop legen wollen, wählen Sie dieses Symbol und speichern dann einfach nur noch. Schon plumpst die Datei auf Ihren Desktop.

> **Espresso-Tipp!** Haben Sie's bemerkt? Die neuen *Öffnen*- und *Speichern unter*-Dialoge kann man jetzt auch größer oder kleiner machen! Parken Sie die Maus einfach auf der rechten unteren Fensterecke. Die ist geriffelt, dort kann sich die Maus festkrallen. Halten Sie die Maustaste jetzt fest, dann ändert sich die Dialogfenstergröße. Das funktioniert allerdings nur bei der offiziellen Dialogen, und Windows XP merkt sich die neue Größe auch nicht.

Damit der Desktop nicht mit der Zeit zur unübersichtlichen Daten-Müllhalde wird, sollten Sie ihn genauso aufmerksam behandeln wie Ihren echten Schreibtisch. Darauf liegen ja auch nicht mehr die Sylvestereinladungen vom letzten Jahr herum. Packen Sie also alles auf Ihren Desktop, was Ihnen im Augenblick wichtig ist – Ihr Tages- oder Wochengeschäft also. Und nehmen Sie alle Sachen vom Desktop herunter, die längst veraltet sind und keinen Menschen mehr interessieren.

Völlig veraltete Sachen, die Sie gar nicht mehr brauchen, ziehen Sie z. B. auf das *Papierkorb*-Symbol. Dann sind sie weg. Für immer. Genauso wie die echten Dokumente, die Sie von Ihrem Schreibtisch nehmen, zerknüllen und in den Papierkorb kicken. Wollen Sie ältere Dinge lieber noch eine Weile aufbewahren, dann klicken Sie diese Dateien mit der rechten Maustaste an und wählen *Senden an – Eigene Dateien*. Schon transportiert Windows XP diese Dateien vom Desktop in Ihren persönlichen Ordner *Eigene Dateien*. Den erreichen Sie zum Beispiel über den gleichnamigen Befehl rechts oben im Startmenü.

Desktop automatisch aufräumen

Windows XP räumt Ihren Desktop sogar von ganz allein auf! Von Zeit zu Zeit fragt es nach, ob Sie ältere Dinge vom Desktop nehmen möchten. Finden Sie das eine gute Idee, dann zeigt Windows XP Ihnen an, welche alten Dinge auf dem Desktop liegen, und verschiebt diese dann in einen Ordner auf Ihrem Desktop. Die Sachen gehen also nicht verloren, sondern werden einfach nur eingelagert. Den freundlichen Reinigungsassistenten können Sie auch sofort in Aktion sehen. Dazu klicken Sie mit der rechten Maustaste auf eine freie Stelle des Desktops, wählen *Symbole anordnen nach* und dann *Desktopbereinigungs-Assistent ausführen*.

2.3 Der Desktop-Aufräum-Service in Aktion

Verknüpfungen auf dem Desktop anlegen

Ihr Desktop kann nicht nur eigene Dateien beherbergen, die Sie selbst angelegt haben: einen Brief oder ein Bild beispielsweise. Der Desktop kann auch Verknüpfungen anzeigen auf Dinge, die Ihnen sonst noch wichtig sind. Verknüpfungen funktionieren wie kleine Wegweiser. Schauen Sie sich das mal näher an!

Drag&Drop macht vieles einfacher

Viele Dinge lassen sich ganz besonders bequem mit der Maus erledigen. Gerade auf dem Desktop geht das besonders einfach. Legen Sie sich zum Beispiel noch einmal eine Testdatei auf dem Desktop an: Rechtsklick auf eine freie Stelle des Desktops, *Neu* und *Textdatei*. Geben Sie der Textdatei einen Namen.Wenn Sie die Textdatei nun auf das *Papierkorb*-Symbol ziehen und darauf fallenlassen, wird sie einfach und unbürokratisch entsorgt. Das *Papierkorb*-Symbol ist also bereits ein erster interessanter Abladeplatz für Dateien.

Aber nicht der einzige. Vielleicht wollen Sie ebenso bequem Dateien ausdrucken können. Legen Sie sich dafür bloß noch die passenden Drucker-Symbole auf Ihren Desktop. Dazu öffnen Sie das Startmenü, wählen *Systemsteuerung* und öffnen dann das Modul *Drucker und Faxgeräte*. Jetzt sehen Sie alle Drucker, die bei Ihnen schon eingerichtet sind. Ist noch kein Drucker zu sehen, dann könnten Sie gleich einen einrichten: Klicken Sie links in der *Druckeraufgaben*-Liste auf *Drucker hinzufügen*.

Ziehen Sie einen Drucker mit der Maus aus dem Fenster auf Ihren Desktop. Schon liegt er darauf bereit. Mit einem Rechtsklick auf das neue Drucker-Symbol und *Umbenennen* könnten Sie ihm gleich einen neuen Namen geben. Müssen Sie aber natürlich nicht. Ziehen Sie nun eine Datei auf den Drucker, dann wird sie auf diesem Drucker ausgedruckt. Praktisch, oder?

Und wenn Sie eine Datei auf Diskette oder ein anderes Laufwerk kopieren wollen, dann bräuchten Sie sich ganz analog nur das passende Laufwerk auf den Desktop zu legen. Dazu wählen Sie im Startmenü *Arbeitsplatz*. Ziehen Sie jetzt zum Beispiel das Diskettenlaufwerk auf den Desktop. Schon ist ein neues Laufwerk auf dem Desktop angelegt, und wenn Sie eine Datei auf dem Laufwerk fallenlassen, wird die Datei auf das Laufwerk kopiert und kann anschließend an Freunde und

Bekannte weitergegeben oder als Sicherheitskopie ganz oben auf den
Küchenschrank gelegt werden. In allen Fällen hat Windows Verknüpfungen angelegt. Die erkennen Sie sofort am kleinen gebogenen Pfeil
am linken unteren Rand des Symbols. Verknüpfungen funktionieren
wie Wegweiser und leiten Dateien an das Ziel der Verknüpfung weiter.

Natürlich können Sie Verknüpfungen auch öffnen. Öffnen Sie zum
Beispiel das neue Drucker-Symbol auf Ihrem Desktop, dann sehen
Sie alle noch laufenden Ausdrucke auf dem Drucker. Öffnen Sie dagegen das neue Laufwerkssymbol, dann sehen Sie alle Dateien, die sich
auf dem Laufwerk schon befinden.

Verknüpfungen gibt es nicht nur für Geräte. Auch Dateien, die eigentlich an ganz anderen Orten lagern, die Sie aber trotzdem gern bequem
über den Desktop erreichen wollen, lassen sich als Verknüpfung auf
den Desktop legen. Dazu klicken Sie die Datei einfach mit der rechten
Maustaste an und wählen *Senden an – Desktop (Verknüpfung erstellen)*.
Voilá!

2.4 Dateien, die Sie ausdrucken wollen, ziehen Sie
künftig einfach auf den Drucker

Weil Verknüpfungen immer nur Wegweiser sind und niemals die »echten« Dateien oder Geräte, können Sie Verknüpfungen gefahrlos löschen. Eben haben Sie ja gesehen, wie einfach Sie die Verknüpfungen
notfalls wieder herzaubern können, falls Sie sie doch wieder brauchen.
Achten Sie nur darauf, dass Sie auch wirklich mit Verknüpfungen und
nicht mit Originalen zu tun haben: Suchen Sie also links unten im
Symbol nach dem gebogenen Verknüpfungspfeil, dem Erkennungszei-
chen aller Verknüpfungen.

Wer mag, kann Verknüpfungen sogar aufklappen, um zu sehen, was
Windows darin so alles eingetragen hat. Dazu klicken Sie die Verknüpfung mit der rechten Maustaste an und wählen *Eigenschaften*. Auf dem
Registerblatt *Verknüpfung* sehen Sie nun im Feld *Ziel* das Ziel, auf das
die Verknüpfung verweist. Handelt es sich um eine Datei, dann bräuchten Sie bloß auf die Schaltfläche *Ziel suchen* zu klicken, um sofort den

Ordner mit der Originaldatei zu öffnen und diese Datei markieren zu lassen. Besonders interessant ist das Feld *Ausführen*: Hier legen Sie fest, in welcher Fenstergröße die Verknüpfung sich öffnen soll. Möchten Sie zum Beispiel eine Datei immer als bildschirmfüllendes Fenster öffnen, dann stellen Sie in Ihrer Verknüpfung ein: *Ausführen: Maximiert*.

2.5 Legen Sie zum Beispiel die Fenstergröße der Verknüpfungen fest

Das funktioniert sogar mit den Programmeinträgen im Menü *Alle Programme*! Dort lagern nämlich eigentlich auch nur Verknüpfungen. Möchten Sie also im Startmenü festlegen, in welcher Fenstergröße ein Programm startet, dann klappen Sie das Startmenü aus, wählen *Alle Programme* und klicken dann mit der rechten Maustaste auf den gewünschten Eintrag. Wählen Sie *Eigenschaften*, um die Verknüpfungsdetails zu sehen und zum Beispiel die Einstellung im Feld *Ausführen* zu ändern.

Verknüpfungen ohne Ziel

Verknüpfungen sind nur Wegweiser und können deshalb auch mal in die Irre führen, so ähnlich wie die Schilder zum Schützenfest, wenn schon längst wieder Ernüchterung eingekehrt ist. Wurde also das Ziel der Verknüpfung gelöscht, dann kann es zu ratloser Sucherei kommen, sobald Sie anschließend eine Verknüpfung öffnen, die ihr Ziel nicht mehr finden kann. Windows bemüht sich in solchen Fällen zwar händeringend, das verschollene Ziel wiederzufinden, aber häufig ist das gar nicht mehr möglich:

Das von Windows stolz präsentierte Fundstück hat dann meist gar nichts mehr mit dem ursprünglichen Ziel der Verknüpfung zu tun. Wenn Ihnen sowas passiert, dann löschen Sie die arbeitslos gewordene Verknüpfung einfach: Rechtsklick und *Löschen*.

Symbole auf dem Desktop besser anordnen

Die Symbole, die Sie auf Ihren Desktop gelegt haben, sind beweglich. Sie können sie hin und herrücken, wie es Ihnen gefällt. Allerdings klappt das nicht immer. Vielleicht ordnen sich die Symbole anschließend wie von Geisterhand wieder neu an oder rücken erst noch ein Stück weiter, bleiben also nicht genau dort liegen, wo Sie sie hingeschoben haben. Hinter diesem störrischen Verhalten stecken Ordnungsfunktionen. Die sollen Chaos vermeiden helfen. Mit der Option *Am Raster ausrichten* werden alle Desktopsymbole an einem unsichtbaren Gitternetz ausgerichtet, damit die Symbole immer den gleichen Abstand zueinander einhalten und ordentlich aufgereiht in Spalten erscheinen.

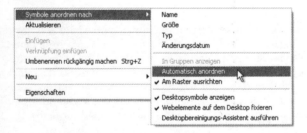

2.6 Ist diese Option aktiv, dann können Symbole auf dem Desktop nicht mehr
     frei angeordnet werden

Und die Option *Automatisch anordnen* geht noch einen Schritt weiter: Sie ordnet die Symbole von ganz allein der Reihe nach an, damit keine

Symbole übereinander liegen. Moralische Gründe stecken zum Glück nicht dahinter. Überhaupt können Sie diese Optionen ein- und ausschalten, wie es Ihnen gefällt.

> **Espresso-Tipp!** Sie können den Desktop momentan gar nicht richtig sehen, weil sich wieder mal zig geöffnete Fenster davor drängeln und ihn verdecken? Natürlich könnten Sie die Fenster zuerst zur Seite schieben oder minimieren, aber das ist lästig. Viel einfacher funktioniert die Tastenkombination ⌨WIN+⌨D. Die macht alle Fenster unsichtbar, damit Sie an den Desktop herankommen. Ist die Arbeit mit dem Desktop erledigt, dann drücken Sie einfach noch einmal ⌨WIN+⌨D. Schon liegen die Fenster wieder an Ort und Stelle.

Dazu klicken Sie mit der rechten Maustaste auf eine freie Stelle des Desktops und wählen *Symbole anordnen nach*. Jetzt sehen Sie die Optionen *Automatisch anordnen* und *Am Raster ausrichten*. Steht ein Häkchen vor der Option, dann ist sie gerade eingeschaltet. Wählen Sie die Option dann einfach noch einmal, um das Häkchen wieder zu entfernen und die Option auszuknipsen. Das Menü hat aber noch mehr zu bieten: Über *Name*, *Größe*, *Typ* und *Änderungsdatum* sortiert Windows XP die Desktopsymbole auf Wunsch nach diesen Kriterien. Wählen Sie zum Beispiel *Typ*, wenn Sie gleichartige Symbole in Gruppen anzeigen wollen. Oder wählen Sie *Name*, wenn Sie die Symbole lieber alphabetisch sortieren möchten.

> **Espresso-Tipp!** Wollen Sie alle Desktop-Symbole verschwinden lassen, zum Beispiel, um Ihr neues Desktop-Hintergrundbild in Ruhe zu genießen, dann wählen Sie *Desktopsymbole anzeigen*. Auch diese Option funktioniert wie ein Umschalter und blendet alle Desktop-Symbole wahlweise ein oder aus.

Desktop-Hintergrundbilder einrichten

Die Unterlage Ihres Desktops ist ein weiterer entscheidender Gemütlichkeitsfaktor, denn schließlich starren Sie während der Arbeit unweigerlich ständig auf Ihren Desktop. Deshalb überlässt es Windows XP Ihrem persönlichen Geschmack, ob Sie sich während der Arbeit von einem stimmungsvollen Sonnenuntergang, dem Familienportrait oder eben einfach nur von einem einfarbigen Desktop-Hintergrund inspirieren lassen möchten. So passt sich Windows XP auf Wunsch ganz Ihrer augenblicklichen Stimmungslage an. Dazu klicken Sie einfach auf eine freie Stelle des Desktops und wählen *Eigenschaften*. Klicken Sie dann auf das Register *Desktop*. Jetzt sehen Sie die Liste der *Hintergrundbilder*, die Windows XP schon mitgebracht hat. Klicken Sie ein Bild in der Liste an, dann erscheint oben im symbolischen Monitor eine Vorschau. Die Bilder in der Liste sind von ganz unterschiedlicher Qualität. Entweder probieren Sie einfach etwas herum, oder Sie achten auf das kleine Symbol vor den Einträgen. Ein symbolisches Blatt mit Pinsel repräsentiert die speicherfressenden klassischen BMP-Grafiken, die man auch selbst mit dem Malprogramm *Paint* erstellen kann.

Meist sind diese Bilder nur winzig klein und werden wie Mosaikstücke aneinandergesetzt, um den ganzen Bildschirm zu füllen. Daneben führt die Liste aber auch wunderschöne JPG-Grafiken mit bildfüllenden Fotos wie einer stimmungsvollen Herbstlandschaft oder einer dramatischen Sahara-Düne. Die Art des ausgewählten Bildes bestimmt auch, welche Einstellung in der Liste *Ausrichtung* richtig ist. Bei sehr kleinen Bildchen steht hier die Einstellung *Nebeneinander*, damit die Bilder mosaikartig den Bildschirm füllen. Große Fotos werden am besten mit der Option *Gestreckt* angezeigt: Windows XP passt die Bildgröße dann genau so an, dass das Bild den ganzen Bildschirm ausfüllt. Mit der Option *Zentriert* wird das Bild dagegen in Originalgröße genau in der Desktop-Mitte angezeigt – nicht so elegant.

Espresso-Tipp! Reichen Ihnen die Bilder in der Auswahlliste nicht aus, dann können Sie natürlich auch andere Bilder verwenden, zum Beispiel Urlaubsbilder oder Bilder, die Sie aus Digitalkamera oder Scanner gesaugt haben. Dazu klicken Sie auf die Schaltfläche *Durchsuchen* und geben dann an, wo das gewünschte Bild lagert. Als Vorgabe öffnet sich der Ordner *Eigene Bilder*, und darin liegen schon ein paar Beispielbilder. Aber natürlich können Sie im *Durchsuchen*-Fenster auch jeden anderen Ordner öffnen.

Möchten Sie lieber gar kein Hintergrundbild, dann stellen Sie in der *Hintergrund*-Bildcrliste den obersten Eintrag ein: *Kein*. Anschließend können Sie sich rechts in der *Farbe*-Ausklappliste Ihre Lieblingsfarbe für den nun einfarbigen Desktop herauspicken. Sobald Sie auf *Übernehmen* klicken, werden Ihre Wünsche umgesetzt.

Durchsichtige Symbolbeschriftungen sehen besser aus

Haben Sie sich ein stimmungsvolles Desktop-Hintergrundbild ausgesucht? Dann stören vielleicht nur noch die Symbolbeschriftungen der Desktop-Symbole das Vergnügen. Sind die visuellen Effekte nicht richtig eingestellt, dann schießen die nämlich unschöne Löcher in Ihr neues Hintergrundbild.

2.7 Die Kosmetik-Einstellungen haben großen Einfluss auf die Optik

In den Voreinstellungen unterbricht Windows im Bereich der Systembeschriftungen das Hintergrundbild und zeigt dort den nackten Desktop-Hintergrund an. Das soll die Symbolbeschriftungen lesbarer machen, sieht aber ziemlich albern aus. Besser geht's, wenn Sie stattdessen die transparenten Symbolbeschriftungen aktivieren. Das allerdings passiert an einer unwahrscheinlich vertrackten Stelle. Dazu öffnen Sie nämlich das Startmenü, klicken mit der rechten Maustaste auf *Arbeitsplatz* und wählen *Eigenschaften*. Im Fenster klicken Sie nun auf das Register *Erweitert*. Jetzt klicken Sie oben im Bereich *Systemleistung* auf die Schaltfläche *Einstellungen*. Klicken Sie auf das Register *Visuelle Effekte*. Wählen Sie die Option *Benutzerdefiniert*, und aktivieren Sie die Option *Durchsichtigen Hintergrund für Symbolunterschriften auf dem Desktop*. Klicken Sie auf *OK*. Na also, warum nicht gleich so?

Nebenwirkung Active Desktop

Und was, wenn die Symbolbeschriftungen bei Ihnen gar nicht transparent werden? Dann sind skurrile Wechselwirkungen der Effekte schuld. Wenn Sie nämlich Windows beauftragen, Webinhalte auf dem Desktop zu fixieren, dann gehen Ihnen dabei nicht nur transparente Symbolbeschriftungen verloren, sondern auch andere Dinge wie zum Beispiel schattierte Schrift.

Sind die Symbolbeschriftungen bei Ihnen also nicht transparent geworden, dann klicken Sie mit der rechten Maustaste auf eine freie Stelle des Desktops, wählen *Symbole anordnen nach* und schauen unauffällig nach, ob vor *Webelemente auf dem Desktop fixieren* ein Häkchen steht. Falls ja, wählen Sie diesen Befehl, um ihn abzuschalten. Voilá!

Ein anderer Nebeneffekt dieser Einstellung: Falls Sie mit einer Betaversion arbeiten, blendet Windows XP normalerweise einen Hinweis in der rechten unteren Desktop-Ecke ein. Der verschwindet, sobald Sie Webelemente auf dem Desktop fixieren lassen.

Dem Bildschirm eine bessere Auflösung verpassen

Natürlich können Sie den Monitor nicht künstlich aufblähen, um mehr Platz auf Ihrem Desktop zu bekommen. Was Sie aber tun können – und sollten: Wählen Sie die für Ihren Monitor optimale Bildschirmauflösung aus! Und wenn das nicht reicht, dann dehnen Sie den Desktop auf mehrere Monitore aus. Auch das ist nämlich bei Windows XP möglich, sogar bei Notebooks. Neugierig?

Die Auflösung bestimmt, wie groß die einzelnen Bildpunkte sein dürfen, aus denen Ihr Bild besteht. Weil Computermonitore genau wie klassische Flimmerkisten im Wohnzimmer die Bildgeometrie 4:3 verwenden, das Bild also ein bisschen breiter als hoch ist, werden die Auflösungen ebenfalls im Verhältnis 4:3 gewählt.

Die Ur-Auflösung von 640x480 Punkten mutet Windows XP Ihnen erst gar nicht mehr zu. Sie kommt nur noch zum Einsatz, wenn Windows XP im *Abgesicherten Modus* gestartet werden muss (dem Reparatur-Trockendock also) oder Ihre Grafikkarte überhaupt nicht erkannt wurde. In dieser Not-Auflösung sind die Bildpunkte so grob und nur so wenige davon vorhanden, dass der Windows XP-Desktop kaum noch im Bildschirm untergebracht werden kann.

Schon besser ist die Auflösung 800x600, die vor allen Dingen für Monitore bis 14 Zoll Bildschirmdiagonale verwendet wird. Richtig Spaß macht Windows XP aber erst bei 1024x768 Punkten und darüber. Jetzt ist auf dem Desktop alles scharf und übersichtlich zu sehen. Experimentieren Sie einfach ein wenig mit Ihrer Bildschirmauflösung herum! Entscheiden Sie dann selbst, welche Auflösung Ihrer Meinung nach am besten aussieht.

2.8 Stellen Sie für Ihren Desktop eine vernünftige Auflösung ein

Bessere Bildschirmauflösung

Um den Hebel für die Bildschirmauflösung zu sehen, klicken Sie mit der rechten Maustaste auf eine freie Stelle des Desktops und wählen *Eigenschaften*. Klicken Sie dann auf das Register *Einstellungen*. Jetzt sehen Sie links das Feld *Bildschirmauflösung*. Mit dem Verschieberegler darin können Sie jetzt die Bildschirmauflösung variieren. Mit einem Klick auf *Übernehmen* wird dann testweise umgeschaltet, sodass Sie das Resultat bewundern können. Allerdings nur für maximal 15 Sekunden, und das ist Ihr Sicherheitsnetz. 15 Sekunden lang wartet Windows XP darauf, dass Sie die neue Einstellung mit einem Klick auf *Ja* übernehmen. Reagieren Sie nicht, weil Sie zum Beispiel gerade schreckensbleich auf einen schwarzen Bildschirm starren, dann schaltet Windows XP automatisch wieder zur alten Einstellung zurück, und Sie sind gerettet.

Auf den meisten modernen Computern ist die Auswahl der Bildschirmauflösung völlig unproblematisch, aber eben nicht auf allen. Verwenden Sie einen sehr alten Monitor, dann wird der vielleicht von der neuen Auflösung heillos überfordert, zeigt nur noch Streifen oder pfeift sogar. Lustig ist sowas aber nicht. Tatsächlich können Monitore (oder genauer gesagt der darin eingebaute Zeilentrafo) sogar durchbrennen, wenn Sie ihn mit diabolischem Lächeln einfach längere Zeit weiterpfeifen lassen. Worauf Ihnen das Lächeln sicher umgehend gefriert, spätestens, wenn Sie die Reparaturrechnung sehen. Deshalb also die 15-Sekunden-Testumschaltung, die Sie über einen Druck auf ⌈Esc⌉ sogar noch weiter abkürzen können.

Ganz andere Spielregeln sind bei den modernen Flachbildschirmen zu bedenken. Die funktionieren nämlich völlig anders als die klassischen Röhrenmonitore: Jeder Bildpunkt ist ein kleines Lämpchen. Und das bedeutet: Die Auflösung des Flachbildschirms ist überhaupt nicht variabel, sondern hängt schlicht von der Anzahl seiner Lämpchen ab. Zwar können Sie auch bei Flachbildschirmen an der Bildschirmauflösung herumspielen, aber wenn Sie nicht genau die Auflösung einstellen, für die der Flachbildschirm gemacht ist, dann sieht das Ergebnis meist fürchterlich aus. Entweder sehen Sie einen dicken schwarzen Rahmen um Ihr Bild (dann haben Sie eine zu kleine Auflösung gewählt), oder das Bild wird einfach nur unscharf oder zerbröselt. Dann versucht der Flachbildschirm verzweifelt, die gewählte Auflösung mathematisch zu interpolieren.

Am besten schauen Sie in den Unterlagen zu Ihrem Flachbildschirm nach, welche Auflösung er gern hat, und stellen dann genau diese Auflösung ein. Die Bildschirmauflösung ist nur eine von insgesamt drei Einstellungen, die Sie kennen sollten, damit Ihr Bildschirm wirklich zeigen kann, was in ihm steckt:

→ Die Farbtiefe, die mit der Ausklappliste neben der Auflösung eingestellt wird, legt fest, wie viel verschiedene Farben Ihr Bildschirm anzeigen kann. Die Uralt-Einstellung *256 Farben* bietet Windows XP erst gar nicht mehr an, es sei denn, Ihre Grafikkarte wurde nicht erkannt. Verwenden Sie mindestens die Einstellung *16 Bit*, um unschöne Flackereffekte zu vermeiden und die modernen Überblendeffekte und die Schriftenglättung von Windows XP auch wirklich verwenden zu können. Greifen Sie umgekehrt auch nicht wahllos zur allerhöchsten Einstellung (meist *32 Bit*), weil die so verschwenderisch viele Farben anzeigt, dass Ihr Auge den Unterschied zwischen den Nuancen gar mehr feststellen kann, dafür aber plötzlich riesige Speichermengen im Videospeicher umhergekarrt werden müssen und so langsame Systeme noch langsamer werden.

→ Die Bildwiederholfrequenz bestimmt, wie oft die Grafikkarte das Bild pro Sekunde neu zeichnet. Diese Einstellung ist nur bei den klassischen Röhrenmonitoren wichtig, nicht bei Flachbildschirmen. Ist die Bildwiederholfrequenz bei Röhrenmonitoren zu gering (nämlich weniger als 70 Mal pro Sekunde oder 70 Hz), dann beginnt das Bild zu flimmern. Das erkennen Sie am besten aus den Augenwinkeln heraus. Flimmern ist schädlich, denn es führt zu Kopfschmerzen, roten Augen und allgemeiner Schlappheit.

2.9 Die Bildwiederholfrequenz ist eine der wichtigsten Einstellungen für bessere Bildqualität

Contra Flimmern

Sie verwenden einen klassischen Röhrenmonitor? Dann sollten Sie unbedingt die folgenden Klicks ausprobieren. Die Chancen stehen nämlich nicht schlecht, dass Ihr Bild nach den folgenden Anpassungen plötzlich kristallklar und viel ruhiger als vorher wird. Lust auf ein wenig Augenschmaus? Dann los:

Klicken Sie mit der rechten Maustaste auf eine freie Stelle des Desktops, und wählen Sie *Eigenschaften*. Klicken Sie dann auf das Register *Einstellugen*. Nun klicken Sie auf die Schaltfläche *Erweitert*. Klicken Sie auf das Register *Monitor*. Im Bereich *Monitoreinstellungen* sehen Sie eine Ausklappliste, die die Bildwiederholfrequenz festlegt. Hier stellen Sie eine Wiederholfrequenz von mindestens 70 Hz ein, besser etwas mehr. Klicken Sie auf *Übernehmen*. Ah, schon besser: Das Bild flimmert nicht mehr, sondern steht jetzt glasklar.

Nur: Was, wenn die Ausklappliste gar keine Bildwiederholfrequenzen anzubieten hat? Dann werfen Sie mal einen unauffälligen Blick ins Feld darüber: Im Bereich *Monitortyp* vermerkt Windows XP den Monitor, den es erkannt hat. Falls Ihr Monitor sich nicht zu erkennen gegeben hat oder falls hier der falsche Monitor eingetragen ist, dann stellen Sie entweder den wirklich zutreffenden Monitortyp ein, oder Sie schalten die Option *Modi ausblenden, die von diesem Monitor nicht angezeigt werden* aus.

Normalerweise tut Windows XP nämlich alles, um eine mögliche Überforderung (und damit einen möglichen Schaden) des Monitors zu vermeiden. Deshalb versucht es zuerst, den Monitortyp zu erkennen, schaut dann in seine *INF*-Treiberdateien und liest daraus, welche Auflösungen und Bildwiederholfrequenzen dieser Monitor maximal verträgt. Alles, was darüber hinaus geht, blendet Windows XP in den Einstellmöglichkeiten dann aus.

Dieser Service ist ganz lieb gemeint, funktioniert aber leider nicht immer. Erstens kann es passieren, dass der Monitor gar nicht richtig erkannt wurde und dann sehr konservative Standardgrenzen eingehalten werden. Und zweitens sind auch die *INF*-Dateien der korrekt erkannten Monitore ausgesprochen vorsichtig und schränken so die Einstellmöglichkeiten stärker ein als eigentlich nötig. Setzen Sie sich über die Kindersicherung hinweg, dann stehen Ihnen plötzlich alle Einstellungen zur Auswahl, die die Grafikkarte leisten kann, und nun obliegt es Ihnen sicherzustellen, dass der Monitor damit auch tatsächlich zurechtkommt. Monitorüberforderungen erkennen Sie in den meisten Fällen an streifigen Bildern, Pfeiftönen oder einem flauen Bild.

Objekte und Schriften vergrößert darstellen

Höhere Bildschirmauflösungen haben eine kleine Nebenwirkung: Plötzlich sehen die Dinge auf dem Desktop und auch die Fenster und Menüs so aus wie aus dem 10. Stockwerk betrachtet – alles ist fürchterlich klein. Was eigentlich verständlich ist. Weil die einzelnen Bildpunkte wegen der höheren Bildschirmauflösung kleiner geworden sind, werden auch die Objekte und Schriften kleiner, die daraus bestehen. Schön ist das nicht, und deshalb gibt es Gegenmaßnahmen.

Falls Sie sich übrigens gerade fragen, wieso man erst die Bildschirmauflösung hochschraubt, um danach mit Gegenmaßnahmen den alten Zustand wiederherzustellen, kann ich Sie beruhigen: Es geht alles mit rechten Dingen zu. Die höhere Bildschirmauflösung sorgt für viel bessere weil feinere Darstellungsqualität. Jetzt kommt es einfach nur noch darauf an, die Objekte und Schriften größer zu machen, damit sie mit mehr Bildpunkten als vorher angezeigt werden. Danach ist zwar wieder alles genauso groß wie vorher, aber sehr viel schärfer und schöner.

2.10 Hier vergrößern Sie Desktop-Symbole und Symbolbeschriftungen

Bildelemente vergrößern

Leider gibt es keinen einzelnen Hebel, der die Größe aller Bildschirmelemente auf einen Schlag vergrößert. Macht aber nichts. Schauen Sie einfach mal, wie sich die wichtigsten Bildschirmelemente vergrößern lassen.

Sind Ihnen die Symbole auf dem Desktop zu klein, dann plustern Sie sie auf. Dazu klicken Sie mit der rechten Maustaste auf eine freie Stelle des Desktops und wählen *Eigenschaften*. Klicken Sie dann auf das Register *Darstellung* und darin auf die Schaltfläche *Effekte*.

Nun aktivieren Sie die Option *Große Symbole verwenden*, und klicken auf *OK*. Klicken Sie zum Schluss auf *Übernehmen*: Schon werden die Symbole vergrößert und sind nun nicht mehr 32x32 Punkte groß, sondern 48x48 Punkte.

Noch mehr Feinkontrolle bekommen Sie, wenn Sie auf dem *Darstellung*-Register nicht auf *Effekte* klicken, sondern auf *Erweitert*. Schauen Sie sich nun die Ausklappliste *Element* näher an. Stellen Sie darin *Symbol* ein, dann können Sie jetzt nicht nur die Größe der Desktopsymbole stufenlos festlegen, sondern auch die Größe und Schriftart der Symbolbeschriftungen.

Weil Symbole intern nur in den Formaten 32x32 und 48x48 vorliegen, sehen andere Größen vermutlich ein wenig sonderbar aus: Windows muss sie aus den vorliegenden Größen mathematisch extrapolieren.

Die *Element*-Liste hat aber noch mehr zu bieten. Mit *Symbol (vertikal)* legen Sie zum Beispiel den Rasterabstand der Desktopsymbole fest. Und auch die Schrift in der Menüleiste kann ganz bequem geändert werden (Element *Menü*). Sie brauchen nur das Element in der symbolischen Vorschau anzuklicken, das Sie ändern wollen, und schon stellt Windows seinen Namen in der *Element*-Ausklappliste ein.

Solange Sie das *Windows XP-Design* verwenden, sind einige Einstellmöglichkeiten allerdings nicht variabel: Fensterrahmen und Fenster-Titelleisten können nur dann verändert werden, wenn Sie das klassische Windows-Design einsetzen, weil diese Gestaltungsmerkmale beim Windows XP-Design direkt aus dem Luna-Style stammen.

Es gibt noch eine weitere Anlaufstelle für größere Bildschirmelemente: Dazu klicken Sie auf das Register *Einstellungen* und dann auf die

Schaltfläche *Erweitert*. Nun sehen Sie auf dem Registerblatt *Allgemein* den Bereich *Anzeige* und darin die Auswahlliste *DPI-Einstellung*. DPI steht für *Dots-Per-Inch* oder Punkte pro Inch.

Wählen Sie in der Liste *Benutzerdefiniert*, dann erscheint ein Lineal, und Sie können die Bildschirmelemente insgesamt in Prozentpunkten vergrößern. Stellen Sie den Prozentwert entweder in der Ausklappliste ein, oder verschieben Sie die Skalierung des Lineals mit der Maus.

Diese Einstellmöglichkeit vergrößert in Wirklichkeit nicht sämtliche Bildelemente, sondern nur einige, und dient in erster Linie dazu, den Bildschirm für Grafiker zu eichen, die 1:1-Darstellung ihrer Zeichnungen benötigen. Dazu halten Sie ein Lineal mit Inch-Skalierung an das virtuelle Lineal und ziehen dann die Skalierung des virtuellen Lineals so weit nach rechts oder links, bis beide dieselbe Breite anzeigen. Jetzt können Sie sicher sein, dass ein Zentimeter (oder Inch) in Ihren Zeichenprogrammen tatsächlich auch dieser Länge auf dem Bildschirm entsprechen.

Bildelemente vergrößern

DPI-Einstellungen erfordern einen Neustart, und manchmal müssen zusätzliche Dateien von der Windows-CD installiert werden. Wenden Sie diese Einstellung nicht ohne Not an, denn sie hat auch Nebenwirkungen.

Vergrößern Sie nämlich die Skalierung zu sehr, dann werden Dialogfenster unter Umständen größer als der Bildschirm selbst, und wichtige Schaltelemente passen nicht mehr ins Bild.

Verwenden Sie lieber die am Anfang dieses Exkurses gezeigten Möglichkeiten, um die Bildschirmelemente zu vergrößern.Im Startmenü finden Sie übrigens unter *Alle Programme – Zubehör – Eingabehilfen* die *Bildschirmlupe*. Damit können Sie knifflige Feinheiten wie mit einer Ameisenlupe anzeigen lassen.

Desktop auf mehrere Monitore ausdehnen

Windows XP kommt nicht nur mit einer Grafikkarte zurecht, sondern kann bis zu neun Grafikkarten gleichzeitig mit Bildern versorgen. So kann der Desktop auf zwei, drei oder sogar noch mehr Bildschirme ausgebaut werden.

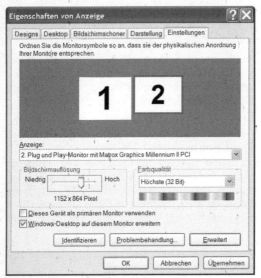

2.11 Windows XP kann mit bis zu neun Grafikkarten gleichzeitig arbeiten

Was sich wie Science Fiction anhört, ist enorm praktisch: Auf einem Bildschirm kann man so zum Beispiel zeichnen und sieht auf dem anderen die Zeichenwerkzeuge – oder den E-Mail-Eingang. Und weil Windows XP für solchen Luxus keine Spezialgrafikkarten oder -Monitore benötigt, ist so etwas noch nicht mal teuer. Fast überall findet sich noch eine alte Grafikkarte oder ein ausrangierter Monitor, mit dem man eigentlich gar nichts mehr anzufangen weiss. Jetzt erlebt solches Gerümpel seinen zweiten Frühling.

Notebook-Besitzer haben es sogar noch einfacher: Dank *DualView*, einer Neuerung in Windows XP, kann die Grafikkarte des Notebooks an den externen Monitorausgang ein anderes Bild liefern als im eingebauten Display zu sehen ist. Zumindest dann, wenn die Grafikkarte modern genug dafür ist und zum Beispiel genügend Videospeicher zur Verfügung hat. Besitzt Ihr Computer mehr als eine PCI-Grafikkarte (oder haben Sie ein externes Display an den Monitor Ihres Notebooks angeschlossen), dann schauen Sie doch mal nach, ob die Multimonitor-Unterstützung schon einsatzbereit ist. Dazu klicken Sie mit der rechten Maustaste auf eine freie Stelle des Desktops und wählen *Eigenschaften*. Klicken Sie dann auf das Register *Einstellungen*.

Falls Windows XP mehr als eine Grafikkarte entdeckt hat, dann sehen Sie nun im oberen Teil des Fensters die symbolischen Monitore dieser Grafikkarten, und in der Ausklappliste darunter können Sie sich die Grafikkarte aussuchen, für die die Einstellelemente darunter gelten sollen. Anfangs ist nur einer der symbolischen Bildschirme aktiv, die übrigen erscheinen schraffiert. Um die übrigen Monitore zu aktivieren, klicken Sie sie an und wählen dann die Option *Windows-Desktop auf diesen Monitor erweitern.*

Die symbolischen Bildschirme im oberen Teil des Dialogfensters können aber noch mehr: Sie sind beweglich, sodass Sie Ihre »Bildwand« so zurechtrücken können, wie Sie wollen. Legen Sie also fest, ob Ihre Desktop-Bildschirme übereinander oder nebeneinander erscheinen sollen. Stehen die beiden echten Monitore nebeneinander auf Ihrem Schreibtisch, dann sollten Sie natürlich auch die symbolischen Bildschirme im Dialogfenster so anordnen, damit Sie sich später nicht wundern, wenn die Maus an einer ganz falschen Bildschirmseite den zweiten Monitor betritt. Die Größe der symbolischen Bildschirme repräsentiert die gewählte Bildschirmauflösung. Jede Grafikkarte kann unterschiedlich eingestellt werden, sodass sich ältere wenig leistungsfähige und neue topmoderne Grafikkarten bequem mischen lassen.

Espresso-Tipp! Bei so viel Bildschirmen kann man mal die Kontrolle verlieren. Klicken Sie entweder auf die Schaltfläche *Identifizieren*. Windows blendet nun auf allen Monitoren die zutreffende Kennzahl ein. Oder klicken Sie auf einen der symbolischen Monitore, und halten Sie die Maustaste einen Moment lang fest. Dann wird nur auf diesem Monitor die Kennzahl eingeblendet.

Eine Grafikkarte ist dabei allerdings gleicher als alle anderen. Eine Grafikkarte ist »primärer Monitor«. Welche das ist, legen Sie mit der Option *Dieses Gerät als primären Monitor verwenden* fest. Dialogfenster und Meldungen erscheinen immer auf dem primären Monitor. Verleihen Sie deshalb am besten dieses Privileg an die modernste Grafikkarte, die Sie eingebaut haben, denn diese Strategie hat noch einen weiteren Hintergrund: Auch TV-Karten und DVD-Player erscheinen immer auf dem primären Monitor. Sie können nur dann ein anständiges ruckelfreies Bild anzeigen, wenn die Grafikkarte den so genannten Overlay-Modus beherrscht, wenn also zum Beispiel der DVD-Player sein Bild direkt in den Bildschirmspeicher einblenden kann.

Ältere Grafikkarten können sowas nicht. Hier funktioniert die Bild-
wiedergabe deshalb entweder gar nicht, oder sie sieht scheußlich aus:
Der Film muss jetzt umständlich Bild für Bild in den Bildschirmspeicher der Grafikkarte hineinkopiert werden, und das ruckelt und hakt
so stark, dass von einem Filmvergnügen nun wirklich nicht mehr gesprochen werden kann. Deshalb: Wenn Sie mehr als eine Grafikkarte
verwenden, machen Sie die leistungsstärkste und modernste von ihnen zum primären Monitor.

Desktop-Designs: Alle Änderungen im Paket

Viele Dinge rund um den Desktop – Hintergrundbild, Farben und
dergleichen mehr – lassen sich einzeln anpassen. Damit aus diesen
vielen Einzeleinstellungen ein Gesamtkunstwerk wird, klickt man sich
durchaus einige Zeit durch die Dialogblätter. Einfacher geht's mit
Designs.

Designs sind nichts wirklich Neues, hier finden Sie also keine kosme-
tischen Einstellungen, die Sie nicht auch über eine der vielen Anpass-
möglichkeiten selbst und von Hand aktivieren könnten. Designs sind
aber trotzdem spannend, denn sie fassen die vielen Einzeleinstellungen
zu einem handlichen Paket zusammen. Das kann dann auf einen
Schlag aktiviert werden. Und weil Windows XP schon eine Reihe solcher Designs mitbringt, probieren Sie das am besten einfach mal aus.

Desktop-Designs

Klicken Sie mit der rechten Maustaste auf eine freie Stelle des Desktops, und klicken Sie dann auf das Register *Designs*. In einer Ausklappliste bietet Windows XP nun seine Design-Pakete zur Auswahl an.
Wahrscheinlich ist bei Ihnen *Windows XP* ausgewählt, und wenn Sie
anschließend an den Feineinstellungen herumgespielt und zum Beispiel ein anderes Hintergrundbild eingestellt haben, dann steht dahinter *(geändert)*, um anzuzeigen, dass Sie das Design bereits in einigen
Aspekten angepasst haben. Basteln Sie sich nun ein neues Design! Klicken Sie zum Beispiel auf das Register *Darstellung*. In der Liste *Fenster
und Schaltflächen* wählen Sie *Windows XP-Stil*. Im Feld *Farbschema*
darunter wählen Sie die Farbe *Silber*. Dann klicken Sie auf *Übernehmen*, um sich den Effekt vorführen zu lassen. Taskleiste und Fenster
werden plötzlich verchromt.

Gefällt Ihnen das neue Design, dann klicken Sie auf das Register *Designs*. Klicken Sie auf *Speichern*, und geben Sie Ihrem Design einen neuen Namen, zum Beispiel *Windows XP Silber* ⏎. Schon wird es in die Liste der Designs aufgenommen.

Nun ist es kinderleicht, je nach Stimmungslage und Laune zwischen verschiedenen Designs zu wechseln. Wählen Sie zum Beispiel in der Design-Liste *Windows XP*, und klicken Sie auf *Übernehmen*, um zum Teletubbie-Land zu reisen, wählen Sie *Windows klassisch*, wenn Sie eine historische Zeitreise in die prä-XP-Zeit unternehmen wollen, oder wählen Sie Ihre eigenen Designs, die Sie der Liste wie eben gezeigt hinzugefügt haben. Alle selbstgebastelten Designs werden als Vorgabe direkt in Ihrem Ordner *Eigene Dateien* gespeichert. Öffnen Sie testweise im Startmenü über den gleichnamigen Befehl diesen Ordner, dann sehen Sie die selbstgemachten Designs.

Sie brauchen solch eine Design-Datei bloß zu öffnen, und schon bietet Windows XP an, auf dieses Design umzuschalten. Sie können solche Design-Dateien sogar auf andere Computer übertragen, zum Beispiel, weil Sie im ganzen Büro ein einheitliches eigenes Design verwenden wollen, ohne bei jedem Computer alle Einstellungen einzeln anzuklicken. Möchten Sie jemandem mit einem besonders extravaganten selbstgemachten Design eine Freude bereiten, dann könnten Sie Ihr Design sogar per E-Mail auf die Reise schicken: Rechtsklick auf das Design, dann *Senden an* und *E-Mail-Empfänger*.

Die Design-Datei selbst ist winzig klein. Sie enthält nämlich nur die Klickanweisungen, aber keine Bilder oder andere speicherfressende Einzelteile. Das ist wichtig zu wissen. Haben Sie in Ihr Design ein Hintergrundbild eingebaut, das es nur auf Ihrem Computer gibt, dann könnten Sie die Design-Datei zwar an andere Computer senden, aber dort würde das Hintergrundbild natürlich fehlen und könnte deshalb nicht angezeigt werden.

Design-Dateien untersuchen

Schauen Sie doch einfach mal rein in so eine Design-Datei! Voraussetzung dafür ist, dass Sie sich wie eben beschrieben ein eigenes Design gebastelt haben.Öffnen Sie im Startmenü mit *Eigene Dateien* den Ordner *Eigene Dateien*. Darin sollte nun mindestens eine Design-Datei liegen. Die klicken Sie mit der rechten Maustaste an und wählen dann

Öffnen mit. Suchen Sie sich als Programm zum Öffnen den *Texteditor* aus. Schon zeigt er den Inhalt Ihrer Design-Datei an. Die besteht nämlich nur aus Text, und zwar den Einstellungen, die Sie rund um Ihren Desktop vorgenommen haben.

Genau genommen erinnern die Einstellungen stark an *REG*-Dateien, also an die Textexporte der Windows-Registry, und ganz ähnlich funktioniert die Sache auch: Wird das Design aktiviert, dann schreibt Windows die in der Design-Datei vermerkten Einstellungen in seine Registry-Datenbank und sorgt dafür, dass die neuen Einstellungen gelesen und aktiviert werden.

```
; Copyright © Microsoft Corp. 1995-2001

[Theme]

; My Computer
[CLSID\{20D04FE0-3AEA-1069-A2D8-08002B30309D}\DefaultIcon]
DefaultValue=%SystemRoot%\explorer.exe,0

; My Documents
[CLSID\{450D8FBA-AD25-11D0-98A8-080036181103}\DefaultIcon]
DefaultValue=%SystemRoot%\SYSTEM32\mydocs.dll,0

; My Network Places
[CLSID\{208D2C60-3AEA-1069-A2D7-08002B30309D}\DefaultIcon]
DefaultValue=%SystemRoot%\SYSTEM32\shell32.dll,17

; Recycle Bin
[CLSID\{645FF040-5081-101B-9F08-00AA002F954E}\DefaultIcon]
full=%SystemRoot%\SYSTEM32\shell32.dll,32
empty=%SystemRoot%\SYSTEM32\shell32.dll,31


[Control Panel\Colors]
ActiveTitle=192 192 192
Background=88 87 104
Hilight=178 180 191
HilightText=0 0 0
TitleText=14 16 16
Window=255 255 255
WindowText=0 0 0
Scrollbar=212 208 200
InactiveTitle=255 255 255
Menu=255 255 255
WindowFrame=0 0 0
MenuText=0 0 0
ActiveBorder=212 208 200
InactiveBorder=212 208 200
```

2.12 Design-Dateien bestehen aus Text: den Anweisungen für die Umgestaltung des Desktops

Die Design-Dateien speichern also nur die Einstellungen. Das eigentliche Design kommt ganz woanders her. Basiert Ihr Design auf dem neuen Windows XP-Design, dann finden Sie in der Design-Datei die

Sektion *[Visual Styles]*, und darin steht, wo die Anpassungs-DLL für die Benutzeroberfläche zu finden ist. Sie heißt *Luna.msstyles*, und die können Sie auch besuchen gehen. Dazu wählen Sie im Startmenü *Ausführen* und geben ein: %WINDIR%\Resources\Themes ⏎. Jetzt sehen Sie die Design-Dateien, die das *Designs*-Dialogfenster in seiner vorgewählten Liste anzeigt. Im Ordner *Luna* finden Sie die technischen Einzelteile des neuen Windows XP-Designstils.

Und das ist interessant. Bei Windows XP kann die Benutzeroberfläche nämlich vollkommen umgekrempelt werden, und wer mag, könnte Fenster also auch als morsche Holzfenster verkleiden. Er bräuchte nur die dafür nötigen Stildateien. Zusätzliche Stildateien gibt es zum Beispiel als Teil des *Windows XP Plus!*-Pakets direkt von Microsoft. Im Internet finden Sie außerdem bereits die ersten Design-Entwicklungstools, mit denen Sie eigene XP-Designs konzipieren können: Stichwort WindowBlinds. Aber Vorsicht! Eigene Experimente mit den momentan verfügbaren Programmen endeten im Desaster. Bedienung und Einstellmöglichkeiten sind wirklich noch nicht ausgereift und bislang nur für Bastler interessant, die auch bei einem völlig in seine Einzelteile zerlegten Motorrad noch keine Reue zeigen. In den nächsten Monaten werden aber sicherlich auch professionelle Design-Entwicklungs-Programme und fix-und-fertige Designs zum Nachrüsten zu bekommen sein, bei denen man sich weniger um die unzähligen technischen Details zu kümmern braucht.

Einen Bildschirmschoner einrichten

Bildschirmschoner hüpfen auf den Desktop und decken ihn elegant ab, wenn Sie eine Zeitlang Pause gemacht haben. Allerdings schonen Bildschirmschoner Ihren Bildschirm nicht wirklich, bewahren allerhöchstens davor, dass sich ein statisches Bild über Stunden und Tage in die Leuchtschicht des Monitors einbrennt, so wie bei den Monitoren mit den Abflugzeiten im Flughafen. Trotzdem machen Bildschirmschoner Spaß, und wenn Ihnen die mitgelieferten Bildschirmschoner nicht reichen, dann könnten Sie mit dem *Windows XP Plus!*-Pack zum Beispiel ein so realistisches virtuelles Aquarium nachrüsten, dass man zweimal hinschauen muss, um nicht den Monitor mit Fischfutter zu überhäufen. Natürlich finden Sie auch im Internet unzählige Bildschirmschoner zum Herunterladen. Die sind im Gegensatz zum Plus!-Pack meist kostenlos, allerdings auch lange nicht so beeindruckend.

Bildschirmschoner verwenden

Wollen Sie mal sehen, welche Bildschirmschoner es bei Ihnen so gibt? Dann klicken Sie mit der rechten Maustaste auf eine freie Stelle des Desktops und wählen *Eigenschaften*. Klicken Sie dann auf das Register *Bildschirmschoner*. Jetzt sehen Sie die Ausklappliste *Bildschirmschoner*, und wenn Sie die ausklappen, sehen Sie die momentan auf Ihrem Computer installierten Bildschirmschoner. Suchen Sie einen davon aus, zum Beispiel *3D-Objekte*, und klicken Sie auf *Vorschau*, um den Schoner in Aktion zu sehen. Sobald Sie an der Maus rütteln oder eine Taste drücken, verkrümelt sich der Bildschirmschoner wieder.

Klicken Sie jetzt versuchsweise auf die Schaltfläche *Einstellungen*. Was Sie nun sehen, hängt ganz vom ausgewählten Bildschirmschoner ab, aber fast immer haben Sie jetzt Gelegenheit, den Schoner mit noch mehr Möglichkeiten auszustatten. Beim *3D-Objekte*-Schoner könnten Sie zum Beispiel andere Objekte als das Windows-Logo über den Bildschirm flattern lassen. Wann der Schoner in Aktion treten soll, wird über das Feld *Wartezeit* geregelt. Damit Bildschirmschoner Sie nicht mitten während der Arbeit stören und zum Beispiel während einer mittelschweren Denkpause auf den Bildschirm stürzen (und Sie endgültig aus dem Konzept bringen), ist ein Wert von 10 bis 15 Minuten in Ordnung.

Wollen Sie den Bildschirmschoner auch gleich noch als Wachhund abrichten, dann aktivieren Sie zusätzlich die Option *Kennworteingabe, bei Wiederaufnahme*. Die Option kann auch *Willkommensseite, bei Wiederaufnahme* heißen, wenn Sie die *Schnelle Benutzerumschaltung* aktiviert haben. In jedem Fall sorgt die Option dafür, dass der Bildschirmschoner den Platz nicht mehr so einfach freigibt, wenn er erstmal losgelegt hat. Stattdessen müssen Sie sich zuerst mit Kennwort ausweisen. So wird Ihr Computer automatisch gesperrt, wenn Sie unerwartet schnell in die Kantine eilen mussten oder ein Meeting sich endlos in die Länge zieht. Ein besonderer Bildschirmschoner ist *Diashow eigener Bilder*. Dieser Bildschirmschoner verwendet Ihre Bilder im Ordner *Eigene Bilder*, um damit eine Diashow auf dem Bildschirm zu veranstalten.

Das funktioniert natürlich nur, wenn sich auch wirklich Bilder in Ihrem *Eigene Bilder*-Ordner befinden. Unterordner wie zum Beispiel der mitgelieferte Ordner *Beispielbilder* zählen nicht. Über Einstellungen finden Sie auch hier zahlreiche Feinjustier-Möglichkeiten. Die Bilder für die Diashow könnten also auch einem anderen Ordner entstammen. Mit *Übergangseffekte für Bilder verwenden* schalten Sie sanfte Überblendungen zwischen den Bildern ein. Weil der Bildschirmschoner den Bildschirm nicht wirklich schont, sondern nur einfach mit seinen Spirenzchen weiterbeschäftigt, gibt es zusätzlich die Energieverwaltung. Die sorgt für echte Schonung, sowohl des Monitors als auch des Geldbeutels. Hier wird nämlich festgelegt, wann der Monitor in den Winterschlaf versetzt wird. Hier braucht er genauso wenig Strom wie die Flimmerkiste im Wohnzimmer, wenn sie auf Standby steht.

2.13 Hier sehen Sie die Feineinstellungen für Ihre persönliche Diashow

Klicken Sie also als Nächstes auf die Schaltfläche *Energieverwaltung*. In der Liste *Energieschemas* finden Sie schon einige vorbereitete Energieeinstellungen für die alltäglichen Situationen, in denen sich ein Computerprofi befinden kann. Wählen Sie darin zum Beispiel *Präsentation*, dann werden alle Energiesparfunktionen abgeschaltet. Was auch sinnvoll ist, damit Ihnen während einer Präsentation vor versammelter Mannschaft nicht mittendrin der Bildschirm abgedreht wird.

Minimale Batteriebelastung schaltet dagegen den Monitor nach 15 Minuten aus, die Festplatte dagegen nie. *Tragbar/Laptop* schaltet auch die Festplatte nach 30 Minuten aus, und Sie sehen schon, dass die vielen Einstellungen nur Vorschläge sind. Eine echte Systematik steckt nicht dahinter. Wollen Sie Ihr eigenes Energieschema stricken, dann machen Sie das doch einfach!

Energieschema zusammenstellen

Basteln Sie sich zum Beispiel ein Energieschema für den normalen Alltagsbetrieb. Dazu stellen Sie im Feld *Monitor ausschalten* ein: *Nach 1 Stunde*. Ins Feld *Festplatte abschalten* stellen Sie ein: *Nie*. Jetzt sorgen Sie noch schnell dafür, dass sich Ihr Computer von selbst abschaltet, falls Sie das mal vergessen sollten. Dazu tragen Sie ins Feld *Ruhezustand* ein: *Nach 2 Stunden*. Und was, wenn das Feld *Ruhezustand* fehlt? Dann klicken Sie kurz auf das Register *Ruhezustand*, knipsen die Option *Ruhezustand aktivieren* ein, und klicken auf *Übernehmen*. Dann klicken Sie wieder auf das Register *Energieschemas*.

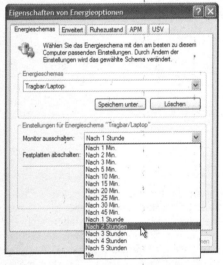

2.14 Wann soll Ihr Monitor in den »echten« Stromsparmodus geschaltet werden?

Nur wenn das Register *Ruhezustand* völlig fehlt, dann scheidet diese Möglichkeit aus. Sie wissen nun zumindest, dass Ihr Computer den Ruhezustand nicht unterstützt. Das kann zum Beispiel immer schon so gewesen sein, weil Ihr Computer ein uraltes BIOS verwendet, oder er hat sich diese Unsitte erst neuerdings angewöhnt. Dann haben Sie Gerätetreiber oder Programme installiert, die den Ruhezustand unmöglich machen. Ein weiterer Grund also, möglichst nur noch Windows 2000/XP-Gerätetreiber einzusetzen. Nun brauchen Sie Ihr neues Schema nur noch abzuspeichern. Dazu klicken Sie auf *Speichern unter*. Geben Sie dem Schema einen neuen Namen (damit er das gerade eingestellte Schema nicht überschreibt), und schon sind Sie fertig. Die Liste der *Energieschemas* hat Zuwachs bekommen. Umgekehrt befördern Sie Einträge aus dieser Liste natürlich auch ganz einfach wieder aus der Liste heraus. Auswählen und auf *Löschen* klicken genügt.

2.2 Sicherheitsfunktionen rund um den Desktop

Die Einstellmöglichkeiten, die Sie gerade kennen gelernt haben, sind nur die halbe Wahrheit. Windows XP zeigt Ihnen längst nicht alle Einstellmöglichkeiten an, die es in Wirklichkeit gibt. Viele weitere Einstellungen sind Experten vorbehalten und lassen sich über kein offizielles Dialogfenster einstellen. Dahinter stecken Sicherheitserwägungen. Die zusätzlichen Einstellungen sind normalerweise nur für Systemverwalter gedacht, die zum Beispiel in Firmen oder Schulungsräumen für Ordnung sorgen. Und selbst solche Systemverwalter schauen bei Windows XP Home eigentlich in die Röhre. Microsoft hat die Gruppenrichtlinien, über die solche Einstellungen normalerweise unternehmensweit gesetzt werden können, bei Windows XP Home nämlich kurzerhand entfernt. Schließlich soll es gute Gründe geben, lieber das teurere Windows XP Professional zu kaufen ...

Brauchen Sie aber gar nicht unbedingt. Was Sie wirklich brauchen ist nur ein tiefer Blick hinter die Kulissen, und schon werden Sie entdecken, dass die zusätzlichen Sicherheitseinstellungen auch für den eigenen Hausgebrauch extrem praktisch sein können und natürlich bei Windows XP Home nach wie vor funktionieren. Wenn man weiss, wo und wie die Einstellungen aktiviert werden. Und das wissen Sie. Jedenfalls gleich.

Geheime Zusatzfunktionen nutzen

Alle sicherheitsrelevanten Zusatzeinstellungen sind in Wahrheit versteckte Registry-Einstellungen, Vermerke also in der internen Windows-Datenbank. Anders als bei Windows 95 und 98, wo es auch schon versteckte Registry-Einstellungen gab, schützt Windows XP die entsprechenden Bereiche der Registry aber. Hier können also nur privilegierte Benutzer herumfummeln, solche also, die ein Benutzerkonto des Typs *Computeradministrator* besitzen.Das macht die Nutzung der versteckten Einstellungen zwar endlich sicher – Schüler in einem Schulungsraum können also nicht mehr einfach die Sicherheitsvorgaben ihres Lehrers zurücksetzen – aber auch etwas verzwickt.

Meldet sich nämlich ein Benutzer mit *Computeradministrator*-Berechtigung an und ändert dann die Einstellungen in der Registry, dann klappt das zwar wunderbar, aber die Einschränkungen gelten dann nur für ihn. Nicht für die einfachen Benutzer. Die können nach wie vor alles, und nun sogar noch mehr als der Computerverwalter. Der Grund ist einfach: Windows XP lädt beim Anmelden den persönlichen Zweig der Registry für diesen Benutzer in den Speicher. Ein Computeradministrator kann also normalerweise nur den personenbezogenen Teil seiner eigenen Registry ändern. Melden Sie sich dagegen als eingeschränkter Benutzer an, dann lädt Windows zwar den richtigen Registry-Zweig, aber weil Sie nun kein Computeradministrator mehr sind, dürfen Sie die Sicherheitseinstellungen nicht mehr verändern. Auch eine Sackgasse.

Der Trick besteht darin, Windows XP zu zwingen, beide Registry-Zweige in den Speicher zu laden: den des Computeradministrators, der damit die nötigen Berechtigungen für die Änderung der Sicherheitsfunktionen mitbringt, und den des einfachen Benutzers, dessen Handlungsspielraum Sie einschränken wollen. Das Problem kostet Sie keine Kopfschmerzen. Allerdings müssen Sie die Einstellungen für jeden Benutzer einzeln vornehmen, und Sie müssen sich auch mit dem Benutzernamen und Kennwort des Kontos anmelden können, das Sie einschränken wollen. Wem das zu lästig ist, der muss entweder auf die erweiterten Sicherheitseinstellungen verzichten oder doch noch auf ein *Windows XP Professional – Windows Server*-Gespann zurückgreifen. Das ist zwar wesentlich kostspieliger, aber dafür können hier die Einstellungen aller Benutzer zentral vom Server aus verwaltet werden.

Den Desktopbereinigungs-Assistenten abschalten

Der Desktopbereinigungs-Assistent wird normalerweise spätestens alle 60 Tage aktiv und fragt nach, ob Sie unbenutzte Symbole auf dem Desktop aufräumen wollen.

Wollen Sie einem Benutzer die Möglichkeit nehmen, den Desktopbe-
reinigungs-Assistenten zu verwenden, oder sind Sie selbst von den
Nachfragen genervt, dann öffnen Sie auf *www.franzis.de* die Datei
Richtlinie\System\Desktop\Desktopbereinigungs-Assistent entfernen.

Wenn Sie selbst kein *Computeradministrator* sind, dann erscheint das
Ausführen als-Fenster, und Sie müssen sich zuerst mit einem *Computer-
administrator*-Benutzerkonto anmelden. Normale Benutzer können die
Einstellung nicht verändern.

Jetzt erscheint ein Fenster und erklärt Ihnen zuerst die Richtlinie.
Danach können Sie sich entscheiden: Wählen Sie die Option *aktiviert*,
und klicken Sie auf *Eintragen*, wenn Sie die Einstellung setzen wollen.
Möchten Sie die Einstellung komplett entfernen, dann klicken Sie auf
Löschen.

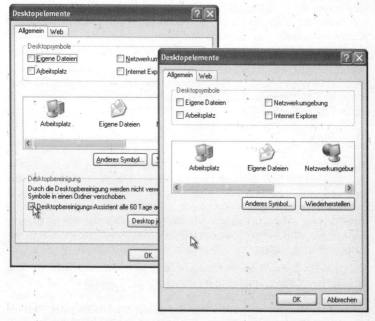

2.15 Per Geheimeinstellung Bereiche aus Dialogfenstern ausblenden

Das Ergebnis der aktivierten Richtlinie sehen Sie spätestens, wenn Sie mit der rechten Maustaste auf eine freie Stelle des Desktops klicken und *Eigenschaften* wählen. Klicken Sie dann auf das Register *Desktop* und die Schaltfläche *Desktop anpassen*. Huch! Im unteren Bereich sollten normalerweise die Einstellungen für den Desktopbereinigungs-Assistenten zu sehen sein. Die Richtlinie hat diese Einstellungen unsichtbar gemacht.

Desktop-Einstellungen konservieren

Normalerweise notiert Windows XP penibel alle Einstellungen rund um den Desktop. Es speichert zum Beispiel die Position geöffneter Fenster und Einstellungen wie die Symbolleisten in der Taskleiste.

Möchten Sie diese Merkfunktion abschalten und zum Beispiel so dafür sorgen, dass die Grundeinstellungen bei jedem Windows-Neustart von Neuem greifen, dann ist die Richtlinie *Richtlinie\System\Desktop\Einstellungen nicht beim Beenden speichern* genau richtig.

Ist die aktiv, dann vergisst Windows XP alle Einstellungen, sobald Sie sich abmelden oder Windows XP herunterfahren. Nicht betroffen sind natürlich Dateien und Verknüpfungen, die Sie sich auf den Desktop gelegt haben. Diese bleiben immer erhalten. Es geht nur um die »weichen« Einstellungen.

Desktopänderungen einfrieren

Machen Sie die Probe auf's Exempel: Aktivieren Sie die Richtlinie, und melden Sie sich dann ab und wieder an. Dadurch wird die Richtlinie wirksam. Verwenden Sie aber eine »echte« Abmeldung und nicht etwa *Benutzer wechseln*, weil bei der Schnellen Benutzerumschaltung Ihre Sitzung erhalten bleiben würde.Nun spielen Sie etwas herum. Klicken Sie zum Beispiel mit der rechten Maustaste auf die Uhr in der Taskleiste und wählen Sie *Symbolleisten – Schnellstartleiste*.

Nun melden Sie sich ein zweites Mal ab und wieder an. Siehe da: Die Änderung an Ihrer Taskleiste ist verschwunden, Windows XP hat sie sich nicht mehr gemerkt. Allerdings merkt sich Windows XP unabhängig von der Richtlinie nach wie vor Dinge wie die Position der Symbole auf dem Desktop.

Die Richtlinie kann ideal für Firmen und Schulen sein, die den Anwendern zwar während ihrer Sitzung Raum für eigene Gestaltung einräumen wollen, anschließend den Benutzern aber nicht hinterherräumen möchten.

Symbole vom Desktop räumen

Zugegeben: Windows XP hat den Desktop bereits von allein weitgehend geräumt und überlässt diesen wertvollen Platz nun Ihnen. Früher zwingend vorgeschriebene Symbole wie zum Beispiel *Arbeitsplatz* müssen auf dem Desktop nicht mehr unbedingt vorhanden sein.

Ein Systemsymbol ist aber auf jeden Fall dort zu finden: der *Papierkorb*. Möchten Sie den loswerden, dann geht das nur über die Sicherheitsrichtlinien, zum Beispiel über *Papierkorbsymbol vom Desktop entfernen*. Über die Richtlinien entfernen Sie auch alle übrigen Systemsymbole vom Desktop. Und zwar so gründlich, dass kein Benutzer diese Symbole nachträglich wieder einschalten kann.

Richtlinienaktivierung

Die Richtlinien werden sofort aktiv, also ohne Neustart. Um die Änderungen zu sehen, klicken Sie bloß auf eine freie Stelle des Desktops und aktualisieren ihn per Druck auf F5.

Die folgenden Richtlinien drehen sich allesamt um Systemsymbole auf dem Desktop:

Desktop-Richtlinien	
Alle (auch eigene)	Alle Desktopsymbole ausblenden und deaktivieren
Netzwerkumgebung	Desktopsymbol Netzwerkumgebung ausblenden
Internet Explorer	Internet Explorer-Symbol auf dem Desktop ausblenden
Papierkorb	Papierkorbsymbol vom Desktop entfernen
Arbeitsplatz	Symbol Arbeitsplatz vom Desktop entfernen
Eigene Dateien	Symbol Eigene Dateien vom Desktop entfernen

Tab. 2.1 Systemsymbole zwingend auf dem Desktop abschalten

Espresso-Tipp! Dass die Sicherheitsrichtlinien mehr tun als nur die Symbole vom Desktop zu räumen, bemerken Sie anschließend: Haben Sie z. B. mit der Richtlinie *Symbol Arbeitsplatz vom Desktop entfernen* das *Arbeitsplatz*-Symbol auf dem Desktop gesperrt, dann könnten Anwender ruhig das Startmenü aufklappen, dort *Arbeitsplatz* mit der rechten Maustaste anklicken und *Auf dem Desktop anzeigen* wählen. Der *Arbeitsplatz* würde darauf trotzdem nicht erscheinen. Ihre Sicherheitsrichtlinie hat also immer höchste Priorität.

Sicherheitseinstellungen für den Desktop

Zwar dürfen einfache Anwender ohnehin keine schwerwiegenden Systemkonfigurationen durchführen. Versucht ein eingeschränkter Benutzer zum Beispiel, die maximale Größe des Papierkorbs zu ändern, dann haut ihm Windows XP auf die Finger. Trotzdem bleibt natürlich die Frage, warum Windows XP einfachen Benutzern überhaupt all die Einstellmöglichkeiten anzeigt, die von ihnen sowieso nicht angerührt werden dürfen. Deshalb können Sie ruhig die Einstellmöglichkeiten ausblenden. Das mag einerseits Missverständnisse vermeiden helfen (wie zum Beispiel bei den Papierkorbeinstellungen). Andererseits lassen sich so auch Einstellmöglichkeiten verbieten, die ein einfacher Benutzer normalerweise durchführen dürfte.

Wofür Richtlinien da sind

Die Sicherheitsregeln sind eigentlich ganz simpel: Alle Einstellungen, die alle Benutzerkonten des Computers gemeinsam betreffen, sind gesperrt und nur für Computeradministratoren erlaubt. Dazu zählt natürlich die maximale Größe des Papierkorbs, denn der ist für alle da. Alle persönlichen Einstellungen sind dagegen für jeden Benutzer gestattet. Microsoft steht vermutlich auf dem Standpunkt, dass sich jeder seinen eigenen Desktop »versauen« darf, solange er niemanden sonst dabei stört.

Und genau das ist für Firmen und Systemverantwortliche keine Lösung. Zu denen kommen die einfachen Anwender nämlich anschließend und heulen sich aus, weil »nichts mehr funktioniert«. Um solche Supportkosten oder ganz einfach nur Nerven zu sparen, können Sie deshalb auch Funktionen wie die Anpassung der Taskleiste und des Startmenüs verbieten, die eigentlich auch einfachen Benutzern gestattet sind. Hier deshalb die Riege der Sicherheitsfunktionen, mit denen Sie Desktop-Konfigurationen verbieten können:

Sicherheitsrichtlinien Desktop	
Anpassen der Desktopsymbolleisten nicht zulassen	Anwender können keine Symbolleisten wie Schnellstartleiste & Co verändern
Eintrag *Eigenschaften* aus dem Kontextmenü von *Arbeitsplatz* entfernen	Über *Eigenschaften* öffnet sich normalerweise das Dialogfenster mit den Systemeigenschaften. Darauf finden sich hochkarätige Systemeinstellungen, mit denen ein normaler Anwender nichts zu tun haben sollte
Eintrag *Eigenschaften* auf dem Kontextmenü von *Eigene Dateien* entfernen	Verhindert, dass sich Anwender ihr Profil an einen anderen Ort legen oder die Sicherheitseinstellungen ihres Profils ändern
Eintrag *Eigenschaften* aus dem Kontextmenü des Papierkorbs entfernen	Anwender können zwar weiterhin den Papierkorb nutzen, um daraus versehentlich gelöschte Dateien hervorzukramen, aber eben nicht mehr die Grundeinstellungen des Papierkorbs sehen oder ändern
Hinzufügen, Verschieben und Schließen der Symbolleisten der Taskleiste nicht zulassen	Richten Sie dem Anwender zuerst die Taskleiste samt Symbolleisten vernünftig ein. Aktivieren Sie dann diese Richtlinie. Jetzt können Sie beruhigt davon ausgehen, dass der Anwender die Einstellungen nicht mehr durcheinander wirbelt und danach wieder auf Ihrer Matte steht.
Pfadänderung für den Ordner *Meine Dateien* nicht zulassen	Diese Richtlinie sollte natürlich eigentlich nicht von »Meine Dateien« sprechen, sondern von »Eigene Dateien«. Mit ihr verhindern Sie, dass der Anwender seine persönlichen Dateien (genauer sein ganzes Profil) an einem anderen Ort speichert. Normalerweise ist das per Rechtsklick auf *Eigene Dateien* und *Eigenschaften* ohne weiteres möglich und mitunter durchaus sinnvoll, wenn z. B. um Beispiel eine Festplatte randvoll ist und deshalb auf eine andere ausgewichen werden soll.

Tab. 2.2 Sicherheitsfunktionen des Desktops, die Sie einschränken können

2.3   Programme besonders einfach erreichen

Programme sind Ihr Handwerkszeug und deshalb wichtig: Wenn Sie
einen Brief schreiben wollen, brauchen Sie eine Textverarbeitung. Zum
Zeichnen ein Malprogramm. Und für die aktuelle Partyeinladung
vielleicht alle beide gemeinsam. Damit Sie diese (und alle anderen
Programme) leicht und vor allen Dingen bequem finden und starten
können, zeige ich Ihnen in diesem Abschnitt all die Tricks und Kniffe
für ein leichteres Leben rund um Programmstarts.

Programme ganz oben ins Startmenü einbauen

Im Startmenü ist links oben Platz für Ihre absoluten Top-Lieblings-
programme. Möchten Sie ein Programm aus dem *Alle Programme*-
Menü dort hinein befördern, dann öffnen Sie *Alle Programme*, klicken
sich bis zu dem gewünschten Programm durch und klicken es dann
mit der rechten Maustaste an. Wählen Sie anschließend *An Startmenü
anheften*. Schwupp, schon landet es ganz oben im Cockpit und ist sofort im Startmenü zu erreichen.

Dasselbe funktioniert auch mit Programmen, die Sie häufiger benutzt
haben und die deshalb in der Liste unten links im Startmenü erscheinen. Diese Liste wird von Windows XP automatisch verwaltet. Klicken Sie auch hier einen Eintrag mit der rechten Maustaste an und
wählen Sie *Ans Startmenü anheften*, wenn Sie den Eintrag in Ihre Lieblingsliste übernehmen wollen.

Umgekehrt fliegen Einträge aus der Loge wieder heraus, indem Sie sie
mit der rechten Maustaste anklicken und *Vom Startmenü lösen* wählen.
Aus Liste entfernen geht zwar ebenfalls, streicht den Eintrag aber permanent aus der Liste. Er würde jetzt nicht mehr in der automatisch
geführten unteren Liste auftauchen, die Windows für Sie verwaltet.

Automatische Programmliste ausblenden

Gerade haben Sie gesehen: Normalerweise teilen Sie sich die linke
Spalte des Startmenüs mit Windows. Die ist nämlich dreigeteilt:

Ganz oben in der linken Spalte stehen Ihre Lieblingsprogramme. Darunter erscheint die automatische Programme-Liste, die von Windows
selbst geführt wird und alle Programme auflistet, mit denen Sie häufi-

ger arbeiten, die Sie aber (noch) nicht in Ihre Lieblingsliste darüber eingetragen haben. Und ganz unten ist das *Alle Programme*-Menü zu sehen, über das Sie wie in alten Tagen das Programm-Archiv öffnen. Diese Aufteilung ist normalerweise fest verdrahtet und kann nicht geändert werden. Inoffiziell geht das aber durchaus. Wer die Automatikliste von Windows nicht mag und stattdessen lieber mehr Platz für seine eigene Programm-Loge bekommen möchte, der kann die Automatikliste ausblenden. Und auch der Befehl *Alle Programme* muss nicht sichtbar bleiben.

2.16 Angepasstes Startmenü ohne Alle Programme und Programm-Automatikliste

Sie könnten also für einfache Anwender ein System prima vorkonfigurieren: Verfrachten Sie alle Programme, die für den Anwender wichtig sind, in seine Programm-Loge, und blenden Sie dann die Automatikliste und den Befehl *Alle Programme* aus. Schon sieht der Anwender in der linken Spalte des Startmenüs nur noch die für ihn wichtigen Programme – mehr nicht.

Wenn Sie nun noch dafür sorgen, dass das Kontextmenü im Startmenü ebenfalls abgeschaltet wird, dann kann der Anwender noch nicht einmal mehr – versehentlich oder absichtlich – Programme aus seiner Programm-Loge entfernen.

Programme aus Startmenü nehmen

Schauen Sie sich mal an, wie einfach sowas geht. Weil die folgenden Änderungen nur für einfache Computeranwender sinnvoll sind, sollten Sie sie nicht in Ihrem eigenen Benutzerkonto aktivieren. Legen Sie lieber zu Testzwecken ein neues Benutzerkonto an, und melden Sie sich dann mit diesem Benutzerkonto bei Windows an. Nun brauchen Sie nur noch Zugriff auf die Richtlinien-Dateien von *www.franzis.de*. Mit denen stricken Sie jetzt das Startmenü des Benutzers um.

Öffnen Sie zuerst das Startmenü, wählen Sie *Alle Programme* und klicken Sie sich jeweils zu den Programmen durch, die Sie dem Anwender zur Verfügung stellen wollen. Klicken Sie die Programme im *Alle Programme*-Menü dann mit der rechten Maustaste an, und wählen Sie *Ans Startmenü anheften*. Die Programme erscheinen oben links in der Programm-Loge. Programme, die Sie aus dieser Loge umgekehrt entfernen wollen, klicken Sie mit der rechten Maustaste an und wählen *Vom Startmenü lösen* beziehungsweise *Aus Liste entfernen*.

Jetzt öffnen Sie den Richtlinien-Ordner auf *www.franzis.de*. Öffnen Sie die Richtlinie *Richtlinie\System\Startmenü und Taskleiste\Liste häufig verwendeter Programme aus dem Startmenü entfernen*. Nun müsste der *Ausführen als*-Dialog erscheinen, und Sie können sich mit einem Benutzerkonto anmelden, das über *Computeradministrator*-Rechte verfügt.

Erscheint der Dialog nicht, dann ist der augenblicklich angemeldete Benutzer selbst bereits *Computeradministrator*. Das sollte für Sie Warnung genug sein, um den Kontotyp des Benutzers auf *Eingeschränkt* umzustellen. Aktivieren Sie die Richtlinie mit der Option *aktiviert*, und klicken Sie auf *Eintragen* und *Schließen*.

Wiederholen Sie diese Schritte nun auch noch mit den Richtlinien *Liste alle Programme aus dem Startmenü entfernen*, *Ändern der Einstellungen für die Taskleiste und das Startmenü verhindern*, *Zugriff auf Kontextmenüs für die Taskleiste deaktivieren* und *Drag & Drop-Kontextmenüs aus dem Startmenü entfernen*.

Wenn Sie bei dieser Richtlinie angelangt sind, wird es Zeit, die Änderungen auch tatsächlich wirksam werden zu lassen. Dazu melden Sie
sich kurz ab und wieder an. Verwenden Sie nicht Benutzer wechseln,
weil dabei Ihre Sitzung nicht neu gestartet würde!

Tatsächlich: Die Automatikliste und auch der *Alle Programme*-Befehl
sind anschließend verschwunden. Übrig bleiben nur noch die Programme, die Sie oben in Ihr Startmenü geheftet haben. Und auch ein
Rechtsklick auf einen der Programm-Einträge bringt kein Kontextmenü mehr hervor, sodass die Einträge weder verschoben noch gelöscht werden können. Übrigens könnten Sie auch diese noch verblei-
bende Liste aus dem Startmenü werfen. Zuständig hierfür ist die
Richtlinie *Liste angehefteter Programme aus dem Startmenü entfernen*.

Programme auf den Desktop legen

Viele Anwender lieben es: Anstatt Programme umständlich in Menüs
zu suchen, legen die sich die Programmsymbole einfach auf den Desktop. Wenn Sie sowas auch gut finden, dann kramen Sie im Startmenü
das gewünschte Programm heraus und klicken es mit der rechten
Maustaste an. Wählen Sie *Senden an – Desktop (Verknüpfung erstellen)*,
und schon liegt eine Verknüpfung auf das Programm auf Ihrem Desktop.

Programme per Tastenkombination starten

Haben Sie keine Lust, ständig zur Maus zu greifen, dann können Sie
Programme auch per Tastenkombination starten. Nur merken müssen
Sie sich die Kombination, die Sie Ihren Programmen verordnen. Öffnen Sie dazu das Startmenü. Klicken Sie nun das Programm oben in
Ihrer Lieblingsliste (oder irgendwo im *Alle Programme*-Menü) mit der
rechten Maustaste an, und wählen Sie *Eigenschaften*. Weil alle Einträge
im Startmenü eigentlich bloß Verknüpfungen sind, öffnet sich das *Eigenschaften*-Fenster der zuständigen Verknüpfung. Im Feld *Ausführen*
könnten Sie nun zum Beispiel die Fenstergröße festlegen, mit der das
Programm starten soll.

Noch interessanter (und nützlicher) ist aber das Feld *Tastenkombination*. Geben Sie hier eine Taste ein, dann bastelt Windows daraus eine
ALT + STRG + Taste -Tastenkombination.

Klicken Sie auf *OK*. Künftig brauchen Sie nur [STRG]+[ALT] festzuhalten und die vereinbarte Taste zu drücken. Schon startet das Programm. War das Programm bereits gestartet, dann werden sogar Doppelstarts vermieden und das schon laufende Programm springt nur bereitwillig in den Vordergrund. Tastenkombinationen sind enorm praktisch, aber auch ein wenig eigenwillig. Hier ein paar wichtige Gedankenstützen:

➜ Tastenkombinationen funktionieren nur bei Verknüpfungen, die im Startmenü liegen.

➜ Weil die Tastenkombination [Strg]+[Alt] eigentlich der Taste [AltGr] entspricht, können Sie anstelle dieser beiden Tasten auch [AltGr] festhalten.

➜ Verwenden Sie keine Buchstaben für Tastenkombinationen, die schon anderweitig vergeben sind. Das im Internet so wichtige @-Zeichen wird zum Beispiel über [AltGr]+[Q] angesprochen. Spendieren Sie nun dem Malprogramm Paint die Tastenkombination [Strg]+[Alt]+[Q], dann kommen Sie an das @-Zeichen nicht mehr heran. Sobald Sie [AltGr]+[Q] (alias [Strg]+[Alt]+[Q]) drücken, feuert Windows XP stattdessen Paint ab.

➜ Auch Funktionstasten sind als Tastenkombination erlaubt und funktionieren sogar ohne [Strg]+[Alt]. Um nicht versehentlich wichtige Funktionstasten umzubelegen, sollten Sie für eigene Tastenkombinationen aber lieber [Umschalt]+Funktionstaste einsetzen. Dazu klicken Sie ins Feld *Tastenkombination*, halten Umschalt fest und tippen auf die Funktionstaste, die Sie dem Programm zuweisen wollen.

➜ Windows XP kontrolliert leider (immer noch) nicht, ob neue Tastenkombinationen schon anderen Programmen zugeordnet sind. Doppelvergaben sind also möglich, und dann startet nur eins der Programme so wie gewünscht. Solche Versehen umgehen Sie, wenn Sie schon bei der Vergabe der Tastenkombination die volle Tastenkombination eingeben und also nicht nur einen einzelnen Buchstaben. Planen Sie beispielsweise, einem Programm die Kombination [Strg]+[Alt]+[P] zuzuweisen, dann drücken Sie alle drei Tasten und geben nicht nur [P] ein. So sehen Sie sofort, ob nicht vielleicht bereits ein anderes Programm auf diese Tastenkombination hört und neugierig auf den Bildschirm springt.

Doppelt vergebene Tastenkombinationen finden

Das nächste Programm behebt Ihr Problem mit doppelt vergebenen Tastenkombinationen. Die Reparatur ist ebenfalls inklusive: Haben Sie unerwünschte oder doppelte Tastenkombinationen aufgespürt, dann können Sie die direkt im Skript entfernen lassen.

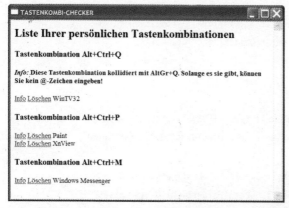

2.17 Lassen Sie sich doppelte oder gefährliche Tastenkombinationen auflisten

Das Skript kontrolliert alle Verknüpfungen, die entweder auf dem Desktop oder im Startmenü liegen (sowohl im privaten Benutzerprofil als auch im für alle Benutzer geltenden *All Users*-Profil), und listet alle doppelt vergebenen Tastenkombinationen auf. Außerdem warnt es Sie, wenn eins der Programme eine reservierte Tastenkombination verwendet, die eigentlich für Sonderzeichen gedacht ist.

```
' tastenkombi.vbs
' (C)2002 T. Weltner
' Franzis'-Verlag: Espresso! Windows XP Home Edition

key=""
file=""
anzahl=0
```

```
Const vbPlusUnterordner=1
Const vbOhneUnterordner=2


REM OBJEKTE ÖFFNEN

Set fs = CreateObject("Scripting.FileSystemObject")
Set WSHShell = CreateObject("WScript.Shell")


REM SPEZIALVERZEICHNISSE ERMITTELN

startmenu1 = WSHShell.SpecialFolders("Startmenu")
startmenu2 = WSHShell.SpecialFolders("AllUsersStartm"_
   & "enu")
desktop1 = WSHShell.SpecialFolders("Desktop")
desktop2 = WSHShell.SpecialFolders("AllUsersDesktop")
Set script = fs.GetFile(WScript.ScriptFullName)
scriptname = script.ShortPath


REM TASTENKOMBIS SUCHEN

SucheTastenkombis startmenu1, vbPlusUnterordner
SucheTastenkombis startmenu2, vbPlusUnterordner
SucheTastenkombis desktop1, vbOhneUnterordner
SucheTastenkombis desktop2, vbOhneUnterordner


REM ANALYSIEREN

If anzahl=0 then
    MsgBox "Es wurden keine Verknüpfungen mit Tasten"_
```

```
    & „kombis gefunden!", vbInformation, „TASTENKOMBI"_
    & „-CHECKER"
else
    AnalysiereKeys
End If


REM PROZEDUREN

Sub SucheTastenkombis(start, modus)
    Set startpunkt = fs.GetFolder(start)
    LiesOrdner startpunkt, modus
End Sub


Sub LiesOrdner(EinOrdner, modus)
    Ordnerbearbeiten EinOrdner

    If modus=vbPlusUnterordner then
        Set WeitereOrdner = EinOrdner.SubFolders
        For Each TempOrdner In WeitereOrdner
            LiesOrdner TempOrdner, modus
        Next
    End If
End Sub


Sub Ordnerbearbeiten(EinOrdner)
    For each datei in EinOrdner.files
        extension = LCase(fs.GetExtensionName(_
    datei.Path))
```

```
        If extension = "lnk" then
            Set scut = WSHShell.CreateShortcut(_
    datei.path)
            kombi = scut.Hotkey
            If not (kombi="!" or kombi="")then
            key = key + kombi + vbCr
            file = file + datei.path + vbCr
            anzahl = anzahl + 1
        End If
    End If
Next
End Sub


Sub AnalysiereKeys
    key = Left(key, Len(key)-1)
    file = Left(file, Len(file)-1)
    keyarray = Split(key, vbCr)
    filearray = Split(file, vbCr)

    For c1=0 to anzahl-1
        For c2=0 to c1-1
            If keyarray(c1)>keyarray(c2)then
            temp = keyarray(c1)
            keyarray(c1)= keyarray(c2)
            keyarray(c2)= temp
            temp = filearray(c1)
            filearray(c1)= filearray(c2)
            filearray(c2)= temp
        End If
```

```
    Next
Next


ausgabedatei = „C:\ANALYSE.HTA"
Set ausgabe = fs.CreateTextFile(ausgabedatei, vbTrue)


command1 = „<A HREF='#' onclick='call delete(„ + Chr(_
    34)
command3 = "<A HREF='#' onclick='call show(" + Chr(34)
command4 = "<A HREF='#' onclick='call info(" + Chr(34)
ausgabe.WriteLine  "<html><head><title>TASTENKOMBI-CH"_
    & "ECKER</TITLE></HEAD><BODY>"
ausgabe.WriteLine "<SCRIPT LANGUAGE='VBSCRIPT'>"
ausgabe.WriteLine „sub info(was)"
ausgabe.WriteLine „MsgBox „ + Chr(34)+ „Hier liegt d"_
    & „ie Verknüpfung:" + Chr(34)+ „ + vbCr + was"
ausgabe.WriteLine „end sub"
ausgabe.WriteLine „sub delete(was)"
ausgabe.WriteLine „antwort=MsgBox(„ + Chr(34)+ „Woll"_
    & „en Sie die Tastenkombi löschen?" + Chr(34)+ „+"_
    & „ vbCr + „ + Chr(34)+ „Der Programmeintrag blei"_
    & „bt erhalten!" + Chr(34)+ „, vbYesNo+vbQuestion)"
ausgabe.WriteLine „if antwort=vbYes then"
ausgabe.WriteLine "set WSHShell = CreateObject(" + Chr(_
    34)+ "WScript.Shell" + Chr(34)+ ")"
ausgabe.WriteLine "set scut = WSHShell.CreateShortcu"_
    & "t(was)"
ausgabe.WriteLine „scut.Hotkey=" + Chr(34)+ Chr(34)
ausgabe.WriteLine „scut.save"
```

```
ausgabe.WriteLine „WSHShell.Run „ + Chr(34)+ _
    scriptname + Chr(34)
ausgabe.WriteLine „document.parentWindow.close"
ausgabe.WriteLine „end if"
ausgabe.WriteLine „end sub"

ausgabe.WriteLine „</SCRIPT>"

ausgabe.WriteLine „<H2>Liste Ihrer persönlichen Tast"_
    & „enkombinationen</H2>"
aktuell = «»

For x=0 to anzahl-1
    If aktuell<>keyarray(x)then
    REM Neue Tastenkombination
    aktuell=keyarray(x)
    ausgabe.WriteLine „<H3>Tastenkombination „ + _
    keyarray(x)+ „</H3>"

    If keyarray(x)= "Alt+Ctrl+" then
        ausgabe.WriteLine "<H4><I>Info:</I> Diese Ta"_
    & „stenkombinationen verwenden Umlaute oder ander"_
    & „e Sonderzeichen, die nicht dargestellt werden „_
    & „können!</H4>"
    End If

    If keyarray(x)= "Alt+Ctrl+Q" then
        ausgabe.WriteLine "<H4><I>Info:</I> Diese Ta"_
    & „stenkombination kollidiert mit AltGr+Q. Solang"_
```

```
& „e es sie gibt, können Sie kein @-Zeichen einge"_
& „ben!</H4>"
   End If


  If keyarray(x)= "Alt+Ctrl+8" then
       ausgabe.WriteLine "<H4><I>Info:</I> Diese Ta"_
& „stenkombination kollidiert mit AltGr+8. Solang"_
& „e es sie gibt, können Sie kein [-Zeichen einge"_
& „ben!</H4>"
   End If


  If keyarray(x)= "Alt+Ctrl+9" then
       ausgabe.WriteLine "<H4><I>Info:</I> Diese Ta"_
& „stenkombination kollidiert mit AltGr+9. Solang"_
& „e es sie gibt, können Sie kein ]-Zeichen einge"_
& „ben!</H4>"
   End If


  If keyarray(x)= "Alt+Ctrl+0" then
       ausgabe.WriteLine "<H4><I>Info:</I> Diese Ta"_
& „stenkombination kollidiert mit AltGr+0. Solang"_
& „e es sie gibt, können Sie kein }-Zeichen einge"_
& „ben!</H4>"
   End If


  If keyarray(x)= "Alt+Ctrl+7" then
       ausgabe.WriteLine "<H4><I>Info:</I> Diese Ta"_
& „stenkombination kollidiert mit AltGr+7. Solang"_
& „e es sie gibt, können Sie kein {-Zeichen einge"_
```

```
      & „ben!</H4>"
    End If


End If
ausgabe.WriteLine command4 + filearray(x)+ Chr(34)+ _
    ")'>Info</A> "
ausgabe.WriteLine command1 + filearray(x)+ Chr(34)+ _
    ")'>Löschen</A> "
ausgabe.WriteLine fs.GetBaseName(filearray(x))
ausgabe.WriteLine „<br>"
Next
ausgabe.WriteLine „</BODY></HTML>"
ausgabe.close
WSHShell.Run ausgabedatei
End Sub
```

Wenn Sie das Programm starten, analysiert es zuerst die Verknüpfungen auf dem Desktop und im Startmenü. Das geht viel schneller, als das ganze Dateisystem nach Verknüpfungen abzugrasen, und hat zudem einen wichtigen Grund: Nur bei Verknüpfungen auf dem Desktop und im Startmenü funktionieren die Tastenkombinationen überhaupt. Bei Verknüpfungen, die woanders lagern, ist die Tastenkombination deaktiviert. Diese Prozedur erledigt die Suche: *Suche Tastenkombis Startordner, Modus*.

Geben Sie als Modus *vbPlusUnterordner* (bzw. *1*) ein, dann erstreckt sich die Suche auf alle Unterordner. Bei *vbOhneUnterordner* (bzw. *2*) wird nur der angegebene Ordner durchsucht. Das Programm speichert das Ergebnis in den beiden Variablen *key* und *file*. *key* enthält die Tastenkombinationen, *file* die dazugehörigen Namen der Verknüpfungen. In *anzahl* wird die Anzahl der gefundenen Tastenkombinationen protokolliert. Nachdem alle Verknüpfungen auf Tastenkombinationen hin abgeklopft sind, beginnt die Arbeit des Programms erst. Sofern Tastenkombinationen gefunden wurden, tritt die Prozedur *Analysiere Keys* in Aktion. Sie verwandelt zuerst die beiden Listen *key* und *file* in

Variablenfelder. Danach sortiert sie die Felder nach dem BubbleSort-Algorithmus, denn schließlich wollen Sie auf einen Blick sehen, ob es bei Ihnen doppelte Tastenkombinationen gibt. Danach produziert das Programm eine Ausgabedatei im HTML-Format und schreibt seine Resultate dort hinein. Diese Ausgabedatei enthält zwei interessante Besonderheiten:

→ Gefährliche Tastenkombinationen: Falls Sie Tastenkombinationen vergeben haben, die mit wichtigen Systemkombinationen kollidieren, erhalten Sie eine Info.

→ Eingebaute Intelligenz: Damit Sie nicht nur eine langweilige Liste der Tastenkombinationen bekommen, sondern bei Problemen sofort etwas dagegen unternehmen können, enthält die Liste eingebaute Intelligenz. Über die Befehlswörter *Info* und *Löschen*, die vor jeder Tastenkombination stehen, bekommen Sie Infos über die Verknüpfung und können die Tastenkombination ganz bequem löschen. So wird es zum Kinderspiel, doppelte Tastenkombinationen wieder loszuwerden. Der Clou: Das Programm aktualisiert nach jeder gelöschten Tastenkombination automatisch seine Anzeige. Sie sehen also immer nur die Tastenkombinationen, die es wirklich noch gibt.

Programme per Schnellstartleiste starten

Auch in der Taskleiste ist Platz für Ihre Lieblingsprogramme. Allerdings nicht sofort. Anfangs sehen Sie in der Taskleiste nur die *Start*-Schaltfläche, das Infofeld und dazwischen die Schaltflächen der geöffneten Programmfenster. Damit auch Programme darin erscheinen, klicken Sie mit der rechten Maustaste auf die Uhr und wählen *Symbolleisten – Schnellstartleiste*. Schon blendet Windows in der Taskleiste zusätzlich die Schnellstartleiste ein. Die ist anfangs nur mit ein paar Beispielprogrammen bestückt. Damit die Schnellstartleiste wirklich hilfreich ist, brauchen Sie aber bloß die für Sie wirklich wichtigen Programme in die Schnellstartleiste einzufügen.

Mit der Schnellstartleiste arbeiten

Um die Schnellstartleiste bearbeiten zu können, muss zuerst die Fixierung abgeschaltet werden. Die funktioniert wie eine Art Kindersicherung und verhindert normalerweise, dass die Symbolleisten in der Taskleiste aus Versehen verändert werden. Klicken Sie also zuerst mit der rechten Maustaste auf die Uhr oder eine freie Stelle der Taskleiste, und wählen Sie im Kontextmenü *Taskleiste fixieren*, wenn davor ein Häkchen steht.

Windows blendet jetzt am linken Rand der Symbolleisten eine geriffelte senkrechte Linie ein, die Steuerleiste. Mit ihr können Sie die Symbolleisten steuern, ihnen zum Beispiel eine andere Breite und damit mehr Platz zuweisen. Die Steuerleiste kann aber noch mehr, zum Beispiel die Schnellstartleiste mit neuen Programmen bestücken. Schauen Sie sich zuerst die Programme an, die schon in der Schnellstartleiste angezeigt werden. Wenn Sie nicht wissen, welche Programme sich hinter den Symbolen verbergen, dann parken Sie die Maus einen Moment über den Symbolen, und schon erscheint ein Tooltip und verrät den Programmnamen.

Sind Sie immer noch im Zweifel, ob Sie dieses Programm in der Schnellstartleiste behalten wollen, dann klicken Sie auf das Symbol, um das Programm testweise zu starten. Spätestens jetzt sehen Sie, ob Sie das Programm wirklich häufig brauchen und ob sich also sein Symbol in der Schnellstartleiste lohnt. Falls nicht, klicken Sie das Symbol mit der rechten Maustaste an und wählen *Löschen*. Es wird aus der Schnellstartleiste entfernt.

Anschließend fügen Sie neue Programme der Schnellstartleiste hinzu. Dazu öffnen Sie zuerst das Startmenü und wählen *Alle Programme*. Klicken Sie sich bis zu einem Programm durch, das Sie gern in der Schnellstartleiste sehen würden, und klicken Sie das Programmsymbol mit der rechten Maustaste an. Wählen Sie *Kopieren*.

Klicken Sie dann mit der rechten Maustaste auf die geriffelte Steuerleiste am linken Ende der Schnellstartleiste. Wählen Sie *Ordner öffnen*. Die Schnellstartleiste wird in einem Ordner geöffnet. Wählen Sie jetzt *Bearbeiten – Einfügen*. Das aus dem *Alle Programme*-Menü genommene Programm wird in die Schnellstartleiste eingefügt.

Haben Sie alle Änderungen erledigt, dann klicken Sie noch einmal mit der rechten Maustaste auf die Uhr in der Taskleiste und wählen erneut *Taskleiste fixieren*. Die Steuerleisten verschwinden wieder, und in der Taskleiste ist alles wieder genauso friedlich wie zu Anfang. Nur die Schnellstartleiste ist nun eine willkommene neue Möglichkeit, um wichtige Programme bequem zu starten. Übrigens können Sie die

Schnellstartleiste – genau wie alle übrigen Symbolleisten – noch weiter anpassen und zum Beispiel als separate Leiste an einem anderen Bildschirmrand andocken oder die Symbole darin größer machen. Wie das geschieht, haben Sie bereits gelesen.

Programme vollautomatisch starten

Arbeiten Sie ohnehin immer mit denselben Programmen, dann können Sie sich den Programmstart von Hand ganz ersparen und stattdessen Windows beauftragen, die nötigen Programme beim Windowsstart mitzustarten. Zuständig hiefür ist die *Autostart*-Programmgruppe. Alle Programme, die darin lagern, werden automatisch gestartet.

Autostart für wichtige Programme

Schauen Sie sich mal an, wie leicht Sie dafür sorgen, dass der Taschenrechner nach dem Windows-Start automatisch mitgestartet wird! Klappen Sie dazu das Startmenü auf und wählen Sie *Alle Programme*. Öffnen Sie die Programmgruppe *Zubehör*, in der die mitgelieferten Windows-Zubehörprogramme lagern. Hier finden Sie den *Rechner*. Klicken Sie ihn mit der rechten Maustaste an, und wählen Sie *Kopieren*. Windows macht sich nun eine interne Notiz, und Sie können den Rechner jetzt in einer anderen Programmgruppe zusätzlich einfügen. Klicken Sie dazu mit der rechten Maustaste auf die Programmgruppe *Autostart*, und wählen Sie *Öffnen*. Die Programmgruppe öffnet sich in einem eigenen Ordnerfenster. Wählen Sie nun *Bearbeiten – Einfügen*. Tatsächlich: Im Ordner erscheint der Rechner. Wenn Sie anschließend die *Autostart*-Gruppe im Menü *Alle Programme* öffnen, liegt der Rechner darin.

Legen Sie nur noch fest, wie – in welcher Fenstergröße – der Rechner starten soll. Damit Autostartprogramme nicht direkt nach dem Windowsstart den Desktop mit ihren Fenstern vollkleistern, sorgen Sie am besten dafür, dass solche Programme minimiert starten – also nur als Schaltfläche in der Taskleiste erscheinen. Dazu wählen Sie im Startmenü *Alle Programme*, öffnen *Autostart* und klicken mit der rechten Maustaste auf *Rechner*. Wählen Sie *Eigenschaften*. Im Feld *Ausführen* stellen Sie ein: *minimiert*. Dann klicken Sie auf *OK*. Testen Sie den neuen Eintrag, und wählen Sie in der *Autostart*-Gruppe *Rechner*. Der Rechner startet minimiert, erscheint also nur als Schaltfläche in der

Taskleiste. Um den Rechner zu benutzen, klicken Sie einfach nur bei
Bedarf auf diese Schaltfläche. Nun starten Sie Windows neu oder melden
sich ab und wieder an. Schwupp, schon startet der Rechner vollautomatisch mit.

Setzen Sie Autostart-Programme möglichst sparsam ein! Schließlich
beansprucht jedes gestartete Programm sein Quentchen Arbeits-
speicher, auch dann, wenn es minimiert ist. In die *Autostart*-Gruppe
gehören wirklich nur solche Programme, die Sie ohnehin bei fast jedem Windows-Start von Hand starten würden. Um ein Programm aus
der *Autostart*-Gruppe wieder herauszuwerfen, öffnen Sie die Gruppe,
klicken das in Ungnade gefallene Programm darin mit der rechten
Maustaste an und wählen *Löschen*. Das ist alles.

Programme zu festgelegten Zeiten starten

Manche Dinge müssen regelmäßig erledigt werden. Bei Banken nennt
man sowas Dauerauftrag. Bei Windows XP wird das *Geplante Tasks*
genannt. Zum Beispiel ist es eine gute Idee, die Festplatte alle paar
Wochen zu defragmentieren. Damit Sie solche Aufgaben nicht vergessen und andererseits nicht an allzu viele Dinge denken müssen, gibt es
die *Geplanten Tasks*. Das sind Aufgaben, die Windows automatisch in
regelmäßigen Intervallen für Sie ausführt.

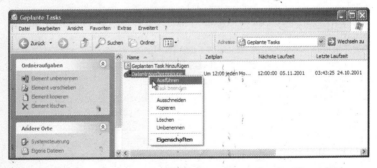

2.18 Windows kann Aufgaben in regelmäßigen Intervallen für Sie ausführen

Zuständig ist das Modul *Geplante Tasks* aus der Systemsteuerung. Mit
Geplanten Task hinzufügen fügen Sie ein neues Programm samt Zeit-
plan hinzu.

Routineaufgaben ausführen

Vielleicht wollen Sie dafür sorgen, dass Ihre Festplatte C:\ jeweils am ersten Montag des Monats aufgeräumt und von Datenballast befreit wird. Das machen Sie so: Wählen Sie im Startmenü *Systemsteuerung*, und öffnen Sie das Modul *Geplante Tasks*. Jetzt sehen Sie alle Aufgaben beziehungsweise Programmstarts, die Windows für Sie in regelmäßigen Intervallen ausführt. Anfangs ist diese Liste natürlich noch leer und enthält nur den Eintrag *Geplanten Task hinzufügen*. Wählen Sie diesen Eintrag, um eine neue Aufgabe hinzuzufügen.

Ein Assistent startet. Klicken Sie auf *Weiter*. Nun bietet der Assistent Ihnen alle Programme an, die es irgendwo auf Ihrem Rechner finden konnte. Darunter ist auch das Werkzeug *Datenträgerbereinigung*. Wählen Sie es aus, und klicken Sie auf *Weiter*. Nun können Sie der Aufgabe einen Namen geben. Wählen Sie als Ausführungsintervall *Monatlich*, und klicken Sie auf *Weiter*.

Wählen Sie nun als Startzeit zum Beispiel *12:00 Uhr* und darunter *Am ersten Montag*. Dann klicken Sie auf *Weiter*. Das Besondere der *Geplanten Tasks* ist die Tatsache, dass das angegebene Programm in jedem Fall ausgeführt wird, auch dann, wenn gar kein oder ein anderer Benutzer am Rechner arbeiten. Damit das klappt, verlangt der Assistent nun nach dem Benutzernamen und dem Kennwort für dieses Konto. Für Programme rund um die Datenträgerwartung sollten Sie ein Benutzerkonto angeben, das vom Typ *Computeradministrator* ist. Klicken Sie auf *Weiter*. Wählen Sie nun die Option *Erweiterte Eigenschaften für diesen Task beim Klicken auf »Fertig stellen« öffnen*, und klicken Sie auf *Fertig stellen*.

Ihre Aufgabe wird jetzt in die Aufgabenliste des Ordners *Geplante Tasks* eingefügt. Außerdem öffnet sich ein Fenster mit weiteren Feineinstellungen. Hier sehen Sie zum Beispiel im Feld *Starten* den genauen Programmnamen des Programms, das Sie angegeben haben. Die Datenträgerbereinigung wird also in Wirklichkeit als Programm namens *CLEANMGR.EXE* ausgeführt. Über das Register *Einstellungen* stehen weitere Einstellungen zur Verfügung, mit denen Sie zum Beispiel regeln, ob die Aufgabe auch auf einem Notebook ausgeführt werden soll, das im Akkubetrieb läuft, und ob die Aufgabe vielleicht nur dann gestartet werden soll, wenn der Computer im Leerlaufbetrieb ist, also gerade nicht mit ihm gearbeitet wird.

Um Ihre neue Aufgabe sofort zu testen, klicken Sie die Aufgabe in der Liste im Fenster *Geplante Tasks* mit der rechten Maustaste an und wählen *Ausführen*. Schon wird die Aufgabe ausgeführt, und der Datenträgerbereinigungs-Assistent erscheint. Allerdings stellt er gleich eine Frage und will wissen, welches Laufwerk bereinigt werden soll. Und das ist nicht seine einzige Frage: Nachdem der Assistent das angegebene Laufwerk untersucht hat, zeigt er die einzelnen Speicherplatz-Einsparmöglichkeiten an und wartet geduldig, bis Sie aussuchen, welche davon wirklich bereinigt werden sollen.

Solche Rückfragen sind natürlich Gift, wenn Aufgaben automatisch und unbeaufsichtigt durchgeführt werden sollen. Deshalb gibt es bei den meisten Werkzeugen dieser Art die geheimen Optionen */sageset:x* und */sagerun:x*, mit denen die Rückfragen von vornherein beantwortet werden und das Werkzeug dann tatsächlich automatisch ablaufen kann. Wählen Sie deshalb im Startmenü *Ausführen*, und geben Sie ein: CLEANMGR /SAGESET:1 ⏎. Der Bereinigungs-Assistent startet und zeigt sofort alle seine Putzkategorien an. Wählen Sie die Kategorien, die Sie automatisiert bereinigen lassen wollen, und klicken Sie auf *OK*. Nun können Sie den Assistenten mit diesen Einstellungen automatisch reinigen lassen. Dazu wählen Sie im Startmenü *Ausführen* und geben ein: CLEANMGR /SAGERUN:1 ⏎. Tatsächlich erscheint nun keine Abfrage mehr, es wird sofort geputzt. Damit Ihr *Geplanter Task* diese Grundeinstellungen ebenfalls automatisch übernimmt, klicken Sie Ihre Aufgabe im Ordner *Geplante Tasks* mit der rechten Maustaste an und wählen *Eigenschaften*. Klicken Sie ins Feld *Starten*, und fügen Sie an den Befehl ein Leerzeichen und dann die Option /SAGERUN:1 an. Klicken Sie auf *OK*.

Weil Sie den Programmaufruf geändert haben, fragt Windows aus Sicherheitsgründen erneut das Kennwort für das Benutzerkonto ab, unter dem das Programm gestartet werden soll. Testen Sie anschließend Ihren *Geplanten Task* noch einmal. Diesmal klappt's: Die Festplatte wird automatisch bereinigt. Und genau das passiert künftig automatisch an jedem ersten Montag im Monat.

Besondere Sicherheitsoptionen für Geplante Tasks

Versteckt in der Registry schlummern einige Spezialeinträge, die die Funktion der Geplanten Tasks regeln. Normalerweise sind diese Einträge nicht so wichtig, aber wenn Sie ein System besonders absichern müssen, spielen sie eine wichtige Rolle.

Richtlinien für Geplante Tasks	
Ausführen oder Beenden von einem Task verhindern	Entfernt den *Ausführen*-Befehl im Kontextmenü der *Geplanten Tasks*. Damit ist es Anwendern nicht mehr möglich, einen *Geplanten Task* außer der Reihe manuell zu starten. *Geplante Tasks* laufen jetzt nur noch zu den festgelegten Zeiten ab.
Drag & Drop nicht zulassen	Normalerweise können Sie Programme auch über Drag & Drop ins *Geplante Tasks*-Fenster hineinziehen oder daraus entfernen. Ist diese Richtlinie aktiv, dann geht sowas nicht mehr.
Durchsuchen deaktivieren	Wird ein neuer *Geplanter Task* eingerichtet, dann können nur noch die in der Liste vorgegebenen Programme ausgewählt werden. Die *Durchsuchen*-Schaltfläche erscheint abgeblendet. Außerdem können Benutzer nun nicht mehr nachträglich das Programm eines schon eingerichteten Geplanten Tasks ändern.
Eigenschaftenseite ausblenden	Hindert Benutzer daran, die Eigenschaften eines Geplanten Tasks einzusehen oder daran Änderungen vorzunehmen.
Erstellen von neuen Tasks nicht zulassen	Die Liste der *Geplanten Tasks* wird eingefroren. Die schon in der Liste vorhandenen Tasks bleiben unberührt, aber der Benutzer kann keine neuen Tasks mehr hinzufügen.
Löschen von Tasks Tasks nicht zulassen	Verbietet dem Benutzer, Geplante Tasks aus der Liste zu entfernen
Menü *Erweitert* entfernen	Die Details zu Energieoptionen, Ablaufzeiten und Sicherheitsoptionen Geplanter Tasks werden ausgeblendet.

Tab. 2.3 Sicherheitsrichtlinien für *Geplante Tasks*

Um diese Sicherheitsrichtlinien zu nutzen, brauchen Sie sich nicht in die Tiefen der Registry zu begeben. Öffnen Sie auf *www.franzis.de* den Ordner *Richtlinie\System\Taskplaner*, und schon finden Sie die nötigen Richtlinienskripte fix und fertig vorbereitet.

Um eine Richtlinie einzusetzen, öffnen Sie das passende Skript. Wenn Sie kein Computeradministrator sind, erscheint das *Ausführen als*-Fenster, und Sie müssen sich mit einem Konto anmelden, das über Computeradministrator-Rechte verfügt. Normale Anwender können an den Sicherheitseinstellungen nämlich nicht herumfummeln. Die Einstellungen, die Sie treffen, gelten nur für den augenblicklich angemeldeten Benutzer.

Alle Programme-Menü besser organisieren

Eben haben Sie gesehen: Es gibt viele Wege, wichtige Programme an gut erreichbare Orte wie die Schnellstartleiste oder den Desktop zu legen. Das General-Menü Ihrer Programme, der Befehl *Alle Programme* im Startmenü also, ist bei Windows XP lange nicht mehr so wichtig wie bei früheren Windows-Versionen. Trotzdem können Sie auch das *Alle Programme*-Menü sehr viel besser einrichten. Anfangs sind Aufräumaktionen darin noch überflüssig, aber wenn Sie schon eine Weile mit Ihrem Computer arbeiten und vielleicht einige neue Programme nachinstalliert haben, dann sieht es darin nicht selten aus wie Kraut und Rüben. Und wieso? Eigentlich hat das *Alle Programme*-Menü ein einfaches Ordnungsprinzip: Alles, was thematisch zusammen gehört, wird in Programmgruppen zusammengefasst. In der Programmgruppe *Zubehör* finden Sie zum Beispiel ordentlich gruppiert alle Windows-Zubehör-Programme, und die Programmgruppe *Spiele* beherbergt die mitgelieferten Windows-Spiele.

Nur: Die meisten Programme legen bei ihrer Installation ganz eigene, neue Programmgruppen an, anstatt sich in eine der bestehenden Gruppen mit einzugliedern. Das Ende vom Lied: In jeder neuen Programmgruppe lagert bloß ein einziges Programm, und das *Alle Programme*-Menü wird ausladend und unübersichtlich.

Das muss aber nicht so bleiben. Mit der Maus können Sie die Reihenfolge der Programm-Einträge ändern und Einträge auch in andere Programmgruppen verschieben. Dazu klicken Sie einfach auf einen Eintrag, den Sie verlagern wollen, und halten die Maus fest. Dann ziehen Sie den Eintrag nach oben oder unten. Ein senkrechter schwarzer Balken zeigt die aktuelle Position an, und wenn Sie die Maustaste loslassen, wird der Eintrag an genau dieser Stelle ins Menü eingetragen.

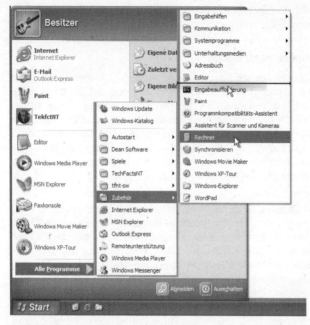

2.19 Menüeinträge lassen sich einfach an eine andere Stelle verschieben

Drag&Drop im Startmenü

Ob Sie Menüeinträge mit der Maus quer durch die Weltgeschichte verschieben können oder nicht, das bestimmt eine versteckte Einstellung.Klicken Sie mit der rechten Maustaste auf die *Start*-Schaltfläche, und wählen Sie *Eigenschaften*. Ein Fenster öffnet sich, und darin ist die Option *Startmenü* aktiviert. Klicken Sie auf *Anpassen*.

Klicken Sie nun auf das Register *Erweitert*. Jetzt sehen Sie die lange Liste, mit der Sie festlegen, welche Befehle im Startmenü erscheinen. Die Liste kann aber noch mehr. Suchen Sie die Option *Ziehen und Ablegen aktivieren*. Ist die Option eingeschaltet, dann kann die Maus Menüeinträge verschieben, sonst nicht. Und noch einen Trick sollten Sie kennen: Klicken Sie mit der rechten Maustaste auf einen Eintrag im Menü *Alle Programme*, dann sehen Sie den Befehl *Nach Namen sortieren.* Dieser Befehl sortiert die Einträge im Menü wieder automatisch alphabetisch.

Programmgruppen organisieren

Vielleicht möchten Sie ein Spiel, das Sie nachträglich installiert haben und das sich eine eigene Programmgruppe angelegt hat, lieber gemeinsam mit den übrigen Spielen in der Programmgruppe *Spiele* aufbewahren. So wird's gemacht:Öffnen Sie im Startmenü *Alle Programme* und öffnen Sie die Programmgruppe, in der sich das Spiel eingenistet hat. Klicken Sie auf das Spiel, und halten Sie die Maustaste fest. Nun ziehen Sie das Spiel aus der Gruppe nach links ins Menü und von dort weiter auf die Programmgruppe *Spiele*. Dort lassen Sie die Maustaste los. Erledigt.

Jetzt brauchen Sie die ursprüngliche Programmgruppe des Spiels, die ja nun leer ist oder nur noch unnütze Readme-Verweise enthält, zu entsorgen. Dazu klicken Sie die alte Programmgruppe mit der rechten Maustaste an und wählen *Löschen*. Die Umgestaltung des *Alle Programme*-Menüs per Maus direkt im Menü ist schön und gut, für größere Umräumarbeiten aber etwas unübersichtlich. Deshalb können Sie das Programme-Menü auch insgesamt als Ordner öffnen. Sofort entdecken Sie: Die Einträge im Menü bestehen in Wirklichkeit bloß aus Verknüpfungen, und die Programmgruppen sind eigentlich nur Ordner.

Um das *Alle Programme*-Menü zu öffnen, klicken Sie mit der rechten Maustaste auf die *Start*-Schaltfläche und wählen *Explorer – Alle Benutzer*. Jetzt sehen Sie in der linken Ordnerspalte das Startmenü, den Ordner *Programme* und darin die Programmgruppen-Ordner. Sie könnten den Aufbau und Inhalt des Menüs jetzt genauso einfach umorganisieren, wie Sie das mit jedem Datenordner tun würden. Allerdings ist eins sonderbar: Sie finden im *Programme*-Ordner womöglich gar nicht alle Einträge wieder, die Ihr *Alle Programme*-Menü im Startmenü anzeigt. Und das ist pure Absicht. Windows XP unterteilt als waschechtes Mehrbenutzer-System das Startmenü und seine Programmeinträge in zwei Teile: Die Einträge, die für alle Benutzer gleich sind, sehen Sie im Augenblick. Zusätzlich kann es Einträge geben, die nur für Sie selbst sichtbar sind. Die sehen Sie, wenn Sie die *Start*-Schaltfläche mit der rechten Maustaste anklicken und diesmal nicht *Explorer – Alle Benutzer* wählen, sondern *Explorer*.

Alle Programme-Menü abschalten und umkonfigurieren

Möchten Sie das *Alle Programme*-Menü lieber gar nicht anzeigen, dann blenden Sie diesen Befehl einfach aus dem Startmenü aus. Dazu verwenden Sie von *www.franzis.de* das Richtlinien-Skript *Richtlinie\System\Startmenü und Taskleiste\Liste Alle Programme aus dem Startmenü entfernen.* Wie Sie mit den Richtlinien richtig umgehen, haben Sie bereits am Anfang des Kapitels gelesen.

Vielleicht finden Sie das *Alle Programme*-Menü auch ganz prima, möchten aber darin nur die ganz persönlichen Programme des Benutzers anzeigen. Eben haben Sie ja gerade gelesen, dass das *Alle Programme*-Menü normalerweise seinen Inhalt aus zwei unterschiedlichen Quellen bezieht: den Programmen im Profil *All Users*, die für alle Benutzer gleichermaßen gelten, und den Programmen im Profil des angemeldeten Benutzers, die nur er sehen kann. Mit der Richtlinie *Standardprogrammgruppen aus dem Startmenü entfernen* erscheinen im *Alle Programme*-Menü nur noch die Einträge, die im Profil des gerade angemeldeten Benutzers eingetragen sind. Welche das sind, bestimmt dieser Ordner, den Sie zum Beispiel im Startmenü über *Ausführen* öffnen können: %USERPROFILE%\Startmenü\Programme ⏎ .

Möchten Sie hingegen nur vermeiden, dass der Benutzer den Inhalt des *Alle Programme*-Menüs durcheinanderwirbelt, dann ist die Richtlinie *Drag & Drop-Kontextmenüs aus dem Startmenü entfernen* genau richtig. Sie schaltet das Kontextmenü im Startmenü aus und verhindert auch, dass Einträge im *Alle Programme*-Menü mit der Maus an andere Stellen verschoben werden können. Schließlich können Sie sich noch aussuchen, ob *Alle Programme* neu installierte Programme farblich hervorheben soll. Das ist eine praktische Idee, damit Sie neu hinzugekommene Programmeinträge im Menü sofort entdecken. Für diese Einstellung ist ausnahmsweise keine Richtlinie zuständig.

Klicken Sie stattdessen mit der rechten Maustaste auf die *Start*-Schaltfläche in der Taskleiste, und wählen Sie *Eigenschaften*. Erscheint nun überhaupt kein Kontextmenü, dann waren Sie bereits bei den Richtlinien fleißig und haben offenbar die Kontextmenüs in der Taskleiste abgeschaltet (*Zugriff auf Kontextmenüs der Taskleiste deaktivieren*). Klicken Sie auf das Register *Startmenü*, und klicken Sie hinter der Option *Startmenü* auf *Anpassen*. Klicken Sie dann auf das Register *Erweitert*, und aktivieren Sie die Option *Zuletzt installierte Programme hervorheben*.

2.4   Dokumente besonders einfach öffnen

Gerade haben Sie gesehen, wie Sie Ihre wichtigen Programme besonders leicht wiederfinden und starten. Es geht aber noch eine Stufe
bequemer. Wollen Sie bloß eine Datei öffnen, um zum Beispiel daran
weiter herumzufeilen oder den Dateiinhalt ausdrucken, dann beauftragen Sie doch einfach Windows XP, das dafür passende Programm
automatisch zu öffnen.

Zuletzt verwendete Dokumente – das steckt dahinter

Natürlich könnten Sie den Ordner öffnen, in dem Sie Ihre Arbeiten
aufbewahren, und dann einfach die gewünschte Datei öffnen. Dann
beginnt allerdings die Suche: Wo hatte man die Datei noch gleich gespeichert (meist im Ordner *Eigene Dateien*, den Sie über den gleichnamigen Befehl im Startmenü öffnen!)? Wo genau liegt die Datei – zwischen all dem übrigen Krimskrams, der sich im Ordner angesammelt
hat? Wollen Sie an einer Sache weiterarbeiten, an der Sie kürzlich zu
tun hatten, dann verwenden Sie besser den Befehl *Zuletzt verwendete
Dokumente*. Der listet die letzten 15 Dokumente auf, die Sie geöffnet
haben, und die Chancen stehen gut, dass sich das gesuchte Dokument
in der Liste befindet. Anfangs ist der Befehl *Zuletzt verwendete Dokumente* allerdings nirgends im Startmenü zu entdecken. Sie müssen ihn
erst einschalten.

Zuletzt verwendete Dokumente

Klicken Sie dazu mit der rechten Maustaste auf die *Start*-Schaltfläche
in der Taskleiste und wählen Sie *Eigenschaften*. Klicken Sie dann auf
das Register *Startmenü* und auf die Schaltfläche *Startmenü – Anpassen*. Nun klicken Sie auf das Register *Erweitert* und schalten die Option
Zuletzt verwendete Dokumente auflisten ein. Klicken Sie auf *OK*. Fertig!

Klappen Sie nun Ihr Startmenü auf: Tatsächlich erscheint jetzt rechts
oben der Befehl *Zuletzt verwendete Dokumente*, und wenn Sie den auswählen, öffnet sich ein Untermenü mit all den Dingen, an denen Sie
kürzlich gearbeitet haben. Ist das gesuchte Dokument in der Liste zu
sehen, dann wählen Sie es aus. Windows XP öffnet automatisch das
passende Programm und zeigt Ihnen daraufhin den Dateiinhalt darin
an.

Zuletzt verwendete Dokumente aufräumen und löschen

So praktisch *Zuletzt verwendete Dokumente* auch ist: Darin sammelt sich mit der Zeit auch eine Menge Müll an. Weil Windows XP nicht wissen kann, welche Dokumente Sie wichtig finden und welche nicht, landen eben alle Dokumente in diesem Menü, die Sie öffnen. Auch solche, in die Sie nur mal kurz hineingesehen haben oder die Sie selbst gar nicht bearbeiten wollen. Und weil das so ist, empfinden viele das *Zuletzt verwendete Dokumente*-Menü als Störung der Privatsphäre. Schließlich kann man darin genau nachverfolgen, welche Dateien Sie in letzter Zeit verwendet haben. Dieses Risiko ist bei Windows XP allerdings gegenüber seinen Vorgängerversionen deutlich entschärft worden, weil Windows XP ja nun nicht mehr jeden an den Computer heranlässt und Ihre Benutzerdaten hermetisch vor anderen abriegelt.

Sie haben allerdings auch gesehen, dass Benutzer mit einem Konto vom Typ Computeradministrator sich über diesen Schutz hinwegsetzen können. Wollen Sie also verhindern, dass der Büroleiter oder der Herr Papa klammheimlich nachschauen, woran Sie so gerade »arbeiten«, dann müssen Sie handeln! Es genügt nicht, einfach nur den Befehl *Zuletzt verwendete Dokumente* auszublenden. Wie einfach Sie trotzdem an den Inhalt dieser Liste kommen, schauen Sie sich am besten selbst mal an:

Dazu wählen Sie im Startmenü *Ausführen* und geben ein:

`%USERPROFILE%\Recent` ⏎ .

Oho! Ein Fenster öffnet sich und zeigt per Verknüpfung all die Dateien an, mit denen Sie in letzter Zeit zu tun hatten. Und das sind unter Umständen viel mehr als nur 15. Der geheime Ordner *Recent* merkt sich nämlich alle Dateien, auch wenn das *Zuletzt verwendete Dokumente*-Menü längst andere Dateien anzeigt. Und geben Sie als Computeradministrator anstelle von *%USERPROFILE%* den Pfad zum Benutzerprofil der großen Schwester an, dann sehen Sie nun auch deren Lieblingsdateien. So geht das also!

Espresso-Tipp! Gerade haben Sie gesehen, dass der Ordner *Recent* unter Umständen nicht nur die Verknüpfungen auf die 15 zuletzt verwendeten Dokumente enthält, sondern jede Menge Datenballast aus längst vergangenen Zeiten. Allein deshalb schon lohnt es sich, die Liste in regelmäßigen Intervallen leeren zu lassen

Ihre einzige sichere Schutzmaßnahme besteht darin, den Ordner *Recent* zu leeren. Das können Sie entweder von Hand tun, oder Sie klicken mit der rechten Maustaste auf die *Start*-Schaltfläche, wählen *Eigenschaften*, klicken auf *Anpassen* und dann auf das Register *Erweitert*. Nun sind Sie wieder dort, wo Sie eben den Befehl *Zuletzt verwendete Dokumente* eingeblendet haben. Mit einem Klick auf *Liste löschen* wird der Ordner *Recent* geleert.

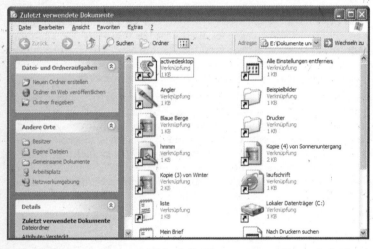

2.20 Der RECENT-Ordner merkt sich all die Dinge, an denen Sie gearbeitet haben

Windows verbieten, Ihre Dokumente zu protokollieren

Es gibt noch eine weitere Schutzmaßnahme, die allerdings in den meisten Fällen reichlich übertrieben sein dürfte und eigentlich nur bei Windows XP Professional zur Verfügung steht: Die Funktion *Zuletzt verwendete Dokumente* lässt sich nämlich über die Gruppenrichtlinien komplett abschalten. Hierbei wird der Befehl *Zuletzt verwendete Dokumente* nicht einfach nur im Startmenü ausgeblendet, sondern Windows XP protokolliert die verwendeten Dateien auch nicht mehr im *Recent*-Ordner. Ganz so radikal brauchen Sie aber nicht unbedingt zu sein. Es gibt auch mildere Richtlinien, die zum Beispiel nur dafür sorgen, dass das *Zuletzt verwendete Dokumente*-Menü gelöscht wird, sobald Sie sich abmelden. Das ist schon eine wesentlich cleverere Alternative. Zuständig für diese Sicherheitsfunktionen sind die inoffiziellen Richtlinien.

Die entsprechenden Richtlinien-Skripte finden Sie auf *www.franzis.de* im Ordner *Richtlinie\System\Startmenü und Taskleiste*.

Richtlinien für das *Dokumente*-Menü	
Beim Beenden die Liste der zuletzt geöffneten Dokumente leeren	Löscht automatisch die Dokumenten-Liste, sobald Sie sich abmelden oder Windows herunterfahren. Die Liste wird allerdings nicht gelöscht, wenn Sie nur den Ruhezustand oder den Standby-Modus aktivieren, oder wenn Sie den Benutzer wechseln (Schnelle Benutzerumschaltung)
Benutzerüberwachung deaktivieren	Dies ist die schärfste Sicherheitseinstellung, auch »Betriebsrats Liebling« genannt. Sie verhindert, dass sich Windows XP irgendwelche Benutzergewohnheiten merkt. Es werden also weder Listen über kürzlich verwendete Dokumente noch Listen über kürzlich verwendete Programme mehr geführt. Die Folge sind natürlich Funktionseinschränkungen, weil Sie jetzt weder das Menü *Zuletzt verwendete Dokumente* noch die automatische Programmliste in der linken Startmenü-Spalte verwenden können.
Liste der kürzlich geöffneten Dokumente nicht beibehalten	Diese Richtlinie schaltet die Merkfunktion für kürzlich geöffnete Dokumente ab, ohne die schon vorhandenen Einträge im *Recent*-Ordner zu löschen. Das Menü *Zuletzt verwendete Dokumente* bleibt leer, wenn Sie es eingeblendet haben. Schalten Sie die Richtlinie später wieder ab, dann wird wieder der Inhalt des *Recent*-Ordners darin angezeigt, so wie zum Zeitpunkt der Aktivierung dieser Richtlinie. So richtig praktisch ist diese Richtlinie also nicht.
Liste häufig verwendeter Programme aus dem Startmenü entfernen	Macht die Liste der häufig verwendeten Programme in der linken Spalte des Startmenüs unsichtbar

Tab. 2.4 Sicherheitseinstellungen rund um die Benutzerüberwachung

2.5   Geheime Registry-Einstellungen für Startmenü & Co

Die wichtigsten Einstellungen im Startmenü haben Sie bereits kennen gelernt. Schauen Sie sich in diesem Abschnitt an, welche Feineinstellungen sonst noch mit den Richtlinien möglich sind.

Befehle aus dem Startmenü streichen

Das Startmenü ist Ihr zentrales Windows-Cockpit, ein sehr elitärer Ort. Hier ist nicht viel Platz, und deshalb sollten Sie im Startmenü wirklich nur das dulden, was Sie auch wirklich brauchen. Überflüssige Befehle fliegen raus. Das geht bei Windows XP bereits ohne magische Tricks und doppelten Boden. Ein Rechtsklick auf die *Start*-Schaltfläche, *Eigenschaften* und ein Klick auf *Anpassen* hinter der Option *Startmenü* genügen: Schon können Sie über das Register *Erweitert* alle Befehle des Startmenüs ein- und ausblenden, ganz wie es Ihnen gefällt.

Alle? Das wäre schamlos gelogen. Das freundliche Dialogfenster von eben hilft Ihnen nur dabei, die gebräuchlichsten Dinge aus dem Startmenü zu streichen. Einträge wie der Befehl *Abmelden* oder *Ausschalten* sind darin nicht zu finden. Dabei sind alle – wirklich alle – Elemente des Startmenüs abschaltbar. Wenn es über die offiziellen Dialogfenster nicht klappt, dann verwenden Sie eben die Richtlinien-Skripte von *www.franzis.de*. Die finden Sie im Ordner *Richtlinie\System\Startmenü* und *Taskleiste*:

Richtlinien für das *Start*-Menü	
Befehl *Herunterfahren* entfernen und Zugriff darauf verweigern	Entfernt den Befehl *Ausschalten* aus dem Startmenü. Benutzer können sich also nur noch abmelden, um Platz für andere Benutzer zu machen, aber nicht mehr den Computer abschalten oder neu starten. Gegen das Herausziehen des Netzsteckers kann aber auch diese Richtlinie nichts ausrichten
Benutzernamen aus dem Startmenü entfernen	Haben Sie es schon bemerkt? Normalerweise zeigt Windows XP oben im Startmenü das Anmeldebild und den Benutzernamen des aktuell angemeldeten Benutzers an. Wenn Sie lieber inkognito arbeiten, dann verwenden Sie diese Richtlinie.

Richtlinien für das *Start*-Menü	
Liste *Alle Programme* aus dem Startmenü entfernen	Streicht den Befehl *Alle Programme* aus dem Startmenü. Benutzer können also nur noch Programme aufrufen, die ans Startmenü angeheftet sind. Oder die auf andere Weise erreichbar sind, zum Beispiel über Verknüpfungen auf dem Desktop.
Liste angehefteter Programme aus dem Startmenü entfernen	Entfernt die Programm-Loge mit Ihren Lieblingsprogrammen, die normalerweise oben links im Startmenü residiert
Liste häufig verwendeter Programme aus dem Startmenü entfernen	Macht die Liste der häufig verwendeten Programme im mittleren Teil der linken Startmenü-Spalte unsichtbar
Menü *Suchen* aus dem Startmenü entfernen	Streicht den Befehl *Suchen*
Menüeintrag *Ausführen* aus dem Startmenü entfernen	Streicht den Befehl *Ausführen*, sodass Anwender damit keine Programme mehr aussuchen können. Allerdings beziehen sich all diese Einstellungen nur auf das, was im Startmenü angezeigt wird. Über WIN+R erscheint der *Ausführen*-Dialog trotzdem jederzeit.
Menüeintrag *Dokumente* aus dem Startmenü entfernen	Macht den Menübefehl *Zuletzt verwendete Dokumente* unsichtbar
Menüeintrag *Favoriten* aus dem Startmenü entfernen	Entfernt das Menü *Favoriten*, in dem normalerweise Ihre Lesezeichen für wichtige Internetseiten geführt werden
Menüeintrag *Hilfe* aus dem Startmenü entfernen	Entfernt den Befehl *Hilfe und Support* aus dem Startmenü
Netzwerkverbindungen aus dem Startmenü entfernen	Macht das Menü *Netzwerkverbindungen* im Startmenü unsichtbar, in dem Sie normalerweise die DFÜ- und LAN-Verbindungen zu anderen Computern sehen
Option *Abmelden* aus dem Startmenü entfernen	Streicht den Befehl *Abmelden* aus dem Startmenü. Wenn Sie den Computer zum Beispiel allein benutzen (oder allein benutzen wollen, obwohl kleine Brüder oder heimtückische Kollegen mit Ihnen im Zimmer sitzen), dann können sich die nicht mehr

Richtlinien für das *Start*-Menü	
	über Abmelden abmelden und mit einem anderen Benutzerkonto anmelden. Nur verwenden, wenn Sie wirklich den Computer ganz allein nutzen.
Option *Abmelden* dem Startmenü hinzufügen	Baut den Befehl *Abmelden* zwingend ins Startmenü ein.
Schaltfläche *Abdocken* aus dem Startmenü entfernen	Blendet bei Notebooks, die sich in einer Dockingstation befinden, den *Ausdocken*-Befehl aus
Schaltfläche *Computer ausschalten* entfernen und deaktivieren	Entfernt die Schaltfläche *Ausschalten* aus dem Startmenü
Symbol *Eigene Dateien* aus dem Startmenü entfernen	Entfernt den Befehl *Eigene Dateien* aus dem Startmenü. Das ist meist keine gute Idee, weil dieser Ort für alle Benutzer – Anfänger wie Profis – wichtig ist. Hier speichert Windows alle persönlichen Dinge, und es gibt wirklich keinen guten Grund, den Weg dorthin künstlich zu erschweren.
Symbol für *Eigene Bilder* aus dem Startmenü entfernen	Entfernt den Befehl *Eigene Bilder* aus dem Startmenü, der auf den Ordner *Eigene Bilder* in Ihrem Ordner *Eigene Dateien* verweist
Symbol für *Eigene Musik* aus dem Startmenü entfernen	Entfernt den Befehl *Eigene Musik* aus dem Startmenü, der auf den Ordner *Eigene Musik* im Ordner *Eigene Dateien* verweist
Symbol für *Netzwerkumgebung* aus dem Startmenü entfernen	Entfernt die *Netzwerkumgebung* aus dem Startmenü, über die Sie normalerweise benachbarte Computer im Netzwerk sehen und besuchen können

Tab. 2.6 Alle Elemente des Startmenüs per Richtlinie vorgeben

Das klassische Startmenü konfigurieren

Oben hatten Sie bereits gesehen, dass Windows XP nicht auf sein modernes zweispaltiges Startmenü besteht. Wer mag, kann auch Retro-Design genießen und das Startmenü wieder so aussehen lassen wie bei Windows 98 oder 2000.

Verwenden Sie das klassische einspaltige Startmenü, dann kommen einige ältere Richtlinien wieder zu Ehren, die bei Windows XP eigentlich nichts mehr zu melden haben:

Richtlinien für klassisches Startmenü	
Klassisches Startmenü erzwingen	Anstelle des modernen zweispaltigen Startmenüs erscheint das alte Startmenü und kann auch nicht mehr ins neue Menü umgeschaltet werden
Persönlich angepasste Menüs deaktivieren	Im klassischen Startmenü kann das Programme-Menü Programmgruppen ausblenden, die Sie längere Zeit nicht besucht haben. Allerdings nur, wenn diese Richtlinie nicht aktiv ist.
Programme im Menü *Einstellungen* entfernen	Im klassischen Startmenü gibt es den Befehl *Einstellungen*, hinter dem sich Systemsteuerung und andere Einstellmöglichkeiten verbergen. Wird diese Richtlinie aktiviert, so verschwindet der *Einstellungen*-Befehl samt seiner Einstellmöglichkeiten.

Tab. 2.7 Richtlinie für das »alte« Starmenü

Die Taskleiste sichern und einstellen

In der folgenden Tabelle finden Sie weitere Richtlinien aus zwei Aufgabenbereichen: die Richtlinien sichern entweder den Zugriff auf Startmenü und Taskleiste, oder sie blenden Elemente aus der Taskleiste aus. Schauen Sie sich das mal näher an:

Richtlinien für die Taskleiste	
Ändern der Einstellungen für die Taskleiste und das Startmenü verhindern	*Eigenschaften*-Dialog für Taskleiste und Startmenü kann nicht mehr verwendet werden
Bereinigung des Infobereichs deaktivieren	Der Infobereich am rechten Ende der Taskleiste wird nicht mehr automatisch bereinigt. Es bleiben darin also wie bei älteren Windows-Versionen alle Symbole sichtbar.
Dem Dialogfeld Ausführen ein Kontrollkästchen für In *getrenntem*	Ältere 16-Bit-Anwendungen werden normalerweise allesamt gemeinsam in einem Adressbereich ausgeführt. Das spart zwar Speicher, aber stürzt eine

Richtlinien für die Taskleiste	
Speicherbereich ausführen hinzufügen	16-Bit-Anwendung ab, dann hängen alle. Wer genügend Speicher frei hat, der kann 16-Bit-Anwendungen in getrennten Speicherbereichen ausführen lassen und dazu im *Ausführen*-Dialog ein passendes Optionskästchen einblenden lassen. Ob Sie das wirklich aufregend finden, ist allerdings fraglich, denn kaum jemand benutzt heutzutage noch 16-Bit-Anwendungen. Die modernen 32-Bit--Anwendungen werden sowieso in getrennten Speicherbereichen ausgeführt
Drag & Drop-Kontextmenüs aus dem Startmenü entfernen	Verhindert, dass Sie mit der Maus Einträge im Startmenü verschieben oder Kontextmenüs öffnen können
Gruppierung von Taskleistenelementen verhindern	Gleichartige Programmfenster werden in der Taskleiste normalerweise mit einer gemeinsamen Schaltfläche repräsentiert, wenn der Platz eng wird. Mit dieser Richtlinie verhält sich die Taskleiste wieder wie in alten Windows-Versionen und verwendet die geniale Platzsparautomatik nicht.
Infobereich ausblenden	Der Infobereich wird komplett ausgeblendet.
Infosymbole für Startmenüeinträge entfernen	Parken Sie die Maus einen Moment über Symbolen in der Taskleiste oder über Befehlen im Startmenü, dann öffnet Windows XP normalerweise zuvorkommend ein kleines Tooltip-Fenster und verrät darin, wofür Symbol oder Befehl da ist. Mit dieser Richtlinie wird diese unaufdringliche Hilfe abgeschaltet.
Keine benutzerdefinierten Symbolleisten in der Taskleiste anzeigen	Haben Sie sich über Rechtsklick auf die Taskleisten-Uhr und Symbolleisten eigene Symbolleisten gebastelt und in der Taskleiste eingeblendet? Ihr einziger natürlicher Feind ist dann diese Richtlinie, die benutzerdefinierte Symbolleisten verschluckt.
Nicht verfügbare Windows Installer-Programme in den Verknüpfungen des Startmenüs deaktivieren	Der Windows Installer ist der neue eingebaute Installationsdienst, der alle modernen Programme installiert (und auf Wunsch auch wieder beseitigt). Manche Programme werden dabei je nach Voreinstellung nur zum Teil installiert. Einige seltene Programmfunktionen erscheinen zwar im Startmenü, installieren den dafür nötigen Programmteil

Richtlinien für die Taskleiste	
	aber erst bei der ersten Benutzung. Mit dieser Richtlinie streichen Sie alle Einträge im Startmenü, die sich auf Programmteile beziehen, die nicht wirklich einsatzbereit sind.
Taskleiste fixieren	Verhindert, dass die Taskleistenelemente verändert werden können. Haben Sie darin zum Beispiel die Schnellstartleiste eingeblendet, dann können Sie die Taskleistenfixierung nach Anwendung dieser Richtlinie nicht mehr abschalten und deshalb die Breite der Schnellstartleiste auch nicht mehr verändern
Uhr aus dem Infobereich	Macht genau, was Sie erwarten würden: die Uhr verschwindet
Verknüpfungen und Zugriff auf Windows-Update entfernen	Verhindert das Windows-Update, mit dem Sie normalerweise Ihre Windows-Installation überprüfen und kostenlos renovieren lassen können.
Zugriff auf Kontextmenüs der Taskleiste deaktivieren	Schaltet die Kontextmenüs der Taskleiste ab. Im Bereich der Taskleiste wird die rechte Maustaste also wirkungslos. Das gilt auch für die *Start*-Schaltfläche.

Tab. 2.8 Weitere Sicherheits- und Gestaltungseinstellungen für Startmenü und Taskleist

Missbrauchen Sie Richtlinien nicht – und machen Sie sich das Leben nicht unnötig schwer! Richtlinien sind nur dann nötig, wenn Sie eine Einstellung zwingend festschreiben wollen, also verhindern möchten, dass normale Anwender andere Einstellungen treffen.

Wollen Sie das klassische Startmenü nur mal ausprobieren, aber nicht zwingend vorschreiben, dann geht das auch ohne Richtlinie: Rechtsklick auf die *Start*-Schaltfläche, *Eigenschaften*, Register *Startmenü* anklicken, Option *Klassisches Startmenü* wählen und auf *OK* klicken.

Und auch viele andere Funktionen sind für den Alltagsgebrauch ohne Richtlinie wählbar. Möchten Sie die Uhr ausblenden, dann klicken Sie im Dialogfenster von eben auf das Register *Taskleiste* und schalten die Option *Uhr anzeigen* ab. Das ist schon alles.

Denken Sie also immer daran: Richtlinien sind in den meisten Fällen Beschränkungen, die Einstellmöglichkeiten abschalten.

3 Von Laufwerken, Ordnern und Dateien

Alles, was Sie irgendwann einmal speichern, also aufbewahren, landet auf einem der eingebauten Datenträger. In den meisten Fällen ist das die leise surrende Festplatte, die am schnellsten arbeitet und den meisten Platz bietet.

Wenn Sie Dinge an andere weitergeben wollen, werden aber auch Laufwerke mit auswechselbaren Datenträgern wichtig wie zum Beispiel Diskettenlaufwerk, Wechselplattenmedium wie ZIP-Drive oder CD-ROM-Brenner.

3.1 Das Dateisystem

Glücklicherweise brauchen Sie sich gar nicht in allen Ecken und Winkeln Ihrer Laufwerke auszukennen. Windows XP sorgt dafür, dass Sie Ihren eigenen überschaubaren Datenbereich bekommen, und eigentlich genügt es vollauf, den zu kennen. Ihn erreichen Sie immer und sehr bequem über den Startmenü-Befehl *Eigene Dateien*.

Trotzdem ist es ein besseres Gefühl, nicht nur über lokale Ortskenntnis zu verfügen, sondern auch über den Tellerrand hinauszuschauen und ein wenig »Erdkunde« in der Laufwerks-Welt von Windows XP zu lernen.

Andere Datenbereiche sind nämlich ebenfalls interessant und bieten viele wertvolle Überraschungen, die Ihnen zumindest dann nutzen, wenn Sie mehr mit Windows XP tun wollen als nur Briefe zu schreiben oder Bilder zu malen.

Die Laufwerke

Alle Laufwerke, die Ihr Computer besitzt, werden vom Arbeitsplatz übersichtlich angezeigt. Öffnen Sie einfach das Startmenü und wählen Sie *Arbeitsplatz*. Schon öffnet sich ein Fenster. Darin sehen Sie die unterschiedlichen Laufwerkstypen. In den Voreinstellungen gruppiert Windows die Laufwerke nach Typ.

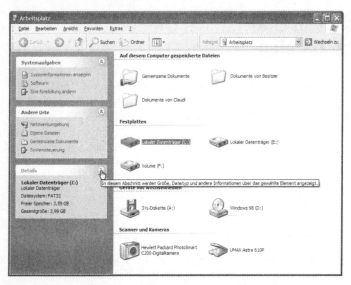

3.1 Der Arbeitsplatz wird zu einer richtigen Informationszentrale

Neben den eigentlichen Laufwerken, die in den Gruppen *Festplatten* und *Geräte mit Wechselmedien* zu sehen sind, zeigt der Arbeitsplatz aber noch viel mehr an: In der Gruppe *Auf diesem Computer gespeicherte Daten* sehen Sie wichtige Ordner. Das ist mindestens der Ordner *Gemeinsame Dokumente*, den alle Benutzer sehen können und über den man Dateien der Allgemeinheit zur Verfügung stellen kann. Benutzer vom Typ *Computeradministrator* sehen außerdem die Dokumentenordner aller Benutzer.

Espresso-Tipp! Möchten Sie den Eintrag *Gemeinsame Dokumente* entfernen, dann verwenden Sie dafür die passende Sicherheitsrichtlinie. Die finden Sie auf www.FRANZIS.DE: *Richtlinie\System\Windows Explorer\Gemeinsame Dokumente vom Arbeitsplatz entfernen.*Sogar moderne digitale Medien wie angeschlossene Digitalkameras oder Webcams erscheinen im Arbeitsplatz, und zwar in der Kategorie *Scanner und Kameras*. Sie können solche Geräte bei Windows XP wie ganz normale Laufwerke öffnen und sehen dann die darin gespeicherten Bilder. Jedenfalls dann, wenn die Geräte über moderne Windows XP-Treiber verfügen.

So kontrollieren Sie ein Laufwerk

Um zu sehen, was auf einem Laufwerk »alles drauf« ist, öffnen Sie es einfach. Das ist schon alles. Entweder sehen Sie nun den Inhalt, nämlich die Dateien und gelben Ordner, in denen sich weitere Dateien und Unterordner befinden können.

Oder aber Windows XP zeigt eine Meldung, dass der gewählte Ordner oder das gewählte Laufwerk für Sie uninteressant ist. Diese Meldung soll verhindern, dass unerfahrene Anwender in wichtigen Systemordnern auf Streifzüge gehen und dort durch wildes Herumgeklicke möglicherweise Schaden anrichten. Trotzdem können Sie die Sperre jederzeit durchbrechen, indem Sie den Link *Ordnerinhalte anzeigen* anklicken. Es ist nur eine Warnung, aber kein Verbot. Sie sind der Chef.

> **Espresso-Tipp!** Schauen Sie mal unauffällig in die Infospalte: Dort finden Sie in Systemordnern die Liste *Systemaufgaben*. Mit *Laufwerkinhalte anzeigen* beziehungsweise *Laufwerkinhalte ausblenden* schalten Sie die Kindersicherung ein und aus.

Anders ist das, wenn Windows XP den Versuch, einen gelben Ordner zu öffnen, mit dem Hinweis *Zugriff verweigert* quittiert. Dann wissen Sie, dass dieser Ordner gesperrt ist. Hineinsehen kann nur sein Besitzer oder ein Computeradministrator.

Datenschutz aktiviert

Schauen Sie sich doch mal an, ob Windows XP bei Ihnen aufpasst und die privaten Dateien der einzelnen Benutzerkonten voneinander trennt. Dazu starten Sie einen Einbruchsversuch, probieren also, auf die persönlichen Dateien eines anderen Benutzers zuzugreifen.

Normalerweise sollte Windows XP das nicht erlauben und stattdessen *Zugriff verweigert* melden. Öffnen Sie für den Test zuerst Ihren eigenen Profil-Ordner. Dazu klappen Sie das Startmenü aus und wählen *Ausführen*. Geben Sie ein: %USERPROFILE% ⏎ . Schon zeigt der Explorer Ihr Profil an, also den Ordner, in dem all Ihre persönlichen Dinge gespeichert sind. Um an die Daten anderer Benutzer heranzukommen, drücken Sie Rück . So landen Sie eine Ordnerebene höher. Jetzt sehen Sie mehrere Ordner. Einer davon heißt so wie Ihr Anmeldename, und in diesem Ordner hatten Sie sich gerade befunden. Ein anderer Ordner heißt *All Users* und speichert gemeinsam genutzte Dinge aller Benutzer. Daneben sehen Sie aber auch die Ordner, die den übrigen Benutzerkonten gehören. In die versuchen Sie nun einzubrechen. Das ist leicht. Öffnen Sie einfach den Ordner eines anderen Benutzerkontos. Genau das sollte eigentlich nicht möglich sein. Ist Ihr System geschützt, dann beantwortet Windows XP Ihren Einbruchsversuch mit der Meldung *Zugriff verweigert*. Spionage unmöglich.

Wenn Sie stattdessen einfach durchgelassen werden und nun die persönlichen Daten eines anderen Benutzers ausspionieren können, dann ist das ein Warnsignal. Entweder sind Sie Computeradministrator. Dann dürfen Sie alles, auch fremde Daten ausspionieren. Genau deshalb ist es so wichtig, Benutzerkonten einzuschränken und nur in Ausnahmefällen mit der besonderen Macht eines Computeradministrators auszustatten (siehe Kapitel 1). Oder aber Sie haben Windows noch gar nicht den Auftrag erteilt, die Benutzerkonten hermetisch abzuriegeln. Das passiert normalerweise automatisch, sobald Sie dem ersten Benutzerkonto ein Kennwort zuweisen. Sie können den Schutz aber natürlich auch nachträglich ein- und ausschalten.

Ein Grund, warum Windows XP Ihnen den Schutz Ihrer persönlichen Daten vielleicht noch gar nicht angeboten hat: Ihre Festplatte, auf der die Benutzerprofile gespeichert werden, verwendet noch das altertümliche *FAT32*-Dateisystem. Das lässt jeden durch und kennt den Begriff »Sicherheit« nur aus dem Fremdwörterlexikon. Höchste Zeit also, in solch einem Fall auf das moderne *NTFS*-Dateisystem umzuschalten. Möchten Sie sich umgekehrt wieder aus einem Ordner herausbewegen, dann drücken Sie zum Beispiel ⌜Rück⌝ oder klicken in der Symbolleiste auf *Zurück*. Verirren ist unmöglich: Sie brauchen bloß häufig genug auf ⌜Rück⌝ zu drücken und landen so irgendwann immer wieder beim Arbeitsplatz.

Dateien mit einem Programm öffnen

Laufwerke enthalten grundsätzlich zwei unterschiedliche Dinge: gelbe Ordner, die wie echte Aktenordner bestimmte Dinge zu einem Thema zusammenfassen und geöffnet werden können, sowie Dateien.

Dateien enthalten abgespeicherte Dinge wie zum Beispiel einen Brief oder ein Bild. Dateien gibt es deshalb gleich in hunderttausend unterschiedlichen Typen, und das Symbol der Datei zeigt an, was für Daten darin schlummern. Zum Glück ist Windows XP clever genug, die meisten Dateitypen automatisch an das für sie passende Programm zu verfüttern. Sie brauchen Dateien also nur zu öffnen, und schon startet das zuständige Programm, lädt die Datei und zeigt ihren Inhalt an. Wirklich ausprobieren sollten Sie sowas möglichst nur in Ihrem eigenen *Eigene Dateien*-Ordner.

Stromern Sie dagegen gerade quer durch Ihre Festplatte und sind in irgendeinem Systemordner angelangt, dann finden Sie zwar auch darin zig verschiedene Dateien, aber dabei handelt es sich meist um die technischen Innereien von Programmen oder gar Windows selbst.

Auch solche Dateien kann Windows ausführen, wenn Sie sie öffnen, aber was dann passiert, kann für böse Überraschungen sorgen. Nicht umsonst schottet Windows XP solche Ordner normalerweise ab. Diese Warnung sollten Sie genauso ernst nehmen wie den Hinweis »No serviceable components inside« auf der Rückseite Ihres Radioweckers. Den würden Sie schließlich auch nicht aufschrauben, nur um zu sehen, was als Nächstes passiert.

Dateien mit alternativen Programmen öffnen

Meist klappt die Dateistart-Automatik ganz gut, manchmal aber eben auch nicht. Was tun, wenn Sie eine Bild-Datei öffnen, und Windows XP startet anstelle von Paint ein ganz anderes Malprogramm? Was tun, wenn Sie als Webseiten-Entwickler die HTML-Dateien mal im Explorer bewundern, mal im Editor unter die Lupe nehmen und mal in FrontPage umdesignen wollen?

In diesem Fall hilft Ihnen ein Rechtsklick weiter. Klicken Sie die Datei, die Sie öffnen wollen, mit der rechten Maustaste an, und wählen Sie *Öffnen mit*. Tun Sie das zum ersten Mal, dann öffnet sich ein Auswahlfenster und zeigt alle Programme an, die Windows kennt. Suchen Sie sich das Programm aus, mit dem Sie die Datei öffnen wollen.

Windows merkt sich Ihre Auswahl, und wenn Sie künftig noch einmal *Öffnen mit* wählen, dann bietet es Ihnen das schon einmal verwendete Alternativprogramm automatisch mit an. So können Sie ganz bequem eine Liste mit Alternativprogrammen für jeden Dateityp anlegen und Dateitypen also mit den unterschiedlichsten Programmen öffnen.

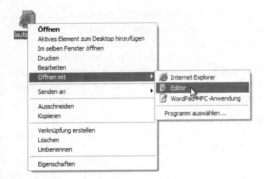

3.2 Mit *Öffnen* mit lassen sich Dateien nun mit mehr als einem Programm öffnen

Die Programme-Liste im *Öffnen mit*-Dialog ist in zwei Teile gegliedert:

→ Unter *Empfohlene Programme* finden Sie die Programme, die entweder sowieso mit dem Dateityp schon verknüpft sind und also starten, wenn Sie die Datei einfach öffnen. Und solche, die Sie bereits ins *Öffnen mit*-Menü eingetragen haben. »Empfohlen« ist also keine Garantie dafür, dass die Programme auch wirklich mit dem Inhalt der Datei richtig umgehen können. »Empfohlen« heißt nur, dass diese Programme schon mal mit dem Dateityp getestet wurden.

→ *Andere Programme* umfasst die übrigen Programme, die auf Ihrem Computer installiert sind und die Sie zusätzlich in Ihr *Öffnen mit*-Menü einbauen lassen können.

Über *Durchsuchen* lassen sich weitere Programme auswählen, falls die in der Liste noch fehlen sollten. Und mit dem Link *im Web suchen* können Sie sogar vollautomatisch im Internet nach geeigneten Programmen für Ihren Dateityp suchen.

Das kann zum Beispiel wichtig sein, wenn Sie eine Datei von einem Bekannten erhalten oder über das Internet heruntergeladen haben, beispielsweise eine Excel-Tabelle, und nun stellt sich heraus, dass es auf Ihrem Computer gar kein passendes Programm gibt, um die Datei auch anzuzeigen.

Wie die *Öffnen mit*-Automatik wirklich funktioniert

Der *Öffnen mit*-Befehl ist eine praktische Sache, solange in seinem Menü nur solche Programme auftauchen, die Sie wirklich nützlich finden. Was aber, wenn Sie über *Öffnen mit* testweise ein Programm ausgesucht haben, nur um festzustellen, dass es den betreffenden Dateityp gar nicht richtig anzeigen kann?

Dann lungert dieses Programm künftig bis in alle Ewigkeit ebenfalls in Ihrem *Öffnen mit*-Menü herum und stört. Windows XP kann zwar mit *Programm auswählen* neue Programme ins *Öffnen mit*-Menü einbauen. Sind die aber erst mal im Menü drin, gibt es keinen Weg, sie daraus wieder zu entfernen.

3.3 Mit Tricks bekommen Sie falsche Einträge auch wieder aus *Öffnen mit* heraus

Ihr einziger Ausweg ist hier, das Konzept besser zu verstehen, das hinter den bunten Dialogfenstern arbeitet.

Öffnen mit-Menü verstehen

Öffnen Sie dazu Ihren Registrierungseditor. Mit dem können Sie sich die internen Windows-Einstellungen selbst anschauen und sind nicht darauf angewiesen, dass Ihnen irgendein Dialogfenster die Einstellmöglichkeiten anbietet. Verändern Sie aber nichts auf eigene Faust, in der Registry wird scharf geschossen, Änderungen gelten sofort, und falsche Einträge machen Windows XP in Rekordzeit unbrauchbar. Wählen Sie also im Startmenü *Ausführen*, und geben Sie ein: REGEDIT ⏎. Der Registrierungseditor startet. Nun navigieren Sie mit der linken Spalte zu *HKEY_CURRENT_USER\Software\Microsoft\Windows\CurrentVersion\Explorer\FileExts*.

Angekommen? Dann klicken Sie auf *FileExts* und schauen mal neugierig in die rechte Spalte. Wenn dort ein Eintrag namens *Application* steht, dann wissen Sie, dass dieser Dateityp nicht mit dem ursprünglichen Programm geöffnet wird. Sie haben über *Öffnen mit* ein anderes ausgewählt, und welches das ist, steht hinter *Application*. Öffnen Sie den *FileExts*-Schlüssel. Darunter kommen jede Menge Dateiextensionen zum Vorschein. Wenn Sie eine davon öffnen, zum Beispiel .*BMP*, dann sehen Sie unter anderem den Schlüssel *OpenWithList*, und darin sind die Programme vermerkt, die Sie in Ihr *Öffnen mit*-Menü eingebaut haben. Wollen Sie also einen Eintrag daraus entfernen, dann klicken Sie in der rechten Spalte den Delinquenten mit der rechten Maustaste an und wählen *Löschen*.

Probieren Sie den Effekt aus! Klicken Sie anschließend eine Datei des gerade bearbeiteten Dateityps mit der rechten Maustaste an, und wählen Sie *Öffnen mit*. Tatsächlich: Der Eintrag, den Sie aus der Registry gelöscht haben, steht nun nicht mehr im *Öffnen mit*-Menü. Na also. Einige offizielle Programme bleiben übrigens immer im *Öffnen mit*-Menü erhalten. Bei BMP-Grafiken können Sie also die *Bild- und Faxanzeige* und *Paint* nicht aus dem Menü entfernen, denn die sind auch an anderer Stelle mit BMP-Bildern verknüpft. Aber alle Einträge, die Sie nachträglich hinzugerüstet haben, bekommen Sie aus dem Menü wieder heraus. Und das war ja der Sinn des Exkurses.

Wie Windows Dateien in den passenden Programmen startet

Das *Öffnen mit*-Menü ist nur ein Notnagel, eine Zusatzmöglichkeit, Dateien in Ausnahmefällen mit alternativen Programmen zu öffnen. In aller Regel wird man Dateien lieber einfach öffnen und sollte dann idealerweise auch ohne *Öffnen mit*-Menü auf Anhieb in dem Programm landen, das Sie für solche Dateitypen am liebsten einsetzen. Ist aber nicht immer so. Drei Dinge begegnen Ihnen im wahren Leben, wenn Sie eine Datei öffnen:

→ Entweder öffnet sich die Datei in Ihrem Lieblingsprogramm. Dann freuen sich alle, und alles ist gut.

→ Oder aber die Datei öffnet sich in einem ganz anderen Programm. Dann fragen Sie sich spätestens in diesem Moment, wieso das so ist und wieso Windows nicht ein ganz anderes Programm ausgewählt hat. Bilder öffnen sich zum Beispiel plötzlich nicht mehr im

Malprogramm Paint, sondern in einem Grafik-Viewer oder einem ganz anderen Malprogramm.

→ Dritte Möglichkeit: Es öffnet sich gar kein Programm, sondern das *Öffnen mit*-Fenster. Dann ist diesem Dateityp noch gar kein Programm zugeordnet worden, und Windows will zuerst wissen, mit welchem Programm es die Datei künftig öffnen soll. Hier suchen Sie sich entweder das gewünschte Programm in der Programme-Liste aus. Oder Sie versuchen Ihr Glück mit dem Link *im Web suchen*, um automatisch das richtige Programm vorgeschlagen zu bekommen. Allerdings sind die Informationen, die diese Website bereithält, noch recht dürftig.

3.4 Diese Option macht Programme zum Standardprogramm für Dateitypen

Dateien und Programme

Schauen Sie sich die Sache einfach mal genauer an. Dazu legen Sie sich zuerst eine Bilddatei auf den Desktop. Klicken Sie mit der rechten Maustaste auf eine freie Stelle des Desktops, und wählen Sie *Neu* –

Bitmap. Eine neue Bitmap-Grafik liegt nun auf dem Desktop. Geben Sie ihr einen Namen wie zum Beispiel `Testbild` `↵`. Öffnen Sie das Bild, dann öffnet sich nicht etwa Ihr Malprogramm *Paint,* sondern nur die *Windows Bild- und Faxanzeige.* Und weil das neue Bild natürlich noch leer ist, zeigt die gar nichts an. Um Ihr Bild zu bearbeiten, müssten Sie also die Bilddatei mit der rechten Maustaste anklicken und *Öffnen mit – Paint* wählen. Jetzt startet das Malprogramm, und Sie könnten eine kleine Testgrafik kritzeln. Speichern Sie die mit *Datei – Speichern* ab, und schließen Sie das Malprogramm wieder. Wollen Sie künftig die Sache so einrichten, dass sich das Malprogramm automatisch öffnet, wenn Sie Bitmap-Grafiken öffnen? Dann machen Sie jetzt Folgendes:

Klicken Sie noch einmal Ihre Grafik mit der rechten Maustaste an und wählen Sie *Öffnen mit – Programm auswählen.* Nun öffnet sich das *Öffnen mit*-Fenster, und Sie sehen oben im Bereich *Empfohlene Programme* neben der *Windows Bild- und Faxanzeige* auch das Malprogramm *Paint.* Schließlich wird es ja bereits im *Öffnen mit*-Menü geführt. Suchen Sie sich jetzt *Paint* in der Liste aus, und aktivieren Sie dann die Option *Dateityp immer mit dem ausgewählten Programm öffnen.* Klicken Sie auf *OK.* Jetzt öffnen Sie noch einmal Ihre Bilddatei. Heureka! Es funktioniert! Sie öffnet sich jetzt direkt mit *Paint.* Wollen Sie später auch andere Dateitypen mit beliebigen Programmen verbandeln, dann achten Sie auf ein paar wichtige Punkte:

Zwar können Sie in der Programme-Liste *Öffnen mit* prinzipiell jedes Programm aussuchen und dann *Dateityp immer mit dem ausgewählten Programm öffnen* markieren. Clever ist das aber nicht, denn oft wissen Sie bei fremden Programmen ja noch gar nicht, ob sie Ihre Dateien auch korrekt anzeigen können. Besser ist deshalb, sich nur auf die Programme zu beschränken, die im Bereich *Empfohlene Programme* angezeigt werden. Damit ein neues Programm in diese Liste aufgenommen wird, klicken Sie die Datei, der Sie ein neues Programm zuordnen wollen, mit der rechten Maustaste an und wählen *Öffnen mit – Programm auswählen.* Suchen Sie dann das Programm aus, und aktivieren Sie noch nicht die Option *Dateityp immer mit dem ausgewählten Programm öffnen.* Klicken Sie nur auf *OK.*

Das neue Programm wird so zunächst nur ins *Öffnen mit*-Menü eingebaut, ist sozusagen auf Probezeit, und Sie können erst einmal ausgiebig testen, ob es wirklich so gut ist wie Sie dachten. Wollen Sie es nach einer ausgiebigen Testphase wirklich als das Standardprogramm für den Dateityp einsetzen, dann ist später immer noch Zeit, die Option *Dateityp immer mit dem ausgewählten Programm öffnen* zu aktivieren.

Übrigens können Sie verbogene Dateityp-Programmzuordnungen auch wieder reparieren. Wenn Sie wie eben Bitmap-Grafiken so umgestellt haben, dass sie mit *Paint* geöffnet werden, dann klicken Sie als Nächstes die Bilddatei mit der rechten Maustaste an und wählen *Eigenschaften*. Im *Allgemein*-Register sehen Sie nun die Schaltfläche *Ändern*, und wenn Sie die anklicken, erscheint schon wieder das *Öffnen mit*-Fenster.

Schauen Sie genauer hin: darin ist das Programm bereits markiert, mit dem Bitmap-Dateien normalerweise bei Windows XP geöffnet werden. Sie könnten Ihre Änderungen also ganz leicht rückgängig machen, indem Sie einfach auf *OK* klicken. Dann würden sich Bitmap-Dateien wieder mit der Bild- und Faxanzeige öffnen.

Woher weiß Windows nun aber, um was für einen Dateityp es sich bei einer Datei eigentlich handelt? Wieso bekommen Textdateien ein anderes Symbol als zum Beispiel Grafiken?

Zuständig dafür sind die Datei-Extensionen. Das sind ein paar Buchstaben, die mit einem Punkt an den Dateinamen angehängt sind. Bei Bitmap-Grafiken heißt die Extension zum Beispiel *BMP*, und bei Textdateien *TXT*. WinWord- und WordPad-Dateien verwenden *DOC*.

Und wenn Sie mal alle Dateitypen auf einmal sehen wollen, die es auf Ihrem Computer gibt, dann machen Sie das so:

Wählen Sie im Startmenü *Systemsteuerung*, und öffnen Sie das Modul *Ordneroptionen*. Dann klicken Sie auf das Register *Dateitypen*. Nach einer kleinen Suchaktion sehen Sie jetzt in der Liste *Registrierte Dateitypen* alle Zuordnungen zwischen Dateitypen und Programmen, die bei Ihnen eingerichtet sind.

Aber das Dialogfenster kann noch mehr. Klicken Sie in die Liste, und geben Sie den gesuchten Dateitypen ein, zum Beispiel BMP. Schon springt die Liste zu diesem Eintrag, und Sie brauchen nicht lange danach zu suchen.

Unten sehen Sie jetzt die aktuellen Verknüpfungsinformationen, und wenn Sie wie im Exkurs die BMP-Dateien mit Paint verknüpft haben, dann steht dort jetzt nicht nur, dass Paint für diesen Dateityp zuständig ist. Windows hat sich auch gemerkt, dass Sie diesen Dateityp geändert haben. Die ursprüngliche Fabrikeinstellung – nämlich die Bild- und Faxanzeige – lässt sich jetzt mit der Schaltfläche *Wiederherstellen* ganz einfach reaktivieren. Clever, oder?

3.5 Alle Dateitypen sehen und Zuordnungen mit *Wiederherstellen* reparieren

Dateizuordnung reparieren

Wird anstelle von *Wiederherstellen* die Schaltfläche *Erweitert* angezeigt, dann wissen Sie: Der Dateityp ist dem ursprünglichen Programm zugeordnet. Mit *Erweitert* könnten Experten nun sogar das Kontextmenü dieser Dateitypen untersuchen und zum Beispiel eigene Befehle darin einfügen. Klicken Sie im Dialogfenster auf das Register *Ansicht* und schalten dann die Option *Erweiterung bei bekannten Dateitypen ausblenden* aus, dann sehen Sie übrigens die Dateiextensionen in freier Wildbahn. Sie hängen nun rechts an allen Dateinamen.

Weil das hässlich aussieht und beim Umbenennen Probleme bereiten kann, blenden Sie die Extensionen am besten gleich wieder aus. Nützlich ist das Einblenden nur für Experten, die aus wohlüberlegten Gründen den Dateityp einer Datei von Hand ändern wollen – das funktioniert einfach über das Umbenennen des Dateinamens. Aus einer HTM-Webseite könnte so ganz leicht eine HTA-Webapplikation oder ein TXT-Text werden.

Datei-Programm-Zuordnungen

Vielleicht werden sich einige alte Windows-Hasen gerade am Kopf kratzen und fragen, wie die Datei-Programme-Zuordnungen bei Windows XP denn nun tatsächlich funktionieren. Da scheint sich ja eine ganze Menge getan zu haben. Und zu Recht! Schauen Sie sich das mal an: Bei älteren Windows-Versionen funktionierte die Sache so: In der Registry fand sich im Zweig *HKEY_CLASSES_ROOT* die Liste der registrierten Dateitypen. Dort fanden Sie zum Beispiel den Schlüssel *.BMP*. Wer ihn im Registrierungseditor herausfischt und markiert, sieht dann rechts im *(Standard)*-Eintrag den Namen des eigentlich zuständigen Registry-Schlüssels, zum Beispiel *Paint.Picture*.

Der Schlüssel *Paint.Picture*, der ebenfalls im *HKEY_CLASSES_ ROOT*-Schlüssel haust, regelt dann alles weitere: Welches Programm gestartet wird, welche Kontextmenü-Einträge es bereitstellt, und so weiter. Das Tückische an diesem alten Windows-Konzept war seine Flexibilität. Gerade haben Sie sich nämlich womöglich gefragt, warum Windows zwei unterschiedliche Schlüssel einsetzt, *.BMP* der auf *Paint.Picture* verweist, und *Paint.Picture*, der die Programminformationen speichert.

Weil Sie so mit wenig Aufwand viele verschiedene Dateitypen mit ein und demselben Programm verknüpfen können! So könnten auch andere Grafikformate wie .JPG oder .GIF auf *Paint.Picture* verweisen. Alle würden dann mit Paint geöffnet (was bei JPG- und GIF-Grafiken übrigens nur dann richtig funktioniert, wenn die entsprechenden Filter im System installiert sind. Die bringt zum Beispiel Microsoft Office mit). Das Malheur begann in aller Regel, wenn Anwender versuchten, die Zuordnungen zwischen Dateityp und Programm zu verändern.

Die Änderungen wurden in *Paint.Picture* eingetragen und funktionierten auch wunderbar. Nur dummerweise konnte es ja sein, dass auch eine handvoll anderer Dateitypen auf *Paint.Picture* verweisten und nun ebenfalls mit den neuen Einstellungen vorlieb nehmen mussten. Das ging sehr häufig schief.

Deshalb hat Microsoft bei Windows XP ein brandneues Konzept erfunden. Der Hauptschlüssel, also zum Beispiel *Paint.Picture*, bleibt dabei unberührt. Ganz egal, welches Programm Sie im *Öffnen mit*-Fenster aussuchen. Haben Sie sich für ein anderes Programm entschieden, dann vermerkt Windows XP Ihren Wunsch lediglich in Ihrem privaten Registry-Zweig, und zwar hier: *HKEY_CURRENT_USER\Software\Microsoft\Windows\WindowsXP\CurrentVersion\Explorer\FileExts\.bmp\Application*.

Ist dieser Eintrag vorhanden, dann öffnet Windows XP die Datei mit dem hier angegebenen Programm und nicht mit dem regulären. Das ist auch der Grund, warum die neuen Dialogfenster den alten Zustand ganz leicht automatisch wiederherstellen können. Dabei wird einfach dieser Registry-Vermerk wieder gestrichen.

3.2   Den Explorer wie ein Profi bedienen

Der Explorer ist Ihr universelles Datensichtgerät für Dateien und Ordner, und wie ein multinationales Unternehmen zieht er hinter den Kulissen an weitaus mehr Strippen, als Ihnen vielleicht bewusst ist. So ist der Explorer zum Beispiel auch für das Startmenü, die Taskleiste und den Desktop zuständig. Er nistet sich auch in den *Öffnen*- und *Speichern unter*-Fenstern ein, steckt hinter der Systemsteuerung und kann also sein Äußeres fast nach Belieben ändern.

Gerade haben Sie gesehen, dass Sie bei Windows XP gar nicht mehr darauf angewiesen sind, Experte in Sachen Dateisystem zu sein. Sie kommen auch ohne den klassischen Explorer an Ihre gespeicherten Dinge heran. Und das ist gut so. Trotzdem sollten Sie wissen, wo die sensiblen Stellen im klassischen Explorer liegen, an denen er mit der Maus und ein paar Klicks übersichtlich und bequem eingestellt wird.

Die Zusatzspalten des Explorers einblenden

Lange Zeit glaubten viele Anwender, das einspaltige *Arbeitsplatz*-Fenster und der zweispaltige Explorer seien zwei unterschiedliche Programme. Bei Windows XP wird dieser Zopf endlich abgeschnitten. Die Navigationsspalte des zweispaltigen Explorers kann jetzt nämlich jederzeit zu- und auch wieder abgeschaltet werden. So wird sofort deutlich, dass beide Fenstertypen ein- und dasselbe Programm sind. Um ein Explorerfenster direkt zweispaltig zu öffnen, klicken Sie den gewünschten Ordner mit der rechten Maustaste an und wählen *Explorer*. Wollen Sie den Ordner ohne Navigationsleiste öffnen, dann wählen Sie stattdessen *Öffnen*. Das ist alles.

> **Espresso-Tipp!** Die Navigationsleiste überdeckt die Aufgabenleisten des Ordners. Um also die praktischen Aufgabenleisten nutzen zu können, muss die Navigationsleiste abgeschaltet sein. Überhaupt brauchen Sie die Navigationsleiste meist nur, wenn Sie sich orientieren wollen, wo der geöffnete Ordner sich befindet, oder wenn Sie Dateien aus dem Ordner an einen anderen Ort transporieren müssen.

Aber auch nachträglich können Sie sich umentscheiden. Ist die Navigationsleiste sichtbar, dann sehen Sie oben rechts an der Leiste das x-Symbol. Klicken Sie darauf, dann schließt sich die Leiste, und die Aufgabenlisten des Ordners werden sichtbar (sofern Sie die nicht abgeschaltet haben). Wollen Sie umgekehrt die Navigationsleiste sichtbar machen, dann wählen Sie im Fenster *Ansicht – Explorer-Leiste – Ordner*. Im Menü *Ansicht – Explorer-Leiste* stehen Ihnen sogar noch weitere Spezialleisten zur Verfügung.

→ Mit *Suchen* blenden Sie die Suchspalte ein. Das geht am einfachsten über F3 .

→ *Favoriten* blendet Ihre Lesezeichen ein, also die Webseiten, die Sie bei Ihren vergangenen Surfabenteuern besonders interessant fanden und mit Favoriten – *Zu Favoriten hinzufügen* in Ihre Liste aufgenommen hatten.

→ *Medien* schaltet Sie zur Medienseite von Microsoft, jedenfalls dann, wenn Sie einen Internetanschluss nutzen. Von dort könnten Sie sich zum Beispiel die neuesten Songs herunterladen oder schauen, was sonst noch hipp ist.

→ *Verlauf* hilft weiter, wenn Sie sich plötzlich und unerwartet an eine Webseite erinnern, die Sie gestern besucht hatten, zu der Sie aber nicht zurückfinden. *Verlauf* zeigt Ihnen nämlich an, wohin Sie kürzlich gesurft sind.

→ *Tipps und Tricks* schließlich blendet allerhand Tipps rund um den Explorer ein. Weil sich die Tipps in einem Extrabereich am unteren

Fensterrand einnisten, ist diese Option durch einen waagrechten Strich von den übrigen Optionen abgesetzt.

Neben den Explorer-Leisten gibt es beim Explorer noch die Status-leiste. Die wird über *Ansicht – Statusleiste* ein- und ausgeschaltet. Wenn Ihr Bildschirm nicht unzumutbar klein ist, dann sollten Sie die Status-leiste eingeblendet lassen. Am unteren Fensterrand erhalten Sie so Informationen über den gerade gewählten Menübefehl, und wenn Sie im Internet surfen, zeigt die Statusleiste an, wie weit der Explorer mit der Anzeige einer Seite fortgeschritten ist.

Und auch Symbolleisten gibt es: Das sind die Leisten direkt unter der Menüleiste, in der der Explorer seine wichtigsten Befehle als anklick-bare Buttons zur Schau stellt. Zumindest die *Adresse*-Leiste sollte sichtbar sein, damit Sie sofort sehen, in welchem Ordner oder auf wel-cher Webseite Sie sich eigentlich gerade befinden.

3.6 Symbolleisten müssen erst »ent-fixiert« werden, bevor Sie sie ändern kön-nen

»Fixieren« überall

Man könnte fast meinen, »fixieren« wäre das neue Hobby der Win-dows-Chefentwickler. Bei Windows XP lässt sich nämlich alles mögli-che fixieren: die Taskleiste (über Rechtsklick auf Uhr und *Taskleiste fixieren*), der Desktop (über Rechtsklick auf eine freie Stelle des Desk-tops und *Symbole anordnen nach – Webelemente auf dem Desktop fixieren*), und natürlich auch die Symbolleisten im Explorer (Rechtsklick auf eine freie Stelle innerhalb der Symbolleiste und *Symbolleisten fixieren*). Schalten Sie die Fixierung ab, dann erscheinen plötzlich geriffelte Verschiebeleisten vor den einzelnen Elementen. Jetzt können die ver-schiedenen Symbolleisten frei nach Gusto verschoben, vergrößert und ganz neu angeordnet werden. Das ging übrigens auch schon bei älteren Windows-Versionen. Nur haben Sie bei Windows XP endlich die Möglichkeit, nach Ihrem Design-Rausch die Fixierung wieder einzuschalten und so zu verhindern, dass versehentliche Maus-Schlenker die ganzen Symbolleisten durcheinanderwirbeln. Na endlich ...

Festlegen, wie der Explorer Dateninhalte anzeigt

Der eine mag Kaffee nur schwarz, der andere stülpt den Zuckerstreuer über seinen Becher und ein dritter mag nur Tee. So ist das auch beim Explorer. Der kann den Inhalt von Ordnern und Laufwerken deshalb ebenfalls in ganz unterschiedlichen Geschmacksrichtungen anzeigen.

Wer's einfach mag (und eigentlich viel lieber einen Apple MacIntosh besitzen würde), der wählt *Ansicht – Symbole*. Schon erscheinen Ordner und Dateien wie Riesen-Legosteine. Datenprofis, die maximale Information brauchen und deren TV-Lieblingssender im wahren Leben vermutlich CNN ist, wählen *Ansicht – Details*. Jetzt erscheinen die Ordner und Dateien zeilenweise, garniert mit allerhand Zusatzinformationen. Alles also nur Ansichtssache.

Bei Windows XP haben sich einige Dinge geändert: Die sinnlose Unterscheidung zwischen Optionen wie *Kleine Symbole* und *Große Symbole* ist weggefallen. Dafür hat der Explorer einige neue nützliche Ansichts-Varianten dazugelernt.

Ansicht-Optionen im Explorer	
Filmstreifen	Nur wählbar, wenn Sie die Ordnervorlage für Grafiken verwenden oder zum Beispiel den Ordner *Eigene Bilder* öffnen. Grafiken werden als große Vorschaugrafik angezeigt, darunter erscheinen die übrigen Grafiken als Auswahlstreifen, so ähnlich also wie ein Diabetrachter für Diastreifen.
Miniaturansicht	Jede Datei wird extragroß angezeigt. Grafiken werden als Vorschau gezeigt, damit Sie sofort sehen, was eigentlich in der Grafikdatei lagert. Ordner, die Grafiken enthalten, zeigen bis zu vier Beispielgrafiken direkt in ihrem Ordnersymbol an
Kacheln	Die Dateien werden groß und übersichtlich angezeigt, aber der Explorer schreibt zu jeder Datei ein paar wichtige Zu-

Ansicht-Optionen im Explorer	
	satzinformationen unter den Dateinamen. Sozusagen das beste aus den klassischen Ansicht-Optionen *Große Symbole* und *Details*
Symbole	Entspricht der klassischen Ansicht *Große Symbole*: Dateien werden Apple-like als große freundliche Symbole angezeigt. Ideal für Einsteiger und Grobmotoriker.
Liste	Alle Dateien werden listenartig aufgeführt. Diese Ansicht ist die einzige, die Sie wahrscheinlich sofort wieder vergessen sollten. Wenn Sie schon eine Listendarstellung gut finden, dann sollten Sie lieber gleich *Details* wählen.
Details	Ideal für Profis: Der Explorer listet die Dateien untereinander auf und blendet oben Spaltenköpfe ein. Per Klick auf einen Spaltenkopf kann die Spalte nach diesem Kriterium sortiert werden, noch ein Klick sortiert in umgekehrter Reihenfolge. Was die Spaltenköpfe sonst noch leisten, lesen Sie gleich.

Tab. 3.1 Die *Ansicht*-Optionen des neuen Explorers

Espresso-Tipp! Bei Windows XP gibt es eine weitere nützliche Mutation, nämlich die Kreuzung der beiden beliebtesten Ansichtsvarianten *Große Symbole* und *Details*. Wählen Sie *Kacheln*, dann bekommen Sie große Symbole mit zusätzlichen Informationen.

Inhalt des Explorers sortieren und Zusatzinfos einblenden

Wenn Ordner ziemlich viele Dateien enthalten, kann es schwierig werden, die richtige zu finden. Deshalb hat der Explorer einige eingebaute Tricks auf Lager und kann den Inhalt von Ordnern auch sortieren.

Kennen Sie den Dateinamen, nach dem Sie suchen, dann klicken Sie zuerst in den Ordner hinein und tippen dann die ersten Buchstaben des gesuchten Dateinamens ein. Der Explorer markiert automatisch bei jedem Tastendruck die nächste Datei, die mit den eingegebenen Buchstaben beginnt, sodass Sie irgendwann am Ziel sind – oder enttäuscht feststellen müssen, dass die gesuchte Datei gar nicht im Ordner liegt. Nur schnell genug tippen können müssen Sie. Wer zu langsam tippt, beginnt die Suche immer wieder von vorn.

Name ▼	Größe	Typ	Geändert am
Windows XP Silber	7 KB	Windows-Designdatei	22.10.2001 16:37
taskleiste	1 KB	VBScript Script File	21.10.2001 02:47
laufschrift	1 KB	HTML Document	02.11.2001 23:00
klassisch	7 KB	Windows-Designdatei	23.10.2001 11:43
hmmm	7 KB	Windows-Designdatei	02.11.2001 15:11
crawler	6 KB	Registrierungsdatei	26.10.2001 10:41
Wichtige Dinge		Dateiordner	24.10.2001 12:03
kram		Dateiordner	02.11.2001 14:55
Fax		Dateiordner	01.11.2001 15:01
Eigene Musik		Dateiordner	24.09.2001 18:41
Eigene Bilder		Dateiordner	21.10.2001 03:08

3.7 Die *Details*-Ansicht bietet Spaltenköpfe, mit denen man sortieren kann

Konnten Sie die Datei nicht entdecken, dann suchen Sie doch einfach nach ihr. Dazu drücken Sie ⎡F3⎤, um die Suchfunktion in Alarmbereitschaft zu versetzen. Wie Sie mit ihr auf Datenpirsch gehen, lesen Sie in diesem Buch.

Oder aber Sie sorgen dafür, dass der Explorer den Ordnerinhalt nach bestimmten Kriterien sortiert. Dafür ist der Befehl *Ansicht – Symbole anordnen nach* zuständig.

Nach Änderungsdatum sortieren

Möchten Sie in einem Ordner zum Beispiel wissen, an welchen Dingen Sie zuletzt gearbeitet haben? Sie kennen das Problem doch bestimmt auch: In Ordnern lagern brandaktuelle Dinge neben Arbeiten, die Sie schon vor Monaten gespeichert haben. Öffnen Sie dazu beispielsweise den Ordner *Eigene Dateien*: Startmenü ausklappen und *Eigene Dateien* anklicken. Darin lagern alle Arbeiten, die Sie nicht explizit an einem anderen Ort gespeichert haben.

Jetzt wählen Sie *Ansicht – Symbole anordnen nach – Änderungsdatum*. Schon werden die ältesten Dateien zuerst aufgelistet, und wenn Sie an den Unterrand des Ordners scrollen, sehen Sie die jüngsten Dateien. Dasselbe ist natürlich auch mit Suchfunktionen wie *Größe* möglich, sodass Sie sofort die größten Speicherfresser entlarven könnten.

Noch mehr Kontrolle bekommen Sie, wenn Sie *Ansicht – Details* wählen. Nun listet der Explorer den Ordnerinhalt listenartig auf. Die *Details*-Ansicht offenbart weitaus mehr Details über die gespeicherten

Dateien als all die anderen Ansichten, zum Beispiel *Dateityp, Größe* und das *Datum der letzten Änderung.* Nur leider sind die Spalten anfangs häufig so breit, dass Sie nicht alle Informationen auf einen Blick sehen. Um nicht ständig mit der unteren waagrechten Verschiebeleiste herumhantieren zu müssen, maximieren Sie das Explorerfenster am besten zuerst: Doppelklick auf die Fenster-Titelleiste. Ah, schon besser.

Damit die Spaltenbreiten keinen Platz verschwenden und nur so breit wie nötig sind, könnten Sie die Spalten anschließend per Maus schmaler machen. Dazu bringen Sie die Maus auf den Trennstrich zwischen zwei Spaltenüberschriften, halten die linke Maustaste fest und verschieben die Breite. So könnten Sie sogar die Reihenfolge der Spalten ändern: Ziehen Sie die Spaltenüberschrift nach rechts oder links über die Nachbarspalten hinaus, um die Spalten anders anzuordnen.

Noch bequemer geht es mit einem versteckten Trick: Halten Sie Strg fest, und drücken Sie im numerischen Tastenfeld auf +. Die normale +-Taste funktioniert nicht, es muss schon die große +-Taste des numerischen Tastenfeldes sein. Schon macht der Explorer die Spalten nur noch genau so breit, wie unbedingt nötig. Um den Ordnerinhalt zu sortieren, klicken Sie auf die gewünschte Spaltenüberschrift, zum Beispiel auf *Geändert am.* Schon werden die Einträge nach diesem Kriterium sortiert, und ein kleiner Pfeil in der Spaltenüberschrift zeigt an, in welcher Richtung sortiert wird. Noch ein Klick auf die Spaltenüberschrift sortiert in umgekehrter Reihenfolge. Die *Details*-Ansicht kann aber noch mehr. Auf Wunsch können zusätzliche Informationskategorien eingeblendet werden. Dazu klicken Sie entweder eine Spaltenüberschrift mit der rechten Maustaste an, oder Sie wählen *Ansicht – Details auswählen.*

Wollen Sie zum Beispiel gar nicht wissen, wann Sie ein Dokument zum letzten Mal *geändert* haben, sondern wann Sie ein Dokument zum letzten Mal *geöffnet* haben, dann blenden Sie die Zusatzinformation *Letzter Zugriff am* ein. Klicken Sie dann auf die neue Spaltenüberschrift *Letzter Zugriff am,* um die Liste so zu sortieren, dass Sie die zuletzt verwendeten Dokumente übersichtlich zuerst sehen.

Andere Zusatzinformationen, die ebenfalls eingeblendet werden können, beziehen sich auf spezielle Dateitypen und sind nur dann nützlich, wenn diese Dateitypen im Ordner lagern. Öffnen Sie zum Beispiel den System-Ordner. Dazu wählen Sie im Startmenü *Ausführen* und geben ein: %WINDIR%\SYSTEM32 [↵]. Jetzt sehen Sie die internen Einzelteile von Windows, die DLLs. Wählen Sie *Ansicht – Details* und dann *Ansicht – Details auswählen*. Aktivieren Sie die Zusatzinformationen. Blenden Sie zum Beispiel die Informationskategorien *Beschreibung* und *Produktversion ein*. Schon verrät der Explorer nicht nur die Versionen Ihrer DLLs, sondern auch gleich, wofür sie da sind.

Wollen Sie umgekehrt Spalten wie *Typ* ausblenden, weil Sie sie überflüssig finden? Rechtsklick auf den Spaltenkopf genügt: Entfernen Sie jetzt nur noch das Häkchen vor dem Namen der unerwünschten Kategorie. Und warum werden diese wertvollen Informationen nicht von vornherein angezeigt? Das merken Sie spätestens, wenn Sie die Informationskategorien aktivieren und dann zum Beispiel den System-Ordner öffnen. Das dauert nun nämlich erheblich länger, weil Windows die Informationen erst aus jeder einzelnen Datei auslesen muss.

adsldpc.dll	136 KB	DLL für ADs LDAP Provider C	5.1.2505.0
adsmsext.dll	61 KB	ADs LDAP Provider DLL	5.1.2505.0
adsnt.dll	234 KB	ADs Windows NT-Anbieter-DLL	5.1.2505.0
advapi32.dll	598 KB	Erweitertes Windows 32 Base-API	5.1.2505.0
advpack.dll	92 KB	ADVPACK	6.00.2505.0000
ahui	83 KB	Benutzeroberfläche für Anwend...	5.1.2505.0
alg	40 KB	Application Layer Gateway Serv...	5.1.2505.0
alrsvc.dll	16 KB	Alerter Service DLL	5.1.2505.0
amcompat	17 KB		
amstream.dll	62 KB	DirectShow Runtime.	6.03.01.0072
ansi	9 KB		
apcups.dll	101 KB	APC Smart Provider	5.1.2505.0
append	13 KB		
apphelp.dll	99 KB	Application Compatibility Client ...	5.1.2505.0
appwiz	553 KB	Shell Anwendungs-Manager	5.1.2505.0
arp	20 KB	TCP/IP-Befehl ARP	5.1.2505.0
asctrls.ocx	89 KB	Active Setup-Steuerelemente	6.00.2505.0000
asferror.dll	6 KB	ASF-Fehlerdefinitionen	8.00.00.4440
asfsipc.dll	15 KB	ASFSipc Object	1.1.00.3917
asycfilt.dll	76 KB		3.50.5011
at	23 KB	Befehlszeilenprogramm für Zeit...	5.1.2505.0
atkctrs.dll	14 KB	DLL für Windows NT AppleTalk-...	5.1.2505.0
atl.dll	74 KB	ATL Module for Windows NT (U...	6.00.9238
atmadm	10 KB	Dienstprogramm ATM-Anrufver...	5.1.2505.0
atmfd.dll	267 KB	Windows NT OpenType/Type 1 ...	5.1 Build 225

3.8 Mit ein wenig Tuning verrät der Explorer interessante Systemdetails

Disketteninhalt aktualisieren

Arbeiten Sie noch mit alten Disketten, dann wird ⌈F5⌉ für Sie wichtig –
oder *Ansicht – Aktualisieren*. Windows XP bemerkt Diskettenwechsel
nämlich nicht von selbst. Wenn Sie also eine neue Diskette einlegen,
müssen Sie selbst daran denken, mit ⌈F5⌉ den Ordnerinhalt zu aktualisieren. Andernfalls zeigt der Explorer weiter mit stoischer Ruhe den
Inhalt der alten Diskette an.

Ordnerinhalte in Gruppen anzeigen

Eine ganz besonders nützliche neue Explorer-Erfindung fristet ein
ungemeines Schattendasein – völlig zu Unrecht, wie Sie mir bestimmt
gleich zustimmen werden. Mit der Option *Ansicht – Symbole anordnen
nach – In Gruppen anzeigen* blendet der Explorer nämlich Kategorie-
Zwischenüberschriften ein. Welche das sind, bestimmt das Kriterium,
das Sie in *Ansicht – Symbole anordnen nach* gewählt haben.

Möchten Sie den Ordnerinhalt also alphabetisch gegliedert wie in einem Stichwortverzeichnis anzeigen, dann wählen Sie *Ansicht – Symbole anordnen nach – Name* und dann *Ansicht – Symbole anordnen nach –
In Gruppen anzeigen*.

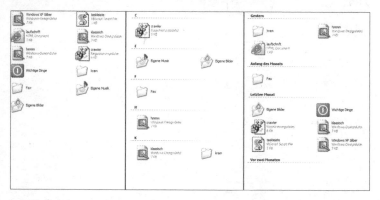

3.9 Die richtigen Optionen machen den Ordnerinhalt sehr viel übersichtlicher

Wählen Sie stattdessen *Ansicht – Symbole anordnen nach – Änderungsdatum*, dann heißen die Kategorien plötzlich *Letzte Woche, Anfang des*

Monats und *Letzten Monat* – beispielsweise. Und im *Arbeitsplatz*-Fenster hat sich das Sortierkriterium *Typ* bewährt, sodass die Gruppenüberschriften die verschiedenen Laufwerkstypen voneinander abgrenzen.

Explorer-Optionen für alle Ordner übernehmen

Sicher werden Sie aus den vielen verschiedenen Ansicht-Optionen bald Ihren persönlichen Liebling küren. Dumm nur, dass das den Explorer herzlich wenig kümmert: Neue Ordner öffnet er immer wieder in der Ansicht, die ihm am besten gefällt, und Sie müssen jedesmal von Hand über *Ansicht* in Ihren Lieblingsmodus wechseln.

Dieses störrische Verhalten hat Windows-Benutzer schon seit jeher gestört, und deshalb gibt es bei Windows XP endlich einen versteckten Kniff, mit dem Sie dem Explorer Ihre Lieblingsansicht beibringen. Künftig verwendet er dann für alle Ordner, die Sie öffnen, automatisch Ihre Vorgaben. Öffnen Sie dazu einen Ordner, und stellen Sie im *Ansicht*-Menü die Ansicht ein, die Sie am besten finden, zum Beispiel *Details*.

3.10 Legen Sie Ihre Lieblings-Ansicht für alle Ordner fest

Danach wählen Sie *Extras – Ordneroptionen* und klicken auf das Register *Ansicht*. Damit nun alle übrigen Ordner die eben gewählten *Ansicht*-Einstellungen ebenfalls übernehmen, klicken Sie auf *Für alle übernehmen* und dann auf *OK*. Erledigt.

> **Espresso-Tipp!** Sollte die Schaltfläche *Für alle übernehmen* abgeblendet sein, dann haben Sie wahrscheinlich das Modul *Ordneroptionen* aus der Systemsteuerung erwischt. Weil Windows hier nicht weiss, welche Einstellungen es als Vorgabe übernehmen soll, blendet es die Funktion aus. Sie ist nur wählbar, wenn Sie die Ordneroptionen aus einem Explorer-Fenster heraus öffnen.

Jeder neue Ordner, den Sie öffnen, verwendet nun vom Start weg Ihre eben festgelegten *Ansicht*-Optionen.

Ihre Vorgabe gilt für alle Ordner, also auch für Ordner wie *Eigene Bilder*. Sie können die Vorgabe für einzelne Ordner aber ändern, indem Sie in solchen speziellen Ordnern anschließend aus Ansicht eine abweichende Ansicht auswählen, zum Beispiel Filmstreifen.

Der Explorer merkt sich nun Einstellungen pro Ordner und verwendet Ihre Vorgaben nur für solche Ordner, bei denen Sie seit der Einstellung der Vorgabe keinen Ansicht-Befehl ausgesucht haben.

Weitere Tricks aus der Praxis

Rätsel: Wie kommt man am schnellsten zu einem Explorerfenster? Einfache Antwort: Halten Sie ⌨Win fest und drücken Sie ⌨E. Schon bekommen Sie ein zweispaltiges Explorerfenster, und wenn Sie die linke Navigationsspalte ausblenden (oder *Ansicht – Explorer-Leisten – Ordner* wählen), wird daraus ein einspaltiges Fenster mit den Aufgabenlisten.

Möchten Sie Dateien nicht mit den Befehlen aus der Datei- und Ordneraufgaben-Liste transportieren, sondern lieber per Maus und Drag &Drop, dann öffnen Sie sich doch einfach zwei Explorerfenster.

In einem stellen Sie den Ordner mit den Dateien ein, die Sie umverlagern wollen, und im anderen den Zielort. Nun können Sie die Dateien bequem mit der rechten Maustaste aus dem ersten Fenster in das zweite ziehen und dort im Kontextmenü aussuchen, ob Sie verschieben, kopieren oder nur eine Verknüpfung anlegen möchten.

Wollen Sie gar nichts davon, und war die Drag&Drop-Verschiebeaktion nur ein Versehen, dann drücken Sie [Esc]. Wollen Sie eine Verschiebeaktion schnell wieder rückgängig machen, dann drücken Sie gleich anschließend [Strg]+[Z].

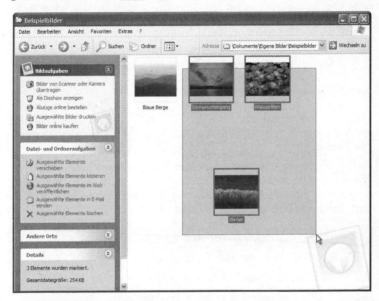

3.11 Mehrere Dateien mit dem »Lasso« einfangen

Und was, wenn das zweite (Ziel-)Fenster dummerweise vom ersten Fenster verdeckt wird, während Sie gerade Dateien per Maus umherzerren? Dann verschieben Sie die Dateien per Maus auf die Schaltfläche des Zielfensters in der Taskleiste.

Dort verharren Sie eine Sekunde, ohne die Maustaste loszulassen. Schon springt das Fenster in den Vordergrund. Und wer mehr als nur eine Datei oder einen Ordner per Maus transportieren möchte, der braucht bloß vor der Transportaktion mehrere Dateien und Ordner zu markieren.

Entweder fangen Sie die Dateien mit dem »Lasso« ein, bringen die Maus also auf eine leere Stelle in der Nähe einer der Dateien, halten die linke Maustaste fest und ziehen dann das Auswahlrechteck um die gewünschten Dateien. Oder Sie halten [Strg] fest und markieren alle Dateien nacheinander. Meist verwenden Sie beide Techniken sogar gemischt. Anschließend brauchen Sie nur eine der markierten Dateien oder Ordner stellvertretend für alle zu verschieben, und schon vollzieht Windows die Transportaktion mit allen markierten Dateien.

3.3 Geheimoptionen des Explorers kennen lernen

Sowohl hinter dem einspaltigen wie auch hinter dem zweispaltigen Explorer steckt ein und dasselbe Programm *EXPLORER.EXE*. Sie können es jederzeit direkt aufrufen: Wählen Sie im Startmenü *Ausführen* und geben Sie ein: EXPLORER [Enter]. Schon öffnet sich der zweispaltige Explorer.

Richtig praktisch wird es, wenn Sie die Explorer-Geheimoptionen kennen. Geben Sie doch mal ein: EXPLORER.EXE /S, [Enter]. Schon öffnet sich das einspaltige Explorerfenster. Es gibt sogar noch einige weitere Optionen. Hier alle in der Übersicht:

Geheim-Optionen des Explorers	
/E,	Öffnet das zweispaltige Explorerfenster
/S,	Öffnet das einspaltige Explorerfenster
/N,	Öffnet auf jeden Fall ein neues Explorerfenster
/SELECT,	Markiert die Datei, deren Namen Sie hinter der Option angeben
/ROOT,	Stellt das Wurzelverzeichnis des Explorerfensters auf den Ordner ein, den Sie hinter der Option angeben. Das Wurzelverzeichnis ist dann das oberste Verzeichnis in der Navigationsleiste
/IDLIST	Interne Option, über die der Explorer DDE-Befehle akzeptiert
::{}	Objekt mit Class-ID (siehe unten)

Tab. 3.2 Geheimoptionen des Explorers

Probieren Sie die geheimen Optionen doch gleich mal aus, die Sie gerade kennen gelernt haben. Ein einfaches Explorerfenster öffnen Sie so: EXPLORER.EXE C:\ [↵]

Diesen Befehl können Sie auf drei Arten nutzen:

➔ Direkt ausführen: Entweder wählen Sie im Startmenü *Ausführen* oder drücken [Win]+[R]. Das *Ausführen*-Fenster erscheint. Geben Sie jetzt den Befehl ein.

➔ Per Symbolleiste: Blenden Sie die *Adresse*-Symbolleiste in Ihrer Taskleiste ein. Wissen Sie noch, wie's geht? Genau: Rechtsklick auf die Uhr in der Taskleiste, *Symbolleisten* und *Adresse*. Danach geben Sie den Explorer-Befehl in die eingeblendete Befehlsleiste ein.

➔ Verknüpfungen anlegen: Brauchen Sie einen bestimmten Explorer-Befehl häufiger, dann legen Sie sich einfach eine Verknüpfung an. Klicken Sie zum Beispiel mit der rechten Maustaste auf eine freie Stelle des Desktops, wählen Sie *Neu* und dann *Verknüpfung*. Der Verknüpfungsassistent startet. Jetzt geben Sie Ihren Explorer-Befehl ein, drücken [↵] und geben dann noch einen Namen für die Verknüpfung an. Künftig genügt ein Doppelklick auf die Verknüpfung, um Ihren Explorer-Befehl abzufeuern.

Zweispaltige Explorerfenster öffnen

Möchten Sie lieber ein zweispaltiges Explorer-Fenster? Dann benutzen Sie diese Zeile: EXPLORER.EXE /E,C:\ [↵]

Stammverzeichnis eines Ordners festlegen

Um die Informationsflut in der Navigationsspalte des zweispaltigen Explorerfensters zu begrenzen, versuchen Sie unbedingt die /ROOT,-Option. Schauen Sie sich die Navigationsleiste zuerst ohne Infoflut-Begrenzer an, so wie ihn der eben gezeigte Befehl mit der /E,-Option geöffnet hat.

Nun sorgen Sie dafür, dass die Navigationsleiste das Laufwerk C:\ als neues Wurzelverzeichnis verwendet und alle übergeordneten Knoten aus der Ansicht verbannt: EXPLORER.EXE /E,/ROOT,C:\ [↵]

Wofür sowas gut sein könnte? Zum Beispiel, um die Navigationsleiste auf Ihren *Eigene Dateien*-Ordner zu begrenzen. So nämlich wird die Navigationsleiste auch für Normalanwender verständlich und nützlich, weil man sich jetzt darin nicht mehr so leicht verirren kann.

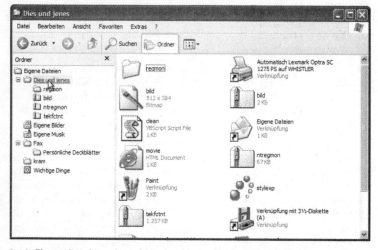

3.12 Eigene Dateien mit maßgeschneiderter Navigationsleiste – so macht's Spaß

Eigene Dateien besser öffnen

So einfach basteln Sie sich eine tolle Möglichkeit, Ihren *Eigene Datei-en*-Ordner mit getunter Navigationsleiste zu öffnen:Sorgen Sie zuerst dafür, dass *Eigene Dateien* als Symbol auf dem Desktop landet. Dazu klappen Sie das Startmenü aus und klicken dann mit der rechten Maustaste auf *Eigene Dateien*. Wählen Sie *Auf dem Desktop anzeigen*, wenn davor noch kein Häkchen steht.

Klicken Sie nun auf eine freie Stelle des Desktops, und schauen Sie nach. Dort befindet sich nun tatsächlich das neue Symbol *Eigene Dateien*, und wenn Sie es öffnen, dann öffnet sich Ihr *Eigene Dateien*-Ordner mit all Ihren Privatsachen. So weit, so gut.

Nun basteln Sie sich ein Spezialsymbol, mit dem Sie den Ordner nicht nur öffnen, sondern auch gleich eine maßgescheiderte Navigationsleiste einblenden. Dazu klicken Sie mit der rechten Maustaste auf das *Eigene Dateien*-Symbol und verschieben es bei festgehaltener rechter Maustaste etwas nach rechts.

Lassen Sie die Maustaste los, und wählen Sie *Verknüpfungen erstellen*. Voilá! Eine neue Verknüpfung ist entstanden. Die unterscheidet sich nur durch den Verknüpfungspfeil und die Beschriftung vom Original, funktioniert aber zunächst genauso.

Nun klicken Sie die neue Verknüpfung mit der rechten Maustaste an und wählen *Eigenschaften*. Im Feld *Ziel* ist der Pfadname Ihres *Eigene Dateien*-Ordners schon markiert. Klicken Sie in dieses Feld, und drücken Sie POS1, oder bewegen Sie sich mit den Pfeiltasten an den Anfang der Zeile.

Geben Sie dort ein: EXPLORER.EXE /e,/root,

Dahinter bleibt der Pfadname des Ordners unverändert erhalten. Nun klicken Sie auf *OK*. Das Symbol Ihrer Verknüpfung ändert sich und wird zu einem *Explorer*-Symbol. Das ist zwar verständlich, weil ja nun der *EXPLORER.EXE* im *Ziel*-Feld erwähnt wird, sieht aber nicht so gut aus.

Öffnen Sie die Verknüpfung, dann sehen Sie allerdings, dass zumindest das Ziel erreicht ist: Wieder öffnet sich der Ordner *Eigene Dateien*, aber diesmal wird links die Navigationsleiste angezeigt und zeigt nur den Inhalt des *Eigene Dateien*-Ordners. Alle anderen Orte außerhalb dieses Ordners sind ausgeblendet.

Sie können sich nun also mit der Navigationsleiste bequem in den Unterordnern Ihres *Eigene Dateien*-Ordners bewegen, ohne Sorge haben zu müssen, sich mit einem versehentlichen Klick in der Navigationsleiste zu verirren und womöglich auf einem Netzlaufwerk oder einem ganz anderen Laufwerk zu landen.

Bleibt nur noch das kosmetische Problem mit dem Verknüpfungsicon. Dazu klicken Sie die Verknüpfung ein letztes Mal mit der rechten Maustaste an und wählen *Eigenschaften*. Klicken Sie auf *Anderes Symbol*, und geben Sie oben in der Textzeile ein: mydocs.dll ↵. Dann klicken Sie auf *OK* und schließen das Fenster.

Geklappt! Ihre neue Verknüpfung hat das alte Icon zurückbekommen. Jetzt können Sie das Originalicon wieder vom Desktop nehmen: Öffnen Sie das Startmenü, klicken Sie mit der rechten Maustaste auf *Eigene Dateien* und wählen Sie *Auf dem Desktop anzeigen*, um das Häkchen davor wieder abzuschalten.

Auf dem Desktop bleibt jetzt nur noch Ihr getuntes Supericon zurück, dem Sie am besten noch kurz per Rechtsklick und *Umbenennen* einen besseren Namen geben. Na also. Wofür Explorer-Spezialoptionen doch gut sein können. Ihre Navigationsleiste können Sie übrigens mit dem kleinen *x* an dessen rechten oberen Ecke jederzeit ausblenden, wenn die Leiste Sie ans Ziel gebracht hat und Sie nun die Aufgabenlisten sehen wollen. Möchten Sie die Navigationsleiste zurückbekommen, dann wählen Sie *Ansicht – Explorer-Leisten – Ordner*. Wie Sie sehen, bleibt die Navigationsleiste auf *Eigene Dateien* beschränkt.

Mit /SELECT, Dateien im Explorer markieren

Wollen Sie aus irgendeinem Grund eine Datei im Explorer besonders hervorheben, dann setzen Sie die Option */SELECT*, ein. Probieren Sie das mal aus: EXPLORER.EXE /SELECT,C:\BOOT.INI ⏎

Schon öffnet sich der Ordner *C:* und markiert die Datei *BOOT.INI*, die besondere Windows XP Startdatei. Jedenfalls dann, wenn Sie in den Ordneroptionen dafür gesorgt haben, dass der Explorer Systemdateien anzeigen darf. Sonst nicht. Die */SELECT,*-Option sehen Sie aber auch häufig auf ganz anderem Wege im Einsatz. Sie brauchen bloß eine Verknüpfung mit der rechten Maustaste anzuklicken und *Eigenschaften* zu wählen. Wenn Sie nun auf *Ziel suchen* klicken, dann öffnet sich der Explorer und markiert die Zieldatei der Verknüpfung. Intern verwendet Windows hier ebenfalls bloß */SELECT,*.

Spezialordner öffnen

Wie Sie den Explorer dazu bewegen, normale Ordner zu öffnen, ist eigentlich klar: Sie geben einfach nur den Pfadnamen des Ordners an. Was aber, wenn Sie einen der besonderen Systemordner öffnen möchten? Wie öffnen Sie zum Beispiel per Befehl die Netzwerkumgebung, in der alle verfügbaren Netzwerkcomputer angezeigt werden?

Zum Beispiel so: EXPLORER.EXE::{208D2C60-3AEA-1069-A2D7-08002B30309D}

Spezialordner werden also über die Option *::* und die spezielle *GUID* des Spezialordners angegeben. GUID steht für *Global Universal Identifier*, eine weltweit eindeutige Ziffernfolge für Softwareelemente jeglicher Art.

Kennzahlen der Spezialordner	
Netzwerkumgebung	::{208D2C60-3AEA-1069-A2D7-08002B30309D}
Arbeitsplatz	::{20D04FE0-3AEA-1069-A2D8-08002B30309D}
Eigene Dateien	::{450D8FBA-AD25-11D0-98A8-0800361B1103}
Papierkorb	::{645FF040-5081-101B-9F08-00AA002F954E}

Tab. 3.3 Spezielle Ordner mit EXPLORER.EXE öffnen

3.4 Mit Dateien und Ordnern arbeiten

Dateien sind Ihre universellen Datencontainer, in denen dieses oder jenes gespeichert ist. Wie Sie Dateien öffnen, ändern und auch wieder speichern, das wissen Sie inzwischen. Dateien und Ordner können aber noch mehr.

Natürlich lassen sich Dateien und Ordner transportieren, und das ist gut so. Wie sonst könnten Sie Ihre fertige Diplomarbeit via Diskette oder CD-ROM an andere weitergeben – oder eine Sicherheitskopie anlegen?

In diesem Abschnitt geht es also darum, was Sie alles mit Ihren Dateien und Ordnern tun können, wie Sie Ihre gespeicherten Arbeiten am übersichtlichsten organisieren, und welche neuen Dinge bei Windows XP außerdem möglich sind. Auch alte Windows-Hasen werden viele Überraschungen erleben.

Übersicht: So transportieren Sie Dateien (und Ordner)

Bevor ich Ihnen in konkreten Exkursen zeige, wie Sie Sicherheitskopien anlegen oder CD-ROMs brennen, liefere ich Ihnen zuerst eine kleine Übersicht.

Beim Thema Datentransport führen bei Windows XP nämlich nicht nur mehrere Wege nach Rom. Es gibt zig verschiedene Arten, wie Sie Dateien und Ordner von A nach B transportieren können. Welche Sie am besten finden, können nur Sie selbst entscheiden. Deshalb zuerst die Übersicht.

Die beginnt mit den drei verschiedenen Transportarten:

Transportarten Dateien und Ordner	
Verschieben	Die Datei zieht um. Sie ist anschließend am alten Ort nicht mehr vorhanden. Sinnvoll, wenn Sie Ihre Daten neu anordnen wollen, wenn Sie also zum Beispiel Dateien in neue Ordner einordnen.
Kopieren	Es wird eine exakte Kopie der Datei an einem neuen Ort angelegt. Die Datei existiert jetzt doppelt. Sinnvoll für Sicherheitskopien, die Sie aufbewahren oder an andere weitergeben wollen. Eine Gefahr besteht nur, wenn sich zwei oder mehr Kopien auf dem Computer befinden und Sie anschließend vielleicht nicht mehr wissen, welche davon die aktuellste ist – oder mal an der einen und mal an der anderen Version der Datei herumgedoktort haben.
Verknüpfung	Wegweiser auf die Datei. Enthält keine Daten, sondern bringt Sie nur schnell und bequem zur Originaldatei. Sinnvoll, wenn Sie eine Datei von mehreren Orten aus gut erreichen wollen, zum Beispiel vom Desktop aus.

Tab. 3.4 Die drei möglichen Transportarten für Dateien (und Ordner)

Ganz neu: Mit den Aufgabenlisten kopieren

Die allerneueste Transporterrungenschaft zuerst: Wollen Sie bei Windows XP eine Datei an einen anderen Ort kopieren, dann markieren Sie die Datei im Ordner und klicken dann in der Info-Spalte in der Liste *Datei- und Ordneraufgaben* auf *Datei kopieren*.

Schon erscheint ein weiteres Fenster, in dem Sie sich bequem das Ziel der Reise aussuchen können, also zum Beispiel das Diskettenlaufwerk. Anschließend wird kopiert.

Wollen Sie lieber verschieben, dann klicken Sie stattdessen in der Aufgabenliste auf *Datei verschieben*.

Espresso-Tipp! Möchten Sie gleich mehrere Dateien auf einmal kopieren, dann markieren Sie zuerst alle Dateien. Am einfachsten geht das, wenn Sie `Strg` festhalten und dann die Dateien markieren. Sie können auch zuerst alle Dateien mit `Strg`+`A` markieren und dann bei festgehaltener `Strg` Markierungen wieder schrittweise entfernen.

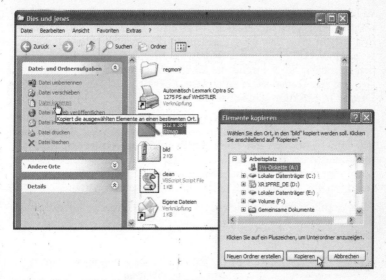

3.13 Endlich wirklich einfach: per Klick Dateien an andere Orte kopieren

Klassisch: Per Drag&Drop kopieren

Wesentlich unbequemer funktioniert die klassische Drag&Drop-Variante. Dabei ziehen Sie die Datei mit der Maus aus dem Fenster an den neuen Ort.

Nur ist der in den meisten Fällen nirgends zu entdecken. Sie müssten also schon ein zweites Explorerfenster öffnen oder wenigstens über *Ansicht – Explorerleiste – Ordner* die Navigationsleiste einblenden, um per Maus und Drag&Drop die Datei ans Ziel zu ziehen.

Und selbst dann birgt Drag&Drop seine Tücken. Windows entscheidet hier nämlich selbst – und recht eigenwillig – ob die Datei kopiert, verschoben oder verknüpft wird. Liegen Quelle und Ziel auf demselben Laufwerk, dann wird verschoben, sonst kopiert. Handelt es sich bei der Datei um ein Programm, dann wird nur eine Verknüpfung angelegt.

Welche der drei Transportarten zum Zuge kommt, sehen Sie schon
während der Verschiebeaktion: wird links unten vom verschobenen
Symbol ein Plus-Zeichen eingeblendet, dann will Windows kopieren.
Ist es ein Verknüpfungspfeil, dann wird verknüpft, ansonsten verschoben. Drücken Sie während der Verschiebeaktion auf $\boxed{\text{Strg}}$ und/oder
$\boxed{\text{ὐ}}$, um die Transportart zu ändern, oder drücken Sie $\boxed{\text{Esc}}$, um die
Drag&Drop-Aktion ganz abzubrechen.

Mehr Kontrolle bekommen Sie, wenn Sie anstelle der linken lieber die
rechte Maustaste für Drag&Drop-Aktionen verwenden. Dann nämlich öffnet Windows am Ende der Drag&Drop-Aktion ein Kontextmenü, aus dem Sie sich die Transportart aussuchen können. Der im
Menü fettgedruckte Befehl entspricht dem Befehl, den Windows verwendet hätte, wenn Sie die linke Maustaste benutzt hätten.

Alles ziemlich skurril, finden Sie nicht? Drag&Drop ist eigentlich nur
dann eine echte Alternative, wenn Sie Dinge auf den Desktop oder ein
anders gut sichtbares Ziel abladen wollen.

3.14 Drag&Drop mit rechter Maustaste liefert zumindest ein Auswahlmenü

In zwei Schritten mit der Zwischenablage kopieren

Etwas sicherer, aber dafür etwas umständlicher, funktioniert der Datentransport mit der Zwischenablage. Dabei wird der Transportvorgang in zwei übersichtliche Teilschritte gegliedert. Im ersten Schritt
suchen Sie sich die Datei heraus, die Sie bewegen wollen. Klicken Sie
sie dann mit der rechten Maustaste an, und wählen Sie *Kopieren* (wenn
Sie die Datei kopieren wollen) oder *Ausschneiden* (wenn Sie sie verschieben wollen).

Anschließend kramen Sie in Ruhe das Ziel der Transportaktion hervor,
öffnen zum Beispiel einen Ordner oder ein Diskettenlaufwerk. Hier
wählen Sie *Bearbeiten – Einfügen* (wenn Sie kopieren oder verschieben
wollen) oder *Verknüpfung einfügen* (wenn Sie nur eine Verknüpfung anlegen wollen). Sie können alternativ auch mit der rechten Maustaste
auf eine freie Stelle des Zielordners klicken und dann die entsprechenden Befehle aus dem Kontextmenü verwenden.

Mit *Senden an* Dateien an wichtige Ziele senden

Ganz besonders wichtige Ziele werden im *Senden an*-Menü aufgeführt. Zu diesen Zielen zählt zum Beispiel auch das Diskettenlaufwerk. Wollen Sie eine Datei an solch ein Ziel kopieren, dann klicken Sie sie mit der rechten Maustaste an und wählen *Senden an*.

Wählen Sie dann das gewünschte Ziel aus. Möchten Sie eine Datei zum Beispiel als Sicherheitskopie auf Diskette speichern, dann klicken Sie die Datei mit der rechten Maustaste an, wählen *Senden an* und dann *Diskettenlaufwerk*. Sofern im Diskettenlaufwerk auch tatsächlich eine beschreibbare Diskette lag, wird die Datei sofort auf die Diskette kopiert.

Windows fügt automatisch alle Wechselplattenlaufwerke ins *Senden an*-Menü ein. Besitzen Sie einen CD-ROM-Brenner, und liegt ein beschreibbarer Rohling darin, dann gehört auch er dazu, und so kann *Senden an* sogar Dateien auf CD-ROM brennen lassen.

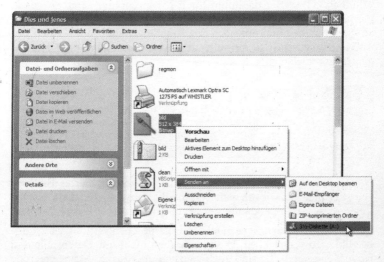

3.15 Mit *Senden an* funktioniert Dateitransport am schnellsten – wenn das Reiseziel darin angeboten wird

Dateien per E-Mail versenden

Möchten Sie eine Datei per E-Mail an Freunde und Bekannte senden, dann kostet Sie das dank *Senden an* nur ein paar Sekunden – vorausgesetzt, Sie haben bereits wie in Kapitel 5 beschrieben Ihr E-Mail-Konto eingerichtet.

Klicken Sie die Datei dazu einfach mit der rechten Maustaste an, und wählen Sie *Senden an – E-Mailempfänger*.

Windows XP startet daraufhin Ihr E-Mailprogramm, legt eine neue E-Mail an und hängt die ausgewählte Datei als Anhang an die E-Mail an. Sie brauchen nun nur noch den Empfänger anzugeben, einen Betreff und Begleittext zu formulieren, und könnten dann die Datei auf die Reise schicken.

Haben Sie aus Versehen ein sehr großes unkomprimiertes Bild wie zum Beispiel ein selbstgemaltes Paint-Bild ausgesucht, dann erspart Ihnen diese Automatik außerdem Peinlichkeiten und Gesichtsverlust.

Unter E-Mail-ianern ist es nämlich ausgesprochen verpönt, riesengroße Bilder zu verschicken. Die verursachen nicht nur Datenstaus und lange Wartezeiten, sie sind auch gänzlich überflüssig. Megabytegroße Bilder lassen sich über moderne Kompressionsverfahren auf wenige Kilobyte zusammenschrumpfen, ohne allzu sehr an Qualität einzubüßen. Fotos und Screenshot schrumpfen so oft auf ein Hundertstel ihrer Ursprungsgröße zusammen.

3.16 Zu große Bilder können beim E-Mailversand automatisch komprimiert werden

Entdeckt Windows dieses Anfängerfehler, dann bietet es an, die Grafik vor dem Versenden zuerst in ein komprimiertes Grafikformat umzuwandeln. Gehen Sie unbedingt darauf ein! Die Grafik wird dann im JPG-Profiformat verschickt, und alle sind froh.

Möchten Sie mehrere Dateien auf die Reise schicken oder auch andere Dateitypen als nur Bilder platzsparend komprimieren, dann wandeln Sie die Dateien zuerst in ein ZIP-Archiv um und verschicken dann dieses Archiv als E-Mail. Wie das passiert, lesen Sie jetzt.

Dateien als ZIP-Archiv komprimieren

ZIP-Archive sind spezielle Container, in denen sich eine oder mehrere Dateien als Einheit transportieren lassen. Sie beladen einfach das ZIP-Archiv mit allem, was Sie weitergeben wollen, und können es dann handlich transportieren.

Espresso-Tipp! Schauen Sie sich doch einfach mal an, wie viel Platz man mit ZIP-Archiven sparen kann! Dazu malen Sie sich zuerst ein Bild. Wählen Sie im Startmenü *Alle Programme*, öffnen Sie *Zubehör* und klicken auf *Paint*. Das Malprogramm startet. Malen Sie nun eine kleine Skizze, Herumkritzeln ist erlaubt. Ihr Werk speichern Sie dann mit *Datei – Speichern* auf dem Desktop. Dazu klicken Sie links in der Symbolleiste des *Öffnen*-Fensters einfach nur auf Desktop und geben dem Bild dann einen Namen. Schon liegt es als Datei auf dem Desktop. Schließen Sie das *Paint*-Fenster.

Noch viel wichtiger ist die dabei integrierte Kompression. Die Dateien, die im ZIP-Archiv lagern, werden besonders effektiv komprimiert, sodass die Daten im ZIP-Archiv häufig nur noch ein bis zehn Prozent der Originalgröße ausmachen. Ideal, um Dateien jeglicher Art zum Beispiel per E-Mail weiterzugeben.

3.17 Endlich integriert: ZIP-Ordner sparen Speicherplatz und benehmen sich (fast) wie normale Ordner

Bei früheren Windows-Versionen mussten ZIP-Archive erst mit Zusatzsoftware nachinstalliert werden. Bei Windows XP ist das anders: Hier sind ZIP-Archive nahtlos eingebaut und besonders leicht zu bedienen. Die ZIP-Archive benehmen sich nämlich ganz ähnlich wie die normalen gelben Ordner. Das Symbol für ZIP-Dateien ist deshalb auch ein gelbes Ordnersymbol mit einem symbolischen Reißverschluss. Schauen Sie sich jetzt mal an, wie (riesen)groß diese Datei ist. Dazu klicken Sie die Bilddatei mit der rechten Maustaste an und wählen *Eigenschaften*. Ein Dialogfenster öffnet sich und meldet unter anderem die Größe. Ihre einfache Kritzel-Grafik kann jetzt durchaus ein halbes Megabyte groß sein. Mit einem einfachen Modem würde es fast eineinhalb Minuten dauern, solch eine Datei durch das Internet zu befördern. Nun verpacken Sie dieselbe Bilddatei in ein ZIP-Archiv. Dazu haben Sie gleich zwei Möglichkeiten:

Legen Sie sich entweder ein neues leeres ZIP-Archiv auf den Desktop. Dazu klicken Sie mit der rechten Maustaste auf eine freie Stelle des Desktops und wählen *Neu – ZIP-komprimierter Ordner*. Ein neuer ZIP-

Ordner erscheint, und Sie brauchen nun das Bild nur noch in den Ordner zu verschieben, also zum Beispiel auf dem ZIP-Ordnersymbol fallenzulassen. Oder aber Sie klicken die Bilddatei direkt mit der rechten Maustaste an und wählen *Senden an – ZIP-komprimierten Ordner*. So wird die Datei vollautomatisch in einen ZIP-Ordner kopiert, und der neue ZIP-Ordner heißt automatisch so wie die Datei, die Sie darin verpackt haben. Klicken Sie nun mit der rechten Maustaste auf den ZIP-Ordner und wählen *Eigenschaften*, dann sehen Sie, dass diese Datei plötzlich nur noch wenige Kilobyte groß ist.

Ein einfaches Krickelbild schrumpft so von 580 KB auf nur noch 1,5 KB. Diese Datei kann in weniger als einer Sekunde ins Internet übertragen werden, transportiert aber nach wie vor und völlig verlustfrei dasselbe Bild. Auf die Verpackung kommt es also an. Allerdings muss man ehrlicherweise zugeben, dass die Größe der Platzersparnis sehr vom Inhalt der Datei abhängt. Screenshots und einfache Krickelbilder lassen sich viel besser zusammenstauchen, weil hier sehr viele große einfarbige Flächen vorherrschen. Bei Fotos sieht das Ergebnis schon schlechter aus, aber auch hier schrumpfen die Dateien noch auf ein Drittel oder Viertel ihrer ursprünglichen Größe.

Öffnen Sie das ZIP-Archiv, dann öffnet es sich wie ein gewöhnlicher Ordner, und Sie sehen den Inhalt, in diesem Fall die Bilddatei. Die könnten Sie am Ziel jederzeit wieder auspacken, zum Beispiel, indem Sie das Bild aus dem ZIP-Ordner zurück auf den Desktop oder an einen anderen Ort ziehen. Oder Sie wählen *Ansicht – Details*. Jetzt blendet das Fenster Spaltenüberschriften ein, und nun sehen Sie in den Spalten *Größe*, *Gepackte Größe* und *Verhältnis* den Speicherplatz-Spareffekt auf einen Blick.

ZIP-Archive sind gerade wegen ihres schier unglaublichen Sparpotenzials Standard im Internet. Viele Programme und andere Dateien wie zum Beispiel Treiber, die Sie aus dem Internet herunterladen, kommen als ZIP-Datei zu Ihnen. Sie haben gerade gesehen, wie viel Übertragungszeit Ihnen das einsparen kann. An drei Dinge sollten Sie aber denken, wenn Sie selbst ZIP-Archive einsetzen wollen:

➜ Unkomprimierte Dateitypen wie Bitmap-Bilder, Briefe oder Tabellen können vom ZIP-Archiv ordentlich eingedampft werden. Dateitypen, die ohnehin schon für das Internet erfunden wurden und intern sowieso schon komprimieren wie zum Beispiel JPEG-Fotos oder MPEG3-Musik können von ZIP-Archiven dagegen nicht oder nicht nennenswert gestaucht werden. Hier ist der einzige Joker der ZIP-Dateien nur noch, dass sich mehrere Dateien bequem als eine Datei transportieren lassen.

→ ZIP-Archive sind nicht dazu gedacht, normale Ordner zu ersetzen. Zwar können Sie ein ZIP-Archiv ähnlich wie einen normalen Ordner öffnen und auch die darin enthaltenen Dateien direkt öffnen. Allerdings würde Windows die Dateien dann intern und versteckt zuerst in einem unsichtbaren Datenbereich auspacken und dann die ausgepackten Dateien öffnen. Das sind nicht die Dateien im ZIP-Archiv. Änderungen, die Sie anschließend daran vornehmen und speichern, werden so nicht ins ZIP-Archiv zurückgeschrieben, und so muss ein ZIP-Archiv immer zuerst ausgepackt werden, bevor Sie mit den darin enthaltenen Daten arbeiten. Einzige Ausnahme sind Installationsdateien, von denen Sie sowieso nur lesen wollen, die Sie aber nicht verändern. Bei denen ist es egal, von wo Windows sie startet, und es macht also nichts, wenn diese zuerst in einem temporären Datenbereich automatisch ausgepackt werden.

→ Geben Sie Daten per ZIP-Archiv weiter, dann müssen Sie sicherstellen, dass der Empfänger auch tatsächlich ZIP-Archive öffnen kann. Bei Windows XP- und Millennium-Benutzern ist das immer der Fall. Bei älteren Windows-Versionen muss zuerst eine Drittanbietersoftware wie zum Beispiel von *www.winzip.com* installiert werden. Auf den meisten Computern, die mit dem Internet zu tun haben, ist das ohnehin der Fall, weil ja nicht nur Sie Dinge per ZIP versenden.

Dateien komprimieren

Schauen Sie sich als Nächstes an, wie Sie einen Schwung Dateien komprimiert per E-Mail versenden. Das ist nämlich ganz einfach. Markieren Sie zuerst die Dateien, die Sie versenden wollen. Wissen Sie noch, wie? Genau: Halten Sie [Strg] fest, um mehr als eine Datei zu markieren.

Klicken Sie dann eine der markierten Dateien mit der rechten Maustaste an und wählen Sie *Senden an – ZIP-komprimierten Ordner*. Die Dateien werden in ein ZIP-Archiv komprimiert. Nun klicken Sie das ZIP-Archiv, den Ordner mit dem Reißverschluss, mit der rechten

Maustaste an und wählen noch einmal *Senden an*. Diesmal klicken Sie auf *E-Mail-Empfänger*. Schon wird das Archiv an ein neues E-Mail-Formular angeheftet und kann losgejagt werden.

Neben den allgemein üblichen ZIP-Archiven verwendet Microsoft hin und wieder auch CAB-Dateien, um Zubehördateien platzsparend aufzubewahren. Hierzu gehört beispielsweise die Datei *DRIVER.CAB*, in der die mitgelieferten Gerätetreiber aufbewahrt werden. CAB-Dateien können vom Explorer wie ein ganz gewöhnlicher Ordner geöffnet werden. Neue CAB-Dateien können aber mit den Windows-Bordmitteln nicht erstellt werden. In aller Regel können Sie CAB-Dateien ignorieren, denn sie werden nur intern von Windows gebraucht. Wer neugierig ist, kann aber auch mal eine Suche nach *.CAB starten.

Dateien platzsparend speichern

ZIP-Archive sind nur eine Möglichkeit, um Dateien platzsparender zu speichern. Verwenden Sie ZIP-Archive nur, wenn Sie Dateien wie ein Postpaket verschnüren müssen, um die Dateien zu versenden oder auszulagern. Dateien, die Sie weiterbenutzen wollen, müssen auf andere Art komprimiert werden. Hier setzen Sie auf die modernen Möglichkeiten des neuen NTFS-Dateisystems.

Ordner komprimieren

Ist der Platz auf Ihrer Festplatte knapp (und nur dann!), dann beauftragen Sie Windows, Ordner platzsparend zu speichern. Die Kompression hierbei ist nicht besonders atemberaubend, in aller Regel sparen Sie nur rund 50% des Speicherplatzes. Dafür aber bleiben die Dateien in normalen Ordnern und können wie gewohnt verwendet werden. Windows entschlüsselt die Dateien automatisch und verschlüsselt sie auch wieder, wenn Sie sie speichern.So legen Sie sich einen komprimierten Ordner an:

Legen Sie sich zuerst auf dem Desktop einen Testordner an: Rechtsklick auf eine freie Stelle, dann *Neu* und *Ordner*. Sie können natürlich ebenso gut einen schon vorhandenen Ordner verwenden. Klicken Sie den Ordner, den Sie komprimieren wollen, nun mit der rechten Maustaste an, und wählen Sie *Eigenschaften*. Ob sich der Ordner tatsächlich wie geplant komprimieren lässt, sehen Sie jetzt. Zeigt das Dialogfenster auf seinem *Allgemein*-Register die Schaltfläche *Erweitert*, dann wissen Sie, dass der Ordner auf einem Laufwerk mit dem modernen NTFS-Dateisystem gespeichert ist – und also komprimiert werden kann.

Gratulation! Fehlt *Erweitert* dagegen, dann verwendet das Laufwerk noch das alte FAT32-Dateisystem. Hier können Sie Ordner nicht komprimieren. Wandeln Sie das Dateisystem des Laufwerks in diesem Fall zuerst ins NTFS-Dateisystem um. Klicken Sie auf *Erweitert*. Nun aktivieren Sie die Option *Inhalt komprimieren, um Speicherplatz zu sparen*. Klicken Sie auf *OK* und noch einmal auf *OK*. Fertig.

Alles, was Sie nun in den Ordner hineinziehen oder darin anlegen, wird komprimiert. Sie brauchen bloß den Ordner zu öffnen und zum Beispiel über *Datei – Neu – Textdatei* eine neue Textdatei darin anzulegen. Dass diese Datei komprimiert ist, erkennen Sie an ihrem Dateinamen. Der ist nämlich plötzlich blau, nicht schwarz. Windows XP kennzeichnet komprimierte Dateien mit dieser besonderen Farbe.

Allerdings nicht immer. Erscheint der Name nicht in blau, dann wählen Sie im Ordnerfenster *Extras – Ordneroptionen* und klicken auf das Register *Ansicht*. Aktivieren Sie dann die Option *Verschlüsselte oder komprimierte NTFS-Dateien in anderer Farbe anzeigen*, und klicken Sie auf *OK*. Verschlüsselungen – obwohl in der Option genannt und als Optionskästchen auch im Dialogfenster vorhanden – werden bei Windows XP Home nicht unterstützt. Verschlüsselungen mit dem *Encrypting File System* (EFS) sind nur bei Windows XP Professional möglich. Den Grad der Verschlüsselung und damit die Speicherersparnis sehen Sie, wenn Sie eine verschlüsselte Datei mit der rechten Maustaste anklicken und *Eigenschaften* wählen.

Hinter *Größe* wird die Originalgröße der Datei angegeben. *Größe auf Datenträger* zeigt dagegen an, wie viel Platz die Datei tatsächlich verbraucht. Ist die Datei nicht gerade leer, dann ist die Differenz zwischen *Größe* und *Größe auf Datenträger* Ihr Speichergewinn. Den gleichen Check können Sie natürlich auch für den komprimierten Ordner selbst vornehmen, um auf einen Schlag zu sehen, wie viel Platz die Komprimierung hier insgesamt erwirtschaftet hat.

Sinnvoll komprimieren

Komprimieren Sie zum Beispiel Ordner, in denen Sie Arbeiten und Dokumente aufbewahren, die Sie eigentlich nicht mehr jeden Tag brauchen, trotzdem aber jederzeit griffbereit haben wollen. Zum Beispiel die Steuerunterlagen vom letzten Jahr. Windows XP kann automatisch komprimieren. Verwenden Sie die Datenträgerbereinigung auf NTFS-Laufwerken, dann ermittelt sie alle Dateien, die seit mindestens 50 Tagen nicht mehr geöffnet wurden, und bietet an, diese Dateien zu komprimieren. Kompression ist nämlich nicht nur auf Ordnerebene möglich. Auch einzelne Dateien lassen sich komprimieren.

Dateien löschen (und notfalls wiederherstellen)

Irgendwann ist die Zeit jeder Datei abgelaufen, und Sie brauchen den Dateiinhalt nicht mehr. Dann wird es Zeit, die Datei zu löschen, damit es auf Ihrem Computer nicht irgendwann so aussieht wie auf dem Dachboden der Großeltern.

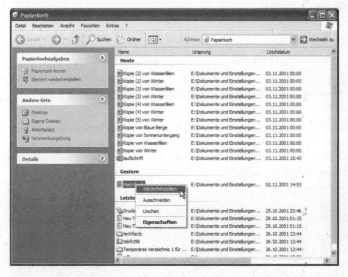

3.18 Im Papierkorb lassen sich gelöschte Sachen noch eine Zeitlang retten

Löschen ist leicht: Ziehen Sie die Datei entweder auf das Papierkorbsymbol, oder klicken Sie die Datei mit der rechten Maustaste an und wählen Sie *Löschen*. Schon ist sie weg. Aber nicht wirklich.

Löschbestätigung abschalten

Ziehen Sie eine Datei auf den Papierkorb, dann wird sie sofort darin verstaut. Wählen Sie dagegen *Löschen* oder drücken ⌷Entf⌷, dann erscheint zuerst eine Sicherheitsabfrage und will wissen, ob Sie das wirklich tun möchten.

Weil diese ständige Nachfragerei auf Dauer an den Nerven zehrt, können Sie sie auch abschalten. Klicken Sie dazu mit der rechten Maustaste auf den Papierkorb und wählen Sie *Eigenschaften*. Schalten Sie dann die Option *Dialog zur Bestätigung des Löschvorgangs anzeigen* aus, und klicken Sie auf *OK*.

Windows verschiebt die Datei nur an einen anderen Ort: in den Papierkorb. Dort lagern gelöschte Dateien noch eine zeitlang, falls Sie es sich anders überlegen oder schweißgebadet feststellen, dass Sie die falsche Datei gelöscht haben.

Löschen ist trotzdem eine ernste Angelegenheit. Nichts ist ärgerlicher als die Arbeitsergebnisse langer Stunden durch versehentliches Löschen zu verlieren. Verschieben Sie deshalb Dateien, bei denen Sie sich nicht absolut sicher sind, lieber in einen Ordner, den Sie zuvor angelegt und zum Beispiel *Archiv* getauft haben. Wenn Sie diesen Ordner dann noch wie eben gezeigt komprimieren lassen, belegt er auch nicht mehr allzu viel Speicherplatz.

Und löschen Sie nur Dinge, die Sie selbst angelegt haben. Wer außerhalb der eigenen Datenbereiche (Desktop und *Eigene Dateien*) auf Streifzüge geht und großzügig unbekannte Dateien entsorgt, braucht sich nicht zu wundern, wenn anschließend Windows oder andere Programme den Dienst quittieren.

Gelöschte Dateien retten

Schauen Sie sich doch einfach mal an, wie eine Datei gelöscht wird – und wie Sie sie retten, falls alles nur ein Versehen war. Dazu legen Sie sich zuerst auf dem Desktop einen Testkandidaten an: Rechtsklick auf eine freie Stelle, *Neu, Textdatei*.

Eine neue Textdatei liegt auf dem Desktop. Die löschen Sie nun. Dazu klicken Sie die Datei mit der rechten Maustaste an und wählen *Löschen*. Windows fragt skeptisch nach, und schon ist sie verschwunden.

Wer genau hinsieht, der bemerkt eine Änderung am Papierkorbsymbol auf dem Desktop. Der symbolische Papierkorb enthält jetzt plötzlich ein zerknülltes Blatt Papier, und das signalisiert, dass sich Abfall im Papierkorb befindet. Möchten Sie die gelöschte Datei wiederbeleben, dann öffnen Sie das Papierkorbsymbol auf dem Desktop. Jetzt sehen Sie alle Dateien, die Sie kürzlich gelöscht haben. Wählen Sie *Ansicht – Details*, um die Spaltenüberschriften einzublenden. Klicken Sie dann auf die Spalte *Löschdatum*. Jetzt sehen Sie die zuletzt gelöschten Sachen zuerst.

Noch ein Klick auf die Spaltenüberschrift sortiert in umgekehrter Reihenfolge. So wird es leicht, kürzlich gelöschte Dateien schnell wiederzufinden. Um die Datei aus dem Papierkorb zu retten, klicken Sie die Datei mit der rechten Maustaste an und wählen *Wiederherstellen*. Schon liegt die Datei wieder dort, wo Sie sie gelöscht haben. Gerettet!

Datenmüll im Papierkorb wird automatisch entsorgt, sobald der Papierkorb voll ist. Brauchen Sie den Speicherplatz Ihrer gelöschten Dinge sofort, dann können Sie den Papierkorb aber auch von Hand leeren. Dazu klicken Sie das *Papierkorb*-Symbol mit der rechten Maustaste an und wählen *Papierkorb leeren*.

Das zerknüllte Blatt Papier verschwindet aus dem Papierkorbsymbol, alle Dateien darin werden vaporisiert, und der freigewordene Speicherplatz wird Ihnen gutgeschrieben. Ihr Sicherheitsnetz, der Papierkorb, funktioniert nicht immer. Er tritt nur in Aktion, wenn Sie Dateien auf einer Festplatte löschen. Das sollten Sie wissen, bevor Sie Bekannten stolz riskante Tricks mit dem Papierkorb demonstrieren.

Dateien, die Sie auf Disketten oder im Netzwerk löschen, werden sofort entsorgt. Das passiert auch, wenn Sie ⌂ festhalten, während Sie im Kontextmenü auf *Löschen* klicken. Und ist sinnvoll. Möchten Sie zum Beispiel eine riesengroße Bilddatei löschen, weil Sie sie ganz sicher nicht mehr brauchen, dann sparen Sie sich den Umweg über den Papierkorb. Löschen Sie die Datei sofort mit dem ⌂-Trick, um den Speicherplatz sofort wieder anderweitig nutzen zu können.

Der Papierkorb wird automatisch gelöscht, wenn entweder so viele Dateien darin liegen, dass seine Obergrenze erreicht ist, oder wenn die Datenträgerbereinigung ausgeführt wird.

Genau genommen werden dann die ältesten Dateien darin entsorgt, um Platz für neue zu schaffen. Nur: Wie groß kann ein Papierkorb eigentlich werden? In den Voreinstellungen reserviert Windows maximal 10% der Festplattenkapazität für ihn. Bei den heute üblichen 40 GB Platten kann der Papierkorb also bis auf 4 GB Größe anschwillen, bevor sich Windows dazu bequemt, die erste Datei aus ihm zu löschen.

Das ist nicht nur ungeheuer verschwenderisch. In solchen Riesenmüllhalden kann sich auch kein Mensch mehr zurecht finden und versehentlich gelöschte Dinge schnell wiederfinden. Deshalb sollten Sie Ihren Papierkorb unbedingt auch gleich noch etwas feinjustieren.

Maulkorb für den Papierkorb

Die Feineinstellungen des Papierkorbs sehen Sie, wenn Sie das Papierkorbsymbol mit der rechten Maustaste anklicken und *Eigenschaften* wählen. Wollen Sie sich die ständigen Sicherheitsabfragen ersparen, die Windows bei jedem Löschen anzeigt, dann schalten Sie die Option *Dialog zur Bestätigung des Löschvorgangs anzeigen* aus.

Die maximale Größe des Papierkorbs stellen Sie am besten individuell für jede Festplatte ein, um die sinnlose 10%-Regel auszuschalten. Dazu wählen Sie die Option *Laufwerke unabhängig konfigurieren.*

Danach klicken Sie der Reihe nach die Register Ihrer Festplatten an und verschieben den Schieberegler jeweils so, dass als *Reservierter Speicher* zwischen 100 und 200 MB festgelegt werden.

Dateien und Ordner umbenennen

Dateien und Ordner dürfen jederzeit umbenannt werden. Sie allein bestimmen, unter welchem Namen Sie einen Brief oder einen Ordner führen wollen, und diesen Namen können Sie auch nachträglich noch ändern. Dazu klicken Sie Datei oder Ordner mit der rechten Maustaste an und wählen *Umbenennen*. Schon können Sie ihm einen neuen Namen geben.

Solche Umtauf-Aktionen dürfen Sie allerdings nur mit eigenen Ordnern und Dateien unternehmen. Wer die Einzelteile von Windows oder von anderen Programmen umtauft, weil er neue Namen besser findet, muss damit rechnen, dass anschließend Probleme auftauchen oder Windows gar nicht mehr funktioniert. Es kann seine Einzelteile unter den neuen Namen einfach nicht mehr finden. Also Finger weg.

Wenn Ordner meutern ...

Sie können Ordner nur dann umbenennen, wenn keine Dateien oder Unterordner geöffnet sind, die in diesem Ordner liegen. Nörgelt Windows also, wenn Sie versuchen, einen Ordner umzutaufen, dann schließen Sie alle Fenster und versuchen es dann noch einmal.

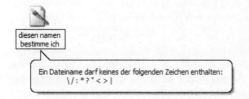

diesen namen
bestimme ich

Ein Dateiname darf keines der folgenden Zeichen enthalten:
\ / : * ? " < > |

3.20 Bei verbotenen Zeichen im Dateinamen meldet Windows, was los ist

Die Namen, die Sie sich aussuchen, sind bei eigenen Dateien allein Ihre Sache. Leerzeichen sind erlaubt, allerdings ist die maximale Länge des Pfadnamens (also einschließlich der Ordnernamen, in denen sich die Datei befindet) auf 256 Zeichen beschränkt.

Und einige Zeichen wie zum Beispiel \ sind tabu. Welche Zeichen Windows nicht verdauen kann, brauchen Sie sich aber nicht zu merken. Windows meldet sich schon, wenn Sie ungültige Zeichen im Dateinamen verwenden. Eine Sprechblase hüpft hervor, sobald Sie versuchen, ein Zeichen einzugeben, das Windows nicht schmeckt. Etwas ernster sind Dateiextensionen. Die erkennen Sie an einem Punkt, mit dem sie an den eigentlichen Dateinamen angeklebt sind. Sehen Sie eine Dateiextension am Dateinamen, dann müssen Sie dieselbe Dateiextension unbedingt auch an Ihren neuen Dateinamen anhängen.

Dateierweiterungen verstehen

Glücklicherweise brauchen Sie sich mit Dateiextensionen normalerweise nicht herumzuschlagen, denn Windows versteckt sie vor Ihnen. Das sieht nicht nur besser aus, es verhindert auch Missgeschicke.

Dateiextensionen sind nämlich extrem wichtig und kleben an fast jedem Dateinamen. Über die Dateiextension entscheidet Windows, was für Daten in der Datei lagern. Die Dateiextension bestimmt also, ob eine Datei als Brief, Bild oder Tabelle angezeigt wird. Es ist leicht nachvollziehbar, dass Sie Probleme erwarten dürfen, wenn Sie an eine Brief-Datei die Dateiextension eines Bildes anhängen, denn nun versucht Windows, den Brief als Bild anzuzeigen, und das geht gründlich schief.

Wollen Sie sich die Dateiextensionen live anschauen, dann öffnen Sie einen Ordner und wählen *Ansicht – Ordneroptionen*. Klicken Sie dann auf das Register *Ansicht*, und schalten Sie die Option *Erweiterungen bei bekannten Dateitypen ausblenden* aus. Dann klicken Sie auf *OK*.

Schlagartig hängen an allen Dateinamen die Erweiterungen. Dort hingen sie natürlich schon vorher, aber nun können Sie sie auch sehen. Schalten Sie die Option am besten sofort wieder ab, damit Sie die häßlichen Dateierweiterungen nicht länger sehen und beim Umbenennen auch nicht darauf achten müssen.

Dateien auf eine CD-ROM brennen

CD-ROMs lassen sich von Windows XP nicht nur lesen, sondern endlich auch beschreiben. Richtig gehört: Sie können eigene CDs produzieren! Alles, was Sie dafür brauchen, ist ein CD-ROM-Brenner, also ein Laufwerk, das CDs beschreiben kann. Und natürlich Rohlinge, also leere beschreibbare CD-ROMs. Anschließend brauchen Sie nur noch die Dateien und Ordner, die Sie auf die CD-ROM brennen wollen, auf das CD-ROM-Laufwerk fallenzulassen. Schon kopiert Windows diese Dateien in einen besonderen Vorbereitungsbereich. Dort sammeln sich alle Dinge, die Sie auf die CD-ROM ziehen.

CD-Brennen per Kontextmenü

Noch einfacher geht die Sache, wenn Sie die Dateien mit der rechten Maustaste anklicken, *Senden an* wählen und dann im Kontextmenü *CD-Laufwerk* wählen. Der Befehl fehlt, wenn Sie keinen CD-ROM-Brenner besitzen. Normale CD-ROM-Laufwerke werden im *Senden an*-Menü natürlich auch nicht geführt.Windows zeigt sogar einen Baloon-Tipp an, der Sie darauf hinweist, dass neue Dateien zum Brennen bereitstehen.

Und das ist ganz nützlich, denn wenn Sie Dateien auf eine CD-ROM kopieren, funktioniert das anders als bei allen anderen Datenträgertypen. Bei CD-ROMs werden die zu kopierenden Dateien zuerst einmal nur gesammelt. Erst wenn Sie anschließend den Auftrag zum Brennen geben, werden die Dateien in einem zweiten separaten Schritt auch wirklich auf die CD kopiert und im Bereitstellungsbereich gelöscht. Das ist nötig, weil der Brennvorgang jedes Mal eine Art Inhaltsverzeichnis auf die CD brennt, und würde das für jede einzelne Datei passieren, dann wäre die CD-ROM schneller mit Inhaltsverzeichnissen gefüllt als mit nützlichen Daten.

Damit die Dateien im Vorbereitungsbereich des CD-ROM-Laufwerks irgendwann auch tatsächlich auf die CD gebrannt werden, öffnen Sie das CD-ROM-Laufwerk im *Arbeitsplatz*. Nun sehen Sie zwei Kategorien, nämlich einerseits die neuen Dateien, die auf CD gebrannt werden sollen, und andererseits die Dateien, die sich vielleicht schon auf der CD befunden haben.

Um den Brennvorgang zu starten, klicken Sie links in der Liste *Aufgaben zum Schreiben auf CDs* auf *Dateien auf CD schreiben*. Haben Sie es sich stattdessen anders überlegt und wollen doch keine CD brennen, dann klicken Sie auf *Temporäre Dateien löschen*, um den Vorbereitungsbereich wieder zu löschen. Haben Sie sich für das Brennen entschieden, dann erscheint ein Assistent. Der fragt zuerst nach dem Namen für die CD. Aktivieren Sie auch gleich die Option *Assistent nach Abschluss des Schreibvorgangs schließen*, es sei denn, Sie wollen denselben Inhalt gleich auf mehr als eine CD brennen. Klicken Sie auf *Weiter*.

Der Brennvorgang startet, jedenfalls dann, wenn Sie einen beschreibbaren CD-Rohling ins Laufwerk eingelegt haben. Während des Brennvorgangs, der je nach Datenmenge und Geschwindigkeit des Brenners zwischen einigen Sekunden und einer satten Stunde liegen kann, dürfen Sie Ihren Computer nur noch mit Samthandschuhen anfassen. Schwere Erschütterungen und Umrückaktionen sind ebenso tabu wie ungehemmtes Weiterarbeiten. CDs können nur mit einem kontinuierlichen Datenstrom beschrieben werden. Reißt der ab, zum Beispiel, weil Ihr Computer zwischenzeitlich in einem anspruchsvollen 3D-Ballerspiel schuften muss und deshalb kurzfristig nicht dazu kommt, neue Daten ans CD-Laufwerk zu schicken, dann ist der CD-Rohling unbrauchbar und der Brennvorgang missglückt. Windows brennt CDs immer im Multisession-Modus, und das ist praktisch. So können Sie Ihren Rohling später bequem mit weiteren Daten beschreiben, so lange, bis er voll ist. Und das kann dauern, denn CD-Rohlinge speichern zwischen 650 und 800 MB Daten.

CD-Brenner-Einstellungen

Wer legt eigentlich fest, wo der Vorbereitungsbereich für die Daten liegt, die auf CD geschrieben werden sollen? Und wo kann man die Brenngeschwindigkeit verringern, wenn es immer wieder zu Zeitproblemen und Fehlbrennungen gekommen ist? Einfache Antwort: im Arbeitsplatz! Öffnen Sie einfach das Startmenü und wählen Sie *Arbeitsplatz*. Jetzt sehen Sie alle Laufwerke. Klicken Sie Ihren Brenner mit der rechten Maustaste an und wählen Sie *Eigenschaften*. Nun sehen Sie das Register *Aufnahme*, jedenfalls dann, wenn es sich wirklich um einen CD-Brenner handelt. Klicken Sie auf dieses Register. Sie können jetzt festlegen, ob dieses Laufwerk für das Brennen zur Verfügung steht, auf welcher Festplatte die Vorbereitungsdaten bereitgestellt werden, und in welcher Geschwindigkeit gebrannt werden soll. All diese Einstellungen haben ihre Berechtigung. Als Vorgabe bastelt Windows nämlich das CD-Image auf dem Laufwerk C: zusammen. Dafür sind bis zu 800 MB freier Speicherplatz nötig, also genau so viel, wie Sie auf die CD brennen wollen. Ist die Festplatte C: randvoll, dann suchen Sie sich hier eine andere, weniger ausgelastete Festplatte aus.

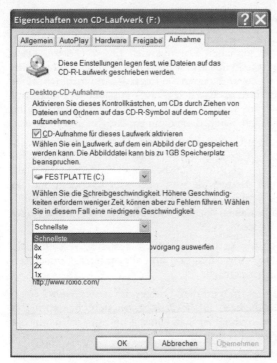

3.21 Hier legen Sie fest, wo die Brenndaten zwischengespeichert werden

Ordnern ganz individuelle Symbole zuweisen

Dateiordner müssen nicht stets und immer mit einem gelben Symbol angezeigt werden. Wer mag, kann Ordnern jedes beliebige andere Symbol zuordnen. Was wie Spielerei klingt, ist durchaus ernst: Damit Sie einen wichtigen Ordner im Wust der gelben Ordnersymbole schneller wiederfinden, geben Sie ihm einfach ein auffälliges anderes Symbol! Und natürlich profitieren auch Geheimagenten von dieser neuen Möglichkeit: Ordner lassen sich so als Programmdatei verkleiden, und kein Mensch kommt mehr drauf, dass dies eigentlich der Ordner mit der E-Mailkorrespondenz der großen Schwester ist.

Individuelle Ordner-Icons

Frisch ans Werk: Legen Sie sich zuerst einen neuen Ordner an, zum Beispiel in Ihrem persönlichen Datenbereich *Eigene Dateien*. Dazu klappen Sie das Startmenü aus und wählen *Eigene Dateien*. Nun wählen Sie *Datei – Neu – Ordner*. Nennen Sie Ihren neuen Ordner Wichtige Dinge ⏎.Damit der Ordner wirklich wichtig aussieht und nicht nur so heißt, klicken Sie ihn anschließend mit der rechten Maustaste an und wählen *Eigenschaften*. Klicken Sie dann auf das Register *Anpassen*.

Die Ordnersymbole werden unten im Bereich *Ordnersymbole* zugewiesen. Klicken Sie also auf *Anderes Symbol*. Jetzt öffnet sich ein Auswahlfenster und zeigt Ihnen eine Auswahl bekannter Systemsymbole an. Wählen Sie hier zum Beispiel die Weltkugel oder irgendein anderes wichtig aussehendes Symbol. Sie können auch eine andere Icon-Bibliothek anzapfen und brauchen dazu nur den Namen ins Textfeld einzutragen und ⏎ zu drücken.

Icon-Bibliotheken gibt es im Internet zuhauf, kostenlos versteht sich. So stehen auch Snoopy, Bart Simpson und alle anderen Comic-Helden schnell Pate für Ihre Ordner.

Sobald Sie auf *OK* klicken, wird dem Ordner das neue Symbol übergestülpt. Klicken Sie dagegen auf *Wiederherstellen*, dann bekommt der Ordner sein normales Symbol zurück. Klicken Sie auf *OK*, damit der Ordner das neue Symbol verwendet.

Wollen Sie einen Ordner nicht auffälliger, sondern umgekehrt unauffälliger machen, dann weisen Sie ihm eins der normalen Programmsymbole zu und nennen den Ordner dann zum Beispiel FTCFG.EXE ⏎. Was genau Sie sich als Namen aussuchen, ist unwichtig, solange der Name möglichst kompliziert und uninteressant aussieht. So kommt selbst das Brüderchen kaum noch auf den Gedanken, dass es sich hierbei um einen stinknormalen Ordner handelt, den man einfach nur zu öffnen braucht, um an seinen Inhalt heranzukommen.

3.5 Nach verschwundenen Dateien und Ordnern suchen

Manchmal verschwinden Dateien einfach. Natürlich nicht wirklich. Sie sind einfach nur nicht da, wo man sie vermutet. Verlegt. Verbummelt eben.

Solchen Problemen gehen Sie von vornherein aus dem Weg, wenn Sie beim Speichern von Dateien darauf achten, alles in Ihrem *Eigene Dateien*-Ordner zu speichern. Und nicht etwa quer über tausend Ordner auf der ganzen Festplatte zu verstreuen. Diese Grundordnung lässt sich ganz leicht einhalten, weil die meisten Programme von vornherein den Ordner *Eigene Dateien* beim Speichern vorwählen.

Windows nach Dateien suchen lassen

Ist eine Datei partout verschollen, dann starten Sie einfach eine Suchaktion. Die Suchaktion kann alle eingebauten Festplatten umfassen (falls Sie überhaupt nicht mehr wissen, wo die Datei stecken könnte) oder einfach nur einen bestimmten Ordner wie *Eigene Dateien*. Gesucht wird jeweils nicht nur im angegebenen Ordner, sondern natürlich auch in allen darin enthaltenen Unterordnern.

> **Espresso-Tipp!** Und was, wenn Sie das Suchergebnis brav auf den Ordner *Eigene Dateien* beschränkt haben, aber trotzdem Dateien auch aus ganz anderen Ordnern im Suchergebnis erscheinen? Dann schauen Sie sich mal links den Befehl *Weitere erweiterte Optionen* an. Haben Sie den Spürhund in dieser Kategorie beauftragt, auch Systemordner zu durchsuchen, dann werden diese Systemordner ebenfalls durchsucht. Für normale Suchen ist das nicht so gut – schalten Sie die Option hier besser ab.

Um eine Generalsuche zu starten, öffnen Sie das Startmenü und wählen *Suchen*. Um die Suche von vornherein auf einen bestimmten Ordner zu beschränken, öffnen Sie zuerst den Ordner, in dem Sie die Datei vermuten, und drücken dann [F3]. Die Suche geht so wesentlich schneller und liefert treffsicherere Resultate.

In jedem Fall erscheint links die Suchspalte. Darin bestimmen Sie, was als Nächstes passieren soll.

Anfänger finden darin vorformulierte Abfragen, zum Beispiel *Bildern, Musik oder Videos*, oder aber *Dokumenten*. Bei diesen Abfragen brauchen Sie nicht extra eine Abendschulung zu besuchen, um das Suchformular richtig auszufüllen und auch tatsächlich zu finden, wonach Sie suchen. Windows kümmert sich hier von allein darum, dass nicht irgendwelche exotischen Dateien gefunden werden, sondern nur solche, nach denen Sie auch wirklich fragen.

3.22 Beschränken Sie die Suche am besten auf den Ordner, wo Sie die Datei vermuten

Profis fahren dagegen vielleicht mit der Option *Allen Dateien und Ordnern* besser. Hier bekommt man sofort das von früheren Windows-Versionen gewohnte Suchformular, hat also maximale Kontrolle. Dafür muss man hier auch alle Suchkriterien selbst angeben.

Interessante Dinge finden

Lassen Sie sich doch mal alle Bilder herauskramen, die irgendwo auf Ihrem Computer gespeichert sind und mit *A* anfangen. Dazu wählen Sie im Startmenü *Suchen* und klicken dann auf *Bildern, Musik und Videos*.Wählen Sie nun die Option *Nach Bildern und Fotos suchen*, und geben Sie ins Textfeld ein: A*. Klicken Sie dann auf *Suchen*. Der Suchvorgang beginnt und kann einige Minuten dauern. Anschließend sehen Sie alle Bilder, die mit *A* beginnen. Der Stern ist dabei ein Jokerzeichen und steht für beliebig viele weitere Zeichen.

Hätten Sie nur *A* angegeben, dann hätte Windows alle Bilder geliefert, die irgendwo im Namen ein *A* enthalten – weniger sinnvoll. Klicken Sie auf *Beenden*, wenn Ihnen die Suche zu lange dauert oder Sie schon gefunden haben, wonach Sie suchen. Neugierig fragt Windows nach, ob Sie gefunden haben, wonach Sie gesucht hatten. Weil Sie die Suche gleich noch etwas verfeinern, klicken Sie auf *Dateinamen oder Schlüsselwörter ändern*. Jetzt sehen Sie wieder Ihr Suchformular.

Entfernen Sie das *A**, und starten Sie die Suche neu. Jetzt werden alle Bilder gefunden, ganz egal, wie sie heißen. Wie praktisch das sein kann, probieren Sie gleich live aus: Gefällt Ihnen eins der gefundenen Bilder so gut, dass Sie es als Desktophintergrund verwenden wollen, dann klicken Sie es direkt im Suchergebnis mit der rechten Maustaste an und wählen *Als Desktophintergrund verwenden*. Erledigt.

Schauen Sie sich zum Schluss die Profisuche an. Dazu knipsen Sie das Such-Fenster aus und wählen im Startmenü *Suchen*. Klicken Sie diesmal auf *Allen Dateien und Ordnern*.

Als gesuchten Dateinamen geben Sie diesmal ein: *JPG *.*JPEG* Gesucht wird also nach Dateien, die beliebig heißen, aber die Dateiextension *JPG* oder *JPEG* tragen. Also Fotos sind. Klicken Sie dann auf *Wie groß ist die Datei?* Wählen Sie die Option *Größenangabe*, und stellen Sie ein: *mindestens 60*. Dann klicken Sie auf *Suchen*.

Diesmal mussten Sie schon wesentlich mehr wissen, zum Beispiel, dass Fotos mit der Dateiextension *JPG* oder *JPEG* gespeichert werden und dass qualitativ hochwertige Fotos in aller Regel mindestens 60 KB groß sind. Dafür liefert die Suche jetzt aber haargenau solche Dateien. Ideal zum Beispiel, wenn Sie auf der Suche nach neuen Desktop-Hintergrundmotiven sind.

Suchabfrage speichern

Haben Sie sich eine richtig nützliche Suchabfrage zusammengestellt, die Sie künftig vielleicht häufiger verwenden wollen, dann können Sie die auch speichern. Später brauchen Sie dann nur noch die gespeicherte Suche zu öffnen, und schon sucht Windows noch einmal mit den gespeicherten Suchkriterien.

Um eine Suchabfrage zu speichern, stellen Sie zuerst Ihre Suchkriterien zusammen und starten die Suche. Gespeichert werden kann die

Abfrage nämlich erst, wenn Sie damit mindestens einmal fündig geworden sind. Dann wählen Sie im Suchfenster *Datei – Suche speichern.* Schon können Sie sich aussuchen, wo die Suchabfrage aufbewahrt werden soll.

Volltextrecherchen

Die Suche kann auch nach Schlüsselworten innerhalb von Textdateien suchen, also so genannte Volltextrecherchen leisten. So könnten Sie zum Beispiel auch Briefe wiederfinden, von denen Sie nur noch wissen, dass ein bestimmtes Wort darin vorkommt. Wählen Sie dazu als Suchoption *Allen Dateien und Ordnern,* und geben Sie das gesuchte Stichwort ins Feld *Ein Wort oder ein Begriff innerhalb der Datei* ein.

Espresso-Tipp! Weil Windows XP ZIP-Archive direkt unterstützt, findet die Suche das Suchwort nicht nur in normalen Dateien, sondern auch in solchen, die innerhalb eines ZIP-Archivs lagern.Nicht gefunden werden Stichworte, wenn sie in der Datei in kodierter Form gespeichert sind, denn die Suchfunktion schaut lediglich im binären Code der Datei nach dem Suchwort, öffnet die Datei aber nicht. Anders ist das nur, wenn Sie den Indexdienst verwenden, von dem gleich die Rede sein wird. Er ist clever genug, das Dateiformat der gebräuchlichsten Textdokumente zu interpretieren.

Indexdienst zu Rate ziehen

Solche Volltextrecherchen dauern allerdings unendlich lange. Schließlich muss Windows nun in alle Dateien hineinsehen und nach dem Suchwort fahnden. Für echte Knowledgeworker und Datenrechercheure gibt es deshalb den Indexdienst. Der sorgt für echte und vor allen Dingen schnelle Volltextabfragen, hat aber ganz entscheidende Nebenwirkungen. Deshalb dürfen Sie den Indexdienst auch nicht einfach »nur mal so« aktivieren. Ist der Indexdienst aktiv, dann bastelt er automatisch und im Hintergrund Stichwortlisten. Er durchsucht also im Voraus alle Dateien, die Text enthalten, filtert die gebräuchlichen Allerweltsworte heraus und speichert alle besonderen Worte in einer Datenbank.

Müssen Sie später nach einem Suchwort (oder einer Kombination aus mehreren) fahnden, dann braucht der Indexdienst nicht mehr alle Dateien einzeln zu durchleuchten, sondern schaut nur kurz in seiner Datenbank nach. Schon wird das Ergebnis geliefert. Die Kehrseite: Der Indexdienst klaut sich eine deutliche Portion der Rechenleistung Ihres Computers, und auch seine Stichwortlisten und Datenbanken wollen anspruchsvoll gespeichert sein. Deshalb darf der Indexdienst nur dann aktiviert sein, wenn Sie von seiner Leistung wirklich spürbar profitieren, aber nicht, wenn Sie nur alle paar Monate einmal auf Datensuche gehen.

Indexdienst ein- oder ausschalten

Um den Indexdienst anzuwerfen (oder abzuschalten), wählen Sie im Startmenü *Suchen* und klicken dann in der Such-Spalte auf *Bevorzugte Einstellungen ändern*. Klicken Sie dann auf *Indexdienst verwenden*. Entscheiden Sie sich nun für *Ja, Indexdienst aktivieren* oder *Nein, Indexdienst nicht aktivieren*.

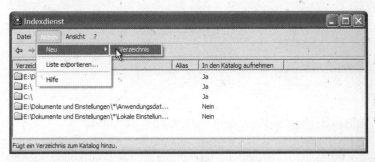

3.23 Schauen Sie nach, welche Ordner der Indexdienst in sein Stichwortverzeichnis aufnimmt

Wenn Sie den Indexdienst einschalten wollen, dann klicken Sie anschließend auf die erweiterten Indexdiensteinstellungen im unteren Bereich der Spalte. Wählen Sie nun *Aktion – Starten*. Windows fragt nach, ob der Indexdienst künftig automatisch gestartet werden soll. Klicken Sie auf *Ja*.

Sie sehen jetzt in der Liste den Katalog *System*, das Stichwortverzeichnis des Indexdienstes. In den Spalten rechts daneben erleben Sie anschließend live mit, wie der Indexdienst Ihre Laufwerke durchsucht, geeignete Dokumente findet und die Stichworte darin zusammenstellt. Dieser Vorgang kann stundenlang dauern, wenn Sie zum ersten Mal einen Index zusammenstellen lassen. Am besten lassen sie ihn nachts erledigen, wenn niemand den Computer braucht. Doppelklicken Sie auf *System*, dann sehen Sie einige Unterordner. Öffnen Sie Verzeichnisse, um zu sehen, welche Ordner der Indexdienst in seinen Index mit einbezieht. Um neue Verzeichnisse in die Indizierung einzubeziehen oder umgekehrt Verzeichnisse zu sperren, die sowieso keine für Sie sinnvolle Daten enthalten, wählen Sie *Aktion – Neu – Verzeichnis*. Dazu darf keiner der Einträge im Fenster markiert sein. Klicken Sie gegebenenfalls vorher auf eine freie Stelle im Ordnerfenster.

Espresso-Tipp! Ob ein Ordner vom Indexdienst berücksichtigt wird oder nicht, können Sie auch über die *Eigenschaften*-Seite des Ordners festlegen – jedenfalls dann, wenn der Ordner auf dem NTFS-Dateisystem gespeichert ist. Klicken Sie in diesem Fall den Ordner mit der rechten Maustaste an, wählen Sie *Eigenschaften* und klicken Sie auf die Schaltfläche *Erweitert*. Hier finden Sie die Option *Inhalt für schnelle Dateisuche indizieren*. Auch ganze NTFS-Laufwerke lassen sich in die Indizierung einschließen oder ausnehmen: Klicken Sie im *Arbeitsplatz*-Fenster mit der rechten Maustaste auf ein NTFS-Laufwerk, und wählen Sie *Eigenschaften*. Hier sehen Sie die Option *Laufwerk für schnelle Dateisuche indizieren*.

Volltextrecherchen mit dem Indexdienst durchführen

Hat der Indexdienst erst einmal einen gültigen Index erstellt, dann können Sie seine besondere Abfragesprache für Profi-Volltextrecherchen einsetzen. Hinweise zur Abfragesprache lesen Sie, wenn Sie im Indexdienst-Fenster *? – Hilfethemen* wählen und dann in den Zweig *Indexdienst – Erweiterte Anwendungsmöglichkeiten – Verwenden der Abfragesprache* blättern.

Volltextrecherchen durchführen

Die Einstellungen des Indexdienstes sehen Sie auch, wenn Sie im Startmenü mit der rechten Maustaste auf *Arbeitsplatz* klicken und *Verwalten* wählen. Die *Computerverwaltung* öffnet sich.Im Zweig *Dienste und Anwendungen* finden Sie den Indexdienst. Dort sind auch die schon oben angesprochenen Steuerfunktionen jederzeit erreichbar.

Besonders interessant ist aber der Eintrag *Katalog durchsuchen*, ein Test-Suchformular auf HTML-Basis, mit dem Sie den Indexdienst für Ihre Suche verwenden können. Wählen Sie darin zum Beispiel die Option *Erweiterte Abfrage*, und geben Sie als Suchwort ein: asp and iis. Dann klicken Sie auf *Suchen*. In Rekordzeit findet der Indexserver alle Dokumente, die sowohl das Wort *ASP* als auch das Wort *IIS* enthalten – für Webautoren nützliche Informationen, denn *ASP* steht für *Active Server Pages* und *IIS* für den integrierten Webserver, den *Internet Information Server*. Der ist allerdings nur in Windows XP Professional integriert, sodass Sie als Nächstes besser nach einem Stichwort suchen, das in einem Ihrer Dokumente vorkommt.

Damit die Suche klappt, muss Ihr Dokument sich in einem Ordner befinden, der vom Indexdienst auch tatsächlich berücksichtigt wird – wie das geschieht, haben Sie oben bereits gelesen. Und der Index muss natürlich aktuell sein. Haben Sie den Indexdienst gerade erst eingeschaltet, dann wird Ihre Suche natürlich noch nicht fündig, oder das Ergebnis ist unvollständig.

Im Bereich der Abfragefelder finden Sie außerdem den Link *Suchtipps*. Der führt Sie zu interessanten Infos rund um die spezielle Abfragesprache des Indexdienstes. Hier lesen Sie nicht nur, was es mit dem Schlüsselwort *AND* auf sich hat, sondern auch, wie $contents und *NEAR* sowie all die übrigen Tricks funktionieren.

Natürlich können Sie den Indexdienst nicht nur über dieses spezielle Suchformular erreichen, sondern auch über die normale Such-Spalte. Hier müssen Sie höchstens einen kleinen Trick kennen, damit Windows XP auch tatsächlich den Indexdienst zu Rate zieht.

Wählen Sie also im Startmenü *Suchen*, und klicken Sie in der Such-Spalte auf *Allen Dateien und Ordnern*. Ins Feld *Ein Wort oder ein Begriff innerhalb der Datei* gehört Ihre Suchabfrage hinein. Geben Sie hier also ein: asp and iis ⏎. Ups, die Suche findet nichts! Und warum? Weil Windows nach genau dem eingegebenen Text sucht.

Damit Windows nicht nach *asp and iis* sucht, sondern nach Dokumenten, die sowohl *asp* als auch *iis* enthalten, klicken Sie auf *Zurück* und beginnen Sie Ihre Suchabfrage mit dem Schlüsselwort *$contents*, geben also ein: $contents asp and iis ⏎. Voilá! Diesmal werden genau dieselben Dateien gefunden wie mit der Testabfrageseite des Indexdienstes.

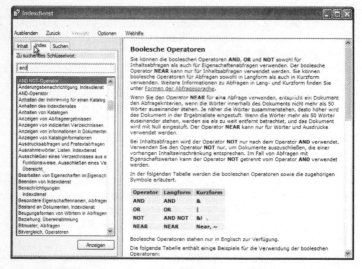

3.24 Windows XP bringt eine ausführliche Hilfe zur Abfragesprache des Indexdienstes mit

Weitere Grundeinstellungen für Suchabfragen

Damit die Suche schneller – oder einfach nur bequemer – abläuft,
können Sie einige wichtige Grundeinstellungen vornehmen. Der Indexdienst, den Sie gerade eben kennengelernt haben, ist nur eine
davon. Um alle Grundeinstellungen zu sehen, wählen Sie im Startmenü *Suchen* und klicken dann auf *Bevorzugte Einstellungen ändern*.

Such-Einstellungen	
Animierte Figur nicht verwenden	Der Spürhund wird nicht angezeigt
Eine andere Figur verwenden	Tauscht den Spürhund gegen eine andere Figur aus, zum Beispiel einen Zauberer
Datei- und Ordnersuchverhalten ändern	Legt fest, ob Sie die vorformulierten Such-abfragen wie *Bildern*, *Musik und Videos* sehen oder lieber gleich mit dem Profi-Suchformular arbeiten wollen

Such-Einstellungen	
Sprechblasentipps nicht anzeigen	Verzichtet auf Tipps in den Comic-Sprechblasen
AutoVervollständigen deaktivieren	Bietet Ihnen nicht mehr an, Textfelder fertig auszufüllen, sobald Windows errät, was Sie eing eben wollen

Tab. 3.5 Erweiterte Sucheinstellungen

3.6 Laufwerke überprüfen und pflegen

Laufwerke brauchen hin und wieder ein wenig Liebe. Und Zuwendung. Schließlich lagern hier die wertvollsten Dinge, nämlich Ihre persönlichen Unterlagen und Arbeiten, die Sie gespeichert haben. Alle übrigen Dinge des Computers lassen sich im Ersatzteilhandel austauschen. Ihre Festplatten beziehungsweise die darauf gespeicherten Daten aber nicht.

Festplatte beschleunigen: Defragmentieren

Zwar sind Festplatten an sich wartungsfrei, aber weil ständig neue Daten darauf gespeichert und alte gelöscht werden, können die Magnetscheiben Ihrer Festplatten mit der Zeit aussehen wie Kraut und Rüben. Nur sieht das niemand. Nach wie vor zeigt Windows Ihre Ordner und Dateien fein säuberlich im Explorer an. Dass Ihre Dateien inzwischen womöglich in zehn Einzelportionen quer über die Festplatte verstreut gespeichert sind, hängt niemand an die große Glocke. Das nennt man Fragmentierung, und die kostet Zeit. Fragmentierung funktioniert wie der Besuch mit einer ganzen Geburtstagsgesellschaft kurz vor Filmbeginn im Kino. Weil schon fast alle Plätze belegt sind, müssen sich Ihre Freunde mit den verbleibenden Plätzen begnügen, und die sind quer durch das ganze Kino verteilt. Möchte man nun eine Zwei-Liter-Cola von Mann zu Mann weitergeben, geht das nur noch sehr langsam, weil ständig in andere Ecken des Kinos geflitzt werden muss. Und genau dasselbe passiert mit Ihren Daten.

Die müssen sich nämlich irgendwann ebenfalls mit den freien Speicherplätzen begnügen, die auf einer randvollen Festplatte noch übrig sind. Windows braucht dann sehr viel länger, um die Datei aus all diesen Einzelportionen zu lesen und wieder zusammenzusetzen. Gegen Fragmentierung hilft die Defragmentierung, und glücklicherweise ist ein Defragmentierungswerkzeug bereits in Windows XP eingebaut. Nur benutzen müssen Sie es noch.

Bei der Defragmentierung startet Windows XP eine große Umbesetzung. Dateien werden wieder so zurechtgerückt, dass alle Datenbereiche in einem Stück gespeichert und deshalb auch schnell in einem Aufwasch gelesen werden können. Außerdem ordnet Windows Programmdateien so an, dass sie besonders schnell von der Festplatte gestartet werden können.

Weil die Defragmentierung umso länger dauert, je unordentlicher es auf Ihrer Festplatte aussieht, sollten Sie Ihre Festplatten regelmäßig alle paar Wochen defragmentieren, zumindest aber dann, wenn die Festplatte sehr voll wird, wenn Sie größere Datenmengen gelöscht haben oder das Laufwerk auf NTFS umgestellt wurde.

Festplatte defragmentieren

Machen Sie den großen Färbetest! Lassen Sie sich anzeigen, wie groß das Chaos auf Ihrer Festplatte wirklich ist!Dazu öffnen Sie das Startmenü und klicken mit der rechten Maustaste auf *Arbeitsplatz*. Wählen Sie *Verwalten*. Die Computerverwaltung öffnet sich. Klicken Sie nun links im Bereich *Datenspeicher* auf *Defragmentierung*. Rechts sehen Sie jetzt alle Laufwerke, und darunter kann der Färbetest beginnen. Wählen Sie oben das Laufwerk aus, das Sie testen wollen. Dann klicken Sie auf *Überprüfen*. Nun erscheint ein Farbbalken. Rote Bereiche zeigen Dateien an, die zersplittert sind und aufgeräumt werden sollten. Rote Bereiche sind also schlecht, genau wie bei den Karies-Färbetabletten. Am Ende der Überprüfung rät Ihnen das Programm, ob Sie defragmentieren sollten oder nicht.

Klicken Sie auf *Defragmentieren*, wenn Sie das Laufwerk aufräumen wollen. Weiterarbeiten sollten Sie jetzt möglichst nicht, denn die Defragmentierung verlangsamt den Rechner spürbar. Am besten verlegen Sie die Defragmentierung in die Abendstunden, wenn niemand den Computer braucht. Die Defragmentierung kann übrigens nur optimal ablaufen, wenn auf dem Laufwerk noch mindestens 15% Speicherplatz frei sind. Ist weniger frei, dann steht nicht genügend

Pufferspeicher für das Daten-Umschaufeln zur Verfügung. Die Defragmentierung kann bei Windows XP auch über den Befehl *DEFRAG* gestartet werden. Damit könnten Sie die Defragmentierung also auch automatisch zu festgelegten Zeiten ausführen. Verwenden Sie *Geplante Tasks* aus der Systemsteuerung, um *DEFRAG* in bestimmten Intervallen auszuführen.

Speicherplatz auf Laufwerken freigeben

Auf Ihren Festplatten sammeln sich mit der Zeit immer mehr Dateien an. Verantwortlich dafür ist einerseits Windows samt seiner Programme – und andererseits Sie selbst. Denn natürlich verbrauchen auch Ihre eigenen gespeicherten Dinge ihr Quentchen Speicherplatz. Spätestens, wenn der Speicher der Festplatte zur Neige geht, ist es deshalb Zeit für einen Frühjahrsputz – besser noch viel früher, bevor das System vor lauter Platznot kaum noch rund läuft.

3.25 Windows XP schlägt Alarm, wenn der Speicherplatz zur Neige geht

Speicherwarnung abschalten

Geht der Speicherplatz Ihrer Festplatte zur Neige, dann schaut Windows XP nicht etwa tatenlos zu. Stattdessen erscheint irgendwann im Info-Bereich der Taskleiste eine Sprechblase und meldet Speicherplatzalarm. Und weil Windows XP durchaus konstruktiv ist, nörgelt es nicht nur, sondern bietet auch gleich eine Lösung an: Klicken Sie in die Sprechblase, dann erscheint der Datenbereinigungsassistent.

Auch wenn die Sprechblase nicht mehr sichtbar ist, bleibt ein kleines Symbol so lange im Infobereich sichtbar, wie der Speichernotstand vorhält. Auch über dieses Symbol kann die Putzaktion gestartet werden. Was aber, wenn Sie ganz bewusst wenig Speicherplatz auf einem Laufwerk übrig gelassen haben? Weil es sich zum Beispiel um ein reines Datenlaufwerk handelt, wo kein Spielraum für Windows notwendig ist? Dann können die ständigen Warnungen nerven.

Aber nicht lange. Warnungen und Meldungen des Info-Feldes, die Sie nicht länger sehen wollen, knipsen Sie einfach aus. Das geht mit den Speicherplatzwarnungen genauso gut wie mit jedem anderen Symbol, das sich im Info-Feld eingenistet hat.

Dazu klicken Sie mit der rechten Maustaste auf die *Start*-Schaltfläche der Taskleiste und wählen *Eigenschaften*. Klicken Sie dann auf das Register *Taskleiste* und aktivieren unten die Option *Inaktive Symbole ausblenden*. Klicken Sie danach auf *Anpassen*.

Suchen Sie in der Liste nun nach dem Info-Feld-Symbol, das bei Ihnen in Ungnade gefallen ist und künftig unterdrückt werden soll. Im Falle der Speicherwarnung heißt das gesuchte Element *Wenig Speicherplatz*. Klicken Sie diesen Eintrag an, und stellen Sie in der Ausklappliste zum Beispiel ein: *Immer ausblenden*. Dann klicken Sie auf *OK*.

Künftig erscheinen die Warnungen nicht mehr.

Windows kann von selbst dafür sorgen, überflüssige Daten zu entsorgen. Dafür ist nämlich der Datenträgerbereinigungs-Assistent eingebaut. Der schaut auf Wunsch nach, welche Dateien überflüssig sind, und bietet dann an, diese zu entsorgen.

Speicherplatz freigeben

Um ein Laufwerk zu bereinigen, klappen Sie einfach das Startmenü aus und wählen *Arbeitsplatz*. Klicken Sie dann mit der rechten Maustaste auf die Festplatte, die Sie putzen lassen wollen, und wählen Sie *Eigenschaften*. Klicken Sie nun auf die Schaltfläche *Bereinigen*. Der Bereinigungsassistent springt hervor und untersucht Einsparmöglichkeiten. Auf NTFS-Laufwerken kann das durchaus einige Zeit dauern, denn hier wird auch geprüft, wie alt Dateien sind, damit Sie anschließend alte Dateien komprimieren lassen können.

Das Ergebnis ist eine Liste mit gefundenen Einsparpotenzialen. Klicken Sie ins Kästchen vor einer der Kategorien, um diese Einsparung auch wirklich wahrzunehmen. Markieren Sie *Einstellungen* in der Liste, wenn Sie im Feld darunter lesen wollen, was es mit ihnen auf sich hat. Besonders effektiv ist der Punkt *Alte Dateien komprimieren*, der nur bei NTFS-Laufwerken angezeigt wird.

3.26 Satte 4 MB liegen im Internetpuffer herum – bei Speichernotstand: weg damit!

Haben Sie diesen Punkt markiert, dann erscheint darunter die Schaltfläche *Optionen*. Mit ihr legen Sie fest, wie alt Dateien sein müssen, bevor Windows anbietet, sie zu komprimieren. Als Vorgabe sind das Dateien, die Sie seit mindestens 50 Tagen nicht mehr verwendet haben. Ändern Sie diesen Wert, dann müssen Sie den Assistenten anschließend schließen und neu aufrufen, damit die neuen Einstellungen berücksichtigt werden. Über das Register *Weitere Optionen* zeigt der Assistent weitere lohnenswerte Einsparmöglichkeiten an. So können Sie überflüssige Windows-Komponenten und längst nicht mehr gebrauchte Programme deinstallieren. Hat Sie der Speichernotstand besonders hart getroffen, dann können Sie auch die Sicherungsdateien der Systemwiederherstellung mit Ausnahme der letzten aktuellsten Sicherung über Bord werfen.

Private Daten aufräumen

Finden Sie das nicht ungerecht? Bei der Entrümpelung von Systemdateien stehen Ihnen hilfreiche Werkzeuge zur Verfügung, aber wenn

Sie sich dazu entschließen, Ihre eigenen Dateien im *Eigene Dateien*-Ordner gründlich auszumisten, hilft Ihnen niemand. Hier sind Sie ganz auf sich allein gestellt und müssten sich mühsam durch die zig Dateien kämpfen, die sich im *Eigene Dateien*-Ordner mit der Zeit ansammeln. Genau das ist der Grund, warum dieser Bereich bei den meisten Anwendern mit der Zeit genauso voll und unübersichtlich aussieht wie der Dachboden bei den Großeltern – niemand hat Lust zu sowas.

Die in Windows eingebaute *Suchen*-Funktion ist nur ein schwacher Trost. Die kann zwar die größten oder die ältesten Dateien für Sie herauskramen, aber dazu müssten Sie jedesmal zig Optionen im Suchformular aktivieren. Äußerst unbefriedigend. Fand ich übrigens auch, und deshalb habe ich mir ein kleines Werkzeug gebastelt. Sie finden den HTML-Code etwas weiter unten und können den entweder in einen Editor eingeben und als *CLEANER.HTA* abspeichern. Oder Sie sparen sich die Tipparbeit und nutzen die fix und fertige Datei auf *www.franzis.de* im Ordner *Skripte\Kapitel_3*.

Wenn Sie *CLEANER.HTA* starten, dann ließt das darin eingebaute Skript zuerst den gesamten Inhalt Ihres *Eigene Dateien*-Ordners ein. Anschließend listet Ihnen das Werkzeug alle potenziellen Löschkandidaten auf.

Sie brauchen sich also nicht mehr durch hunderte von Da-teien zu kämpfen. Das Werkzeug listet jeweils mundgerecht zehn verdächtige Dateien auf, und wenn Sie anschließend kontrollieren wollen, ob die gefundenen Dateien reif für den Papierkorb sind, dann klicken Sie einfach auf den Dateinamen.

Zuvorkommend öffnet sich der Ordner, in dem die Datei liegt, und die Datei ist darin markiert. Jetzt können Sie zügig und bequem entscheiden, ob Sie die Datei noch brauchen oder nicht. Falls nicht, löschen Sie die Datei: Rechtsklick und *Löschen* genügen. Achten Sie dabei auf rot unterlegte Felder in der Tabelle. Die zeigen an, dass die Datei gestern, heute oder in den letzten Tagen noch geändert oder verwendet wurde, also vermutlich kein guter Löschkandidat ist. Gelb unterlegt ist die Spalte, die das augenblickliche Auswahlkriterium zeigt.

Und das sind Ihre Suchoptionen:

→ *Die größten Speicherverschwender*: Listet die zehn größten Dateien im Ordner *Eigene Dateien* auf

➜ *Dinge, die Sie sich schon lange nicht mehr angeschaut haben*: Listet die zehn Dateien auf, die Sie am längsten keines Blickes gewürdigt haben

➜ *Dinge, die Sie vor Urzeiten gespeichert haben*: Listet die zehn Dateien auf, die seit der längsten Zeit im Ordner existieren

➜ *Dinge, die völlig leer sind*: Listet alle Dateien auf, die 0 Bytes groß sind

Möchten Sie mehr (oder weniger) als zehn Einträge in der Liste sehen, dann tragen Sie den gewünschten Zahlenwert ins entsprechende Feld der Suchoptionen ein. Um eine Suche zu starten, klicken Sie auf *Finden*.

> **Espresso-Tipp!** Aus Geschwindigkeitsgründen ließt das Werkzeug den Inhalt des *Eigene Dateien*-Ordners nur beim Start ein. Haben Sie seither einige Dateien wegrationalisiert, also gelöscht, dann drücken Sie `F5`, um den Ordnerinhalt neu einzulesen und dafür zu sorgen, dass inzwischen gelöschte Dateien nicht mehr in der Liste auftauchen.

Das Werkzeug ignoriert aus Sicherheitsgründen alle Dateien, die entweder versteckt sind oder das *System*-Attribut tragen. Es berücksichtigt also nur normale Dateien, die Sie selbst angelegt haben. Es ist ein reines Recherche-Instrument und löscht garantiert nichts. Es schlägt Ihnen bloß gute Lösch-Kandidaten vor. Das Löschen müssen Sie im Explorer mit den üblichen Windows-Bordmitteln erledigen – und das geht dann allein auf Ihre Kappe ...

Das Werkzeug kann übrigens nicht nur den Ordner *Eigene Dateien* entrümpeln. Wenn Sie lieber ganze Festplatten analysieren wollen, dann schauen Sie mal in den Programm-Code. Er ist an der Stelle markiert, wo Sie anstelle des *Eigene Dateien*-Ordners auch andere Ordner angeben können.

Klar ist: Wenn Sie anstelle des *Eigene Dateien*-Ordners die ganze Festplatte analysieren lassen, dann kann der anfängliche Einlesevorgang eine Zeit dauern. Weil die anschließenden Analysen aber mit modernster Recordset-Datenbanktechnologie arbeiten, liefert Ihnen das Werkzeug anschließend blitzschnelle Analysen auch auf randvollen Festplatten.

```html
<html>
<head><title>Eigene-Dateien-Entrümpler</title>
<HTA:APPLICATION ID="CleanItBaby"
APPLICATIONNAME="Entruempler"
BORDER="thick"
CAPTION="yes"
SHOWINTASKBAR="yes"
SINGLEINSTANCE="no"
CONTEXTMENU="yes"
SELECTION="no"
SCROLL="auto"
SYSMENU="yes">
<style>
body { font-family: verdana,arial,helvetica,
sans-serif; font-size: 60%;}
SELECT, INPUT { font-size: 80%; font-family:
verdana,arial,helvetica,sans-serif; }
h1 { margin-top: 2px; margin-bottom: 0px;
font-size=160% }
h3 {color: #336699; font: 100%; font-weight:
bold; margin-bottom:2px; margin-top:0px}
.click {cursor: hand; text-decoration:
underline; color: #336699}
.highlight {background=yellow}
.warn {background=#FFAAAA}
.alert {background=FFAAAA}
button {color: #000000; font: 110%; font-weight:
bold; margin-bottom:2px; margin-top:0px}
```

```
p {margin-top: .6em; margin-bottom: .6em; }
td { font-family: verdana,arial,helvetica,
sans-serif; font-size: 60%;}
th { font-family: verdana,arial,helvetica,
sans-serif; font-size: 60%;}
</style>
<script language="VBScript">
Sub dothesearch
    If document.all.ell(0).checked=true then
        document.all.ergebnis.innerHTML = "<h1>Die g"_
    & „rößten Speicherverschwender...</h1><p>Hier zei"_
    & „ge ich Ihnen die „ & document.all.maxfelds.value _
    & „ allergrößten Dateien, die sich irgendwo in I"_
    & „hrem <i>Eigene Dateien</i>-Ordner befinden.<br"_
    & „>Um einer dieser Dateien einen Kontrollbesuch „_
    & „abzustatten, klicken Sie den Dateinamen an. Ic"_
    & „h öffne dann den Ordner, in dem die Datei lieg"_
    & „t, und markiere die Datei für Sie. Sie können „_
    & „danach selbst entscheiden, was zu tun ist und „_
    & „ob die Datei gelöscht werden soll.</p>" & _
    FindLargest(max)
    elseif document.all.ell(1).checked=true then
        document.all.ergebnis.innerHTML = "<h1>Die ü"_
    & „berflüssigsten Dateien...</h1><p>Hier zeige ic"_
    & „h Ihnen die „ & document.all.maxfelds.value & _
    „ von Ihnen am seltensten genutzten Dateien, die"_
    & „ sich irgendwo in Ihrem <i>Eigene Dateien</i>-"_
    & „Ordner befinden.<br>Die Chancen stehen gut, da"_
```

```
& „ss Sie ohne diese Dateien auskommen, denn Sie „_
& „haben sie teilweise schon lange nicht mehr ben"_
& „utzt.<br>Um einer dieser Dateien einen Kontrol"_
& „lbesuch abzustatten, klicken Sie den Dateiname"_
& „n an. Ich öffne dann den Ordner, in dem die Da"_
& „tei liegt, und markiere die Datei für Sie. Sie"_
& „ können danach selbst entscheiden, was zu tun „_
& „ist und ob die Datei gelöscht werden soll.</p>" & _
  FindGarbage(max)
 elseif document.all.el1(2).checked=true then
      document.all.ergebnis.innerHTML = "<h1>Die ä"_
& „ltesten Dateien...</h1><p>Hier zeige ich Ihnen"_
& „ die „ & document.all.maxfelds.value & „ ältes"_
& „ten Dateien, die sich irgendwo in Ihrem <i>Eig"_
& „ene Dateien</i>-Ordner befinden.<br>Diese Date"_
& „ien wurden teilweise schon vor Urzeiten angele"_
& „gt. Ob Sie die wirklich alle noch brauchen?<br"_
& „>Um einer dieser Dateien einen Kontrollbesuch „_
& „abzustatten, klicken Sie den Dateinamen an. Ic"_
& „h öffne dann den Ordner, in dem die Datei lieg"_
& „t, und markiere die Datei für Sie. Sie können „_
& „danach selbst entscheiden, was zu tun ist und „_
& „ob die Datei gelöscht werden soll.</p>" & _
  FindOldest(max)
 elseif document.all.el1(3).checked=true then
      document.all.ergebnis.innerHTML = "<h1>Völli"_
& „g leere Dateien...</h1><p>Hier zeige ich Ihnen „ _
& document.all.maxfelds.value & „ „völlig leere D"_
```

```
    & „ateien, die sich irgendwo in Ihrem <i>Eigene D"_
    & „ateien</i>-Ordner befinden.<br>Um einer dieser"_
    & „ Dateien einen Kontrollbesuch abzustatten, kli"_
    & „cken Sie den Dateinamen an. Ich öffne dann den"_
    & „ Ordner, in dem die Datei liegt, und markiere „_
    & „die Datei für Sie. Sie können danach selbst en"_
    & „tscheiden, was zu tun ist und ob die Datei gel"_
    & „öscht werden soll.</p>" & FindEmpty(max)
    End If


End Sub


Sub ShowFile(wasdenn)
    wshshell.Run "explorer.exe /e,/select," & wasdenn
End Sub


</script>

</head>
<body bgcolor="#FFFFAA" scroll="auto">
<h1>Eigene Dateien-Entrümpelungsprogramm</h1>
<p>Suchen Sie sich aus, welche Dateien ich
Ihnen anzeigen soll.</p><hr>
<table border=0 width=500><tr><td>
<h3>Suchoptionen</h3>
<table border=0><tr>
<td><input type="radio" value="1" name="el1">
</td><td>die größten Speicherverschwender</td>
```

```
</tr><tr><td><input type="radio" value="2"
name="el1"></td><td>Dinge, die Sie sich schon
lange nicht mehr angeschaut haben</td></tr>
<tr><td><input type="radio" value="3"
name="el1"></td><td>Dinge, die Sie vor
Urzeiten gespeichert haben</td></tr>
<tr><td><input type="radio" value="4"
name="el1"></td><td>Dinge, die völlig
leer sind</td></tr>
<tr><td><input type="text" name="maxfelds"
size=4></td><td>Einträge in der Liste
anzeigen</td></tr>
</table><br>
<button onClick="dothesearch">Finden</button>
<button onclick="document.parentwindow.close">
Schließen</button><br>
<p><i><b>Hinweis:</b> Drücken Sie [F5], wenn
Sie Dateien im Explorer gelöscht haben, damit
der Entrümpler den Inhalt des Eigene-Dateien
-Ordners neu einliest und gelöschte Dateien
nicht länger anzeigt!</i></p>
</td></tr></table><br><hr>
<div id=ergebnis>noch nicht gesucht...</div>
<hr>


<script language="VBScript">
dim eigenedateien
```

```
Set rs = CreateObject("ADODB.Recordset")
Set wshshell = CreateObject("WScript.Shell")
Set fs = CreateObject("Scripting.FileSystemObject")



initDB
document.all.ergebnis.innerHTML = "<i>Eigene-Dateien"_
    & "</i>-Ordner eingelesen. Bereit für die Suche..."
dotheSearch


Sub initDB

    ' hier legen Sie fest, wo gesucht werden soll
    ' die Vorgabe ist Ihr Eigene Dateien-Ordner
    ' Sie können aber auch andere Ordner durchsuchen
      ' lassen
    eigenedateien = wshshell.SpecialFolders("MyDocum"_
    & "ents")
    startordner = eigenedateien
    ' so sorgen Sie zum Beispiel dafür, dass die
      ' Festplatte
    ' C:\ durchsucht wird:

    'startordner = "C:\"


    ' die Felder darin festlegen
    rs.Fields.Append "name", 202, 255
```

```
    rs.Fields.Append "pfad", 202, 255
    rs.Fields.Append "angelegt", 7, 0
    rs.Fields.Append „geändert", 7, 0
    rs.Fields.Append „lastuse", 7, 0
    rs.Fields.Append "typ", 202, 10
    rs.Fields.Append "grösse", 3, 10


    ' Recordset öffnen
    rs.Open


    ' Windows-Ordner öffnen
    Set folder = fs.GetFolder(startordner)

    " alle Dateien ins Recordset eintragen

    AddToDB folder
    For each subfolder in folder.subfolders
        AddToDB subfolder
    Next
End Sub

Sub AddToDB(thefolder)
    ' alle Dateien ins Recordset eintragen
    For each file in thefolder.Files
        If (file.Attributes and 6)=0 then
            rs.AddNew
            rs("Name")= LCase(file.Name)
```

```
              rs("Pfad")= fs.GetParentFolderName(_
    file.Path)
          On Error Resume Next
          rs("angelegt")= file.DateCreated
          rs("geändert")= file.DateLastModified
          rs("lastuse")= file.DateLastAccessed
          On Error Goto 0
          rs("typ")= LCase(fs.GetExtensionName(_
    file.Name))
          rs("grösse")= file.Size
          rs.Update
      End If
    Next
End Sub

Function findLargest(max)
    rs.Sort = „grösse DESC"
    rs.Filter=""
    findLargest = Show(max,1)
End Function

Function findOldest(max)
    rs.Sort = "angelegt ASC"
    rs.Filter=""
    findOldest = Show(max,3)
End Function

Function findEmpty(max)
    rs.Filter = "Größe = 0"
```

```
    rs.Sort = „"
    findEmpty = Show(max,3)
End Function

Function findGarbage(max)
    rs.Filter=""
    rs.Sort = "lastuse ASC"
    findGarbage = Show(max,2)
End Function

Function Show(max, mode)
    cc = 0
    max = 10
    On Error Resume Next
    max = CInt(document.all.maxfelds.value)
    If err.number<>0 then
        document.all.maxfelds.value="10"
    End If
    On Error Goto 0

    classname1 = ""
    classname2 = ""
    classname3 = ""
    Select Case mode
        case 1:
            classname1 = "class=highlight"
        case 2:
            classname2 = "class=highlight"
        case 3:
```

```
        classname3 = "class=highlight"
End Select
list = "<table border=1><tr><th>Dateiname</th><th " _
& classname3 & ">angelegt</th><th>zuletzt geände"_
& "rt</th><th " & classname2 & ">zuletzt verwende"_
& "t</th><th " & classname1 & ">Größe</th><th>Ord"_
& "ner</th></tr>"

If rs.EOF then
    list = list & "<tr><td colspan=6><i>Keine Da"_
& "teien gefunden, die den Kriterien entsprachen<"_
& "/i></td></tr>"
else

    Do Until rs.EOF
        actfile = fs.BuildPath(rs("pfad"), rs("n"_
& "ame"))
        cc=cc+1
        size = CLng(rs("grösse"))
        If size>1024^2 then
            groesse = FormatNumber(size/1024^2,2)& _
" MB"
        elseif size>1024 then
            groesse = FormatNumber(size/1024,2)& _
" KB"
        else
            groesse = size & " Bytes"
        End If
```

```
           list = list & "<tr><td><a class=click on"_
  & "Click='showFile(""" & actfile _
  & """)'>" & rs(_
   "Name")& "</a></td><td " & classname3 & ">" & rs(_
   "angelegt")& "</td>" & ShowReal(rs("geändert"), "")_
   & ShowReal(rs("lastuse"), classname2)& "<td " & _
   classname1 & ">" & groesse & "</td><td>" & Replace(_
   LCase(rs("pfad")), LCase(eigenedateien), "EIGENE"_
   & " DATEIEN")& "</td></tr>"
           rs.MoveNext
           If cc>= max then exit Do
       Loop
   End If
   list = list & "</table><p align=center>(C) 2002 "_
   & "by Dr. Tobias Weltner - Teil des Buches <i>Espresso!"_
   & ": Windows XP Home Edition</i></p>"
   Show = list
End Function

Function ShowReal(filedate, classdesc)
   dd = DateDiff("d", filedate, Now)

   myclassdesc = classdesc
   If dd>10 then
       dd = DateDiff("w", filedate, Now)
       If dd>3 then
           dd = DateDiff("m", filedate, Now)
```

```
            ShowReal = "<td " & myclassdesc & ">vor " & _
    dd & " Monaten</td>"
        else
            ShowReal = "<td " & myclassdesc & ">vor " & _
    dd & " Wochen</td>"
        End If
    else
        If dd=0 then
            myclassdesc="class=alert"
            ShowReal = "<td " & myclassdesc & ">heut"_
    & "e</td>"
        elseif dd=1 then
            myclassdesc="class=alert"
            ShowReal = "<td " & myclassdesc & ">gest"_
    & "ern</td>"
        else
            If myclassdesc="" then myclassdesc="clas"_
    & "s=warn"
            ShowReal = "<td " & myclassdesc & ">vor " & _
    dd & " Tagen</td>"
        End If
    End If
End Function
</script>
</body>
</html>
```

3.7 Autostart für CD-ROM und DVD

CD-ROMs und DVDs sind riesengroße Speichermedien und deshalb ideal für Multimedia-Inhalte: Ganze Spielfilme und riesige Bildersammlungen können darauf gespeichert werden, und natürlich auch kommerzielle Programme.

Damit Sie mit solchen Datenträgern sofort arbeiten können und sich nicht erst fragen müssen, mit welchem Multimedia- oder Installationsprogramm der Inhalt der Silberscheibe angezeigt werden kann, hat Windows XP einen cleveren Mechanismus erfunden. Der ist sogar zweigeteilt:

→ Der computergeschichtlich ältere Teil stellt die Datei *AUTORUN. INF* in den Vordergrund und ermöglicht so einen *AutoPlay*-Mechanismus, den es schon bei früheren Windows-Versionen gab und der dafür sorgt, dass nach dem Einlegen sofort ein Programm – zum Beispiel ein Installationsprogramm einer auf der CD gespeicherten Software – auf den Bildschirm hüpft. Das Prinzip ist einfach: Beim Einlegen einer CD oder DVD wird Windows XP alarmiert. Windows schaut dann nach, ob es auf der Scheibe eine *AUTORUN.INF*-Datei gibt, und wenn ja, führt es die darin gespeicherten Anweisungen aus.

→ Völlig neu ist der Multimedia-Autostart. Windows XP ist nämlich clever genug zu erkennen, ob die Scheibe Videos, Bilder oder Klänge enthält. Entdeckt Windows einen Multimediatyp, dann öffnet es einen Auswahldialog und bietet Ihnen alle Programme an, die mit diesem Multimediatyp klar kommen. Sie brauchen also gar nicht zu wissen, wie Ihr DVD-Abspielprogramm für Videos heißt oder wo es gestartet wird. Das erledigt Windows XP automatisch für Sie, sobald Sie eine Spielfilm-DVD einlegen.

Die Tücken liegen natürlich bei beiden Varianten im Detail. Schauen Sie sich das einfach mal genauer an.

Autostart für Programme

Vielleicht haben Sie sich schon mal gewundert, warum nach dem Einlegen der Windows XP-CD ein Willkommensfenster auf den Bildschirm hüpft, während bei anderen CDs gar nichts passiert.

Und warum solche CD-ROMs ein ganz eigenes CD-Symbol im *Arbeitsplatz* bekommen.

Ein Blick auf die CD entlarvt die Magie. Nur ist dieser Blick gar nicht so einfach. Immer, wenn Sie eine Autostart-CD im Explorer zu öffnen versuchen, hüpft ja das Startprogramm hervor.

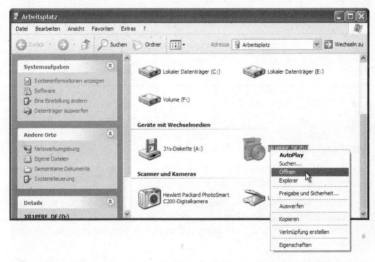

3.27 Klicken Sie Autostart-CDs mit der rechten Maustaste an und wählen Sie *Öffnen*

Klicken Sie die CD-ROM allerdings im *Arbeitsplatz*-Fenster mit der rechten Maustaste an, dann öffnet sich ein Kontextmenü. Bei *Auto Play*-CDs ist darin der Befehl *AutoPlay* fettgedruckt. Fettgedruckt heißt: Dieser Befehl wird automatisch ausgeführt, wenn Sie das Laufwerk öffnen.

Um die CD trotzdem auf normale Weise zu öffnen, wählen Sie im Kontextmenü einfach *Öffnen*. Jetzt öffnet sie sich wie eine ganz normale CD. Auf der CD finden Sie nun die Datei *AUTORUN.INF*.

Wenn Sie die mit der rechten Maustaste anklicken, *Öffnen mit* wählen und dann zur Anzeige den *Editor* aussuchen, dann entpuppt sich diese Datei als die geheimnisvolle Startdatei, die Windows beim Einlegen der CD verrät, mit welchem Symbol die CD angezeigt werden soll und welches Programm automatisch startet.

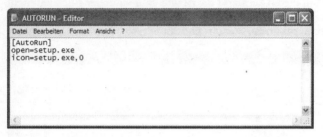

3.28　AUTORUN.INF enthält die Startanweisung für AutoPlay-CDs

AutoPlay-Mechanismus abschalten

Der AutoPlay-Mechanismus ist an sich sehr praktisch. Falls Sie ihn nicht mögen, haben Sie zwei Gegenmittel:

➔ Halten Sie entweder beim Einlegen einer CD-ROM ⬜ gedrückt. Halten Sie die Taste einige Sekunden lang gedrückt. Der AutoPlay-Mechanismus wird dann übersprungen. Allerdings nur dieses eine Mal.

➔ Oder öffnen Sie auf *www.franzis.de* das Richtlinienskript *Richtlinie\ System\System\Autoplay deaktivieren*. Stellen Sie dann in der Ausklappliste *CD-ROM-Laufwerk* oder gleich *Alle Laufwerke* ein, und klicken Sie auf *Eintragen*. Nun wird der AutoPlay-Mechanismus überhaupt nicht mehr ausgeführt. Die Wirkung beginnt nach dem nächsten Anmelden und gilt nur für den Benutzer, bei dem Sie das Richtlinienskript ausgeführt haben.

3.8　Weitere Tricks und Konfigurationen

Wie wär's mit eigenen kleinen Befehlserweiterungen für das *Senden an*-Menü, oder einer kleinen Tour durch die versteckten Registry-Spezialeinstellungen? Lassen Sie sich in diesem Abschnitt von einigen ungewöhnlichen Lösungen überraschen! Das *Senden an*-Menü erweitern

Das *Senden an*-Menü haben Sie schon kennen gelernt: damit lassen sich Dateien (und Ordner) blitzschnell an wichtige Orte transportieren. Aber wussten Sie auch, dass Sie das *Senden an*-Menü sogar um weitere Reiseziele ergänzen können?

Bauen Sie darin zum Beispiel Drucker oder sogar Programme ein. Wer beispielsweise den Texteditor *Notepad* in sein *Senden an*-Menü integriert, kann ab sofort beliebige Dateien an den Editor »senden«, also in ihm in Textdarstellung öffnen. Das *Senden an*-Menü besteht intern aus dem Ordner *SendTo*, der in Ihrem Benutzerprofil liegt. Jeder Benutzer hat also sein eigenes *Senden an*-Menü, und so öffnen Sie Ihres: Wählen Sie im Startmenü *Ausführen*, und geben Sie ein: %USERPROFILE%\SendTo ⏎. Das ist alles. Ein unschuldiges Fenster öffnet sich, und alles, was darin liegt, wird als Option im *Senden an*-Menü angeboten.

Espresso-Tipp! Die Namen der Dateien im besonderen *SendTo*-Ordner sind übrigens genau die Namen der Befehle im Senden an-Menü. Gefällt Ihnen zum Beispiel der Befehl *Desktop (Verknüpfung erstellen)* nicht, dann klicken Sie mit der rechten Maustaste auf diesen Eintrag, wählen *Umbenennen* und nennen ihn auf den Desktop beamen ⏎. Alles Geschmackssache.

Senden an ...

Möchten Sie sich eine Verknüpfung auf den Editor ins *Senden an*-Menü einbauen? Das kann nützlicher sein als Sie denken! Versuchen Sie es doch mal: Wählen Sie im Startmenü *Ausführen*, und geben Sie ein: %USERPROFILE%\SendTo ⏎. Der *SendTo*-Ordner öffnet sich und zeigt Ihnen den momentanen Inhalt Ihres *Senden an*-Menüs an. Wählen Sie *Datei – Neu – Verknüpfung*. Geben Sie als Ziel der Verknüpfung ein: NOTEPAD ⏎. Als Name geben Sie dann ein: an den Editor senden ⏎. Fertig. Klicken Sie nun irgendeine Datei mit der rechten Maustaste an, und wählen Sie *Senden an*. Im *Senden an*-Menü erscheint der neue *an den Editor senden*-Befehl. Wählen Sie ihn! Die Datei wird an den Editor verfüttert und als Textdatei angezeigt. Bei einigen Dateitypen ist das Ergebnis Datensalat, sodass Sie den Editor in diesen Fällen verschämt wieder ausknipsen. Viele andere Dateien – *HTML*, *INI*, *INF* und sogar einige *SYS*-Dateien entlarven sich aber als reine Textdateien mit durchaus interessanten Inhalten.

Die Aufnahme neuer Reiseziele – Programme ebenso wie Ordner und Laufwerke, an die Sie häufiger Dinge versenden – kann sogar noch sehr viel eleganter passieren. Alles, was Sie dazu brauchen, ist das folgende Skript, das Sie im Editor eintippen und *SENDTO.VBS* taufen oder sich von *www.franzis.de* herunterladen. Lassen Sie einen Ordner auf dem Skripticon fallen, dann wird eine Verknüpfung auf diesen Ordner in Ihren *SendTo*-Ordner eingebaut. Den Namen der Verknüpfung fragt das Skript ebenfalls gleich ab.

```
' sendenan.vbs
' (C)2002 T. Weltner
' Franzis'-Verlag: Espresso! Windows XP Home Edition

Set Wshell = Wscript.CreateObject("Wscript.Shell")
Set Eingabe = Wscript.Arguments

caps = „Zuwachs für das Senden an-Menü"

If Eingabe.Count=0 Then
    Wshell.Popup "Dieses Objekt kann nicht ins Sende"_
   & „n an-Menü eingebaut werden",,caps,vbExclamation
else
    ShortcutName = Eingabe(0)

    Titel = InputBox(„Wie soll Ihr neuer Senden an-B"_
   & „efehl heißen?", caps)
    SendenAnPath = Wshell.SpecialFolders(„SendTo")
    shortcutPath = SendenAnPath + "\" + Titel + ".LNK"
    Meldung = "Neues Reiseziel '" + Titel + "' einge"_
   & „fügt!"
    Meldung = Meldung + vbCr + „>" + Titel + „< send"_
   & „et an: " + ShortcutName
    Set Befehl = Wshell.CreateShortcut(shortcutPath)
    Befehl.TargetPath = ShortcutName
    Befehl.Save
    Wshell.Popup Meldung,,caps,vbInformation
End If
```

Neue Dinge im *Senden an*-Menü

Legen Sie sich das Skript *SENDTO.VBS* an einen gut erreichbaren Ort, zum Beispiel auf den Desktop. Öffnen Sie dann im Startmenü *Arbeitsplatz*, und ziehen Sie zum Beispiel ein Laufwerk auf das Skript-Icon. Schon fragt es zuvorkommend nach, wie der neue *Senden an*-Eintrag heißen soll.

Geben Sie zum Beispiel an: `auf Festplatte senden` `↵`. Zur Bestätigung vermeldet das Skript, wie Ihr neuer *Senden an*-Befehl heißt und wohin er Daten sendet.Möchten Sie den neuen Befehl wieder aus Ihrem *Senden an*-Menü streichen, dann wählen Sie im Startmenü *Ausführen* und geben ein: `%USERPROFILE%\SendTo` `↵`. Tatsächlich hat das Skript dort eine neue Verknüpfung angelegt, die Sie nun ganz leicht auch wieder entfernen können.

Senden an – eigene Befehlserweiterungen

Auch innerhalb des *Senden an*-Menüs können Skripte eine enorme Hilfe sein! Gerade haben Sie gesehen, wie Sie mit einem Skript neue Ziele ins *Senden an*-Menü einbauen. Schauen Sie sich als Nächstes an, wie Sie Skripte innerhalb des *Senden an*-Menüs zu praktischen neuen Befehlen machen!

Eins ist beim *Senden an*-Menü zum Beispiel unpraktisch: Es sendet zwar Dateien und Ordner an wichtige Ziele, aber welche Ziele das genau sind, muss vorher festgelegt werden. Liegt ein bestimmter Ordner, ein Laufwerk oder eine Netzwerkverbindung nicht im magischen *SendTo*-Ordner, dann wird dieses Ziel natürlich im *Senden an*-Menü auch nicht angeboten. Hier kann ein kleines Skript helfen. Es ist sozusagen Ihr Universal-Joker, der Dateien und Ordner irgendwo hinsenden kann. Wohin genau, entscheiden Sie von Fall zu Fall selbst.

Erwecken Sie zuerst das Skript zum Leben. Dazu tippen Sie es zum Beispiel in den Editor *NOTEPAD.EXE* ein und speichern es in Ihrem *Eigene Dateien*-Ordner als *ANYWHERE.VBS*, oder Sie kopieren das fertige Skript von *www.franzis.de* dorthin.

```
' sendtoanywhere.vbs
' (C)2002 T. Weltner
' Franzis'-Verlag: Espresso! Windows XP Home Edition
```

```
' wurden Argumente übergeben?
If WScript.Arguments.count=0 then
    ' nein, abbrechen!
    MsgBox „Ziehen Sie Dateien oder Ordner auf mein „_
    & „Skripticon!", vbInformation
    WScript.Quit
End If


' nach Zielordner fragen
Set shell = CreateObject(„Shell.Application")
Set object = shell.BrowseForFolder(0,"Ziel der Trans"_
    & "portaktion?",0)
If object is nothing then wscript.quit
' hier wird der Name des Ziels gespeichert
ordner = object.self.path


' auf Dateisystem zugreifen
Set fs = CreateObject(„Scripting.FileSystemObject")


' Anzahl kopierter Dateien und Ordner auf 0 setzen
cf=0
co=0


' zu kopierende Dateien und Ordner prüfen und kopieren
For each argument in WScript.Arguments
    ' reiner Dateiname ohne Pfad
    purename = fs.GetFileName(argument)
    ' Zieldateiname, bestehend aus gewähltem Ordner _
'    und Dateiname
    dest = fs.BuildPath(ordner, purename)

    ' ist es eine Datei?
    If fs.FileExists(argument)then
    ' ja. Existiert sie am Ziel schon?
```

```
    If fs.FileExists(dest)then
    ' ja, nachfragen, ob Überschreiben genehm ist
    antwort = MsgBox(„Die Datei „ & purename & „ exi"_
  & „stiert schon. Überschreiben?", vbYesNo + _
  vbQuestion)
    If antwort = vbYes then
        fs.CopyFile argument, dest, true
        cf=cf+1
    End If
else
    ' nein, ohne Rückfrage kopieren
    fs.CopyFile argument, dest, true
    cf=cf+1
End If
' ist es ein Ordner? Gleiches Spiel...
elseif fs.FolderExists(argument)then
    If fs.FolderExists(dest)then
    antwort = MsgBox("Der Ordner " & purename & " ex"_
  & „istiert schon. Überschreiben?", vbYesNo + _
  vbQuestion)
    If antwort = vbYes then
        fs.CopyFolder argument, dest, true
        co=co+1
    End If
else
    fs.CopyFolder argument, dest, true
    co=co+1
End If
End If
Next

' Infos ausgeben, was getan wurde:
MsgBox „Es wurden „ & cf & „ Dateien und „ & co & „ „_
    & „Ordner kopiert.", vbInformation
```

Probieren Sie das Skript danach zuerst im Trockendock aus: Ziehen Sie Dateien oder Ordner auf das Skripticon! Sofort erscheint ein Auswahlfenster, und darin können Sie sich das Ziel der Transportaktion aussuchen: Ordner sind ebenso möglich wie spezielle Ordner à la *Eigene Dateien* oder sogar Netzwerkverbindungen. Die Dateien und/oder Ordner, die Sie auf dem Skripticon abgeladen haben, werden vom Skript sofort an den ausgewählten Zielort kopiert. Elegant!

Damit die Sache noch eleganter wird, bauen Sie nun eine Verknüpfung auf Ihr Skript in Ihren *SendTo*-Ordner ein. Wichtig ist, dass Sie das Skript an einem sicheren Ort gespeichert haben, von wo aus es voraussichtlich nicht beim nächsten Frühjahrsputz entsorgt wird.Öffnen Sie dann Ihren *SendTo*-Ordner: Im Startmenü wählen Sie *Ausführen* und geben ein: %USERPROFILE%\SendTo ⏎. Nun ziehen Sie das Skript mit der rechten Maustaste in den *SendTo*-Ordner und wählen dort *Verknüpfungen erstellen*. Klicken Sie die neue Verknüpfung dann mit der rechten Maustaste an, und wählen Sie *Umbenennen*.

Geben Sie der Verknüpfung den neuen Namen Irgendwo hin. Damit bestimmen Sie, wie Ihr neuer Befehl im *Senden an*-Menü heißen soll. Jetzt klicken Sie die Verknüpfung ein zweites Mal mit der rechten Maustaste an und wählen diesmal *Eigenschaften*. Klicken Sie auf *Anderes Symbol*, und geben Sie der Verknüpfung ein hübsches Icon, zum Beispiel die Weltkugel. Klicken Sie auf *OK*.

Probieren Sie Ihren neuen Luxusbefehl sofort aus! Klicken Sie eine Datei oder einen Ordner mit der rechten Maustaste an, und wählen Sie *Senden an*. Schon können Sie Ihren neuen Befehl darin bewundern. Wählen Sie ihn, dann öffnet sich das Zielaussuch-Fenster, und Sie können von Fall zu Fall ganz bequem entscheiden, wohin Sie Dateien oder Ordner versenden wollen. Na also!

Ihr neuer Befehl hat einige Besonderheiten zu bieten, Vor- wie Nachteile: Weil das Skript, das hinter dem Befehl steckt, immer den *Copy*-Befehl einsetzt, können Sie sicher sein, dass Dateien mit diesem Befehl immer kopiert werden. Bei den normalen Reisezielen des *Senden an*-Menüs ist das nicht so klar:

Hier wendet Windows seine eingebaute Halbautomatik an, und wenn Sie eine Datei auf ein Ziel senden, das auf demselben Datenträger liegt wie das Original, dann würde *Senden an* klammheimlich verschieben anstelle zu kopieren. Das Original würde also umziehen und später am ursprünglichen Ort fehlen. Mit Ihrem neuen Befehl kann sowas nicht passieren. Ihr neuer Befehl kann sogar mehrere Dateien und Ordner auf einmal kopieren, aber hier gibt es Limits: Weil das Skript nur maximal 260 Zeichen als Eingabe akzeptiert, kassieren Sie eine Fehlermeldung, sobald die Pfadnamen aller markierten Dateien und Ordner dieses Limit sprengt. Das kann schnell passieren. Beschränken Sie sich deshalb besser darauf, immer nur einzelne Dateien oder Ordner zu kopieren.

Selbst festlegen, was in *Arbeitsplatz* angezeigt wird

Das *Arbeitsplatz*-Fenster zeigt normalerweise ungeschminkt alle Laufwerke, moderne Multimediageräte und wichtige gemeinsame Ordner an. Normalerweise. Über die geheimen Richtlinien in der Registry lassen sich alle Elemente des *Arbeitsplatz* ausblenden.

Verwenden Sie zum Beispiel nie das Diskettenlaufwerk, dann blenden Sie es einfach aus. Und möchten Sie verhindern, dass Anwender auf bestimmte Laufwerke zugreifen können, dann verbieten Sie diesen Benutzern einfach den Zugriff. Die dafür nötigen Richtlinien-Skripte finden Sie auf *www.franzis.de*: *Richtlinie\System\Windows Explorer*.

Richtlinien für den Explorer	
Diese angegebenen Datenträger im Fenster *Arbeitsplatz* ausblenden	Macht Laufwerke im Arbeitsplatz unsichtbar. Diese Einstellung betrifft aber nur die Anzeige der Laufwerkssymbole. Auf die Laufwerke kann trotzdem noch zugegriffen werden, wenn man sie von außerhalb des Arbeitsplatz-Fensters aus anspricht.
Gemeinsame Dokumente vom *Arbeitsplatz* entfernen	Gemeinsame Dokumente werden nicht mehr im Arbeitsplatz angezeigt
Zugriff auf Laufwerke vom Arbeitsplatz nicht zulassen	Verbietet den Zugriff auf Laufwerke. Die Laufwerke bleiben aber im Arbeitsplatz sichtbar. Eine Fehlermeldung erscheint erst, wenn versucht wird, das gesperrte Laufwerk zu öffnen. Diese Sperre gilt auch, wenn von anderer Stelle aus versucht wird, auf das Laufwerk zuzugreifen.

Tab. 3.6 Arbeitsplatz-Richtlinien, mit denen zum Beispiel Laufwerke versteckt werden

Zugriff auf Laufwerke

Möchten Sie verhindern, dass ein Anwender das Diskettenlaufwerk A:\ sehen oder benutzen kann, dann brauchen Sie zwei Richtlinien. Mit der Richtlinie *Diese angegebenen Datenträger im Fenster Arbeitsplatz ausblenden* machen Sie zuerst das Laufwerkssymbol unsichtbar. Und mit der Richtlinie *Zugriff auf Laufwerke vom Arbeitsplatz nicht zulassen* sorgen Sie anschließend dafür, dass das Laufwerk zuverlässig gesperrt wird. Schauen Sie sich die Sache selbst an:

Öffnen Sie zuerst von *www. franzis.de* das Richtlinienskript *Richtlinie\ System\Windows Explorer\ Diese angegebenen Datenträger im Fenster Arbeitsplatz ausblenden*. Ein *Ausführen als*-Fenster öffnet sich, wenn Sie selbst kein Computeradministrator sind, und Sie müssen sich nun mit einem Benutzerkonto anmelden, das über Computeradministrator-Rechte verfügt.

Die Richtlinie startet. Wählen Sie in der Ausklappliste nun *Nur Laufwerke A und B beschränken*, damit alle Diskettenlaufwerke unsichtbar werden. Dann klicken Sie auf *Eintragen* und *Schließen*. Öffnen Sie nun im Startmenü *Arbeitsplatz*. Tatsächlich: Das Diskettenlaufwerk wird darin nicht mehr geführt. Erscheint es doch noch, dann müssen Sie *Arbeitsplatz* zuerst schließen und anschließend neu öffnen. Nur beim Öffnen ließt *Arbeitsplatz* die Sicherheitsrichtlinien und richtet sich dann danach.

Allerdings ist der generelle Zugriff auf das Diskettenlaufwerk noch lange nicht tabu. Legen Sie zum Beispiel eine Diskette ins Disketten-laufwerk, wählen Sie im Startmenü *Ausführen* und geben Sie ein: CMD ⏎. Nun geben Sie ein: A: ⏎. Huch, schon haben Sie Zugriff auf Laufwerk A:! Das funktioniert auch über Win+R und dann A: ⏎.

Um den Zugriff zuverlässig zu verbieten, öffnen Sie als Nächstes das Richtlinienskript *Richtlinie\System\Windows Explorer\Zugriff auf Laufwerke vom Arbeitsplatz nicht zulassen*. Stellen Sie auch hier in der Ausklappliste ein: *Nur Laufwerke A und B beschränken*, und klicken Sie auf *Eintragen*. Diese Einstellung wird allerdings erst wirksam, wenn Sie sich ab- und wieder anmelden.

Probieren Sie anschließend, über WIN+R das Laufwerk A: zu öffnen, dann moniert Windows XP, dass dies aufgrund von Einschränkungen nicht möglich sei. Woher solche Einschränkungen kommen, das wissen Sie nun. Wiegen Sie sich aber nicht in trügerischer Sicherheit! Die

Einstellungen von eben betreffen nur den Explorer in seinen vielfältigen Gewändern und Erscheinungsformen, zu denen auch das *Ausführen*-Fenster zählt, das Sie mit [WIN]+[R] hervorgelockt hatten.

Völlig unberührt zeigt sich dagegen das Konsolenfenster. Dort können Sie Laufwerk A: noch immer öffnen und sich zum Beispiel mit DIR [↵] dessen Inhalt anzeigen lassen. Eine Sicherheitslücke ist das nicht. Vielmehr kommt es darauf an, die Richtlinien genau zu verstehen und geschickt so zu kombinieren, dass der gewünschte Effekt eintritt. Das Konsolenfenster kann nämlich über eigene Richtlinien eingeschränkt und zum Beispiel ganz verboten werden.

Versteckte Dateien einblenden

Manche Dateien werden von Haus aus versteckt. Das sind zum einen die, die explizit über das *Versteckt*-Dateiattribut unsichtbar gemacht wurden, und zum anderen alle wichtigen Windows-System-Dateien.

Wirklich sicher ist das Versteckspiel aber nicht, denn Sie können den Schleier jederzeit lüften. Er ist nur dazu da, Anfänger vor folgenschweren Fehlern zu bewahren und funktioniert quasi wie eine Abdeckkappe für Systemdateien. Möchten Sie alle Dateien anzeigen, dann machen Sie das so:

Wählen Sie im Startmenü *Systemsteuerung*, und öffnen Sie *Ordneroptionen*. Dann klicken Sie auf *Ansicht*. Jetzt haben Sie die Wahl:

➜ Schalten Sie *Geschützte Systemdateien ausblenden* aus, dann erscheint erst eine Sicherheitsabfrage. Anschließend zeigt der Explorer geschützte Systemdateien wie zum Beispiel *C:\BOOT.INI* im Explorer und Konsolenfenster an.

➜ Wählen Sie *Versteckte Dateien und Ordner anzeigen – Alle Dateien und Ordner anzeigen*, dann werden auch Dateien und Ordner angezeigt, die eigentlich als *Versteckt* markiert sind. Der Explorer zeigt all diese Dateien und Ordner allerdings abgeblendet an, also etwas heller und transparenter als den Rest.

Umgekehrt wird auch ein Schuh daraus: Über einen Rechtsklick auf Dateien und Ordnern und *Eigenschaften* erreichen Sie das Dialogfenster, mit dem Sie auf dem *Allgemein*-Register die Dateiattribute selbst verändern können. Hier haben Sie also die Möglichkeit, *Schreibgeschützt* und *Versteckt* ein- und auszuschalten.

Briefvorlagen verwenden

Das *Schreibgeschützt*-Attribut Ist ganz besonders interessant: ist es gesetzt, dann weigern sich die meisten Programme, eine solchermaßen gekennzeichnete Datei zu überschreiben.Und wofür soll das gut sein? Für Vorlagen!

Vielleicht haben Sie sich in Word oder einer anderen Textverarbeitung eine nette Briefvorlage gebastelt und wollen nun verhindern, dass aus der Vorlage ein richtiger Brief wird. Die Anwender der Vorlage sollen die Vorlage in Ruhe lassen und ihre Ergebnisse unter einem anderen Namen speichern.

Tun die aber meist nicht. Und so halten Vorlagen meist nicht lange, sondern mutieren recht schnell zu fertigen Briefen. Setzen Sie dagegen das *Schreibgeschützt*-Attribut der Vorlagendatei, dann weigert sich der *Speichern*-Befehl, die Vorlage zu verändern. Stattdessen öffnet sich automatisch das *Speichern unter*-Fenster und nötigt den Anwender, seine Änderungen unter einem anderen Namen zu speichern. Na also, die Lösung liegt meist so nah …

3.9   Tastentricks

Bestimmt sind Ihnen die vielen Sondertasten aufgefallen, die Ihre Computertastatur so herrlich technisch aussehen lassen und auf Schreibmaschinen fehlen. Damit sind wichtige Windows-Funktionen ganz besonders schnell erreichbar. Natürlich erwartet niemand, dass Sie die folgenden Listen auswendig lernen. Aber vielleicht finden Sie darin Abkürzungen für Aufgaben, die Sie häufig brauchen. Dann können Sie sich künftig langwierige Mausklickereien ersparen.

Schnell zwischen Programmen umschalten

Bestimmt arbeiten Sie häufig mit mehreren Programmen gleichzeitig: einem Malprogramm und der Textverarbeitung, zum Beispiel. Oder Sie haben den Taschenrechner hinzugezogen. Da wird es wichtig, schnell und bequem zwischen mehreren Fenstern zu wechseln.

Natürlich könnten Sie für die Fensterumschaltung die Schaltelemente der Fenster unten in der Taskleiste verwenden, aber Windows hat noch eine Menge weiterer Alternativen zu bieten. Am elegantesten funktioniert dieser Trick:

➜ Halten Sie ⌈Alt⌉ fest und tippen Sie kurz auf ⌈⇆⌉. ⌈Alt⌉ weiter festhalten. Jetzt springt ein Minifenster auf den Bildschirm und zeigt Ihnen die Symbole aller laufenden Programme. Darunter steht der Name des Programms.

➜ Tippen Sie so oft auf ⌈⇆⌉, bis das richtige Programm markiert ist, und lassen Sie alle Tasten los. Schon springt das Fenster in den Vordergrund.

Die ⌈Alt⌉+⌈⇆⌉-Umschaltung funktioniert besonders gut, wenn Sie immer wieder zwischen zwei Programmen hin und herspringen müssen. Sobald Sie nämlich das erste Mal zum zweiten Programm gehüpft sind, brauchen Sie nur noch ⌈Alt⌉+⌈⇆⌉ zu drücken, und schon sind Sie wieder beim vorherigen Fenster. Nochmal ⌈Alt⌉+⌈⇆⌉ springt zurück zum zweiten Fenster. So wird es kinderleicht, zwischen der Textverarbeitung und dem Taschenrechner zu wechseln.

Espresso-Tipp! Die ⌈Alt⌉+⌈⇆⌉-Funktion wird erst dann zum Leben erweckt, wenn mindestens zwei Fenster geöffnet sind. Vorher nicht, denn bei nur einem geöffneten Fenster ist die Umschaltung ziemlich sinnlos.Eine andere Tastenkombination lautet ⌈Alt⌉+⌈Esc⌉: Halten Sie ⌈Alt⌉ fest und drücken Sie so oft auf ⌈Esc⌉, bis das richtige Fenster im Blickfeld liegt.

Die Taste ⌈⇧⌉ liefert Ihnen geheime Funktionen

Viele Windows-Funktionen können um neue nützliche Funktionen erweitert werden, wenn Sie ⌈⇧⌉ festhalten. Schauen Sie selbst:

➜ *Dateien per Reißwolf löschen:* Möchten Sie eine Datei sofort und ohne Umweg über den Papierkorb löschen, um zum Beispiel den freiwerdenden Speicherplatz sofort gutgeschrieben zu bekommen oder kritische Informationen zu vernichten, dann klicken Sie die Datei, die Sie löschen wollen, mit der rechten Maustaste an. Halten Sie dann ⌈⇧⌉ fest und wählen Sie *Löschen*. Halten Sie ⌈⇧⌉ so lange fest, bis die Sicherheitsabfrage erscheint. Dann klicken Sie auf *Ja*.

→ *Mehrere Explorer-Fenster auf einen Schlag entsorgen:* Öffnet Ihr Arbeitsplatz für jeden Ordner ein eigenes Fenster? Dann halten Sie ⌂ fest und knipsen das letzte Fenster aus. Schon schließt Windows auch alle übrigen Explorer-Fenster, die Sie geöffnet hatten, um zu diesem Ordner zu gelangen. Noch besser: Lesen Sie hier, wie Sie dafür sorgen, dass Windows künftig von vornherein auf diese Fenster-Inflation verzichtet.

→ *Datei mit x-beliebigem Programm öffnen:* Wollen Sie eine Datei ausnahmsweise nicht mit dem normalen Programm öffnen? Dann klicken Sie die Datei mit der rechten Maustaste an, halten ⌂ fest und klicken die Datei dann noch einmal mit der rechten Maustaste an. Jetzt taucht im Kontextmenü der versteckte *Öffnen mit-*Befehl auf, mit dem Sie sich ein anderes Programm zum Öffnen aussuchen können.

→ *Keine Lust auf CD-Autostarts?* Dann halten Sie ⌂ fest, wenn Sie eine neue CD ins Laufwerk legen. Halten Sie ⌂ so lange fest, bis sich das CD-ROM-Laufwerk wieder beruhigt hat. So verhindern Sie, dass das eventuell vorhandene CD-AutoPlay-Programm automatisch hervorspringt.

→ *Schnell Windows neu starten:* Sie wollen Windows möglichst schnell neu starten? Dann wählen Sie im Startmenü *Beenden,* aktivieren die Option *Neu starten* und halten ⌂ fest. Klicken Sie dann bei festgehaltener ⌂-Taste auf *OK.* Windows startet neu, spart sich aber den langwierigen DOS-Neustart. Zeitersparnis: bis zu 30 Sekunden.

4 Drucken und Faxe versenden

4.1 Drucker startklar machen

Bevor Sie ausdrucken können, muss zuerst der passende Druckertreiber installiert werden. Der verrät Windows, wie Ihr Drucker Druckdaten empfangen kann. Bei der Druckerinstallation erfährt Windows XP also beispielsweise, welche Drucksprache Ihr Drucker spricht und an welchem Anschluss er zu erreichen ist.

Allerdings brauchen Sie häufig gar keinen Finger krumm zu machen. Windows XP ist nämlich clever genug, die meisten Drucker automatisch zu erkennen:

→ Ist Ihr Drucker bereits angeschlossen und eingeschaltet, wenn Windows XP startet, dann kann Windows den Drucker erkennen und installiert den Druckertreiber ganz von allein. Ausnahmen bestätigen die Regel.

→ Ist in Ihren Computer ein Faxmodem eingebaut und hat Windows das Faxmodem schon erkannt, dann rüstet es automatisch auch gleich einen Faxdrucker nach. Mit dem können Sie über die Telefonleitung auf ein fremdes Faxgerät ausdrucken (und natürlich auch eingehende Faxe empfangen).

→ Verwenden Sie ein Netzwerk und haben Sie irgendwo im Netzwerk einen Drucker freigegeben, damit andere ihn mitbenutzen dürfen, dann erkennt Windows auch das von ganz allein. Auch freigegebene Netzwerkdrucker anderer Computer werden also automatisch installiert.

Schauen Sie deshalb gleich mal nach, ob Windows XP schon Drucker erkannt hat. Dazu klappen Sie das Startmenü auf, wählen *Systemsteuerung* und öffnen dann das Modul *Drucker und Faxgeräte*.

Das Fenster *Drucker und Faxgeräte* öffnet sich. Darin sehen Sie alle Drucker, die Sie momentan verwenden können.

Achten Sie dabei auf das Symbol vor dem angezeigten Drucker. Drucker, die direkt an Ihren Computer angeschlossen sind, bekommen ein einfaches Druckersymbol. Solche Drucker funktionieren immer, jedenfalls dann, wenn Sie sie angeschlossen, eingeschaltet und mit Papier versorgt haben.

Espresso-Tipp! Zeigt die Systemsteuerung bei Ihnen die einfache Ansicht an, dann können Sie entweder links in der Systemsteuerung-Liste auf *Zur klassischen Ansicht wechseln* anklicken, um wirklich alle Systemsteuerungsmodule zu sehen. Oder Sie klicken auf *Drucker und andere Hardware*. Jetzt sehen Sie auch in der einfachen Systemsteuerung das Modul *Drucker und Faxgeräte*.

Netzwerkdrucker werden mit einem Drucksymbol samt Kabelanschluss versehen. Solche Drucker funktionieren nur, wenn auch der fremde Computer eingeschaltet ist, an den dieser Drucker angeschlossen ist. Beginnt der Druckername eines Netzwerkdruckers mit »Automatisch...«, dann wissen Sie, dass dieser Drucker von Windows automatisch im Netzwerk gefunden und installiert wurde.

Wurde die Faxunterstützung mitinstalliert, dann lungert zudem ein Faxgeräte-Symbol im Fenster herum. Das ist Ihr Faxdrucker, und wenn Sie später auf diesem »Drucker« ausdrucken, dann fragt Windows XP nach der Empfängertelefonnummer, ruft diese Telefonnummer an und erwartet am anderen Ende ein Faxgerät. Darauf erscheint dann Ihr Ausdruck.

Detailansicht im Drucker-Fenster

Auch im *Drucker und Faxgeräte*-Fenster gibt es verschiedene Ansicht-Varianten, denn schließlich wird auch dieses Fenster vom Explorer produziert. Mit *Ansicht – Details* sehen Sie zum Beispiel maximale Informationen zu Ihren Druckern, beispielsweise noch anstehende Druckaufträge und den Druckerstatus. Damit Ihnen das *Drucker und Faxgeräte*-Fenster die Informationen so übersichtlich wie möglich präsentiert, schauen Sie sich doch mal die *Ansicht*-Optionen näher an! Wirklich nötig ist sowas, wenn Ihr Fenster nicht nur einen Drucker anzeigt, sondern viele. Sorgen Sie zuerst dafür, dass das Fenster einsatzbereite Drucker von nicht bereiten Druckern unterscheidet. Dazu

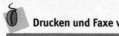

wählen Sie *Ansicht – Symbole anordnen nach* und wählen *Status*. Dann wählen Sie *Ansicht – Symbole anordnen nach – In Gruppen anzeigen*. Jetzt suchen Sie sich noch eine *Ansicht*-Variante aus, zum Beispiel *Ansicht – Kacheln*. Schon haben Sie alle wichtigen Informationen griffbereit.

Testausdruck

Haben Sie noch gar nicht mit einem Drucker gearbeitet, der im *Drucker und Faxgeräte*-Fenster auftaucht, dann ist es Zeit für einen kleinen Probeausdruck. Der verrät Ihnen, ob der Drucker funktioniert und richtig eingestellt ist, ob also der Ausdruck in vernünftiger Qualität passiert oder vielleicht nur in schwarz-weiß oder mit Streifen.

Klicken Sie dazu den Drucker, den Sie ausprobieren wollen, mit der rechten Maustaste an, und wählen Sie *Eigenschaften*. Auf der Registerseite *Allgemein* klicken Sie dann rechts unten auf die Schaltfläche *Testseite drucken*. Windows XP meldet nun, dass es die Testseite an den Drucker versendet hat. Jetzt kann es je nach Druckertyp und -geschwindigkeit ein oder zwei Minuten dauern, bis der Drucker wirklich mit dem Ausdruck beginnt. Warten Sie einfach einen Augenblick ab, und lassen Sie dabei das Dialogfenster geöffnet. Sie brauchen es vielleicht gleich noch.

Sobald der Ausdruck erscheint, werfen Sie einen prüfenden Blick darauf. Gefällt Ihnen der Ausdruck, so wie er ist, dann klicken Sie im Dialogfenster auf *OK*. Ist der Ausdruck nicht so, wie Sie es erwartet haben, oder halten Sie gar keinen Ausdruck in den Händen, weil Windows Fehler meldete, dann klicken Sie stattdessen auf *Problembehandlung*.

Damit locken Sie den eingebauten Problemlöse-Assistenten hervor. Der stellt einfache Fragen, macht sich ein Bild von Ihrer Situation und teilt dann Ratschläge aus, was als Nächstes zu tun ist und wie Sie das Druckproblem schnell und vernünftig beseitigen.

Drucken Sie nämlich zu einem lokalen Drucker, also einem, der an Ihren eigenen Computer direkt angeschlossen ist, dann ist alles gut. Ihr Computer erledigt dann den Druckauftrag selbst. Entweder akzeptiert der Drucker den Auftrag. Dann freuen sich alle. Oder er macht Spirenzchen, weil ihm zum Beispiel Papier fehlt. Dann kann Ihr Computer den Druckauftrag nicht an den Drucker senden, und Sie sehen sofort eine aussagekräftige Fehlermeldung, in der Ihr Computer detailliert petzt, warum der Drucker nicht drucken will.

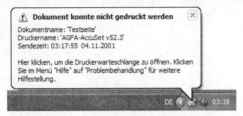

4.1 Bei lokalen Druckern meldet Windows Fehler sofort

Drucken Sie dagegen zu einem Netzwerkdrucker, dann sieht alles ganz anders aus. Hier schieben Sie nämlich den Schwarzen Peter an einen ganz anderen Computer weiter. Ihr Druckauftrag geht also per Netzwerk an den fremden Computer, an den der Netzwerkdrucker angeschlossen ist. Der nimmt Ihren Druckauftrag auch freudig entgegen und kappt dann wieder die Netzwerkverbindung. Alle freuen sich. Noch.

Nun muss der fremde Computer den von Ihnen empfangenen Druckauftrag an seinen Drucker verfüttern. Spielt der nicht mit und verweigert den Ausdruck, dann kann es zwar zu lebhaften Diskussionen zwischen Netzwerkcomputer und Netzwerkdrucker kommen, Sie allerdings als Auftraggeber bekommen davon herzlich wenig mit. Aus Ihrer Sicht haben Sie den Druckauftrag ja erfolgreich beim Netzwerkcomputer abgeladen. Das können Sie sogar beobachten. Solange sich der Druckauftrag noch in den Händen Ihres Computers befindet, sehen Sie im Infofeld der Taskleiste ein kleines Druckersymbol. Es bleibt dort solange sichtbar, wie Ihr Computer versucht, den Druckauftrag loszuwerden. Hat er ihn komplett und erfolgreich an den lokalen Drucker oder einen fremden Netzwerkcomputer versendet, dann erst verschwindet das Symbol.

Weil Netzwerkcomputer die Aufträge schnell und unkritisch entgegennehmen, sehen Sie das Druckersymbol beim Ausdruck auf Netzwerkdrucker nur ganz kurz. Der eigentliche langwierige Transportvorgang zum Drucker passiert nun unsichtbar zwischen Netzwerkcomputer und seinem Drucker. Drucken Sie dagegen auf Ihren eigenen Drucker, dann bleibt das Drucker-Symbol so lange zu sehen, bis der Drucker die letzte Seite Ihres Ausdrucks »gefressen« hat, und sollten dabei Probleme auftreten, markiert Windows das Druckersymbol mit einem roten Warnsymbol. So sehen Sie sofort, dass beim Ausdruck etwas schiefgelaufen ist.

Espresso-Tipp! Sobald Sie versuchen, auf einen Netzwerkdrucker zuzugreifen – und sei es nur, indem Sie die *Eigenschaften*-Seite des Druckers öffnen wollen – funkt Ihr Windows den Computer im Netzwerk an, an den der Netzwerkdrucker angeschlossen ist, und will Details wissen wie zum Beispiel die Zahl der noch ausstehenden Druckaufträge und den allgemeinen Status des Druckers. Ist der fremde Computer, an den der Netzwerkdrucker angeschlossen ist, zurzeit gar nicht online, weil er vielleicht noch nicht einmal eingeschaltet ist, dann scheitert diese Verbindungsaufnahme. Das *Eigenschaften*-Fenster kann also nicht geöffnet werden, und im *Status*-Feld zeigt Windows an: *Keine Verbindung möglich.* •

Druckaufträge überwachen

Haben Sie den Verdacht, dass ein Ausdruck irgendwo »hängengeblieben« ist, dann öffnen Sie einfach das Auftragsbuch des verdächtigen Druckers. Öffnen Sie also in der Systemsteuerung das Fenster *Drucker und Faxgeräte*, und öffnen Sie dann den gewünschten Drucker.

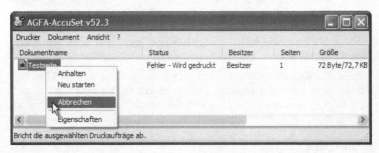

4.2 Brechen Sie fehlerhafte Ausdrucke im Auftragsbuch des Druckers ab

Sofern der erreichbar ist, öffnet sich nun sein internes Auftragsbuch. Das passiert übrigens auch, wenn Sie ein Druckersymbol im Infofeld der Taskleiste öffnen, falls dort eins zu sehen ist (erinnern Sie sich? Sie wissen dann, dass gerade ein Ausdruck zu diesem Drucker läuft). Jetzt sehen Sie alle Aufträge, an denen der Drucker arbeitet. Sie sehen auch, wie weit der aktuelle Auftrag gediehen ist und wieviel Seiten oder wieviel Daten schon an den Drucker weitergegeben werden konnten.

Das Drucker-Auftragsbuch gehört Windows und repräsentiert nur, wie weit Windows mit dem Ausdruck gekommen ist. Es zeigt nicht an, wie weit der tatsächliche Ausdruck gediehen ist. Die meisten modernen Drucker sind nämlich mit großzügigen Druckerspeichern ausgestattet, sodass sie eine Menge Druckdaten akzeptieren und zwischenspeichern, noch bevor der eigentliche Ausdruck beginnt.

Selbst wenn also das Auftragsbuch des Druckers längst wieder leer (und das Druckersymbol längst wieder aus dem Infobereich der Taskleiste entfleucht) ist, kann Ihr Drucker noch munter seitenweise ausdrucken und bezieht die Druckdaten jetzt aus seinem von Windows randvoll gefüllten Druckerspeicher.

Espresso-Tipp! Möchten Sie alle Dokumente im Auftragsbuch des Druckers auf einmal abbrechen, dann klicken Sie den Drucker im *Drucker und Faxgeräte*-Fenster mit der rechten Maustaste an und wählen *Alle Dokumente abbrechen*.

Das bedeutet also: Sie können Druckaufträge nur anhalten oder abbrechen, solange Windows die Druckdaten noch nicht an den Drucker gesendet hat. Hat der Drucker die Druckdaten erst einmal empfangen, dann gibt er sie nicht wieder her und kann nur noch per Netzschalter von weiteren Ausdrucken abgehalten werden.

Wollen Sie einen Druckauftrag in der Liste entfernen, weil alles nur ein Versehen war oder weil der Drucker nicht richtig funktioniert und auch kein Ersatzpapier zur Hand ist? Dann klicken Sie den Auftrag im Auftragsbuch mit der rechten Maustaste an und wählen *Abbrechen*. Schon wird er aus der Liste entfernt. Hat Windows bereits damit begonnen, den Ausdruck an den Drucker zu senden, dann kann das Entfernen aus der Liste ein paar Sekunden dauern.

Haben sich bereits mehrere Aufträge im Auftragsbuch angesammelt, weil der Drucker nicht schnell genug mit seinen Ausdrucken hinterherkommt, dann können Sie Aufträge in der Liste auch öffnen und anschließend mit einem Schieberegler die Druckpriorität festlegen. Die bestimmt, wie wichtig ein Auftrag ist. Wichtige Aufträge werden zuerst ausgedruckt.

Drucker-Installationsautomatik

Windows XP überprüft beim Start, welche Geräte an den Computer angeschlossen sind. Dabei werden auch die Druckeranschlüsse geprüft, und wenn daran ein moderner Drucker angeschlossen (und eingeschaltet!) ist, dann kann Windows XP seinen Hersteller und Typ herausfinden. Im Idealfall entdeckt Windows XP Ihren Drucker also vollautomatisch und installiert sogleich den passenden Gerätetreiber.

Diese Automatik funktioniert aber nicht immer reibungslos. Ist der Drucker ein älteres Erbstück, oder ist der Drucker nicht mit einem bidirektionalen Druckerkabel angeschlossen (die Daten können dann nur in einer Richtung reisen, nämlich vom Computer zum Drucker), dann scheitert die automatische Erkennung. Und selbst wenn der Drucker erkannt wird, kann es vor allen Dingen bei sehr alten oder sehr sehr neuen Modellen vorkommen, dass Windows XP den passenden Gerätetreiber nicht dabei hat. In all diesen Fällen ist dann doch noch Handarbeit nötig, damit der Drucker spurt.

Auch Netzwerkdrucker erkennt Windows XP automatisch. Ist Ihr Computer also an ein Netzwerk angeschlossen, und ist im Netzwerk ein anderer Computer mit Drucker vorhanden, dann erscheint dieser Netzwerkdrucker in Ihrem Fenster. Windows XP nennt solche automatisch erkannten Netzwerkdrucker Automatisch …, also zum Beispiel *Automatisch Lexmark Optra SC auf Computername*. Darunter stehen die auf diesem Drucker derzeit anstehenden Druckaufträge, also 0, wenn gerade nichts auszudrucken ist.

Sollten fremde Drucker in Ihrem Netzwerk nicht in Ihrem Fenster auftauchen, dann warten Sie ein paar Minuten. So lange kann es dauern, bis Windows XP den fremden Drucker entdeckt. Voraussetzung ist allerdings, dass der Eigentümer des Druckers gestattet hat, dass andere den Drucker mitbenutzen. Der Drucker muss also gegebenenfalls zuerst noch im Netzwerk freigegeben werden.

Neben den Druckern kann auch ein symbolisches Faxgerät im Fenster zu sehen sein. Das erscheint von allein, sobald Windows XP ein Faxmodem entdeckt hat, über das Sie Faxe in alle Welt senden können. Der Faxversand funktioniert sehr einfach: Sie drucken einfach Ihre Dokumente mit *Datei – Drucken* nicht auf einem der normalen Drucker aus, sondern auf dem Faxdrucker. Schon fragt Windows XP nach der Telefonnummer des Empfängerfaxgerätes, und die Sendung geht auf Reisen.

Drucker von Hand installieren

Haben Sie einen Drucker an Ihren eigenen Computer angeschlossen, und ist die Automatik nicht fündig geworden, dann helfen Sie Windows XP auf die Sprünge. Installieren den Drucker von Hand. Öffnen Sie dazu in der Systemsteuerung das *Drucker und Faxgeräte*-Modul, falls Sie das noch nicht getan haben. Links in der *Druckaufgaben*-Liste klicken Sie auf *Drucker hinzufügen*.

Ein Assistent öffnet sich. Er fordert Sie auf, den Drucker spätestens jetzt anzuschließen und einzuschalten. Haben Sie das getan, dann klicken Sie auf *Weiter*. Weil Sie einen lokalen Drucker installieren wolen, also einen, der direkt an Ihren Computer angeschlossen ist, wählen Sie die Option *Lokaler Drucker* sowie die Unteroption *Plug & Play-Drucker automatisch ermitteln und installieren*. Dann klicken Sie auf *Weiter*.

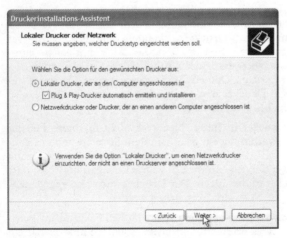

4.3 Ein Assistent hilft dabei, neue Drucker von Hand einzurichten

Windows XP sucht nun zuerst automatisch nach dem neuen Drucker. Konnte keiner gefunden werden, dann klicken Sie auf *Weiter*, um den Drucker selbst auszusuchen.

Dazu geben Sie zuerst den Druckeranschluss an, an den der Drucker angeschlossen ist. In aller Regel ist das *LPT1:*, der erste verfügbare Druckeranschluss. Sehr exotische Drucker sind mitunter auch an die serielle Schnittstelle angeschlossen.

Spezielle Druckeranschlüsse

Neben den *LPTx:*-Druckerschnittstellen und den *COMx:*-seriellen Schnittstellen bietet die Ausklappliste auch noch einige spezielle Einträge. Wählen Sie als Anschluss *FILE:*, dann wird überhaupt nicht ausgedruckt. Die Druckdaten werden stattdessen in eine Datei geschrieben, und die kann dann zum Beispiel als E-Mail an ein Fotosatzstudio gesendet werden.

Über die Option *Einen neuen Anschluss erstellen* können Sie zwar keinen wirklichen Druckeranschluss materialisieren lassen, aber Experten können damit einen virtuellen Druckanschluss für echte Netzwerkdrucker herstellen. Echte Netzwerkdrucker sind nicht an einen Computer, sondern direkt ans Netzwerk angeschlossen, benehmen sich also quasi selbst wie ein Computer.

Diese Drucker werden über eine eigene IP-Adresse angesprochen, und wenn Sie solch einen Drucker von Windows XP aus mit Druckaufträgen versorgen wollen, dann müssen Sie einen neuen Anschluss erstellen und diesem die IP-Adresse des Netzwerkdruckers zuweisen.

Die Druckerports in der Ausklappliste werden übrigens in der Windows-Registry gespeichert. Kennen Sie sich mit dem Registrierungseditor *REGEDIT.EXE* aus, dann könnten Sie sich diese Einstellungen live anschauen: *HKEY_LOCAL_MACHINE\SOFTWARE\Microsoft\ Windows NT\CurrentVersion\Ports*.

Klicken Sie auf *Weiter*. Nun können Sie Hersteller und Druckertyp aussuchen. Dabei lohnen sich Adleraugen. Steht nämlich vor dem Druckertyp ein symbolisches Zertifikat mit grünem Pfeil, dann wissen Sie, dass dieser Treiber speziell für Windows XP gemacht ist und besonders gut und zuverlässig funktioniert. Fehlt das Gütesiegel vor dem Treiber, dann klicken Sie auf *Warum ist Treibersignierung wichtig*, um sich zu informieren, welche Nachteile der nicht-signierte Treiber mit sich bringt.

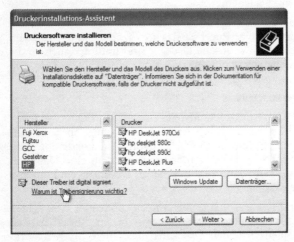

4.4 Schauen Sie nach, ob der Druckertreiber für Windows XP geprüft ist

Fehlt Ihr Druckertyp in der rechten Liste, dann haben Sie mehrere Lösungsvarianten. Entweder installieren Sie einen anderen ähnlich lautenden Druckertyp und hoffen, dass Ihr Drucker zu diesem Typ kompatibel ist, also prinzipiell gleich funktioniert. Das klappt erstaunlich gut, denn die meisten Druckerhersteller verwenden für alle Druckerfamilien dieselbe Druckersprache.

Lag dem Drucker eine Treiberdiskette oder -CD bei, dann können Sie die über die Schaltfläche *Datenträger öffnen* und den Herstellertreiber von dort installieren. Und wenn Sie über einen Internetanschluss verfügen, dann klicken Sie auf *Windows Update*, um nachzuschauen, ob vielleicht inzwischen neue Druckertreiber von Microsoft bereitgestellt werden.

Auf der nächsten Seite können Sie Ihren neuen Drucker taufen. Darunter bestimmen Sie, ob Windows den neuen Drucker als Standarddrucker verwenden soll. Dieser Drucker wird dann künftig automatisch für Ihre Ausdrucke verwendet, wenn Sie keinen anderen aussuchen.

Standarddrucker verstehen

Die Angabe des Standarddruckers ist weitaus wichtiger, als Sie vielleicht annehmen. Verwenden Sie nur einen einzigen Drucker, dann ist die Sache klar und einfach: Der Drucker wird ganz automatisch zum Standarddrucker. Stehen mehrere Drucker zur Auswahl, dann ist die Sache schon kitzliger. Der Standarddrucker ist nämlich nicht nur die bequeme Vorwahl in Ihren Drucken-Dialogfenstern. Der Standarddrucker bestimmt auch so wichtige Dinge wie Seitenränder, Buchstabenabstände und andere Layout-Details.

Wechseln Sie also den Standarddrucker, dann ändern sich möglicherweise die Layout-Informationen für Ihre Dokumente. Sie bemerken das Malheur, wenn Ihre Diplomarbeit plötzlich nicht mehr richtig formatiert ist, Seitenumbrüche verrutschen oder Schriftarten nicht mehr vorhanden sind.

Besonders dramatisch wird es, wenn Sie versehentlich einen Drucker wie *Universal/Nur Text* zum Standarddrucker machen. Weil dieser Druckertyp sozusagen einen Uralt-Schreibmaschinendrucker simuliert, der keine Grafik drucken kann, schaltet Windows die Verwendung aller TrueType-Schriften ab und zeigt in Schrift-Dialogen nur noch die Standardschriften an. Die einfache Regel lautet also: Legen Sie als Standarddrucker den Drucker fest, auf dem Sie später Ihre Endausdrucke fertigen wollen.

Den Standarddrucker können Sie übrigens auch jederzeit nachträglich im *Drucker und Faxgeräte*-Fenster festlegen. Der aktuelle Standarddrucker wird mit einem weißen Häkchen im schwarzen Kreis markiert. Per Rechtsklick und *Als Standard definieren* machen Sie einen anderen Drucker zum Standarddrucker.

Jetzt will Windows XP wissen, ob Sie den Drucker im Netzwerk für andere freigeben wollen. Falls ja, dann können andere Computer im Netzwerk Ihren Drucker mitbenutzen. In einem Büro oder zu Hause könnten sich mehrere also einen gemeinsamen Drucker teilen.

Drucker im Netzwerk freigeben

Windows XP fragt nur dann nach, ob Sie den Drucker im Netzwerk freigeben wollen, wenn Sie das Netzwerk bereits eingerichtet haben. Ist Ihr Computer bloß an ein Netzwerk angeschlossen, dann kann er zwar fremde Netzwerkdrucker erkennen und mitbenutzen, aber selbst keine Geräte für andere freigeben. Das klappt erst, wenn Sie anderen Netzwerkbenutzern grundsätzlich den Eintritt in Ihren Computer erlaubt haben. Glücklicherweise können Sie Drucker auch nachträglich noch freigeben (oder die Freigabe wieder entziehen): Rechtsklick auf den Drucker im *Drucker und Faxgeräte*-Fenster und *Freigabe* genügen.

Nun fragt Windows nach, ob Sie eine Testseite drucken wollen. Ist der Drucker einsatzbereit, dann ist das eine ausgezeichnete Idee. Klicken Sie auf *Ja* und dann auf *Weiter*. Der Assistent fasst Ihre Angaben noch einmal zusammen, und wenn Sie *Fertig stellen* anklicken, wird der Drucker installiert und je nach Vorgabe eine Testseite an ihn gesendet. Die Testseite und den Umgang damit haben Sie bereits am Anfang des Kapitels kennen gelernt.

Espresso-Tipp! Schauen Sie bei Problemen mal unauffällig nach, ob der Drucker eingeschaltet ist, mit genügend Papier versorgt wurde, und ob die Druckerstecker fest sitzen. Diese drei Dinge lösen 80% der Druckprobleme. Man glaubt es kaum ...

Nicht immer sind die Probleme aber so banal. Bei Tintenstrahldruckern muss vielleicht die Druckdüse gereinigt werden, oder eine der Farbkatuschen ist leer. Der Problemlöse-Assistent weiß auf viele Alltagsprobleme Rat, aber ist eben nicht allwissend. Besonders verzwickte Probleme kann auch er nicht lösen.

Was der Assistent allerdings kann – und damit hat er erfreulich hinzugelernt – ist die Analyse Ihrer aktuellen Systemeinstellungen. Viele lästige Fragen braucht er deshalb gar nicht erst zu stellen, weil er selbst nachschauen kann, wo und wie Drucker installiert sind.

Drucker im Netzwerk freigeben

Bei der Installation neuer lokaler Drucker hatte Windows vermutlich schon nachgefragt, ob Sie Ihren Drucker freigeben und also mit anderen im Netzwerk teilen wollen. Bei automatisch erkannten Druckern fragte allerdings niemand nach, und auch sonst gibt es gute Gründe, die Freigabe von Druckern auch nachträglich noch zu ändern.

Das funktioniert auch, und zwar sehr einfach: Im Fenster *Drucker und Faxgeräte* brauchen Sie dazu nur einen scharfen Blick. Alle Drucker, die derzeit freigegeben sind und also von anderen mitbenutzt werden können, markiert Windows mit einer servierenden Kellner-Hand. Alle Drucker, die diese Hand nicht zeigen, sind privat.

4.5 Freigegebene Drucker werden mit einer Hand serviert und sind öffentlich

Falls der Drucker außerdem mit einem Häkchen im schwarzen Kreis markiert ist, dann handelt es sich um den Standarddrucker. Der wird verwendet, wenn Sie keinem anderen Drucker explizit den Vorzug geben. Um die Freigabe zu ändern, klicken Sie den Drucker mit der rechten Maustaste an und wählen *Freigabe*. Das funktioniert allerdings nur, wenn Sie Ihr Netzwerk bereits eingerichtet haben.

Druckerfreigabedienst

Komisch, oder? Fremde Netzwerkdrucker können Sie ohne großen bürokratischen Aufwand mitnutzen. Wollen Sie eigene Drucker freigeben, dann muss plötzlich das Netzwerk eingerichtet werden. Wieso denn das? Das Netzwerk muss natürlich in beiden Fällen eingerichtet werden, nur ist Windows XP clever genug, das in den meisten Fällen schon automatisch zu tun. Die Verbindung zwischen den Computern im Netzwerk steht also, und deshalb können Sie auch Druckaufträge an fremde Drucker senden.

Was allerdings niemals automatisch eingerichtet wird, das ist der Netzwerkzugang zu Ihrem Computer. Selbst wenn Sie also Ihren Computer ins Netzwerk einklinken, dann können nur Sie zu anderen, aber andere nicht zu Ihnen. Aus Sicherheitsgründen. Möchten Sie anderen den Zugang zu Ihrem Computer gewähren, dann muss zuerst ein spezieller Dienst gestartet werden, der diese Funktionen möglich macht. Und genau das passiert erst, wenn Sie den Netzwerkverbindungs-Assistenten ausführen. Vorher nicht.

Wählen Sie nun die Option *Drucker freigeben*, und geben Sie dem Drucker im Feld *Freigabename* einen Namen. Unter diesem Namen erscheint er später für andere im Netzwerk, und klar ist natürlich, dass es in Ihrem Netzwerk nicht mehr als einen Drucker mit diesem Namen geben darf.

Klicken Sie auf *OK*. Der Drucker ist freigegeben und kann jetzt von anderen mitgenutzt werden.

Zugriffsschutz für Drucker

Moment mal! Wie funktioniert eigentlich die Sicherheit bei freigegebenen Netzwerkdruckern?

Einfache Antwort: gar nicht! Wenn Sie einen Drucker freigeben, können von diesem Moment an alle im Netzwerk auf ihm ausdrucken. Auch der Praktikant, und auch, wenn es sich beim Drucker um einen teuren Farblaserdrucker handelt, auf dem eigentlich nur die Endausdrucke gedruckt werden sollten. Zugriffsschutz, mit dem Sie zum Beispiel festlegen, wer wann auf welchem Drucker drucken darf, finden Sie nur bei Windows XP Professional. Nicht bei XP Home.

In dieser Beziehung hatte selbst Windows 98 mehr zu bieten, denn hier konnten freigegebene Drucker wenigstens mit einem allgemeinen Kennwort geschützt werden. Und genau dieses Phänomen kann Ihnen bei Windows XP übrigens begegnen: Greifen Sie via Netzwerk auf einen freigegebenen Drucker auf einem Windows 98-System zu, und wurde dort ein Kennwort vereinbart, dann erscheint zuerst eine Kennwortabfrage. Gedruckt werden kann erst, wenn Sie das richtige Kennwort eintippen.

Damit gibt es für Windows XP Home-Netzwerke zumindest eine Notlösung. Haben Sie noch irgendwo einen Uralt-PC herumstehen, den kein Mensch mehr haben will, dann renovieren Sie ihn mit Windows 98 und verwenden ihn nur noch als Drucker-Server. Schließen Sie Ihren Drucker an das Gerät an, und geben Sie den Drucker auf dem Windows 98-System frei. Hier können Sie nun nicht nur ein Kennwort vereinbaren, das von Windows XP abgefragt wird. Der dedizierte Druckerserver ist nun auch stets online und belastet keine Arbeitsplätze mit den Druckaufträgen des halben Büros.

Netzwerkdrucker installieren

Normalerweise brauchen Sie sich um Netzwerkdrucker nicht zu kümmern. Die erscheinen vollautomatisch in Ihrem *Drucker und Faxgeräte*-Fenster, wenn Ihr Computer freigegebene Drucker im Netzwerk erkennt. Und was, wenn nicht? Dann greifen Sie eben selbst ein. Und das machen Sie so:

Öffnen Sie in der *Systemsteuerung* das Modul *Drucker und Faxgeräte*, und klicken Sie in der *Druckeraufgaben*-Liste auf *Drucker hinzufügen*. Klicken Sie auf *Weiter*, und wählen Sie diesmal die Option *Netzwerkdrucker oder Drucker, der an einen anderen Computer angeschlossen* ist. Dann klicken Sie auf *Weiter*. Jetzt will der Assistent wissen, wo der Netzwerkdrucker zu finden ist. Wenn Sie das bereits auswendig wissen, dann können Sie IP-Adresse oder URL des Druckers natürlich herzlich gern direkt eingeben, aber einfacher ist die Option *Drucker suchen*. Die wählen Sie und klicken dann auf *Weiter*.

Der Assistent durchsucht nun automatisch Ihr Netzwerk und listet alle Drucker auf, die es in Ihrer Netzwerk-Arbeitsgruppe finden konnte. Wollen Sie lieber auf einen Drucker aus einer anderen Gruppe oder einer Domäne zugreifen, dann öffnen Sie sie im Dialogfenster. Nun sehen Sie die Computer in dieser Gruppe oder Domäne, und wenn Sie die Computer ebenfalls öffnen, erscheinen die daran angeschlossenen Drucker.

Klicken Sie auf den Drucker, den Sie verwenden wollen, und klicken Sie dann auf *Weiter*. Jetzt möchte der Assistent wissen, ob der ausgewählte Netzwerkdrucker zum Standarddrucker werden soll, ob Sie also immer als Vorgabe auf diesem Drucker drucken möchten. Danach brauchen Sie nur noch auf *Fertig stellen* zu klicken, und schon ist der Drucker startklar.

Drucker entfernen

Gerade weil Windows XP so gern Drucker automatisch installiert, können Sie natürlich umgekehrt auch Drucker aus dem *Drucker und Faxgeräte*-Fenster wieder herauswerfen, die Sie sowieso nie brauchen. Dasselbe gilt für Drucker, die Sie vielleicht längst nicht mehr einsetzen, weil Sie sich inzwischen ein neueres Modell gegönnt haben.

Um Drucker zu deinstallieren, klicken Sie sie im *Drucker und Faxgeräte*-Fenster mit der rechten Maustaste an und wählen *Löschen*. Schon verschwindet der Eintrag aus dem Fenster, und Windows löscht gleichzeitig die Druckertreiber von Ihrem Rechner, falls die von keinem anderen installierten Drucker mehr benötigt werden.

> **Espresso-Tipp!** Löschen Sie automatisch erkannte Netzwerkdrucker nicht
> sofort aus dem Fenster! Überlegen Sie zuerst, ob Sie den Netzwerkdrucker
> nicht vielleicht doch noch irgendwann mal brauchen könnten.Wird ein auto-
> matisch erkannter Drucker von Ihnen gelöscht, dann hält sich Windows an
> Ihren Wunsch – Sie sind der Chef. Der Drucker wird dann künftig nicht neu
> erkannt. Wollen Sie ihn später doch noch nutzen, dann müssten Sie ihn zuerst
> von Hand installieren, so wie oben gezeigt.

4.2 Einen Ausdruck starten

Ausdrucken ist leicht:Wählen Sie in Ihrem Programm einfach *Datei –
Drucken*, und schon erscheint das Druck-Dialogfenster. Darin regeln
Sie, wie ausgedruckt werden soll. Am wichtigsten im *Drucken*-Fenster
ist natürlich die Auswahl, wo überhaupt gedruckt werden soll, also auf
welchem Drucker. Ist bei Ihnen sowieso nur ein Drucker verfügbar,
dann entfällt die Auswahl natürlich.

> **Espresso-Tipp!** Wollen Sie nicht wirklich drucken, sondern stattdessen ein
> Fax versenden, dann wählen Sie als Drucker *Fax*. Dieser besondere Drucker
> wird allerdings nur angeboten, wenn bei Ihnen ein Faxmodem erkannt wor-
> den ist, wenn also die Grundlagen für den Faxversand gegeben sind. Sonst
> nicht.

Das *Drucken*-Fenster kann übrigens von Fall zu Fall ganz unterschiedlich aussehen. Es steht Ihren Programmen nämlich frei, das offizielle
Windows-Drucken-Fenster zu verwenden oder stattdessen ein eigenes
anzubieten. Besonders Programme, die vielfältige Zusatz-Druckoptio-
nen anzubieten haben, entscheiden sich meist für ein eigenes *Drucken*-
Fenster.

Sobald Sie den Ausdruck starten, sendet Windows den Auftrag an den
Drucker und zeigt in dieser Phase im Infofeld der Taskleiste ein Druckersymbol an. Sobald alle Druckdaten beim Drucker angekommen
sind, verschwindet das Symbol wieder. Solange es zu sehen ist, können Sie den Ausdruck noch abbrechen. Dazu klicken Sie auf das Druckersymbol und klicken dann Ihren Druckauftrag in der Auftragsliste
an. Drücken Sie Entf.

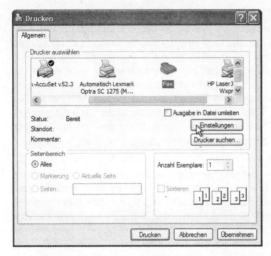

4.6 Drucken oder faxen Sie Ihre Ergebnisse durch die Gegend ...

Beim Ausdruck begegnen Ihnen manchmal sonderbare Fehlermeldungen. Windows faselt dann zum Beispiel von Druckrändern, die außerhalb des bedruckbaren Bereiches liegen, oder es meldet fehlendes Papier oder falsche Papierformate. Dahinter steckt fast immer das Programm, aus dem heraus Sie ausdrucken. Wenn Sie in einer Textverarbeitung die Seitenränder so gesetzt haben, dass der ausgewählte Drucker sie nicht ausdrucken kann, oder wenn Sie ein amerikanisches Papierformat wie Letter anstelle von A4 festgelegt haben, dann sind solche Probleme kein Wunder. Suchen Sie in solchen Fällen im *Datei*-Menü des Programms nach einem Befehl wie *Seite einrichten*, und stellen Sie dort vernünftige Papier- und Randformate ein. Dann wiederholen Sie den Ausdruck. Jetzt ist alles gut.

Druckoptionen festlegen

Mindestens ebenso wichtig sind vernünftige Druckoptionen. Kann Ihr Drucker zum Beispiel wahlweise in schwarz-weiß oder in Farbe drucken, dann sollten Sie sich natürlich vorher überlegen, ob Sie wertvolle Farbe für einen Ausdruck verschwenden, der vielleicht sowieso nicht farbig ist. Im Farbmodus dauert der Ausdruck nämlich nicht nur erheblich länger, der Drucker mischt mitunter die Farbe »schwarz« aus den Grundfarben zusammen. Möchten Sie die Grundeinstellungen Ihres Druckers nur einmalig und vorübergehend ändern, dann klicken Sie im *Drucken*-Fenster auf *Einstellungen*. Die Farbfrage wird dann auf dem Register *Papier/Qualität* geklärt. Hier suchen Sie sich aus, ob in Schwarzweiß oder in Farbe gedruckt werden soll. Die Einstellungen, die Sie hier machen, gelten nur für das Programm, aus dem heraus Sie gerade ausdrucken. Die Einstellungen gelten nicht für andere Programme, und Windows vergisst die Einstellungen wieder komplett, wenn Sie das Programm, aus dem Sie gerade drucken, irgendwann schließen.

Anders ist das, wenn Sie die Grundeinstellungen permanent ändern wollen, zum Beispiel, weil Sie sowieso fast nur in Schwarzweiß drucken und deshalb keine Lust haben, bei jedem Ausdruck per Einstellungen den Farbdruck abzuschalten. In diesem Fall klicken Sie den Drucker im Auswahlfeld mit der rechten Maustaste an und wählen *Eigenschaften*. Dann klicken Sie auf die Schaltfläche *Druckeinstellungen*. Jetzt können Sie die Druckereinstellungen permanent setzen. Sie gelten jetzt für alle Programme als Vorgabe.

Und das ist auch gut so. Die Grundeinstellungen des Druckers werden von Programmen nicht ständig kontrolliert. Programme lesen die Grundeinstellungen des Druckers, wenn Sie das Programm öffnen. Ändern Sie anschließend die Grundeinstellungen so wie oben gezeigt, dann gelten nun zwar neue Grundeinstellungen, aber Ihr Programm kümmert sich nicht darum. Es verwendet weiter die Grundeinstellungen, die galten, als das Programm gestartet wurde. Sie müssten nun also das Programm zuerst schließen und neu öffnen, damit Ihre Grundeinstellungen auch tatsächlich Wirkung zeigen.

Die Grundeinstellungen Ihrer Drucker erreichen Sie auch über die Systemsteuerung. Öffnen Sie darin *Drucker und Faxgeräte*, und klicken Sie dann den Drucker, den Sie vernünftig einstellen wollen, mit der rechten Maustaste an. Wählen Sie *Eigenschaften*. Die Druckeinstellungen regeln natürlich nicht nur die Farbigkeit des Ausdrucks. Über die Schaltfläche *Erweitert* sehen Sie sämtliche Einstellungen, und darunter sind etliche, die die Druckqualität stark beeinflussen.

Am wichtigsten ist natürlich die Druckauflösung. Sie bestimmt, wie fein die Druckpunkte sind. Je geringer die Auflösung, desto schneller wird gedruckt. Und desto schlechter sieht das Resultat aus. Für Probeausdrucke könnten Sie also eine geringe Auflösung verwenden und für Endausdrucke eine hohe.

Automatische Einstellungen für Probe- und Endausdrucke

Gerade haben Sie gesehen, wie wichtig die Druckeinstellungen sind, besonders in Hinblick auf Farbigkeit und Druckauflösung. Für Probeausdrucke sind also häufig ganz andere Einstellungen optimal als für die fertigen Endausdrucke. Die Einstellungen wirken sich entscheidend auf Druckqualität, Verbrauchskosten und Ausdruckgeschwindigkeit aus. Natürlich haben Sie aber sicher keine Lust, ständig in den Drucker-Feineinstellungen herumzutoben. Schöner wäre es, wenn man Windows XP beim Ausdruck sagen könnte, ob man einen Probeausdruck in geringer Qualität oder einen Endausdruck in bestmöglicher Qualität wünscht. Geht auch.

Was vielfach nämlich unbekannt ist: Sie können ein- und denselben Drucker einfach mehrmals installieren und ihm dabei verschiedene Namen geben, zum Beispiel *Probeausdruck* und *Endausdruck*. Anschließend können Sie beiden Druckerinstallationen ganz unterschiedliche Grundeinstellungen zuweisen. Das ist schon alles. Beim späteren Ausdruck suchen Sie sich dann nur noch den passenden Drucker aus, und schon brauchen Sie sich nicht mehr um die Feineinstellungen zu kümmern. Windows verwendet jetzt automatisch genau die Feineinstellungen, die Sie dem Drucker für den jeweiligen Ausdruck-Zweck vorgeben haben. Finden Sie diese Idee gut? Dann los, basteln Sie sich zwei Drucker, einen für Probe- und einen für Endausdrucke:Im Startmenü wählen Sie *Systemsteuerung* und öffnen dann *Drucker und Faxgeräte*. Jetzt sehen Sie alle installierten Drucker.

In der Aufgabenliste *Druckeraufgaben* klicken Sie auf *Drucker hinzufügen*. Fügen Sie nun den Drucker, den Sie verwenden wollen, ein zweites Mal hinzu. Wie Sie Drucker installieren, haben Sie in den vorangegangenen Kapiteln ja schon gesehen. Falls Windows während der Installation nachfragt, ob Sie den vorhandenen Druckertreiber beibehalten möchten, stimmen Sie zu. Nun verfügen Sie über zwei identische Druckerinstallationen, die sich nur im Namen unterscheiden. Damit Sie später immer wissen, wofür das gut sein soll, klicken Sie nun den ersten davon mit der rechten Maustaste an und wählen *Umbenennen*. Nennen Sie ihn Probeausdruck ⏎ . Machen Sie dasselbe

beim zweiten Drucker, und nennen Sie den Endausdrucke ⏎ . Noch
funktionieren beide Drucker gleich. Damit der *Probeausdruck*-Drucker
nur noch in Schwarzweiss und mit geringer Auflösung druckt, klicken
Sie ihn jetzt mit der rechten Maustaste an und wählen *Eigenschaften*.
Klicken Sie auf *Druckeinstellungen* und dann auf das Register *Papier/
Qualität*. Hier stellen Sie ein: *Schwarzweiss*. Sofern es sich um einen
Farbdrucker handelt. Bei reinen Schwarzweissgeräten brauchen Sie
diesen Schritt natürlich nicht.

Dann klicken Sie unten rechts auf die Schaltfläche *Erweitert*. Suchen
Sie nun die Einstellung für die Druckauflösung, und kurbeln Sie die
Auflösung auf einen geringen Wert herunter. Dann klicken Sie auf *OK*,
bis alle Fenster geschlossen sind. Dasselbe tun Sie jetzt mit dem Drucker *Endausdrucke*. Hier stellen Sie Farbe ein, sofern der Drucker
Farbausdrucke unterstützt, und drehen die Druckauflösung so hoch
wie möglich. Entscheiden Sie nun nur noch, welcher der beiden Drucker zum Standarddrucker werden soll. Am besten klicken Sie *Probeausdruck* mit der rechten Maustaste an und wählen *Als Standard definieren*. Dann wird immer mit den kosten- und zeitsparenden Einfach-
Einstellungen gedruckt, es sei denn, Sie suchen explizit den Drucker
Endausdruck aus. So soll es sein. Fertig! Wenn Sie nun Dokumente mit
dem neuen Drucker *Probeausdruck* ausdrucken, wird automatisch in
Schwarzweiss und mit zeitsparender geringer Auflösung gedruckt.
Sind Sie mit der Arbeit fertig und drucken mit dem Drucker *Endaus-
druck*, dann wird in Farbe und mit bestmöglicher Auflösung gedruckt.
Na also, die paar Exkurs-Minuten haben sich wirklich gelohnt.

Drucken von unterwegs

Sie sitzen im ICE nach Frankfurt und basteln mit dem Notebook an
einer neuen Idee herum? Wenn Sie die dann auch noch ausdrucken
wollen, fehlt höchstens noch der Drucker. Der steht vermutlich zu
Hause und ist vielleicht an eine Docking-Station angeschlossen. Natürlich könnten Sie sich jetzt einen Knoten ins Taschentuch machen
und hoffen, dass Sie nicht vergessen, Ihren Gedankenblitz später zu
Hause auszudrucken. Brauchen Sie aber gar nicht. Sie können auch
sofort drucken. Windows speichert dann den Druckauftrag zwischen
und druckt ihn ganz von selbst aus, sobald der Drucker wieder verfügbar ist. Damit das auch klappt und Sie nicht Drucker-Fehlermeldun-
gen kassieren, öffnen Sie im Startmenü die *Systemsteuerung* und dann

Drucker und Faxgeräte. Klicken Sie den Drucker, den Sie unterwegs offline verwenden wollen, mit der rechten Maustaste an, und wählen Sie *Drucker offline verwenden.* Das Druckersymbol wird nun bleich, und alles, was Sie über diesen Drucker ausdrucken, landet in einem Zwischenspeicher. Zuhause angekommen brauchen Sie die Prozedur nur zu wiederholen und diesmal *Drucker online verwenden* zu wählen. Schon werden die zwischengespeicherten Aufträge ausgedruckt. Bei modernen Notebooks ist selbst dieser Schritt überflüssig, denn hier bemerkt Windows von selbst, dass der Drucker wieder da ist, und bietet automatisch an, die zwischengespeicherten Aufträge auszudrucken.

Drucker anhalten

Daneben gibt es im Kontextmenü des Druckers noch den Befehl *Drucker anhalten.* Der funktioniert ganz ähnlich: Ist der Drucker angehalten, dann kann er weiter mit Druckaufträgen versorgt werden und speichert die genau wie im Offline-Modus zwischen.Allerdings wird der Druckvorgang hier nicht automatisch fortgesetzt, sobald der Drucker wieder vorhanden ist – er ist ja die ganze Zeit vorhanden. Fortgesetzt wird erst, wenn Sie *Druckvorgang fortsetzen* im Kontextmenü wählen. *Drucker anhalten* ist dazu gedacht, wenn Sie sich Wartungsarbeiten am Drucker vorgenommen haben und verhindern wollen, dass der Drucker mitten im Papierwechsel loszudrucken versucht oder entsprechende Fehlermeldungen produziert. Bei allein genutzten Druckern ist dieses Risiko natürlich nicht besonders groß, aber wenn Sie den Drucker im Büro für andere freigegeben haben, kann es ansonsten durchaus passieren, dass Druckaufträge eintrudeln, während Sie den Drucker pflegen.

In Dateien drucken

Dass Druckaufträge nicht unbedingt bei einem echten Drucker landen müssen, haben Sie an verschiedenen Beispielen schon gesehen. Druckaufträge können zurückgehalten und zwischengespeichert werden, und sie können auch an ein Faxgerät weitergeleitet werden. Es geht aber noch mehr. Wer mag, kann die Druckdaten auch in eine Datei umleiten. Entweder nur einmal testweise. Dann aktivieren Sie im *Drucken*-Fenster die Option *Ausgabe in Datei umleiten.* Oder aber permanent. Dann wählen Sie in den Drucker-Grundeinstellungen das *Anschlüsse*-Register und stellen als Druckeranschluss ein: *FILE:.*

Und wofür könnte sowas gut sein? Zum Beispiel für alle, die den nötigen Drucker nicht besitzen. Werbefachleute könnten zum Beispiel an Prospektentwürfen feilen, Probeausdrucke auf dem heimischen Laserdrucker auswerfen und dann, wenn das Ergebnis fertig ist, den Endausdruck als Postscript-Datei in eine Datei umleiten. Die Datei kann dann zum Beispiel zuerst platzsparend gezippt und dann per E-Mail an ein professionelles Satzstudio gesendet werden. Postwendend kommt dann der reprofähige Abzug ins Haus.

Möchten Sie sowas ausprobieren, dann installieren Sie sich als lokalen Drucker den Druckertyp, den das Satzstudio oder der Empfänger Ihrer Arbeit verwendet, zum Beispiel einen Linotype Belichter. Als Druckanschluss wählen Sie schon während der Druckerinstallation *FILE:*. Und wie verfüttert man einen Druckauftrag, der als Datei vorliegt? Wie kann man die Druckdatei so an den Drucker senden, dass er den Inhalt als binäres Druckergebnis verarbeitet? Zum Beispiel über den Konsolenbefehl *LPR*.

In Dateien drucken

Sie können das sofort ausprobieren, jedenfalls dann, wenn Sie einen funktionstüchtigen Drucker zu Hand haben. Öffnen Sie dazu zuerst das Malprogramm *Paint*: Im Startmenü wählen Sie *Alle Programme*, öffnen dann *Zubehör* und klicken auf *Paint*. Malen Sie nun eine Blume. Ganz schön schwierig mit der Maus, oder?

Jetzt wählen Sie *Datei – Drucken*, wählen Ihren vorhandenen Drucker aus und aktivieren die Option *Ausgabe in Datei umleiten*. Notieren Sie sich irgendwo den genauen Namen Ihres Druckers, so wie er im Auswahlfenster angezeigt wird. Klicken Sie auf *Drucken*. Ein Fensterchen erscheint und will wissen, wo Sie das Druckergebnis speichern möchten. Geben Sie ein: C:\DRUCKAUFTRAG ⏎. Fertig, der erste Schritt ist geschafft. Nun wählen Sie im Startmenü *Ausführen* und geben ein: CMD ⏎. Die Konsole öffnet sich.

Um den Auftrag, der in der Datei *C:\AUSGABE* lagert, an den Drucker zu versenden, geben Sie ein: LPR –P Druckername –o 1 C:\AUSGABE ⏎, wobei Sie natürlich *Druckername* durch den Namen des Druckers ersetzen, den Sie sich eben notiert hatten. Manche Programme wie WinWord hängen übrigens an den Dateinamen die Extension *.prn* an, sodass Sie hier *C:\AUSGABE* durch *C:\AUSGABE.PRN* ersetzen müssten. Tatsächlich: Die Datei wird an den Drucker verfüttert. Prima!

Nur wenn es sich um einen Netzwerkdrucker handelte, klappt die Sache noch nicht. Bei Netzwerkdruckern müssen Sie zusätzlich *–S Servername* angeben, wobei *Servername* für den Namen oder die IP-Adresse des Computers steht, an den der Drucker angeschlossen ist. Bei echten Netzwerkdruckern geben Sie die IP-Adresse des Netzwerkdruckers an. So also machen das die Satzstudios, wenn sie Druckergebnisse von Ihnen bekommen. Und Sie können das nun auch.

Vielleicht arbeiten Sie an einer Diplomarbeit und wollen die zum Schluss bei einem Bekannten auf dem schicken Farblaserdrucker ausgeben. Normalerweise würde sowas voraussetzen, dass Ihr Bekannter all dieselben Programme installiert hat, die auch Sie für die Diplomarbeit eingesetzt haben, zum Beispiel *WinWord* oder *Visio*. Sonst könnte Ihre Arbeit dort nicht ausgedruckt werden. Noch viel schlimmer: Diplomarbeiten bestehen meist aus zig einzelnen Dateien, Texten, Diagrammen und Bildern. Die ordentlich und in richtiger Anordnung auf einen anderen Rechner zu übertragen ist genauso schwierig wie ein Mobilé aus dem Umzugskarton zu hieven, ohne dass sich dabei alles verknotet.

Installieren Sie stattdessen nur den Druckertyp, den Ihr Bekannter verwendet, und drucken Sie anschließend in eine Datei, dann können Sie sozusagen das fertige Druckergebnis bei Ihrem freundlichen Bekannten abladen, ohne dass der irgendwelche Anwendungssoftware braucht. Der Ausdruck ist ja schon fertig.

Zwei Dinge sollten Sie allerdings beachten, damit die Sache wirklich klappt. Verwenden Sie exotische Schriftarten, die Ihr Bekannter nicht verwendet, dann werden die womöglich durch ähnliche Schriften ersetzt. Ob Schriften in der Ausdruckdatei mitgesendet werden, hängt von den Einstellungen und dem Druckertyp ab.

Und noch viel wichtiger: Bevor Sie den Endausdruck in eine Datei umleiten, stellen Sie diesen Drucker als Standarddrucker ein (Rechtsklick auf den Drucker im *Drucker und Faxgeräte*-Fenster und *Als Standard verwenden*). Öffnen Sie dann Ihre Textverarbeitung neu, und schauen Sie nach, ob Seitenränder und Seitenumbrüche noch stimmen. Diese Dinge ändern sich nämlich geringfügig, wenn Sie den Druckertyp wechseln.

4.3   Erweiterte Drucker-Eigenschaften verstehen

Die wichtigsten Drucker-Manöver kennen Sie nun. Sie wissen, wie man einen Drucker installiert, ihn mit Druckaufträgen versorgt und festlegt, in welcher Auflösung und Farbigkeit gedruckt wird. Was nun noch fehlt, sind die Spezialeinstellungen. Spezialeinstellungen sind für Sie vermutlich völlig uninteressant, denn die wurden für Firmen und größere Büros entwickelt. Schauen Sie sich die Einstellungen am besten trotzdem mal an. Vielleicht finden Sie ja darunter doch noch eine Lösung, die Sie gebrauchen können.

Wollen Sie Drucker nur zu bestimmten Zeiten bereitstellen, zum Beispiel nur während der Dienststunden? Dann sagen Sie dem Drucker, von wann bis wann er einsatzbereit zu sein hat. Trudelt ein Druckauftrag außerhalb dieser Geschäftszeiten ein, zum Beispiel über das Netzwerk, dann wird der Auftrag nicht gedruckt, sondern nur zwischengespeichert. Der Ausdruck beginnt dann erst, wenn der Drucker wieder offiziell verfügbar ist, zum Beispiel am nächsten Tag.

Klicken Sie dazu einen Drucker im *Drucker und Faxgeräte*-Fenster mit der rechten Maustaste an, und wählen Sie *Eigenschaften*. Klicken Sie auf das Register *Erweitert*. Nun sehen Sie oben die *Uhrzeiteinstellungen*. Normalerweise spielt die »Wichtigkeit« Ihrer Druckaufträge überhaupt keine Rolle. Eintrudelnde Druckaufträge werden an den Drucker gesendet und ausgedruckt. Fertig.

Problematisch wird es nur, wenn es zu ständigen Auftrags-Staus kommt. Verwenden Sie zum Beispiel einen Drucker gemeinsam im Büro, dann kann es schon mal passieren, dass zehn Personen gleichzeitig drucken. Die Aufträge landen dann im Auftragsbuch des Druckers und werden der Reihe nach abgearbeitet. Wollen Sie die Druckaufträge intelligenter verwalten, dann können Sie ihnen Prioritäten zuweisen. Nacheinander einlaufende Druckaufträge werden dann nicht mehr nach dem Prinzip »wer zuerst kommt, druckt zuerst« in die Warteschlange eingereiht, sondern nach ihrer Priorität sortiert.

Der Chef könnte sich seinen Drucker also zum Beispiel mit höherer Priorität einrichten und so dafür sorgen, dass seine Aufträge bevorzugt behandelt werden. Sie könnten aber ebenso gut auch zwei identische Drucker installieren (so wie im Beispiel mit Probe- und Endausdruck gezeigt), die beiden Drucker dann Standard und Zeitkritisch nennen, und beim zeitkritischen Drucker die Priorität anheben.

Muss ein Mitarbeiter einen dringenden Auftrag ausdrucken, dann wählt er als Drucker Zeitkritisch und kann sicher sein, dass der Auftrag so schnell wie irgend möglich ausgedruckt wird. Er wird dann vor allen Aufträgen gedruckt, die über den Standard-Drucker ausgedruckt wurden.

> **Espresso-Tipp!** Auf laufende Druckaufträge hat die Priorität keinen Einfluss. Laufende Druckaufträge werden immer erst fertiggedruckt. Druckt jemand also gerade seine 1000-seitigen Memoiren aus, dann müssen alle anderen warten.

Die Priorität der Druckaufträge wird auf einer Skala von 1 (geringste) bis 99 (höchste) festgelegt. Klicken Sie dazu einen Drucker im *Drucker und Faxgeräte*-Fenster mit der rechten Maustaste an, und wählen Sie *Eigenschaften*. Klicken Sie auf das Register *Erweitert*. Im Feld *Priorität* stellen Sie die gewünschte Priorität ein. Die gilt dann für alle Aufträge, die über diesen Drucker gesendet werden. Im Auftragsbuch des Druckers können Sie sich das Ergebnis anschauen: Öffnen Sie darin einen Auftrag, dann sehen Sie dessen augenblickliche Priorität (und könnten Sie notfalls auch dort noch ändern).

Druckaufträge mit einer Trennseite abgrenzen

Teilen sich mehrere Nutzer einen Drucker, dann kann es heikel werden: Wo hört ein Druckauftrag auf, wo beginnt der nächste, und wer hat welchen Auftrag eigentlich losgeschickt? Solchen Streit entschärfen Sie mit Trennseiten. Sind Trennseiten aktiv, dann druckt Windows zusätzlich zum Auftrag eine Trennseite, die den Auftrag klar von Folgeaufträgen abgrenzt. Klicken Sie dazu einen Drucker im *Drucker und Faxgeräte*-Fenster mit der rechten Maustaste an, und wählen Sie *Eigenschaften*. Klicken Sie auf das Register *Erweitert*. Dann klicken Sie auf *Trennseite* und anschließend auf *Durchsuchen*.

Jetzt sehen Sie einige vorbereitete Trennseiten des Typs *SEP*. Welche davon für Sie richtig ist, hängt von der Art des Druckers ab (siehe nachfolgende Tabelle). Die Trennseite nennt in großen Buchstaben den Benutzernamen des Benutzers, der den Auftrag gestartet hat. Bei lokalen Druckern ist das kein Problem, aber wenn Sie Aufträge über das Netzwerk an den Drucker geschickt haben, dann steht hier vermutlich immer nur Gast. Der Grund: Windows XP Home meldet alle Netzwerk-Besucher als *Gast* an und erlaubt nicht die namentliche Anmeldung. Die ist nur bei Windows 2000 oder Windows XP Professional möglich.

Drucker-Trennseiten	
PCL.SEP	Geeignet für Drucker, die die PCL-Druckersprache verwenden, zum Beispiel HP Deskjet, Laserjet
SYSPRINT.SEP	Geeignet für Drucker, die Postscript verwenden
PSCRIPT.SEP	Taube Nuss, die gar keine Trennseite produziert und für Postscript-Drucker gemacht ist. Kein Mensch weiss, wofür diese Datei gut sein soll

Tab. 4.1 Trennseiten-Vorlagen für verschiedene Druckertypen

Druckerspooler

In alten Tagen wurden umfangreichere Ausdrucke gern als Entschuldigung für ausgiebige Kaffeepausen verwendet. Früher nämlich konnte Windows Aufträge nur direkt an den Drucker senden und musste warten, bis der Drucker alle Seiten in Empfang genommen hatte. In der Zwischenzeit konnte mit dem Programm, aus dem heraus gedruckt wurde, nicht weitergearbeitet werden. Diese Zeiten sind längst vorbei. Windows enthält schon seit längerem einen Drucker-Spooler, und der ist standardmäßig aktiviert.

Die Druckaufträge gehen also nicht direkt an den Drucker, sondern an den Druckerspooler. Der speichert die Aufträge zwischen und verfüttert sie dann gemächlich im Hintergrund an den Drucker. Ihre Programme können also Druckaufträge schnell und einfach beim Druckerspooler abladen und danach sofort weiterarbeiten. Wer mag, kann den Druckerspooler natürlich abschalten. Sinnvoll ist sowas aber nur ganz selten, zum Beispiel dann, wenn Sie kaum noch Platz auf der Festplatte verfügbar haben und der Druckerspooler deshalb keinen Platz zum Zwischenspeichern der Aufträge mehr finden kann. Ist auf der Festplatte nur noch weniger als 30 MB frei, dann könnten Sie ansonsten nicht mehr ausdrucken. Klicken Sie dazu einen Drucker im *Drucker und Faxgeräte*-Fenster mit der rechten Maustaste an, und wählen Sie *Eigenschaften*. Klicken Sie auf das Register *Erweitert*. Nun sehen

Sie die Spooler-Einstellungen und können damit herumspielen. Die Vorgabe (und auch empfohlene Grundeinstellung) lautet: *Über Spooler drucken, um Druckvorgänge schneller abzuschließen* und *Drucken sofort beginnen*.

4.4 Faxunterstützung

Vielleicht hat Windows XP bei Ihnen die Faxunterstützung schon vollautomatisch eingerichtet. Dann sehen Sie in Ihrem *Drucker und Faxgeräte*-Fenster der Systemsteuerung bereits den speziellen Drucker *Fax*. Und wenn nicht? Fast immer ist in solchen Fällen noch kein Faxmodem installiert worden. Oder das Faxmodem ist zwar da, wurde aber noch nicht von Windows XP erkannt. Das kann zum Beispiel daran liegen, dass Windows XP die für das Modem nötigen Treiber noch fehlen und passiert meist bei fest eingebauten Modems. Stellen Sie also zuerst sicher, dass ein Faxmodem korrekt installiert wurde (Kapitel 5), oder holen Sie diesen Schritt nach. Starten Sie Windows XP dann neu, und lassen Sie sich überraschen! Meist wird die Faxunterstützung jetzt nämlich von ganz allein nachgerüstet. Nur die Windows XP-CD müssen Sie dafür griffbereit haben.

Faxunterstützung manuell einrichten

Sie können die Faxunterstützung aber auch manuell startklar machen. Dazu öffnen Sie im Startmenü die Systemsteuerung und wählen *Drucker und Faxgeräte*.

> **Espresso-Tipp!** Sehen Sie in der Aufgabenliste stattdessen den Befehl *Lokalen Faxdrucker installieren*, dann ist die Faxunterstützung schon aktiviert. Und sehen Sie womöglich *Ein Fax senden*, dann ist auch schon der Faxdrucker einsatzbereit. Wird Fax gar nicht in der Aufgabenliste erwähnt, dann haben Sie vermutlich gerade einen Drucker im Fenster markiert. Klicken Sie auf eine freie Stelle im Fenster.

Links in der Druckeraufgaben-Liste sehen Sie nun zwei Befehle: *Drucker hinzufügen* (um einen Drucker zu installieren) und *Fax einrichten* (um die Faxunterstützung startklar zu machen). Klicken Sie auf *Fax einrichten*. Windows XP muss nun die Faxunterstützung von der Windows-CD installieren. Dazu fordert es Sie auf, die CD einzulegen. Nach einigen Minuten ist die Faxunterstützung aktiviert. Nun folgt der nächste Schritt: Über die Faxkonsole wird die Faxunterstützung feinjustiert.

Faxkonsole einrichten

Die Faxkonsole ist Ihr zentrales Steuerpult für den Faxversand (und den automatischen Faxempfang). Bevor Sie faxen können, müssen Sie die Konsole mindestens einmal öffnen und die Grundeinstellungen eingeben. Öffnen Sie dazu Ihr Startmenü, wählen Sie *Alle Programme*, dann *Zubehör*, dann *Kommunikation*, dann *Fax* und klicken Sie auf *Faxkonsole*. Falls noch kein Modem erkannt wurde, bekommen Sie jetzt Gelegenheit, ein Modem zu installieren. Sie erinnern sich? Ohne Faxmodem kann die beste Faxunterstützung keine Faxe versenden. Haben Sie gar kein Modem zur Hand, dann lügen Sie sich nicht in die Tasche und brechen die Installation besser ab. Holen Sie sie nach, sobald Sie ein Faxmodem eingekauft haben.

Espresso-Tipp! Haben Sie den Faxempfang erlaubt, ohne auf manuellen Empfang zu bestehen, dann können Sie Ihr blaues Wunder erleben. Und zwar dann, wenn Sie für das Faxmodem keine eigene Leitung mit eigener Rufnummer verwenden. Sobald bei Ihnen zu Hause nun das Telefon klingelt, nimmt das Faxmodem ab, und Ihrem potenziellen Gesprächspartner wird vom Faxmodem munter ins Ohr gepfiffen. Teilt sich das Faxmodem also die Telefonleitung mit anderen, dann achten Sie darauf, den Faxempfang abzuschalten oder doch zumindest nur nach Rückfrage abnehmen zu lassen.

Anschließend möchte die Faxkonsole wissen, wie Ihre Absenderangaben auf den Faxen aussehen sollen. Klicken Sie auf *Weiter*. Nun können Sie sich aussuchen, über welches Modem gefaxt werden soll. Nur wenn gar kein Faxmodem installiert ist, bricht der Assistent an dieser Stelle ab, und die Faxunterstützung funktioniert noch nicht. Hier haben Sie auch die Möglichkeit festzulegen, ob Faxe nur gesendet oder nur empfangen werden können, oder ob beides möglich sein soll.

Haben Sie den Faxversand erlaubt, dann können Sie Windows beauftragen, Faxe nicht automatisch entgegenzunehmen. Klicken Sie auf *Weiter*. Nun können Sie die Absendertelefonnummer angeben. Die wird oben auf dem Fax eingeblendet und ist Vorschrift. Lügen ist zwar möglich, aber illegal.

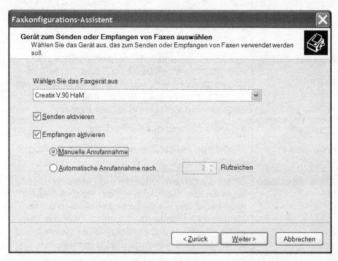

4.7 Aktivieren Sie automatischen Faxempfang nur mit Vorsicht!

Danach genügt ein Klick auf *Fertig stellen*, und die Faxunterstützung steht bereit.

Mit der Fax-Konsole arbeiten

Die Fax-Konsole öffnet sich nach der Einrichtung automatisch. Sie können die Konsole später noch sehr viel einfacher über das *Drucker und Faxgeräte*-Fenster öffnen: darin öffnen Sie nämlich einfach nur das Fax-Druckersymbol. In der Konsole sehen Sie nun links die Fax-Fächer. Dort gibt es ein *Eingangsfach* (mit allen empfangenen Faxen) und natürlich das *Ausgangsfach* (mit allen neuen Faxen, die noch nicht versendet wurden). Im Fach *Gesendete Elemente* liegen Sicherheitskopien der erfolgreich versendeten Faxe. Mit der Konsole verwalten Sie einerseits – ähnlich wie mit den Auftragsbüchern der normalen Drucker – die ausstehenden Faxaufträge. Andererseits finden Sie im Menü *Extras* wichtige Fax-Einstellungen, die immer mal gebraucht werden:

Wichtige Faxkonsolen-Befehle	
Absenderinformationen	Legen Sie hier fest, wer als Absender auf Ihren Faxen angegeben wird. Die Angaben entsprechen dem Formular, das die Konsole bei ihrem ersten Start öffnet
Persönliche Deckblätter	Ihre Kollektion persönlicher Faxdeckblätter. Mit *Neu* starten Sie den Deckblatt-Editor. Der hilft dabei, ansprechende Fax-Deckblätter zu gestalten, in die Sie alle wichtigen Daten wie Empfänger und Absender mit Variablen einbauen können.
Faxdruckerstatus	Aktueller Zustand des Faxdruckers
Fax konfigurieren	Startet den Assistenten zur Einrichtung des Faxzugangs neu
Faxdruckerkonfiguration	Öffnet die Feineinstellungen des Faxdruckers. Hier legen Sie zum Beispiel fest, über welches Modem gefaxt wird und wo die Sicherheitskopien der gesendeten Faxe aufbewahrt werden. Über das Register *Allgemein* und die Schaltfläche *Druckeinstellungen* wird die Faxqualität festgelegt.
Faxmonitor	Zeigt die aktuelle Fax-Überwachung (bereit zum Faxempfang)

Tab. 4.2 Wichtige Fax-Grundeinstellungen in der Fax-Konsole

Faxdrucker einrichten

Nachdem die Faxunterstützung per se eingerichtet ist, folgt die Installation eines Faxdruckers. Den brauchen Sie, wenn Sie Faxe versenden wollen. Der Faxempfang ist auch ohne Faxdrucker möglich. Öffnen Sie im Startmenü die *Systemsteuerung*, und öffnen Sie *Drucker und Faxgeräte*. Falls noch kein Fax-Drucker darin zu sehen ist, klicken Sie links in der Liste *Druckeraufgaben* auf *Lokalen Faxdrucker installieren*. Ein paar Sekunden später ist der Faxdrucker einsatzbereit. Sie können nun über den Befehl *Ein Fax senden* aus der *Druckeraufgaben*-Liste ein schnelles Fax als Notiz losjagen. Oder Sie öffnen Ihre Lieblings-Textverarbeitungsdatei und »drucken« dann auf dem neuen *Fax*-Drucker aus. Die Faxclientkonsole erreichen Sie besonders einfach. Dazu öffnen Sie einfach den *Fax*-Drucker im Fenster *Drucker und Faxgeräte*.

5 Internetzugang einrichten

Der Internetanschluss ist mit Windows XP so einfach einzurichten, dass Sie in weniger als 5 Minuten online sind. Versprochen! Und dabei spielt es keine Rolle, ob Sie dafür ein klassisches Modem, eine ISDN-Karte (gern auch mit bedarfsgesteuerter Kanalbündelung) oder einen modischen High-Speed-ADSL-Zugang verwenden möchten. Sogar von unterwegs über Ihr Handy können Sie sich einwählen, ganz ohne klinginische Zusatzsoftware, einfach nur über die Infrarot-Schnittstelle. Klingt einfach, und ist es sogar auch.

Damit dabei alles mit rechten Dingen zugeht und nur Sie ins Internet gelangen, aber umgekehrt keine ungebetenen Besucher aus dem Internet zu Ihnen, erfahren Sie auch gleich alles über die integrierte Internet Firewall.

5.1 Internetzugang herstellen

Das Internet ist nichts weiter als ein ganz normales Computernetzwerk. Es funktioniert ganz genauso wie private Netzwerke, bei denen Sie die Computer in Ihrer Wohnung miteinander vernetzen. Nur sind im Internet natürlich Millionen Computer miteinander verbunden.

Um im Internet mitmachen zu können, brauchen Sie einen Zugangsweg. Weil vermutlich keine der dicken Internet-Netzwerkkabel direkt an Ihrem Haus entlangführen und kurzerhand angezapft werden könnten, dient in den meisten Fällen die Telefonleitung als Netzwerkkabel. Über die Telefonleitung können Daten auf ganz unterschiedliche Weise reisen. Hier ein paar gebräuchliche Wege:

Internet-Zugangsmöglichkeiten	
Modem	Die Daten werden vom Modem in hörbare Piepstöne verwandelt, reisen also auf gleichem Wege wie normale Sprache. Am anderen Ende der Leitung, bei dem Internetprovider, der Sie ins Internet weiterverbindet, muss deshalb auch ein Modem stehen, das die Piepstöne wieder in die ursprünglichen Daten zurückverwandelt. Modems funktionieren mit jeder Art von Tele-

Internet-Zugangsmöglichkeiten	
	fonleitung. Wegen der umständlichen Verpackungsart der Daten sind Modems aber ziemlich langsame Datentransporteure.
ISDN	Bei ISDN werden die Daten digital übertragen, bleiben also reine Impulse. Das spart Aufwand und sorgt für höhere Datengeschwindigkeiten. Allerdings funktioniert ISDN nur, wenn Sie über einen digitalen Telefonanschluss verfügen, sonst nicht. Weil der gleich zwei Amtsleitungen mitbringt, sind Sie auch während Ihrer Surfabenteuer telefonisch erreichbar. Allerdings nur, wenn Sie nicht die Kanalbündelung einsetzen. Wer die zuschaltet, surft gleich auf beiden ISDN-Leitungen gleichzeitig. Das bringt die doppelte Geschwindigkeit, kostet allerdings auch doppelt.
ADSL	ADSL ist das neueste Wunderwerk der Technik. Hier reisen die Daten ebenfalls digital, allerdings mit 12facher ISDN-Geschwindigkeit. Das A in ADSL steht für »asynchron«, und das bedeutet: Nur die Daten aus dem Internet gelangen in Turbogeschwindigkeit zu Ihnen. Senden Sie selbst Daten ins Internet, dann geschieht dies nur mit normaler ISDN-Geschwindigkeit. Die Telefongesellschaften haben ADSL übrigens in eigene Markennamen umgetauft. Bei T-Online heißt ADSL deshalb T-DSL, ist aber trotzdem nur ADSL.
Infrarot und Handy	Moderne Handys verfügen nicht nur über eine drahtlose Infrarot-Schnittstelle, sondern auch über ein eingebautes Datenmodem. Windows XP bringt alles mit, was Sie brauchen, um von unterwegs aus über genau diese Infrarotschnittstelle per Handy ins Internet zu gelangen. Diese Form der Verbindung ist leider sehr langsam (derzeit meist noch 9,6 kBit/s) und dafür umso teurer.
Kabelnetze	Die Kabelfernseh-Anbieter sind ebenfalls inzwischen auf den Internet-Trend aufgesprungen und haben ihre Kabelnetze so erweitert, dass darüber ebenfalls Internetdaten transportiert werden können. Und zwar mit Höchstgeschwindigkeit. Allerdings sind Kabelanschlüsse für das Internet derzeit noch lange nicht flächendeckend zu haben.
Stromnetze	Und auch die gutbürgerliche Stromwirtschaft hat sich daran erinnert, dass Stromleitungen ja auch nur Kabel sind. Über die kann man ebenfalls Daten jagen. Internet aus der Steckdose hat gerade das Modellversuchs-Stadium verlassen und steht in ausgewählten Regionen bereits zur Verfügung.

Internet-Zugangsmöglichkeiten	
Satellit	Schließlich gibt es sogar Daten-Satelliten. Genauso, wie Sie Kabelfernsehen auch über die Schüssel empfangen können, ist das nun auch mit Internetdaten möglich. Weil solche Schüsseln aber Daten nur empfangen können (dafür mit rasanter Geschwindigkeit), brauchen Sie bei dieser Lösung auf jeden Fall noch einen telefongestützten Internetanschluss, über den Sie Ihre eigenen Daten ins Internet senden, und sei es nur die Anfrage der gewünschten Internetseite.
Intranet	Intranet ist nicht etwa das Internet der Legastheniker. Als Intranet bezeichnet man bloß ein firmeninternes Netzwerk, das zum Datenaustausch das Internetprotokoll TCP/IP verwendet. Ist das Intranet über ein so genanntes Gateway mit dem Internet verbunden, dann können auch alle Computer, die an dieses Intranet angeschlossen sind, direkt ins Internet schlüpfen. Die in Windows XP eingebaute Internetfreigabe funktioniert nach diesem Prinzip. Damit können Computer ihr eigenes Netzwerk nutzen, um sich mit einem Internetzugang zu verbinden.

Tab. 5.1 Verschiedene Wege, um ins Internet zu gelangen

Modem

Möchten Sie sich per Modem mit dem Internet verbinden, dann brauchen Sie nur drei Dinge: ein Modem, eine Telefonnummer, die das Modem anrufen kann, und natürlich eine Telefonsteckdose in der Nähe Ihres Schreibtischs.

Call-by-Call-Internetzugang

Früher musste man Mitglied in einem Online-Dienst wie AOL oder CompuServe werden, um über deren Telefonnummern ins Internet zu gelangen. Die Kehrseite ist: Bürokratie und monatliche Kosten. Das muss aber nicht mehr sein.

Über so genannte Call-by-Call-Nummern schlüpfen Sie sofort ins Internet, jetzt gleich, ganz ohne Anmeldung. Sie zahlen nur pro genutzter Minute ein paar Pfennig, und wenn Sie sich in den Wintermonaten nach Marbella absetzen, tickt keine monatliche Grundgebühr.

Einige handverlesene Call-by-Call-Nummern finden Sie auf den nächsten Seiten.

Beim Kauf des Modems sind ebenfalls ein paar Dinge zu beachten:

➜ Kaufen Sie sich das schnellstmögliche Modem. Spitzenmodems übertragen maximal 56 Kbit, ebenfalls gebräuchlich sind 33,6 Kbit-Modems, und die sind noch nicht einmal die schlechteste Wahl. Die 56 Kbit-Modems erreichen ihre Spitzengeschwindigkeit nämlich nur, wenn es in Ihrer Nähe eine digitale Vermittlungsstelle gibt. Falls nicht, kochen auch Sie nur mit Wasser und übertragen ebenfalls nur 33,6 Kbit/s.

➜ Überlegen Sie sich, wie Sie das Modem anschließen wollen. Am pflegeleichtesten sind USB-Modems, die einfach nur eingestöpselt werden. Jeder halbwegs moderne Computer hat inzwischen USB-Anschlüsse. Wer's lieber klassisch mag, der kauft sich ein Modem mit serieller Schnittstelle. Bei Notebooks verwenden Sie lieber PCMCIA-Steckkarten, damit Ihnen unterwegs nicht ständig das Modem am Bein herunterbaumelt und Sie dafür auch keine Extra-Stromversorgung brauchen. Modems lassen sich auch per Steckkarte in normale PCs einbauen. Das allerdings ist schon wieder eine Stufe komplizierter.

➜ Achten Sie auf die Treiberunterstützung! Bevor Sie das Modem kaufen, sollten Sie sich schriftlich geben lassen, dass dem Modem mindestens ein Windows 2000-Treiber beiliegt. Ohne den passenden Treiber nützt Ihnen das beste Modem rein gar nichts.

Um den Internetzugang einzurichten, wählen Sie im Startmenü *Systemsteuerung* und öffnen dann das Modul *Internetoptionen*. Klicken Sie auf das Register *Verbindungen*.

Nun sehen Sie alle eingerichteten DFÜ-Verbindungen in der Liste *DFÜ- und VPN-Einstellungen*. Vermutlich ist die Liste noch leer. Klicken Sie auf *Setup* (siehe Abbildung 5.1).

Der *Assistent für neue Verbindungen* öffnet sich. Klicken Sie auf *Weiter*. Dann wählen Sie die Option *Verbindung mit dem Internet herstellen* und klicken noch einmal auf *Weiter*. Wählen Sie nun die Option *Verbindung manuell einrichten*, und klicken Sie auf *Weiter*.

Wählen Sie anschließend *Verbindung mit einem DFÜ-Modem herstellen*, und klicken Sie auf *Weiter*. Haben Sie mehrere Modems installiert,

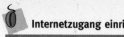

dann erscheint eine Liste, aus der Sie sich das Modem aussuchen können, mit dem gewählt werden soll. Klicken Sie auf *Weiter*.

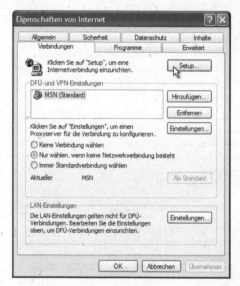

5.1 Hier richten Sie eine Wählverbindung ein, die Sie per Modem oder ISDN ins Internet bringt

Geben Sie jetzt einen Namen für die Internetverbindung ein. Wenn Sie keinen besonderen Internetanbieter kennen und zunächst nur eine Call-by-Call-Verbindung ohne Verpflichtungen (mit Ausnahme natürlich des Minutenpreises im Centbereich) eingehen wollen, dann geben Sie zum Beispiel MSN ⏎ ein.

Geben Sie jetzt die Telefonnummer ein, die das Modem wählen soll. Möchten Sie den MSN-Call-by-Call-Dienst von Microsoft nutzen, dann lautet diese *010880 192658*. Stellen Sie gegebenenfalls noch eine *0* voran, wenn Ihr Modem zuerst eine *0* wählen muss, um von einer Nebenstelle aus die Amtsleitung zu bekommen.

Jetzt will der Assistent Ihren Benutzernamen und Ihr Kennwort wissen. Bei MSN lauten beide *msn* und sind kein Geheimnis. Die Rechnung bekommt ohnehin der, über dessen Leitung Sie sich einwählen.

Bei Online-Diensten wie AOL oder CompuServe ist das anders. Hier wird die Rechnung pauschal gestellt, und hier dürfen Sie deshalb Ihr Kennwort genauso wenig weitergeben wie die PIN-Nummer Ihrer EC-Karte.

Aktivieren Sie auch gleich die Option *Internetverbindungsfirewall für diese Verbindung aktivieren*. Möchten Sie den Internetzugang später anderen im Netzwerk ebenfalls freigeben, dann muss außerdem die Option *Diesen Kontonamen und Kennwort für die Internetverbindung aller Benutzer dieses Computers verwenden* aktiviert sein.

Das war schon alles. Ziemlich schmerzfrei, fanden Sie nicht? Schauen Sie zur Kontrolle noch mal auf das *Verbindungen*-Register des Systemsteuerungsmoduls *Internetoptionen*. Dort ist Ihre neue Verbindung nun eingetragen. Damit Windows die Verbindung automatisch wählt, sobald Sie ins Internet gelangen möchten, muss die Option *Immer Standardverbindung wählen* aktiviert sein.

Internet-Verbindungseinstellungen	
Keine Verbindung wählen	Die Internetverbindung kann nur über ein Netzwerk-Gateway hergestellt werden. Gibt es kein Netzwerk-Gateway (wie zum Beispiel die Internetverbindungsfreigabe), dann ist kein Zugang zum Internet möglich. DFÜ-Wählverbindungen werden allesamt abgeschaltet.
Nur wählen, wenn keine Netzwerkverbindung besteht	Windows versucht zuerst, über ein Netzwerk-Gateway ins Internet zu gelangen. Nur wenn das nicht klappt, wird die DFÜ-Verbindung gewählt.
Immer Standardverbindung wählen	Es wird immer die DFÜ-Einwahlverbindung gewählt. Entweder erscheint dazu eine Auswahlbox, in der die als Standard definierte Verbindung vorgewählt ist. Oder die Einwahl geschieht automatisch, wenn Sie *Automatische Einwahl* gewählt haben.

Tab. 5.2 Verbindungsoptionen, die festlegen, wie Windows ins Internet gelangt

ISDN

Der Internetzugang via ISDN setzt eine ISDN-Karte voraus. Die wird fast immer als Steckkarte nachgerüstet. Bei der Auswahl der ISDN-Karte kommt es anders als bei Modems viel weniger auf technische

Parameter an. ISDN-Geschwindigkeit ist nun mal ISDN-Geschwindigkeit. Sehr viel wichtiger ist jedoch bei ISDN-Karten die benutzerfreundliche Installation. Eine ISDN-Karte, die Sie partout nicht zur Mitarbeit bewegen können, ist gar nichts wert.

Deshalb sollten Sie vor dem Kauf darauf achten, dass die ISDN-Karte mindestes Treiber für Windows 2000 mitbringt. Die sehr verbreitete PCI-*AVM Fritz*-Karte wird von Windows XP vollkommen problemlos erkannt und kann sofort verwendet werden. Das ist bei anderen Herstellern leider nicht so selbstverständlich.

Direkt nach dem Einbau meldet Windows XP im Idealfall die neu erkannte ISDN-Karte und möchte wissen, welche Euro-ISDN-Nummer der Karte zugeordnet werden soll. Das ist die Telefonnummer, auf die die Karte reagieren soll, wenn ein Anruf eingeht. Für den Internetzugang ist das weniger wichtig, weil Sie dabei ja selbst anrufen.

Die Einrichtung des Internetzugangs verläuft dann ganz ähnlich wie beim Modem. Tatsächlich verkleiden sich viele ISDN-Karten (wie zum Beispiel die *AVM Fritz*-Karte) sogar als Modem. In der Modem-Auswahlliste sehen Sie dann die beiden ISDN-Kanäle. In der Liste findet sich außerdem der Eintrag *Alle verfügbaren ISDN-Leitungen sind mehrfach verbunden*.

Wenn Sie diese Einstellung wählen, dann haben Sie später die Möglichkeit, gleich beide ISDN-Kanäle gleichzeitig zu nutzen und so die Internetgeschwindigkeit zu verdoppeln – Kanalbündelung nennt man sowas auf fachchinesisch. Auch die MSN-Call-by-Call-Telefonnummer können Sie für ISDN verwenden. Schon ist Ihr ISDN-Zugang einsatzbereit.

Kanalbündelung feinjustieren

Die Kanalbündelung ist eine Besonderheit der ISDN-Karten. Drei Auswahlmöglichkeiten haben Sie:

→ Die Internetverbindung wird grundsätzlich nur über einen ISDN-Kanal abgewickelt, der zweite bleibt unbenutzt und kann zum Beispiel weiter für Telefonanrufe genutzt werden. Die maximale Geschwindigkeit beträgt damit 64 Kbit/s, und es fallen somit nur die einfachen Telefonkosten an.

→ Die Internetverbindung wird grundsätzlich über beide ISDN-Kanäle abgewickelt. Damit sind Sie telefonisch nicht erreichbar, solange Sie surfen, aber die maximale Internetgeschwindigkeit verdoppelt sich auf 128 Kbit/s. Allerdings werden jetzt auch die doppelten Telefonkosten fällig.

→ Der zweite ISDN-Kanal wird nur bei Bedarf zugeschaltet. Der Bedarf kann von Ihnen selbst bestimmt werden und richtet sich nach der Auslastung der Leitung. Bei einem umfangreichen Download würde Windows XP also den zweiten ISDN-Kanal hinzuschalten, um die Transferzeit zu verkürzen. Nach dem Download würde der zweite Kanal wieder abgeschaltet. Die etwas höheren Telefonkosten sind bei dieser Variante nicht so tragisch, weil Sie dafür weniger lange im Internet zu tun haben.

Und so bestimmen Sie, welche Form der Kanalbündelung Ihre ISDN-Karte verwenden soll:

Wählen Sie im Startmenü *Systemsteuerung*, und öffnen Sie das Modul *Internetoptionen*. Klicken Sie auf das Register *Verbindungen*, und klicken Sie dann auf die DFÜ-Verbindung in der Liste *DFÜ- und VPN-Einstellungen*.

Nun klicken Sie auf *Einstellungen*. Klicken Sie dann rechts unten auf die Schaltfläche *Eigenschaften*. Jetzt sehen Sie oben auf dem Register *Allgemein* die beiden ISDN-Kanäle.

Markieren Sie beide Kanäle mit einem Häkchen, damit über jeden der beiden Kanäle ins Internet gewählt werden kann. Das ist wichtig, falls einer der beiden Kanäle schon von einem Telefonat genutzt wird. Welcher Kanal so blockiert ist, könnte niemand im Voraus sagen.

Klicken Sie anschließend auf das Register *Optionen*. Unten im Feld *Mehrere Geräte* haben Sie jetzt die Auswahl: Wollen Sie kostenbewusst nur über einen ISDN-Kanal surfen, dann stellen Sie hier ein: *Nur das erste verfügbare Gerät wählen*.

Sollen generös immer beide ISDN-Kanäle gleichzeitig benutzt werden, dann ist *Alle Geräte wählen* die richtige Wahl. Und möchten Sie den Turbo nur bei Bedarf zuschalten, dann gehört *Geräte nur falls erforderlich wählen* in die Liste.

Haben Sie sich für *Geräte nur falls erforderlich wählen* entschieden, dann klicken Sie rechts daneben auf *Konfigurieren*. So legen Sie fest, wann »Bedarf« denn nun eigentlich ist.

Dazu bestimmen Sie im oberen Teil, bei welcher Auslastung der zweite Kanal zugeschaltet wird, wenn diese Auslastung die Mindestdauer überschreitet. In der Vorgabe ist die Mindestdauer auf 2 Minuten eingestellt: Der zweite ISDN-Kanal würde also frühestens nach 2 Minuten zugeschaltet, das ist meist reichlich spät.

Im unteren Teil bestimmen Sie, wann wieder auf Normalgeschwindigkeit zurückgedreht wird. Das passiert, wenn die dort angegebene maximale Auslastung für die in der Mindestdauer angegebene Zeit nicht überschritten wird.

Sonstige Einstellungen für Modem und ISDN

Schauen Sie ein wenig über den Tellerrand, und lassen Sie sich nicht nur mit den absolut nötigsten Einstellungen abspeisen. Das könnte ins Auge gehen!

Ein größeres Risiko der Einwahlverbindungen – gleich ob Sie Modem oder ISDN verwenden – ist die Kostenfalle. Haben Sie sich ins Internet eingewählt und wurden dann an der Haustür von Tante Käthe überrascht, die natürlich auch gleich Kuchen mitgebracht hat, dann fällt Ihnen Ihre Internetverbindung vielleicht erst abends im Bett wieder ein.

Oder noch später. Solange Sie die Internetverbindung nicht auflegen, tickt der Gebührenzähler. Genauso wie bei normalen Telefonaten. Das kann teuer werden.

Deshalb gehört zu den Grundeinstellungen unbedingt auch die Notabschaltung. Die kappt die Verbindung automatisch nach einer vorherbestimmten Leerlaufphase. Und auch Wahlwiederholungen und Ausweichrufnummern sind wichtige zusätzliche Einstellungen.

Um die Notabschaltung Ihrer Internetverbindung zu aktivieren, öffnen Sie noch einmal in der Systemsteuerung das Modul *Internetoptionen* und klicken auf das Register *Verbindungen*. Klicken Sie die DFÜ-Verbindung dann in der Liste an, und klicken Sie auf *Einstellungen*.

Klicken Sie dann unten rechts auf *Eigenschaften*. Klicken Sie auf das Register *Optionen*. Sie sehen: Hier wird viel geklickt, aber nun sind Sie am ersten Etappenziel.

Auf diesem Registerblatt legen Sie die Wahlwiederholungen fest und auch die Zeit zwischen den Wahlwiederholungen. Die ist anfangs auf 1 Minute eingestellt. Ist der Internetzugang etwas überlastet, kann es bei dieser Vorgabe ziemlich lange dauern, bis Sie durchkommen. Besser ist hier eine Einstellung im Bereich von 5 Sekunden.

Darunter steht das Notabschalt-Feld: Es ist auf 20 Minuten voreingestellt. Wenn Sie nicht gerade eine pauschale Flatrate erwischt haben, dann sollten Sie diese Frist auf 10 oder noch besser 5 Minuten verkürzen.

Die Einstellung rettet Sie nämlich nicht nur bei allgemeinen Ablenkungen, sondern zum Beispiel auch, wenn Sie intensiv eine Webseite lesen und gar nicht mehr weitersurfen. Auch dann braucht die Internetverbindung eigentlich nicht länger zu bestehen.

Die Option *Wählvorgang wiederholen, falls Verbindung getrennt wurde* aktivieren Sie bei dieser Gelegenheit gleich mit. Sie sorgt dafür, dass Windows sofort neu einwählt, falls die Verbindung aus technischen Gründen zusammenbricht. Sowas kann immer mal wieder passieren.

Klicken Sie dann auf das Register *Erweitert*, und stellen Sie sicher, dass hier die Option *Diesen Computer und das Netzwerk schützen* aktiviert ist. Nur dann verwendet Windows XP die eingebaute Firewall. Wie gut Sie diese Einrichtung vor Sabotage schützt, zeige ich Ihnen in einigen Momenten noch genauer.

Klicken Sie auf *OK*, und klicken Sie dann auf die Schaltfläche *Erweitert*. Aus einem nicht überlieferten Grund müssen hier einige Einstellungen noch einmal eingestellt werden. Aktivieren Sie hier die Option *Verbindung nach x Min. Leerlauf trennen*, und stellen Sie anstelle von x 5 Minuten ein.

Aktivieren Sie außerdem die Option *Verbindung trennen, wenn diese nicht mehr benötigt wird*. Das sorgt dafür, dass Windows die Verbindung sofort trennt, wenn alle Programme mit Internetfunktion ausgeknipst worden sind.

Modem-Diagnose: Ist alles ok?

Modems können von Windows XP automatisch analysiert werden: So wissen Sie sofort, ob das angeschlossene Modem auch funktioniert. Getestet wird allerdings nur die Verbindung zwischen Computer und Modem, nicht etwa, ob auch Ihre Telefonrechnung bezahlt ist.

Wählen Sie zum Testen im Startmenü *Systemsteuerung*, und öffnen Sie das Modul *Telefon- und Modemoptionen*. Dann klicken Sie auf das Register *Modems*. Jetzt sehen Sie alle Modems, die Windows XP installiert hat. Klicken Sie auf *Hinzufügen*, wenn Sie weitere Modems nachinstallieren wollen. Für den Modemtest klicken Sie stattdessen in der Liste auf das Modem, das Sie testen wollen, und klicken dann auf *Eigenschaften*.

Klicken Sie nun auf das Register *Diagnose*, und klicken Sie dann auf *Modem abfragen*. Ein paar Sekunden später erscheint das Ergebnis der Verbindungsabfrage.

> **Espresso-Tipp!** Macht das Modem Spirenzchen, dann klicken Sie im Dialogfenster auf das Register *Allgemein* und dann auf *Problembehandlung*. Schon steht Ihnen ein entsprechend ausgebildeter Fach-Assistent zur Seite und hilft dabei, das Modemproblem zu umzingeln und dann zu meistern.

Internetzugang per ADSL

ADSL-Verbindungen müssen speziell bei Ihrem Telefonanbieter beantragt werden, und noch immer sind nicht alle Regionen in Deutschland mit ADSL versorgt. Die Großstädte und Ballungsräume allerdings schon. ADSL setzt auf einen ISDN-Telefonanschluss auf, belegt aber keine der beiden ISDN-Kanäle.

Obwohl Sie also mit ADSL und Full-Speed im Internet surfen, stehen Ihnen nach wie vor beide Telefonleitungen zur Verfügung. Zudem gibt es für ADSL im Gegensatz zu Modem und ISDN äußerst günstige Flatrates, also monatliche Pauschalbeträge, mit denen Sie ohne weitere Kosten so viel und lange surfen können, wie Sie wollen.

Hat Ihr ADSL-Antrag Erfolg, dann bekommen Sie Besuch von einem Service-Techniker. Der bastelt an Ihren ISDN-Telefonanschluss einen so genannten Splitter.

An den wird dann ein ADSL-Modem installiert. Der Rest ist Ihr Bier. Um Ihren Computer mit dem ADSL-Modem zu verbinden, brauchen Sie nur ein normales CAT5-Netzwerkkabel, so wie es auch in ganz normalen Computernetzwerken verwendet wird.

Ihr Computer braucht außerdem eine Netzwerkkarte. Weil es die schon für unter 30 Mark zu kaufen gibt, ist der ADSL-Anschluss auch in Hinblick auf die Zusatzkosten viel preiswerter als Modem oder ISDN.

Espresso-Tipp! Die Netzwerkkarte in Ihrem Computer ist nur für den ADSL-Anschluss da. Wollen Sie Ihren Computer außerdem an ein Netzwerk anschließen, dann brauchen Sie zwei Netzwerkkarten. Eine für ADSL, und eine für das normale Netzwerk. Das hat gleich einen weiteren Vorteil. Sie können jetzt nämlich eine Verbindung einrichten zwischen ADSL und normalem Netzwerk. So können dann alle übrigen Computer in Ihrem Netzwerk über den einen vorhandenen ADSL-Zugang ins Internet gelangen.

Und so einfach wird der ADSL-Zugang dann eingerichtet:

Öffnen Sie auch bei dieser Variante in der *Systemsteuerung* das Modul *Internetoptionen*, und klicken Sie auf das Register *Verbindungen*. Auch diesmal klicken Sie anschließend auf die Schaltfläche *Setup*, klicken auf *Weiter*, wählen *Verbindung mit dem Internet herstellen*, klicken noch einmal auf *Weiter*, wählen *Verbindung manuell einrichten* und klicken nochmals auf *Weiter*.

Dann allerdings scheiden sich die Wege. Für den ADSL-Zugang wählen Sie nun nämlich *Verbindung über eine Breitbandverbindung herstellen, die Benutzername und Kennwort erfordert*. Klicken Sie auf *Weiter*. Tragen Sie einen Namen für die Verbindung ein, und klicken Sie auf *Weiter*. Jetzt geben Sie den Benutzernamen und Ihr Kennwort ein. Dazu kramen Sie sich kurz die Unterlagen hervor, die Sie nach der Anmeldung des ADSL-Zugangs zugeschickt bekommen haben. Leider sind die Angaben meist ziemlich dürftig und unsystematisch zusammengestellt.

Benutzerkennung bei T-Online

Bei T-DSL setzt sich der Benutzername zum Beispiel zusammen aus der Anschlusskennung, den T-Online-Nummer, der Zahl *0001* und dem Zusatz *@t-online.de*. Aktivieren Sie die Option *Internetverbindungsfirewall für diese Verbindung aktivieren*. Möchten Sie den Internetzugang später anderen im Netzwerk ebenfalls freigeben, dann muss außerdem die Option *Diesen Kontonamen und Kennwort für die Internetverbindung aller Benutzer dieses Computers verwenden* aktiviert sein. Dann klicken Sie auf *Weiter*.

Internetzugang über das Handy

Als Windows 2000 den Markt betrat, war der Schrecken groß: Windows 2000 unterstützte Infrarotschnittstellen plötzlich »nativ«, eigentlich ein technischer Fortschritt, aber die vielen Infrarot-Modem-Emulatoren, mit denen man sich noch bei Windows 98 mit dem Handy verbinden konnte, versagten ihren Dienst.

Bei Windows XP ist das ganz anders. Vorausgesetzt, Ihr Computer verfügt über eine Infrarot-Schnittstelle, dann brauchen Sie Ihr Handy nur in die Nähe des Computers zu legen, und schon erkennt Windows XP das Handy, installiert die nötigen Treiber und kann anschließend per Handy ins Internet wählen. Selbst Modem-Emulatoren sind nun also überflüssig geworden, alles »out-of-the-box«.

Damit das auch klappt, lesen Sie sich zuerst in Ruhe die Bedienungsanleitung Ihres Handys durch. Seine Infrarotschnittstelle ist nämlich nicht ständig aktiv. Das würde nicht nur zu viel Strom kosten, Ihr Handy würde sich sonst womöglich unterwegs ständig mit irgendwelchen Computern in der Nähe verbinden und unbemerkt herumtratschen.

Das will natürlich keiner. Um per Handy ins Internet zu gelangen, müssen Sie also zuerst die Infrarotschnittstelle des Handys aktivieren. Halten Sie dann die Infrarotschnittstelle des Handys in die Nähe der Infrarotschnittstelle Ihres Computers. Infrarotverbindungen sind quasi Sichtverbindungen, und wenn Tastaturen, Aschenbecher oder wedelnde Hände dazwischen liegen, klappt die Verbindung nicht.

5.2 Handys werden von Windows XP automatisch via Infrarot erkannt

Windows XP erkennt nun zuerst das Telefon und dann dessen genauen Typ. Wenig später ist das Handy bei Windows XP registriert.
Jetzt können Sie das installierte Handy genauso verwenden wie jedes
andere Modem auch, also zum Beispiel wie eben gezeigt eine DFÜ-
Einwahlverbindung einrichten.

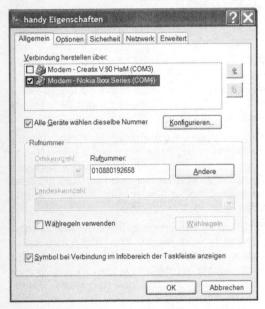

5.3 Handy über Infrarot-Verbindung als normales Modem nutzen

Allerdings brauchen Sie dazu in den meisten Fällen das OK Ihres Mo-
bilfunkdienstes. Häufig müssen Sie Ihren Online-Zugang dort zuerst
freischalten lassen und dann spezielle Einwahlnummern für den Mo-
bilfunkzugang angeben. Details erfahren Sie bei Ihrem Mobilfunkbe-
treiber.

Espresso-Tipp! Achten Sie darauf, dass das Handy bei der Einrichtung der
DFÜ-Verbindung auch tatsächlich eingeschaltet und über Infrarot erreichbar
ist. Andernfalls bietet Windows XP das Handy nicht als Modem an.

Internetzugang über das Netzwerk

Wenn Sie mehrere Computer über ein Netzwerk zusammengeschlossen haben, dann genügt ein einzelner Computer im Netzwerk, um allen Computern gemeinsam den Zugang zum Internet möglich zu machen. Dieser Computer verwendet dazu die in Windows XP eingebaute Internetverbindungsfreigabe und stellt so ein Gateway zur Verfügung.

Die teurere, aber bequemere Alternative ist ein Router. Das ist ein kleines Gerät, das zum Beispiel per ADSL oder ISDN mit dem Internet verbunden wird. Auf der anderen Seite verbindet sich der Router mit dem heimischen Netzwerk und stellt dort ebenfalls ein Gateway zur Verfügung.

Was genau ein Gateway ist, erfahren Sie im Netzwerkkapitel. Um über einen fremden Computer in Ihrem Netzwerk ins Internet zu gelangen, brauchen Sie das nämlich nicht zu wissen. Es genügt, in der *Systemsteuerung Internetoptionen* zu wählen, auf das Register *Verbindungen* zu klicken und dann ein paar Dinge zu prüfen:

➔ Stellen Sie zuerst sicher, dass im oberen Teil *Keine Verbindung wählen* aktiv ist, denn Sie wollen ja nicht per DFÜ-Wählverbindung ins Internet, sondern über das Netzwerk.

➔ Möchten Sie sich über die in Windows XP integrierte Internetverbindungsfreigabe mit dem Internet verbinden, dann sind Sie vielleicht schon längst verbunden. Windows XP richtet nämlich ganz automatisch das LAN-Gateway für Sie ein, sobald im Heimnetzwerk ein Computer seinen Internetzugang freigibt. Das allerdings funktioniert nur, wenn Sie Ihr Heimnetzwerk auch korrekt eingerichtet haben. Deshalb lesen Sie alle Details zur Internetverbindungsfreigabe im Netzwerkkapitel. Dort passt alles besser zusammen.

➔ Wollen Sie über ein anderes Gateway ins Internet gelangen, zum Beispiel einen Router, dann müssen Sie die IP-Adresse des Gateways kennen. Anschließend öffnen Sie in der Systemsteuerung *Netzwerkverbindungen*, klicken mit der rechten Maustaste auf Ihre LAN-Verbindung und wählen *Eigenschaften*. In der Liste *Diese Verbindung verwendet folgende Elemente* klicken Sie auf *Internetprotokoll (TCP/IP)* und anschließend auf *Eigenschaften*.

→ Sorgen Sie jetzt dafür, dass als *Gateway* die IP-Adresse Ihres Gateways eingetragen ist, und dass als *DNS-Server* zwei gültige DNS-Server-IP-Adressen eingetragen sind. Wollen Sie IP-Adressen automatisch beziehen, dann klicken Sie unten rechts auf *Erweitert*, um auf dem Register *IP-Einstellungen* im unteren Bereich das Gateway dennoch festlegen zu können.

5.2 Die Internet-Firewall aktivieren

»Alle Energie auf die Schirme!« – Immer, wenn Captain Kirk dieses Kommando gab, krachte es anschließend ganz fürchterlich, und dank der Schutzschilde ging die Sache trotzdem stets gut aus.

Im Internet ist das genauso, hier kracht es fortwährend, und Server bekannter Firmen haben mitunter mehrere Attacken und Einbruchsversuche pro Sekunde abzuwehren. Kann Ihnen egal sein, denken Sie? Keineswegs!

Waren Privatanwender bislang kaum Ziel solcher Hacker, sorgen ausgerechnet die immer beliebter werdenden Flatrates für verstärkten Sabotagealarm. Heimische PCs, die über mehrere Stunden oder ständig online sind, werden genauso zur Zielscheibe wie renommierte Firmenserver.

Weil es im Internet keinen netten Onkel Kirk gibt, der im rechten Moment »Schilde hoch!« ruft, sollten Ihre Schutzschilde ständig unter Strom stehen. Und das ist auch kein Problem mehr, denn Windows XP liefert leistungsfähige Schutzschilde gleich mit: die neue Internet-Firewall. Nur einschalten müssen Sie sie eben.

Machen Sie doch einfach mal folgendes Experiment – und bereiten Sie sich seelisch auf einen gehörigen Schrecken vor. Wählen Sie im Startmenü *Systemsteuerung*, und öffnen Sie das *Internetoptionen*-Modul. Dann klicken Sie auf das Register *Verbindungen* und picken sich mit der Maus die DFÜ-Verbindung heraus, über die Sie sich ins Internet einwählen.

Klicken Sie auf *Einstellungen*. Klicken Sie dann auf *Eigenschaften* und danach auf das Register *Erweitert*. Nun schauen Sie mal unauffällig nach, ob die Option *Diesen Computer und das Netzwerk schützen* aktiviert ist. Falls nicht, dann haben Sie Ihre persönlichen Schutzschilde gar nicht eingeschaltet.

Was da passieren kann, finden Sie als Nächstes heraus. Schalten Sie die Option ausdrücklich aus. Klicken Sie auf *OK*, bis alle Fenster geschlossen sind, und wählen Sie dann im Startmenü *Ausführen*. Nun surfen Sie zu dieser Webseite: https://grc.com/x/ne.dll?bh0bkyd2 ⏎.

Eine Sicherheitswebseite erscheint. Klicken Sie auf *Test My Shields!*. Schauen Sie mal, wie viel Einbruchsmöglichkeiten der Sicherheitscheck auf Ihrem System entdeckt. Klicken Sie dann auf *Probe My Ports!*. Lassen Sie sich live vorführen, auf welche Weise Internethacker Ihr System entern könnten.

Genug erschreckt? Dann schließen Sie den Browser wieder, kappen die Internetverbindung und schalten jetzt die Firewall ein. Dazu gehen Sie vor wie oben und aktivieren diesmal die Option *Diesen Computer und das Netzwerk schützen*. Wiederholen Sie nun den Test. Diesmal ist alles gut: Die Firewall schließt all die Sicherheitslücken unauffällig und gründlich.

Die Firewall feinjustieren

In den Grundeinstellungen ist die Firewall ein undurchdringlicher Schutzschirm, und das ist gut so. In manchen Fällen ist der Schutz aber zu gut. Möchten Sie aus bestimmten Gründen Fremde auf ausgewählte Ports Ihres Computers zugreifen lassen, dann dünnen Sie den Schutzschirm an diesen Stellen eben etwas aus.

Das sollten Sie allerdings nur aus zwingenden Gründen tun. Öffnen Sie dazu erneut in der Systemsteuerung das Modul *Internetoptionen*, klicken Sie auf das Register *Verbindungen* und klicken Sie auf Ihre DFÜ-Verbindung. Dann klicken Sie auf *Einstellungen*. Klicken Sie dann auf *Eigenschaften* und auf das Register *Erweitert*.

Nun sehen Sie unten rechts die Schaltfläche *Einstellungen*. Sie ist nur dann abgeblendet, wenn Sie die Firewall nicht mit der Option *Diesen Computer und das Netzwerk schützen* angeknipst haben. Klicken Sie auf *Einstellungen*. Jetzt sehen Sie eine Liste der Dienste, die normalerweise von der Firewall beschützt werden. Wollen Sie den Zugriff auf einen dieser Dienste zulassen, dann klicken Sie ins Kästchen vor dem Dienst.

Windows XP als Webserver

Port-Konfiguration der Firewall

Windows XP Home ist ein reiner Internet-Konsument – genau wie der typische Privatanwender. Sie finden deshalb in Windows XP Home eigentlich fast alles, um auf Internetdienstleistungen zuzugreifen.

Windows XP Home enthält aber anders als zum Beispiel Windows XP Professional keinen Webserver und kann also selbst keine Internetdienstleistungen für andere bereitstellen. Deshalb brauchen die meisten Ports auch nicht geöffnet zu werden.

Microsoft hindert Sie aber nicht daran, Webserver-Software anderer Hersteller zu verwenden, und so kann aus einem Windows XP Home-System doch noch ein Webserver werden.

Möchten Sie dann anderen Internetnutzern den Zugriff auf eigene Webseiten gewähren, so müssen die entsprechenden Ports aus der Firewall ausgeklammert werden. Für normale Webseiten ist zum Beispiel der *HTTP*-Port zuständig und für Datei-Archive der *FTP*-Port.

Fehlt Ihnen ein wichtiger Port in der Liste, dann klicken Sie auf *Hinzufügen* und fügen ihn in die Liste ein. Sie können prinzipiell alle Ports aus der Firewall ausklammern. Das kann für Spezialsoftware wichtig werden, die eigene Ports einrichtet, um über das Internet Daten auszutauschen. In aller Regel aber ist die eingebaute Firewall völlig wartungsfrei.

6 Windows XP und das Internet

Richtig interessant wird das Internet vor allen Dingen durch die Phantasie seiner Anwender, die unzähligen darin gespeicherten Informationen und die vielen neuen Ideen der Computerentwickler.

Viele davon sind in Windows XP eingeflossen. Neben klassischen Dingen wie dem weltweiten E-Mail-Empfang tauschen Sie mit Windows XP auch ganz einfach Kurznachrichten aus, schicken Fotos aus Ihrer Digitalkamera zur Fotoentwicklung (und bekommen die Abzüge wenige Tage später per Post zurück) und können sogar endlich lauthals um Hilfe schreien: Klappt mal etwas nicht so wie gewünscht, dann laden Sie einen befreundeten Computerexperten ein, den Bildschirm mit Ihnen zu teilen. So können Sie selbst verzwickte Rätsel schnell gemeinsam knacken und brauchen sich nicht mehr umständlich an teuren Computer-Hotlines den Mund fusselig zu reden. Remote-Assistance oder Remote-Unterstützung nennt Microsoft das.

Vielleicht haben Sie es im letzten Kapitel schon erlebt: Die Einrichtung des Internetzugangs – ob per ISDN, ADSL oder Handy – war nie so einfach wie mit Windows XP. Und das gilt auch für die vielen Internetfunktionen.

XP steht nämlich nicht umsonst für »Experience«, also Erfahrung. Mit Windows XP greifen Sie direkt auf die Erfahrung zahlloser Computerexperten zu, die ihr ganzes Wissen in die Gestaltung der mitgelieferten Tools gesteckt haben. Und damit erreichen Sie vom Start weg mehr, als so manch gestandener Internetprofi mit seiner alten Windows 98-Kiste.

6.1 Im Internet auf Informationssuche gehen

Lassen Sie uns die Reise durch die Internetmöglichkeiten ganz klassisch beginnen und auf ein paar Webseiten herumstromern. Interessieren Sie sich zum Beispiel für die neuesten Nachrichten? Dann wählen Sie im Startmenü *Ausführen* und geben ein: www.tagesschau.de ↵.

Schon baut Windows eine Internetverbindung auf, jedenfalls dann, wenn Sie eine wie im vorangegangenen Kapitel eingerichtet haben. Wenig später zeigt der Internet Explorer die Nachrichtenseite an. Ganz einfach, eigentlich.

Im Grunde kommt es also nur darauf an, die richtigen Webseiten-Adressen zu kennen. Planen Sie am Wochenende eine Party? Dann wäre ein aktueller Wetterbericht nicht schlecht. Unter *www.wetter.de* werden Sie sofort fündig. Was aber, wenn Sie diese Webseite gar nicht kannten?

Zu diesem Zweck gibt es Suchseiten. Ihr einziger Sinn besteht darin, Stichworte entgegenzunehmen und dann die Webseiten auszuspucken, die von diesen Stichworten handeln. Natürlich wäre ein Stichwort wie *Wetter* reichlich ungeeignet. Es kommt viel zu häufig vor. Etwas anders sieht das schon aus, wenn Sie nach *Wettervorhersage* suchen.

Suchmaschinen

Surfen Sie zuerst zu einer der Suchseiten, zum Beispiel zu *www.altavista.de*. Dazu klicken Sie im Startmenü auf *Ausführen*, geben die Webadresse ein und drücken ↵.Nun geben Sie Ihr Stichwort ins Suchformular ein: Wettervorhersage ↵. Einen Moment später spuckt die Seite alle Webseiten aus, die irgendetwas mit Wettervorhersage zu tun haben. Siehe da: Der Deutsche Wetterdienst ist ebenso dabei wie das Infocenter für Meterologie & Klimatologie. Alles Webadressen, die Ihnen sicher nicht im Traum eingefallen wären.

Um eine der Seiten zu besuchen, klicken Sie den unterstrichenen Link an. Alles, was auf Webseiten unterstrichen ist, kann angeklickt werden und führt Sie zu einer anderen Webseite. Parken Sie die Maus auf einem unterstrichenen Link, dann sehen Sie unten in der Statusleiste die Adresse, auf die der Link verweist. Ist die Statusleiste nicht zu sehen, dann blenden Sie sie kurz ein: *Ansicht – Statusleiste*.

Und auch für eins der verschwiegensten Geheimnisse beim Internetsurfen gibt es eine Lösung: Sind Ihnen die Schriftzeichen zu klein, die der Internet Explorer anzeigt, und besitzt Ihre Maus ein Drehrädchen, dann halten Sie Strg fest und drehen mal am Mausrädchen. So lässt sich die Schrift im Internet Explorer stufenlos verkleinern und vergrößern. Na also! Haben Sie Lust auf mehr Internet-Abenteuer bekommen? Dann suchen Sie nach ein paar weiteren Stichworten. Versuchen

Sie zum Beispiel *Webcam*. So finden Sie Seiten, die Live-Bilder vom Eiffelturm, der Zugspitze oder des Cafés in Uetze unter der Kastanie zeigen.

Spätestens jetzt werden Sie feststellen, dass es solche und solche Internetseiten gibt. Neben professionellen, schnell ladenden Seiten steckt das Internet voller Privatseiten, bei denen niemand im vorhinein sagen kann, was Ihnen als Nächstes begegnen wird. Genau das macht allerdings den besonderen Reiz des Internets aus. Es ist kein kostenpflichtiger Informationsdienst, von dem man bestimmte Informationen abfordern könnte. Noch nicht, wenigstens, und das ist gut so.

Navigation

Immer, wenn Sie einen Link anklicken, werden Sie zu einer neuen Webseite weitergereicht. Daher kommt übrigens auch der Name *WWW – World Wide Web*: das weltweite (Spinnen)netz ineinander verwobener und verflochtener Links. Die neuen Webseiten erscheinen in der Regel in demselben Internet Explorer-Fenster. Wollen Sie zur vorherigen Seite zurückblättern, dann klicken Sie oben in der Symbolleiste auf die *Zurück*-Schaltfläche.

> **Espresso-Tipp!** Manchmal öffnen sich neue Webseiten auch in eigenen Fenstern, und manchmal funktioniert die *Zurück*-Schaltfläche auch nicht. Ausnahmen bestätigen die Regel. Das Internet ist noch jung und entsprechend anarchisch. Webseitenprogrammierer probieren immer neue Tricks aus, um Ihre Aufmerksamkeit zu erheischen. Wenn's Ihnen zu bunt wird, knipsen Sie die Internet Explorer-Fenster eben einfach aus und starten von vorn.

Favoriten

Sind Sie bei Ihren ersten Navigationsabenteuern auf interessante Webseiten gestoßen, die Sie gern noch mal besuchen würden? Dann setzen Sie einfach ein Lesezeichen! Das funktioniert noch viel bequemer als die Lesezeichen mit den bunten Wollfäden. Wählen Sie einfach *Favoriten – Zu Favoriten hinzufügen*, wählen Sie nicht die Option *Offline verfügbar machen* und geben Sie gegebenenfalls einen besseren Merkbegriff ins Feld *Name* ein. Dann klicken Sie auf *OK*.

Später erreichen Sie Ihre Lieblingswebseiten ganz bequem über das *Favoriten*-Menü oder die Symbolschaltfläche *Favoriten*.

Ist einer Ihrer Webseiten-Favoriten in Ungnade gefallen oder ausgelesen, dann öffnen Sie das *Favoriten*-Menü, klicken den Eintrag, den Sie nicht mehr brauchen, mit der rechten Maustaste an und wählen *Löschen*. Schon ist er wieder weg. So einfach ist das.

Webseiten auf der Festplatte speichern

Normalerweise brauchen Sie einen laufenden Internetzugang, um Webseiten zu betrachten. Das kann ins Geld gehen, jedenfalls dann, wenn Sie den Internetzugang pro Sekunde zahlen. Seiten, die Sie gut finden und vielleicht ganz in Ruhe durchschmökern wollen, sollten Sie deshalb auf der Festplatte speichern. So können Sie die Seite jederzeit aufrufen.

Surfen Sie dazu zur Seite, die Sie interessiert. Wählen Sie *Datei – Speichern unter*, und stellen Sie im Feld *Dateityp* ein: *Webseite, komplett*. Dann suchen Sie sich einen Ordner aus, in dem Sie die Seite aufbewahren wollen, geben einen Dateinamen ins gleichnamige Feld ein und drücken auf *Speichern*.

Der Internet Explorer speichert nun nicht nur die eigentliche Webseite, sondern auch alle Elemente wie zum Beispiel eingebettete Bilder. Das kann ein paar Sekunden dauern. Wollen Sie die Webseite später genauer untersuchen, öffnen Sie den Ordner, in dem Sie sie gespeichert haben, und öffnen dann die Webseite. Schon wird sie auch ohne Internetanschluss in aller Pracht angezeigt.

Allerdings wird eine auf diese Weise gespeicherte Seite nicht mehr aktualisiert. Sie ist ja zu einer gespeicherten festen Datei auf Ihrem Rechner geworden.

Über *Favoriten – Zu Favoriten hinzufügen* können Sie Webseiten nicht nur in Ihre Lieblingsliste einfügen, um sie später schnell wiederzufinden. Mit der Option *Offline verfügbar machen* können Sie die Seite auch lokal puffern. Die Seite ist dann ebenfalls ohne Internetverbindung sichtbar. Über *Extras – Synchronisieren* lassen sich solche Webseiten dann bequem auf den neuesten Stand bringen, wenn Sie wieder einmal im Internet zu tun haben.

Don'ts im Internet

Nun, da Sie es sich schon ein bisschen im Internet gemütlich gemacht haben, folgt die erste Standpauke. Das Internet ist nämlich nicht nur lieb und nett. Darin werden auch eine Menge krummer Dinger gedreht, und fast immer dreht es sich dabei nur um eins: Ihr Geld. Deshalb hier eine kleine Liste der größten Anfängerfehler:

➔ Glauben Sie erst einmal rein gar nichts. Von der neuesten John-F.-Kennedy-Verschwörungstheorie über die garantiert unschlagbare Strategie für die erste Million bis hin zu den nackten Brüsten der First Lady wird Ihnen im Internet fast alles angeboten.

➔ Böse Zungen behaupten, dass das Internet zu 80% aus Pornographie besteht, und das ist noch gar nicht mal so schlecht geschätzt. Bereiten Sie sich also seelisch darauf vor, Dinge zu sehen, die kein Mensch je zuvor gesehen hat. Bereiten Sie sich aber ebenfalls darauf vor, dass Sie diese Dinge meist erst nach Angabe Ihrer Kreditkartennummer sehen und dann vermutlich Monat für Monat zur Kasse gebeten werden, bis Sie schließlich mit hochrotem Kopf alles Ihrem Sparkassenberater beichten. Anders gesagt: Vergessen Sie Kreditkarten-Angebote jeder Art, egal ob Rotlichtbereich oder anderswo. Kreditkarten-Geschäfte sind nur bei seriösen Großunternehmen zu verantworten, am besten solchen mit Sitz in Deutschland. Das Problem ist nämlich gar nicht so sehr der Kartennummern-Klau. Wollte jemand Kreditkartennummern stehlen, dann bräuchte er vermutlich bloß zwei Tage lang die Papierkörbe der Tankstellen zu durchforsten. Es geht vielmehr um Abonnement-Abbuchungen, die sich nur noch mit größtem Aufwand stoppen lassen, weil niemand weiß, wo er die »Dienstleistungen« eigentlich abbestellt. Und wer glaubt, die Kreditkartenunternehmen würden Ihnen zur Seite stehen, der irrt. Selbst wenn Sie Ihre Kreditkarte zurückgeben, zerreißen oder in den Wäschetrockner stecken – bezahlen müssen Sie trotzdem. Gefährlich.

➔ Laden Sie nichts herunter. Jedenfalls vorerst nicht. Lesen Sie zuerst das Kapitel über Downloads. Das Internet ist zwar nicht unbedingt völlig virenverseucht, aber ein bisschen schon. Ein Virenscanner ist im Internet genauso wichtig wie die Malariaprohylaxe in Namibia.

→ Melden Sie sich nicht mit einem Benutzerkonto an, das über *Computeradministrator*-Rechte verfügt. Verwenden Sie zum Internetsurfen ein eingeschränktes Konto, so wie übrigens auch für alle anderen alltäglichen Aufgaben. Sollte mal etwas schiefgehen, dann ist so nicht der ganze Computer in Gefahr, sondern nur das jeweilige Benutzerkonto.

Nützliche Einstellungen im Internet Explorer

Als Nächstes machen Sie es sich im Internet Explorer etwas gemütlicher. Richten Sie sich zum Beispiel eine vernünftige Startseite ein! Die zeigt der Explorer dann an, wenn Sie ihn starten oder auf das kleine Häuschen in der Symbolleiste klicken.

Dazu wählen Sie *Extras – Internetoptionen*. Kommt Ihnen das Dialogfenster bekannt vor? Genau, *Extras – Internetoptionen* ist nur eine Abkürzung zum Systemsteuerungsmodul *Internetoptionen*. Im Bereich *Startseite* können Sie sich nun eine neue Startseite eintragen. Noch bequemer geht's, wenn Sie zur gewünschten Startseite surfen und dann *Aktuelle Seite* im Dialogfenster anklicken.

Noch mehr Feineinstellungen sehen Sie, wenn Sie auf das Register *Erweitert* klicken. Viele der Optionen sind nur für Experten interessant, aber einige haben es in sich. Unter der Kategorie *Drucken* finden Sie zum Beispiel die Einstellung *Hintergrundfarben und -bilder drucken*.

Die ist normalerweise abgeschaltet und sorgt so dafür, dass Webseiten ohne Hintergrundschmuck als reiner Text auf weißem Papier ausgegeben werden. Das spart Tinte und erhöht die Lesbarkeit. Möchten Sie dagegen eine Webseite lieber vollkommen originalgetreu zu Papier bringen, dann muss diese Einstellung eingeschaltet werden.

Und wenn Sie häufiger mal Kennwörter oder Formulare auszufüllen haben, dann klicken Sie auf das Register *Inhalte* und anschließend auf die Schaltfläche *AutoVervollständigen*.

Nun können Sie sich aussuchen, in welchen Bereichen der Internet Explorer Formularfelder und andere Angaben für Sie automatisch vervollständigen soll, wenn er eine Eingabe zu erraten erscheint. Das spart Tipparbeit.

Internet-Sicherheit

Eine weitere Einstellung, die Sie unbedingt baldmöglichst ansehen sollten, ist die Sicherheitseinstellung des Internet Explorers. Die legt fest, wie viel Macht die Webseiten über Ihren Computer haben. Klicken Sie dazu auf das Register *Sicherheit*. Oben sehen Sie jetzt verschiedene Internetzonen:

Internet-Sicherheitszonen	
Internet	Alle Webseiten, die über das Internet geladen werden und zu keiner anderen Zone gehören
Lokales Intranet	Alle Webseiten, die über das private eigene Netzwerk von einem selbstverwalteten Webserver stammen oder direkt von der Festplatte geöffnet wurden
Vertrauens-würdige Sites	Alle Webseiten, denen Sie ganz besonders vertrauen, weil sie zum Beispiel von seriösen Großunternehmen stammen
Eingeschränk-te Sites	Alle Webseiten, denen Sie misstrauisch gegenüberstehen

Tab. 6.1 Sicherheitszonen im Internet

Mit Ausnahme der Zone *Internet* können Sie alle übrigen Zonen mit der Schaltfläche *Sites* beladen: Geben Sie die Webseiten an, die Sie der Zone zuordnen wollen. Im Feld *Sicherheitsstufe dieser Zone* legen Sie dann fest, welche Sicherheitseinschränkungen für die markierte Zone gelten sollen.

Und dass das keine reine Kosmetik ist, will ich Ihnen gleich beweisen. Webseiten, die Sie nicht von vornherein im Zaum halten, sind extrem gefährlich. Lockern Sie alle Sicherheitseinschränkungen, dann könnten böswillige Webseiten Ihre ganze Festplatte löschen oder nach sensiblen Daten fahnden.

Glauben Sie nicht? Dann machen Sie mal den Test. Wählen Sie im Startmenü *Ausführen*, und geben Sie ein: `http://www.scriptinternals.de/content/test.htm` ↵ .

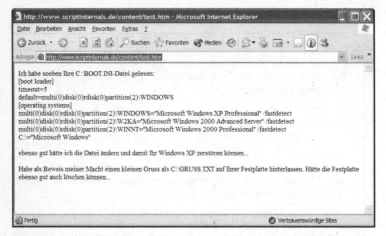

Bild 6.1 Bei falschen Sicherheitseinstellungen haben Webseiten volle Kontrolle

Jetzt können drei Dinge passieren:

→ Entweder öffnet sich eine leere Webseite mit einer Fehlermeldung, die darüber lamentiert, dass ein Objekt nicht angelegt werden konnte. Dann ist die Internetzone bei Ihnen maximal gesichert, und potenziell gefährliche Skripte können nicht ausgeführt werden. Bravo!

→ Oder aber es öffnet sich ein scheinheiliges Dialogfenster und fragt nach, ob Sie zulassen wollen, dass ein ActiveX-Steuerelement der Seite ausgeführt wird, das in Wechselwirkung mit anderen Elementen nicht sicher sein könnte. Eigentlich müsste die Dialogmeldung lauten: *Sind Sie wahnsinnig und wollen Sie Ihren Computer zu Apfelmus verarbeiten?*. Klicken Sie nämlich jetzt auf *Ja*, dann lassen Sie Skripten auf der Webseite freie Hand. Das Testskript beweist es. Es liest erst die streng geheime *BOOT.INI*-Startdatei Ihres Computers aus, speichert dann ungefragt eine Datei auf Ihrer Festplatte und öffnet die Datei danach sogar noch im Editor. Ebenso gut hätte eine böswillige Webseite in derselben Zeit Ihre Festplatte ausradieren oder Ihr Online-Bankkonto plündern können.

→ Noch schlimmer ist es, wenn erst gar kein Warnfenster erscheint und das Testskript sofort aktiv wird.

Microsoft ist inzwischen ebenfalls sensibel geworden. Der Internet Explorer verwendet deshalb bei Windows XP sehr strikte Vorgaben. Potenziell gefährliche Skripte wie das Testskript von eben haben nur eine Chance, wenn Sie die Sicherheitsstufe mit der Schaltfläche *Standardstufe* auf *Sehr niedrig* einstellen oder wenn Sie *Stufe anpassen* wählen und dann explizit *ActiveX-Steuerelemente initialisieren und ausführen, die nicht sicher sind* auf *Eingabeaufforderung* oder gar *Aktivieren* einstellen. Können Sie sich vorstellen, dass diese Einstellung vor noch nicht allzu langer Zeit der Standard war?

Cookies – die zahnlosen Keksmonster?

Kennen Sie Cookies? Die sind unter vielen Anwendern extrem verrufen, und wenn Sie am Computerstammtisch Cookies erwähnen, rollen alle mit den Augen und fangen plötzlich an zu flüstern. Monster. Mindestens. Dabei begann alles mit einer guten Idee. Und einem tragischen Missverständnis.

Wenn Sie nämlich Internetseiten besuchen, dann tun Sie das anonym. Auch wenn Sie sich innerhalb des Online-Angebotes des Otto-Versands von Katalogseite zu Katalogseite klicken, sind Sie für jede Seite, zu der Sie umblättern, ein neuer Kunde. Die Seiten wissen einfach nicht, welche Seiten Sie sonst noch besucht haben. Das ist natürlich tragisch, denn wie will man so einen elektronischen Einkaufswagen realisieren, in dem Sie die Angebote von ganz verschiedenen Internetseiten sammeln? Einfache Antwort: gar nicht.

Deshalb wurden Cookies erfunden, und zwar ausdrücklich mit dem Hintergedanken des Datenschutzes. Möchte eine Seite Informationen speichern, zum Beispiel die ausgewählten Artikel einer Katalogseite, dann beauftragen Sie dazu Ihren Web-Browser, also den Internet Explorer. Der speichert die Informationen dann als Cookie, entweder vorübergehend im Speicher (Sitzungscookie) oder dauerhaft als Textdatei. Diese gespeicherten Informationen können so von allen Webseiten derselben Site gelesen werden. Und nur von denen. Von niemandem sonst. Haben Sie eine halbe Stunde zuvor die Playboy-Seiten begutachtet, dann erfährt davon beim Otto-Versand niemand etwas.

Kurz nach der Erfindung der Cookies erschien ein weithin beachteter Artikel in einem Fachmagazin. Die Autoren hatten das Konzept der Cookies gründlich missverstanden und orakelten über allerhand dunkle Dinge, die damit angeblich möglich wären. Das war zwar alles Unsinn, aber der hält sich bis heute, genau wie die Berichte über die Ufolandungen in Nevada.

Das Ende vom Lied: Viele Benutzer schalteten die Cookies einfach ab, viele Online-Anbieter dachten sich daraufhin eigene Datenspeicher-Konzepte über interne Datenbanken aus, und der schöne Datenschutz war dahin, weil nun die persönlichen Daten bei den Firmen lagern, nicht mehr in Ihrem Browser, wo Sie sie unter Kontrolle hatten und löschen konnten.

Auch der Internet Explorer spielt dieses Spiel mit, und das ist sogar ganz in Ordnung. Inzwischen haben nämlich einige Unternehmen damit begonnen, viele hundert verschiedene Websites unter ihre Fittiche zu nehmen, zum Beispiel über Werbebanner-Verträge. Von denen werden so genannte Drittanbieter-Cookies vergeben, und mit denen kann man wirklich das Kauf- und Surfverhalten der Internetnutzer ableiten, ohne dass die es merken.

Dagegen können Sie im Internet Explorer endlich etwas tun, ohne die »guten« Cookies zu beeinträchtigen. Der Internet Explorer ist nämlich clever genug, normale Cookies von Drittanbieter-Cookies zu unterscheiden. Klicken Sie auf das Register *Datenschutz*, können Sie festlegen, wie er mit Cookie-Anforderungen umgehen soll. Der Schieberegler ist allerdings extrem unübersichtlich.

Besser geht's, wenn Sie auf *Erweitert* klicken. Jetzt sehen Sie die möglichen Einstellungen in der klaren Übersicht. Wählen Sie die Option *Automatische Cookiebehandlung aufheben*. Dann aktivieren Sie die Option *Sitzungscookies immer zulassen*. Sitzungscookies werden nur solange gespeichert, wie der Internet Explorer geöffnet ist. Solche Cookies sind einfach wichtig, um in mehrseitigen Websites vernünftig zu navigieren. Cookies von Erstanbietern stammen von der Webseite, die Sie gerade besuchen. Solche Cookies können Sie annehmen oder auch nicht. Cookies von Drittanbietern stammen dagegen von anderen Webseiten. Die sind böse. Nicht, weil sie Ihren Computer zerstören könnten, sondern weil hier überregionale Unternehmen versuchen könnten, über vielfältige Websites, die eigentlich alle vom gleichen Unternehmen kontrolliert werden, demoskopische Informationen abzuleiten. Sperren Sie Drittanbieter-Cookies. Wer Cookies als Drittanbieter unterjubelt, hat es nicht besser verdient.

Jugendschutz einrichten

Das werden viele – vor allen Dingen jüngere Familienmitglieder nicht gern hören: Mit dem Internet Explorer können Eltern endlich einigermaßen sichere Jugendschutzrichtlinien in Kraft setzen – und so verhindern, dass die lieben Kleinen schon in jungen Jahren beobachten müssen, auf welch vielfältige Art man sich vermehren kann.

6.2 Jugendschutz-Einstellungen sollen Webseiten filtern

Die Jugendschutzrichtlinien sind nicht in das normale Sicherheitskonzept von Windows XP integriert. Es spielt also keine Rolle, ob jemand Computeradministrator ist oder nicht. Wer zuerst diese Sicherheitsfunktionen entdeckt, der kann das Verwaltungskennwort setzen und wird zum Herrscher über das, was andere Benutzer mit dem Internet Explorer sehen können – oder eben nicht. Ein wichtiger Grund also, sich diese Sicherheitseinstellungen möglichst umgehend näher anzusehen.

Jugendschutz aktivieren

Die Jugendschutzeinstellungen des Internet Explorers finden Sie im Systemsteuerungsmodul *Internetoptionen*. Wählen Sie also im Startmenü *Systemsteuerung*, und öffnen Sie das Modul *Internetoptionen*. Klicken Sie dann auf das Register *Inhalte*. Im Bereich *Inhaltsratgeber* finden Sie den Hauptschalter für den Jugendschutz. Er heißt *Aktivieren*. Klicken Sie darauf. Jetzt können Sie sich aussuchen, welche Internetseiten der Internet Explorer anzeigen darf – und welche nicht. Die Kategorien reichen von *Gewalt* über *Nacktaufnahmen* bis hin zu unverblümtem *Sex*.

Jede Kategorie kann dann mit dem Schieberegler darunter eingeschränkt werden. Klicken Sie zum Beispiel auf die Kategorie *Gewalt*, dann können Sie mit dem Schieberegler zwischen *Keine Gewalt* (genau genommen keine Einschränkung in diesem Bereich, also die schwächste Einstellung), *Kampf, Töten, Töten mit Blut* und *Mutwillige und unbegründete Gewalt* (strengste Einstellung) auswählen.

Ähnlich amüsant sind die Schweregradeinstufungen bei den übrigen Kategorien, zum Beispiel *Sex*. Haben Sie für alle Kategorien die passenden Einstellungen getroffen, dann klicken Sie auf das Register *Gebilligte Sites*. Hier können Sie Internetadressen hinterlegen, die trotz Ihrer Filterkriterien angezeigt werden sollen. Und wieso?

Weil der Internet Explorer natürlich Webseiten nicht selbst analysieren und nackte Haut entdecken kann. Er baut vielmehr auf Klassifizierungen auf, die die Websites freiwillig mitsenden. Sendet eine Website freiwillig eine Klassifizierung mit, dann schaut der Internet Explorer nach, ob Ihre Filtereinstellungen die Anzeige erlauben. Viele (harmlose) Webseiten senden allerdings solch eine Klassifizierung gar nicht mit. Der Internet Explorer würde solche Seiten also kategorisch sperren. Deshalb ist das Register *Gebilligte Sites* so wichtig. Hier gehören alle Webadressen hinein, die angezeigt werden sollen – no matter what.

Später werden Sie immer wieder auf Webseiten treffen, die sich nicht richtig klassifizieren und deshalb nicht angezeigt werden können. Wenn Sie auf dem *Allgemein*-Register die Option *Supervisor kann durch Kennworteingabe Benutzern ermöglichen, Inhalte trotz Beschränkung anzuzeigen* aktivieren, gibt es einen Ausweg.

Der Internet Explorer lehnt dann die Anzeige der Seite nicht gleich unwirsch ab, sondern gibt Ihnen die Gelegenheit, diese Webseite in

Ihre Spezialliste der »trotzdem anzuzeigenden« Webseiten aufzunehmen. Jedenfalls dann, wenn Sie über das geheime Masterkennwort verfügen, das Sie sich gleich anlegen.

So können Ihre lieben Kleinen ungestört im Internet surfen, und wenn sie dann die Mainzelmännchen-Seite nicht aufrufen können, kommen sie weinend zu Ihnen gestürmt. Sie brauchen dann nur Ihr Kennwort zu zücken, die Site freizugeben, und schon sind alle glücklich. Webseiten, die sich also nicht von selbst klassifizieren, können jetzt nur noch nach Ihrer vorherigen Begutachtung genossen werden.

Wollen Sie dagegen Webseiten ohne mitgelieferte Klassifizierung grundsätzlich anzeigen lassen, dann klicken Sie auf das *Allgemein*-Register und schalten die Option *Zugang auf ungefilterte Sites zulassen* ein. Nun werden allerdings doch wieder eine Menge nackter Tatsachen auf dem Bildschirm der lieben Kleinen landen, denn viele Schmuddelsites kümmern sich nicht um Klassifizierungen.

Damit niemand sonst Ihre Jugendschutzeinstellungen hinterrücks wieder außer Kraft setzt, legen Sie als Nächstes ein Kennwort fest. Dazu klicken Sie auf das Register *Allgemein* und dann auf *Kennwort erstellen*. Notieren Sie sich dieses Kennwort an einem sicheren Ort. Wer es vergisst, kann seine Jugenschutzeinstellungen sonst später nicht mehr ändern oder abschalten. Jedenfalls nicht auf offiziellem Wege. Klicken Sie auf *OK*. Ihr Sicherheitssystem ist nun einsatzbereit.

Dummerweise werden Sie bei Ihren nächsten Surf-Abenteuern allerdings feststellen, dass die allermeisten Webseiten (einschließlich Microsoft) nicht oder nicht richtig klassifiziert sind. Das Jugendschutzsystem ist trotzdem gut: Der Explorer zückt sein *Inhaltsratgeber*-Fenster, meldet, warum der Zugriff nicht möglich ist, und erlaubt Ihnen dann mit Ihrem Supervisor-Kennwort, die Seite einmalig oder grundsätzlich immer anzuzeigen – Klassifikation hin oder her. Ihre Sicherheitseinstellungen gelten für alle Benutzer gleichermaßen. Windows speichert sie in der Registry im Zweig *HKEY_LOCAL_MACHINE\ Software\Microsoft\Windows\CurrentVersion\Policies\Ratings*.

Jugendschutzeinstellungen knacken

Und von dort können diese Einstellungen natürlich jederzeit wieder gelöscht werden – auch ohne das magische Kennwort zu kennen. Allerdings nicht einfach so.

Der *Policies*-Schlüssel ist besonders geschützt. Nur Computeradministratoren haben hier Lösch-Befugnisse, eingeschränkte Benutzer aber
nicht. Wenn Sie also wie in Kapitel 1 beschrieben Ihren Kindern Benutzerkonten vom Typ *Eingeschränkt* zugewiesen haben, dann bleiben
die Jugendschutzrichtlinien tabu. Sind Ihre Kinder aber mit Konten
des Typs *Computeradministrator* gesegnet, dann gehen die sicher in
Kürze so vor, um Ihre Jugendschutzrichtlinien wieder außer Kraft zu
setzen:

Sie starten im Startmenü über *Ausführen* den Registrierungseditor:
REGEDIT ↵ . Nun braucht man nur noch in der linken Spalte nach-
einander *HKEY_LOCAL_MACHINE, Software, Microsoft, Windows,
CurrentVersion, Policies* und *Ratings* doppelzuklicken, mit der rechten
Maustaste auf *Ratings* zu klicken und *Löschen* zu wählen. Das ist alles.
Jetzt nur noch schnell den Internet Explorer schließen (falls er geöff-
net war) und neu öffnen: Schon kann wieder jede beliebige Webseite
angesteuert werden.

Die Jugendschutzeinstellungen sind dabei auch gleich permanent
schachmatt gesetzt worden. Sie können nun nämlich nicht mehr deaktiviert werden, weil das dafür nötige Kennwort ja gelöscht ist. Die Einschränkungen greifen also nicht mehr und können auch nicht mehr
neu eingestellt werden. Ihre Kinder geben nun sicher eine Party.

Sie aber nicht. Sie können das Problem nämlich lösen, und das ist
schließlich auch dann wichtig, wenn nicht Ihre Kinder eingebrochen
sind, sondern Sie selbst – zum Beispiel, weil Sie Ihr Supervisor-Kennwort verlegt haben. Melden Sie sich ab und wieder an. Nun sind die
Jugendschutzeinstellungen wieder deaktiviert und können wie im Exkurs gezeigt ganz normal reaktiviert werden. Damit niemand noch einmal so leicht einbrechen kann, machen Sie alle normalen Benutzerkonten auf Ihrem Rechner zu *Eingeschränkten Benutzern*.

IP-Adressen

Haben Sie Lust auf einen kleinen Blick hinter die Kulissen? Nötig ist
das Wissen nicht unbedingt, es geht auch ohne. Aber mit diesem Wissen kennen Sie sich einfach besser aus. Das Internet ist eigentlich nur
ein weltweites Computernetzwerk, in das Sie sich einklinken. In diesem Netzwerk wird dieselbe »Sprache« gesprochen, die auch in eigenen privaten Netzwerken genutzt wird: *TCP/IP*.

Das Prinzip: Jeder Computer im Netzwerk bekommt eine eindeutige IP-Adresse zugewiesen. Die besteht aus vier Zahlen zwischen 0 und 255. Wenn Sie sich über einen Internetanbieter wie AOL beziehungsweise T-Online oder eine Call-by-Call-Nummer wie die von MSN ins Internet einwählen, dann weist Ihnen der Onlinedienst vorübergehend aus seinem Pool von IP-Adressen eine eindeutige Adresse zu, das heißt, Ihre IP-Adresse ist von Mal zu Mal verschieden. Sind Sie eine Firma, dann haben Sie vermutlich eine eigene dauerhafte IP-Adresse.

Schauen Sie sich doch mal an, welche IP-Adresse Ihnen gerade im Internet zugewiesen ist! Dazu stellen Sie eine Internetverbindung her. Anschließend wählen Sie im Startmenü *Ausführen* und geben ein: %COMSPEC% ⏎. Ein Konsolenfenster öffnet sich. Nun geben Sie ein: IPCONFIG ⏎. Jetzt sehen Sie alle Netzwerkadapter, die Windows gerade verwendet, und bei Einwahlverbindungen ins Internet ist darunter auch Ihre DFÜ-Verbindung. Die IP-Adresse, die dahinter angegeben wird, ist Ihre persönliche IP-Adresse, unter der Sie momentan im Internet erreichbar sind.

Diese IP-Adresse spielt normalerweise keine große Rolle, weil Sie ja nur Inhalte von anderen Webservern abrufen, aber selbst nicht im Internet erreichbar sein wollen. Trotzdem sind Sie über diese IP-Adresse für andere ansprechbar, wie schon der Sicherheitstest aus Kapitel 6 gezeigt hat. Und die IP-Adresse kann auch in anderen Fällen wichtig werden: Möchten Sie andere Benutzer um Hilfe bitten und gemeinsam mit ihnen auf Ihrem Desktop arbeiten, dann bietet Windows XP die Remoteunterstützung an. Die funktioniert allerdings nur, wenn Ihr Gesprächspartner Ihre IP-Adresse kennt.

Remoteunterstützungs-Einladungen, die per E-Mail verschickt werden, behalten also nur so lange ihre Gültigkeit, wie Sie mit dem Internet verbunden sind. Klinken Sie sich aus und wählen sich später neu ein, dann bekommen Sie in den meisten Fällen eine neue IP-Adresse, und Ihre Remoteunterstützungs-Einladung ist nicht mehr gültig. Wenn Sie Webseiten aufrufen, dann bekommen Sie normalerweise von den IP-Adressen gar nichts mit. Webseiten rufen Sie meist nach dem Schema *www.tagesschau.de* auf. Was geht hier vor?

www.tagesschau.de ist ein Klartextname. Dahinter steckt allerdings wie bei allen Dingen im Internet lediglich eine IP-Adresse. DNS-Namensserver sorgen im Internet dafür, dass der Klartextname einer Internetseite in die zugrunde liegende IP-Adresse umgewandelt wird.

PING und TRACERT

Ist das Konsolenfenster noch geöffnet? Prima, dann schauen Sie sich das mal live an:Geben Sie ein: PING www.tagesschau.de ⏎.

PING sendet ein Testsignal an die Webseite *www.tagesschau.de*. Dabei löst der DNS-Server den Klartextnamen in eine IP-Adresse auf, und Sie sehen Meldungen wie *Antwort von 193.96.251.27...* und dahinter die Zeit in Millisekunden, die die Daten vom Server der Tagesschau bis zu Ihnen gebraucht haben.

Und nun machen Sie mal diesen Test: Wählen Sie im Startmenü *Ausführen*, und geben Sie ein: http://193.96.251.27 ⏎. Ersetzen Sie die IP-Adresse durch die IP-Adresse, die *PING* Ihnen gerade gemeldet hat. Schwupp, schon öffnet sich der Internet Explorer und zeigt Ihnen die Homepage der Tagesschau-Redaktion an. Aha!

Der Klartextname *www.tagesschau.de* hat also nur die Aufgabe, Ihnen die Sache leichter zu machen, damit Sie sich keine kryptische IP-Adresse zu merken brauchen und damit Änderungen an der IP-Adresse des Tagesschau-Servers unauffällig im Hintergrund vom DNS-Server aufgelöst werden. Sie könnten aber auch jederzeit direkt zur IP-Adresse eines Webservers surfen, wenn Sie die IP-Adresse zufällig im Kopf haben.

Und genau das kann gute Hinweise bei Fehlern liefern. Wenn Sie nämlich keine Webseiten erreichen können, aber über die IP-Adresse die Webseite doch noch direkt erreichen, dann wissen Sie, dass nicht Ihr Internetzugang spinnt, sondern vermutlich einfach noch kein DNS-Server in Ihrer Internetverbindung eingetragen ist. Klartextnamen können dann nicht in IP-Adressen übersetzt werden.

Und noch etwas ist in der Welt der IP-Adressen möglich: Lassen Sie sich mal zeigen, auf welch verschlungenen Wegen Ihre Daten durch's Netz reisen! Dazu geben Sie ein: TRACERT www.tagesschau.de ⏎.

Jetzt sehen Sie die einzelnen Verbindungsschritte, IP-Adressen der Server und falls möglich deren Klartextnamen, die Ihre Anfrage zur Tagesschau durchstellen. So sehen Sie zum Beispiel, ob Sie deutsche Webseiten schnell und direkt erreichen, oder ob Sie Ihr Internetprovider zuerst in die Vereinigten Staaten verschlägt und von dort zeitraubend wieder nach Europa zurückführt.

Die Webseiten, die bei Ihnen im Internet Explorer angezeigt werden, benutzen das so genannte *HTTP*-Protokoll. Das steht für *Hypertext Transfer Protocol* und kann Textdaten transportieren. Webseiten bestehen nämlich nur aus Text, dem HTML-Code.

Wollen Sie sich das Innenleben Ihrer Webseiten anzeigen lassen, dann surfen Sie zu einer Webseite und wählen dann im Internet Explorer *Ansicht – Quelltext*. Der Editor zeigt Ihnen jetzt den HTML-Quellcode der Seite an: tatsächlich reiner Text. Er beschreibt den Aufbau der Webseite und wird vom Browser – in diesem Fall also vom Internet Explorer – Element für Element umgesetzt und dann angezeigt.

6.2 Programme und Treiber im Internet

Das Internet ist natürlich nicht nur eine reine Informationsquelle für Textnachrichten. Auch Programme und natürlich Gerätetreiber sind dort zu haben. Und damit Sie sich im Internet danach nicht totzusuchen brauchen, gibt es Seiten wie *www.treiber.de* oder *www.freeware. de*, die Ihnen helfen, schnell ans Ziel zu kommen.

> **Espresso-Tipp!** Und auch hier gibt es schwarze Schafe und fiese Möpse. So bekommen Sie beinahe jedes kommerzielle Programm samt Seriennummer auch im Internet, quasi kostenlos. *Warez* nennt sich sowas und ist natürlich illegal. Und zum Glück für die Softwareindustrie nicht leicht zu finden. Die Softwarehersteller machen nämlich Jagd auf solche Webseiten, und wenn sie welche entdecken, werden die nach Möglichkeit sofort dichtgemacht.

Einen Gerätetreiber finden

Schauen Sie sich am folgenden Beispiel mal an, wie Sie Dateien sicher aus dem Internet herunterladen.

Eins der häufigsten sinnvollen Anliegen sind Gerätetreiber für Gerätschaften, die Sie nutzen möchten. Vielleicht lag dem Gerät nur ein uralter Windows 98-Treiber bei – oder gar keiner. Höchste Zeit also, einen brandneuen Windows XP- oder doch wenigstens Windows 2000-Treiber zu finden. Und wo finden Sie die?

→ Besuchen Sie am besten die Herstellerseite. Brauchen Sie zum Beispiel einen neuen WIA-Treiber für Ihre Canon Ixus-Digitalkamera, dann besuchen Sie *www.canon.de*. Die Hersteller-Webseitenadressen heißen fast immer so wie die Hersteller selbst, es sei denn, ein cleverer Computerfreak hatte sich die Webadresse in den 90er Jahren schon auf seinen Namen eintragen lassen (und ist Kunde bei einer guten Kanzlei).

→ Besuchen Sie Suchseiten wie *www.treiber.de*. Hier finden Sie herstellerübergreifend Geräte- und Treiberübersichten.

→ Führen Sie das Windows-Update durch. Es findet ebenfalls Treiber für Sie, falls die Hersteller neue Treiber bei Microsoft gemeldet haben. Sehr komfortabel!

Download von Dateien aus dem Internet

Haben Sie die Treiberdatei gefunden, dann klicken Sie auf den Download-Link. Wie der aussieht und wo er sich befindet, liegt natürlich ganz im Ermessen der Webseite, und hier trennen sich ergonomische Bedienbarkeit von hektischem Blink-Aktionismus, oder einfach nur gute von schlechten Webdesignern.

Haben Sie tatsächlich einen Download-Link erwischt, dann öffnet sich ein Fenster und will wissen, ob Sie die Datei direkt öffnen oder speichern wollen. Zwei wichtige Regeln:

→ Speichern Sie immer! Führen Sie die Dateien niemals direkt aus!

→ Wählen Sie als Speicherort einen Ordner, an den Sie sich später auch erinnern. Sonst haben Sie womöglich zehn Minuten auf den Download gewartet, und anschließend ist die Datei zwar auf Ihrer Festplatte, nur weiß niemand mehr, wo genau. Sie wären nicht der Erste, der dann ein zweites Mal downloadet.

Die heruntergeladene Datei liegt fast immer in einem von zwei Formaten vor: Entweder handelt es sich um ein ausführbares Programm, das Sie anschließend öffnen können. Es installiert dann in den meisten Fällen ein Programm. Oder es handelt sich um einen platzsparenden ZIP-komprimierten Ordner. Den können Sie öffnen, um seinen Inhalt zu bewundern. Wie Sie mit ZIP-Ordnern umgehen, haben Sie bereits hier gesehen. Häufig müssen Sie den Inhalt des ZIP-Ordners zuerst in einen normalen Ordner hineinziehen, um das ZIP-Archiv auszupacken, bevor Sie dessen Inhalt nutzen können.

Virenschutz nachrüsten

Leider enthält Windows XP keinen eingebauten Virus-Schutz. Computerviren sind Programme, die das eine sagen und das andere tun. Sie versprechen Ihnen zum Beispiel bunte Bildschirmschoner, und wenn Sie das Programm aufrufen, werden stattdessen die Daten auf der Festplatte zu Apfelmus verarbeitet. Zudem haben Viren die Neigung, sich vor ihrer Attacke noch schnell an Freunde und Bekannte weiterzumailen oder auf Disketten festzusetzen. So entwickelt sich dann eine langwierige und sehr einseitige »Freundschaft«.

Einen echten Schutz vor Viren bieten nur Virenscanner. Das sind Diagnoseprogramme, die die besonderen Merkmale bekannter Viren kennen und davor warnen oder die Sporen der Viren wieder vom Computer reinigen – Software-Desinfektionsmittel also. Virenscanner nützen Ihnen nur etwas, wenn Sie neu heruntergeladene Dateien vor dem Öffnen durch den Scanner jagen, wenn der darin möglicherweise versteckte Virus bekannt ist, und wenn Sie überhaupt einen Virenscanner besitzen. Klar.

Zwar gibt es im Internet kostenlose Testversionen, zum Beispiel bei *www.mcafee.com*. Aber die zu finden ist auf den bunten Webseiten gar nicht so einfach. Wer es einfacher mag, der kauft sich einfach beim Fachhändler einen aktuellen Virenscanner. Wer häufiger aus dem Internet Dateien herunterlädt, braucht so ein Ding unbedingt. Alle anderen Benutzer aber eigentlich auch, denn Viren können auch durch E-Mails und über das Netzwerk einwandern.

6.3 E-Mail-Konto einrichten

Wer sendet noch Briefe per »Snail-Mail«, also mit der Deutschen »Schneckenpost«? Der schnelle E-Mail-Verkehr ist nicht nur äußerst kostengünstig, sondern noch dazu ausgesprochen bequem. Briefmarken? Umschläge? Brauchen Sie nicht mehr.

Damit Sie E-Mail senden und empfangen können, brauchen Sie ein E-Mail-Konto, also ein elektronisches Postfach im Internet. Falls Sie noch keins haben, ändert sich das gleich. Postfächer beziehungsweise E-Mail-Adressen sind nämlich kostenlos zu haben. Anschließend können Sie dann das mitgelieferte Programm Outlook Express dazu verwenden, Ihre E-Mails zu versenden und zu empfangen.

E-Mail-Konten gibt es in zwei Sorten. Klassischerweise ist Ihr E-Mail-Konto ein *POP3*-E-Mailserver. Über Programme wie *Outlook Express* können Sie dann mit dem E-Mailserver Verbindung aufnehmen, neu eingetrudelte Nachrichten abrufen und eigene E-Mails in den Versand geben.Daneben gibt es rein webbasierte E-Mail-Konten. Die Steuerung passiert hier über eine ganz normale Webseite, die Ihnen die E-Mails anzeigt. Großer Vorteil hier: egal, wo Sie sich befinden, ob zu Hause oder im Urlaub in einem Internet-Café, immer haben Sie Zugriff auf Ihr E-Mail-Postfach und brauchen dazu nur einen normalen Web-Browser.

Gleich lernen Sie beide E-Mail-Konto-Typen genauer kennen und können sich für eines – oder gleich beide Typen – entscheiden.

Hotmail

Hotmail ist ein kostenloser Microsoft-Dienst, der Ihnen eine eigene E-Mail-Adresse zur Verfügung stellt und die Post anschließend über eine ganz normale Webseite verwaltet. In weniger als fünf Minuten können Sie so empfangsbereit sein.

> **Espresso-Tipp!** Kostenlose webbasierte E-Mail-Konten gibt es natürlich auch von anderen Anbietern wie zum Beispiel *web.de*. Hotmail-Konten sind allerdings insofern etwas Besonderes, weil sie ebenfalls von Microsoft angeboten werden und sich deshalb besonders elegant in die übrigen Internetprogramme einbinden. Der Windows Messenger, den Sie gleich noch näher kennen lernen werden, kann zum Beispiel automatisch prüfen, ob in Ihrem Hotmail-Konto neue Post eingegangen ist.

Weil Hotmail-Konten über normale Webseiten verwaltet werden, brauchen Sie nur einen funktionierenden Internetzugang, um sich ein eigenes Hotmail-Konto einzurichten. So gehen Sie vor:

Wählen Sie im Startmenü *Ausführen*, und geben Sie die Webadresse der Hotmail-Startseite ein: www.hotmail.com ↵. Sobald die Internetverbindung hergestellt ist, erscheint die Startseite von Hotmail, eine ganz normale Webseite. Hier können Sie sich mit Ihrem Benutzernamen und Ihrem Kennwort anmelden, um anschließend eingegangene Nachrichten abzurufen oder neue E-Mails zu versenden. Bevor das klappt, brauchen Sie natürlich ein eigenes Konto.

Klicken Sie deshalb auf den Link, der Ihnen anbietet, ein neues kostenloses E-Mail-Konto einzurichten. Nun werden Sie aufgefordert, sich zu registrieren. Dazu will Hotmail wissen, wie Sie heißen und wo Sie wohnen. Im Bereich der Kontoinformationen können Sie sich dann eine E-Mail-Adresse aussuchen. Geben Sie lieber erst gar keine allgemein üblichen Namen wie Hannibal, BigBoss oder Guru ein, diese Namen sind längst vergeben. Versuchen Sie es mit einem möglichst individuellen Namen. Ihr Postfach muss außerdem mit einem Kennwort geschützt werden, damit nur Sie an Ihre Post herankommen und sonst niemand.

Darunter wird eine geheime Frage samt Antwort fällig. Über diese Frage (und die passende Antwort) können Sie Ihr Kennwort abfragen, falls Sie es einmal vergessen sollten. Entscheiden Sie sich dann, ob Sie im Mitgliederverzeichnis und im Online-Telefonbuch geführt werden wollen, und klicken Sie dann auf *Anmelden*.

Jetzt stellt sich heraus, ob Hotmail Ihre Angaben »gefressen« hat oder nicht. Haben Sie sich zum Beispiel einen Benutzernamen ausgesucht, der schon besetzt ist, oder wichtige Felder nicht ausgefüllt, dann meldet die nächste Seite das Malheur und bietet Ihnen Gelegenheit, Ihre Angaben zu korrigieren. War alles richtig, dann bekommen Sie eine Glückwunschmeldung und haben Ihr Postfach schon eingerichtet. Gar nicht so schwierig, oder?

Damit Hotmail kein Karteileichenberg wird, müssen Sie sich innerhalb von zehn Tagen anmelden und Ihr Konto anschließend mindestens alle 45 Tage besuchen. Wer länger wegbleibt, verliert sein Konto wieder. Am besten statten Sie Ihrem Konto deshalb jetzt sofort einen Besuch ab. Dazu klicken Sie auf *Weiter Hotmail*. Jetzt erscheint die Nutzungsvereinbarung. Haben Sie keine Lust auf Kleingedrucktes, dann scrollen Sie bis zum Ende der Seite und klicken auf *Ich stimme zu*. Jetzt können Sie sich kostenlose Abonnements aussuchen. Oder auch nicht. Haben Sie keine Lust auf elektronische Hauswurfsendungen, dann kreuzen Sie keins der Angebote an. Klicken Sie auf *Weiter*.

Trara! Nun endlich landen Sie in Ihrem Posteingangsfach. Darin wartet bereits eine Nachricht von Hotmail auf Sie. Um Nachrichten zu lesen, klicken Sie auf den unterstrichenen Link der Nachricht. Um die Nachricht zu löschen, klicken Sie ins Kästchen vor der Nachricht und dann auf *Löschen*.

Schauen Sie sich gleich noch an, wie Sie eine eigene E-Mail-Nachricht versenden. Dazu klicken Sie auf das Register *Verfassen*. Geben Sie nun die E-Mail-Adresse an, der Sie eine Nachricht zukommen lassen wollen. Kennen Sie noch keine, dann senden Sie sich eben selbst eine Nachricht. Als E-Mail-Adresse verwenden Sie Ihren Benutzernamen, zum Beispiel *Tweltner@hotmail.com*. Füllen Sie noch schnell das *Betreff*-Feld aus, tippen Sie eine kurze Nachricht ins große Textfeld und senden Sie Ihre Nachricht per Klick auf *Senden* ab.

Die Nachricht geht auf Reisen. Klicken Sie auf *OK*. Schon liegt die Nachricht, die Sie an sich selbst gesendet haben, in Ihrem Eingangsfach. Auch nicht schwierig, oder?

Haben Sie einstweilen genug, dann knipsen Sie Ihren Browser aus. Möchten Sie sich später wieder mit Ihrem Postfach verbinden, dann surfen Sie zu *www.hotmail.com* und melden sich mit Ihrem Benutzernamen und Kennwort an. Das ist alles.

POP3-E-Mail-Konto einrichten

Klassische E-Mail-Konten funktionieren anders als Hotmail.

Hier läuft die Kommunikation nicht über Webseiten, sondern über einen Posteingangs- und einen Postausgangsserver. Das sind eigentlich nur zwei Internetadressen, hinter denen ein Computer steckt, der Ihre eingegangene Post verwaltet bzw. der neu geschriebene Post entgegennimmt und versendet.

Die Steuerung der Server übernimmt ein E-Mail-Programm. Outlook Express ist ein solches E-Mail-Programm und kostenlos in Windows XP integriert. Bevor Sie dort mit E-Mails hantieren, brauchen Sie zuerst ein klassisches POP3-Konto. Entweder haben Sie schon eins. Dann halten Sie die folgenden Dinge bereit:

→ Name des Posteingangsservers

→ Name des Postausgangsservers

➜ Ihr Benutzername

➜ Ihr Kennwort

Oder Sie haben noch keins. Dann wird es Zeit. Auch klassische E-Mail-Konten gibt es gratis, zum Beispiel bei der Deutschen Bundespost. Hier lautet das E-Mail-Anhängsel dann nicht *@hotmail.com*, sondern *@epost.de*.

Surfen Sie zum Anbieter des kostenlosen E-Mail-Kontos, also zum Beispiel zu *www.epost.de*. Suchen Sie den Link, der Sie zur kostenlosen Anmeldung führt. Das Besondere bei Epost: Hier können Sie sich kostenlos eine E-Mail-Adresse für's Leben reservieren. Lebenslang garantiert kostenlos. Na also.Auch hier müssen Sie sich nun persönlich anmelden, also Ihren Namen und Ihre Anschrift verraten. Folgen Sie den weiteren Anweisungen, bis Sie erfolgreich registriert sind.

Bei Epost können Sie sich Ihren Benutzernamen nicht frei aussuchen. Er wird automatisch aus Ihrem Vor- und Nachnamen zusammengesetzt. Haben Sie sich also als *Herman Löns* registriert, dann lautet Ihre E-Mail-Anschrift *herman.löns@epost.de*. Epost ist eine Art Zwitter: Sie können Ihr Postfach sowohl über das Internet abfragen (so ähnlich also wie bei Hotmail) als auch via Postfachserver. Posteingangs- und Postausgangsserver heißen bei Epost gleich: *mail.epost.de*.

Haben Sie sich ein klassisches E-Mail-Konto beschafft, zum Beispiel bei Epost? Dann brauchen Sie das nur noch in Outlook Express einzurichten. Klappen Sie dazu Ihr Startmenü aus und klicken Sie links oben auf *E-Mail*. Outlook Express startet. Falls nicht, rufen Sie Outlook Express aus dem *Alle Programme*-Menü auf.

Machen Sie das zum ersten Mal, dann erkennt Outlook Express, dass es noch gar kein E-Mailkonto gibt, und startet den Assistenten. Ist bereits ein E-Mail-Konto eingerichtet, dann wählen Sie *Extras – Konten* und klicken auf das Register *E-Mail*. Klicken Sie auf *Hinzufügen*, und wählen Sie *E-Mail*. Spätestens jetzt startet der Assistent.

Geben Sie hier zuerst den Namen an, der als Absender Ihrer Mails erscheinen soll. Dann klicken Sie auf *Weiter*. Geben Sie nun die E-Mail-Adresse an, die Sie sich oben eingerichtet haben, also zum Beispiel *max.mustermann@epost.de*. Klicken Sie auf *Weiter*.

Nun will Outlook Express wissen, wie es an Ihr Postfach herankommt. Die richtige Einstellung lautet *POP3-Server*. Für den Posteingangs-

und den Postausgangsserver tragen Sie im Falle von Epost ein: *mail.epost.de*. Dann klicken Sie auf *Weiter*.

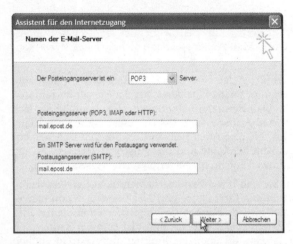

6.3 Hier richten Sie sich ein E-Mail-Konto in Outlook Express ein

Nun brauchen Sie nur noch Ihr E-Mail-Kennwort einzugeben und festzulegen, ob das Kennwort verschlüsselt gespeichert werden soll. So brauchen Sie es nicht jedesmal neu einzugeben. Klicken Sie auf *Weiter* und *Fertig stellen*. Schon sind Sie im Geschäft!

Links sehen Sie jetzt die *Lokalen Ordner*. Darunter befindet sich das *Posteingang*-Fach, und wenn Sie draufklicken, sehen Sie rechts alle eingegangenen E-Mails.

E-Mail via Web oder Client

Epost ist ein Beispiel für einen Zwitter. Sie können Ihr Epost-E-Mail-Konto nämlich wahlweise wie Hotmail über das Internet direkt verwalten oder wie eben gezeigt als POP3-E-Mail-Konto mit Outlook Express verwalten.

Denken Sie aber daran: Solange Sie via Webseite mit Ihrem Epost-Konto verbunden sind, ist der POP3-Server aus Sicherheitsgründen deaktiviert, und Outlook Express kann in dieser Zeit keine E-Mails von diesem Konto abrufen. Hotmail-Konten verhalten sich ein wenig anders. Auch die können Sie über Outlook Express verwalten, allerdings nicht als echte POP3-Postfächer. Hierzu gehen Sie vor wie eben und wählen anstelle des POP3-Servers einen Server vom Typ *HTTP*. Als HTTP-Mail-Dienstanbieter wählen Sie *Hotmail*.

E-Mails mit Outlook Express empfangen und versenden

Outlook Express schaut in regelmäßigen Abständen bei den E-Mail-Servern nach, die Sie eingerichtet haben, und benachrichtigt Sie, wenn neue E-Mail eingetrudelt ist.

Wie häufig Outlook Express nach neuer Post schauen soll, lässt sich natürlich festlegen. Wählen Sie *Extras – Optionen*, und klicken Sie auf das Register *Allgemein*. Aktivieren Sie dann die Option *Nachrichteneingang alle x Minuten prüfen*, und legen Sie fest, ob das auf jeden Fall passieren soll oder nur, wenn Sie sowieso gerade mit dem Internet verbunden sind:

→ Wählen Sie sich nur bei Bedarf ins Internet ein (zum Beispiel via Modem oder ISDN), dann stellen Sie in der Ausklappliste ein: *Keine Verbindung herstellen*. Die Post wird dann nur geprüft, wenn Sie sowieso gerade mit dem Internet verbunden sind.

→ Nutzen Sie eine Flatrate und sind sowieso ständig online (zum Beispiel via ADSL), dann lassen Sie Outlook Express alle 5 Minuten nach Post schauen. In der Ausklappliste stellen Sie ein: *DFÜ-Verbindung beim Offlinearbeiten herstellen*. Die Internetverbindung wird dann gestartet, sobald Sie Outlook Express aufrufen, falls sie nicht sowieso schon besteht.

Möchten Sie die Post sofort kontrollieren, dann klicken Sie in der Symbolleiste auf *Senden/Empfangen*. Besteht gerade keine Internetverbindung, dann stellt Outlook Express eine Verbindung her.

Sobald die Post abgerufen ist, sollten Sie die Internetverbindung wieder beenden, falls Sie keine Flatrate benutzen, damit die Telefonkosten im Zaum gehalten werden.

Dazu doppelklicken Sie in der Statusleiste am unteren Fensterrand auf *Online arbeiten*. Damit wechseln Sie in den Offline-Modus. Windows bietet an, die Internetverbindung abzubrechen.

Espresso-Tipp! Wollen Sie, dass Outlook Express nach dem Senden und Empfangen von E-Mails automatisch die Internetverbindung wieder auflegt, dann wählen Sie *Extras – Optionen*, klicken auf das Register *Verbindung* und aktivieren die Option *Nach dem Senden bzw. dem Empfangen auflegen*. Möchten Sie, dass Outlook Express nach dem Start automatisch nach neuer Post schaut, dann aktivieren Sie auf dem *Allgemein*-Register die Option *Beim Start von Outlook Express Nachrichten senden und empfangen*.

Möchten Sie eine neue E-Mail verfassen, dann haben Sie gleich mehrere Möglichkeiten:

→ Wollen Sie auf eine E-Mail antworten, die Sie empfangen haben, dann öffnen Sie die E-Mail und klicken anschließend auf *Antworten*. Schon füllt Outlook Express für Sie ein neues E-Mailformular aus und trägt darin den Empfängernamen ein. Mit einem Klick auf *Senden* wird die E-Mail abgeschickt.

→ Wollen Sie eine vollkommen neue E-Mail erstellen, dann klicken Sie auf *Neue E-Mail*. Legen Sie im *Von*-Feld fest, über welches E-Mail-Konto diese E-Mail versendet werden soll, wenn Sie mehrere eingerichtet haben. Geben Sie ins *An*-Feld die E-Mail-Adresse ein, an die die E-Mail gehen soll. Wissen Sie diese Adresse nicht aus dem Kopf, dann klicken Sie auf das Adressbuchsymbol vor *An* und können sich so die Adresse aus dem Adressbuch heraussuchen. Tragen Sie das Betreff in die entsprechende Zeile ein, und wenn die E-Mail fertig ist, klicken Sie auf *Senden*.

E-Mail mit Briefpapier

Klicken Sie nicht direkt auf *Neue E-Mail*, sondern auf den Pfeil rechts daneben, dann öffnet sich eine Liste mit Briefpapier. So können Sie Ihre E-Mail ganz leicht verschönern.

Wollen Sie eine Datei oder ein Bild verschicken, dann suchen Sie sich die Datei zuerst heraus und klicken diese dann mit der rechten Maustaste an. Wählen Sie *Senden an* und *E-Mail-Empfänger*.

Jetzt startet Outlook Express und legt Ihnen das fix und fertig vorbereitete E-Mail-Formular auf den Bildschirm. Geben Sie noch eine Nachricht ein, und klicken Sie auf *Senden*. Fertig!

Wofür Cc: und Bcc: da sind ...

Und wofür sind auf Ihrem E-Mail-Formular die Felder *Cc:* und *Bcc:* gut? *Cc:* steht für *Carbon Copy*, das gute alte Durchschlagpapier. Alle Empfänger, die Sie in diesem Feld eintragen, bekommen zur Information eine Kopie der E-Mail, und daraus wird kein Geheimnis gemacht: Der Empfänger kann also sehen, wer sonst noch diese E-Mail bekommen hat. Möchten Sie Einladungen zu einer Überraschungsparty aus strategischen Gründen lieber nicht so offenherzig verschicken, dann tragen Sie die Empfänger ins Feld *Bcc:* ein. Das steht für *Blind Carbon Copy* und funktioniert ansonsten genauso wie *Cc:*. Nur kann hier niemand sehen, wer sonst noch diese E-Mail bekommen hat.

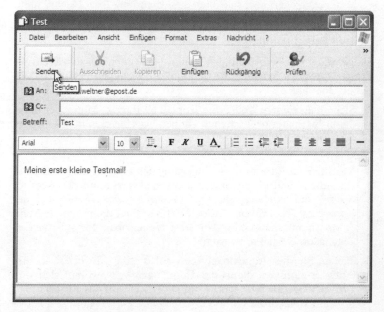

6.4 Verfassen Sie Ihre erste E-Mail

Ob die E-Mail, die Sie auf einem der drei Wege abgeschickt haben, sofort ins Internet losgejagt wird, hängt von Ihren Grundeinstellungen ab:

➔ Wollen Sie, dass neue Nachrichten sofort gesendet werden, dann wählen Sie *Extras – Optionen* und klicken auf das Register *Senden*. Aktivieren Sie die Option *Nachrichten sofort senden*. Sinnvoll ist diese Einstellung aber nur, wenn Sie eine Flatrate verwenden. Wer sich jedesmal teuer ins Internet einwählen muss, der sollte Nachrichten lieber nicht sofort versenden, sondern erst mal sammeln, und deshalb die Option abschalten.

➔ Ist die Option abgeschaltet, dann sammelt Outlook Express alle neuen E-Mails, die Sie geschrieben haben, im Fach *Postausgang*. Erst wenn Sie auf *Senden/Empfangen* klicken, wird der gesamte Schwung E-Mails in einem Rutsch verschickt. Das spart Telefonkosten, verzögert aber natürlich die Absendung Ihrer Nachrichten.

Weitere Feineinstellungen

Einige weitere Feineinstellungen sollten Sie kennen. Dazu wählen Sie *Extras – Optionen*. Schauen Sie sich nun die wichtigen Feineinstellungen genauer an:

➔ Sicherheitskopien: Wollen Sie Kopien all Ihrer E-Mails speichern, damit Sie später nachschauen können, was Sie diesem oder jenem geschrieben haben, dann klicken Sie auf das Register *Senden* und aktivieren die Option *Kopie im Ordner »Gesendete Objekte« speichern*.

➔ Möchten Sie Adressen von eingegangenen E-Mails automatisch in Ihr Adressbuch übernehmen, dann klicken Sie auf das Register *Senden* und aktivieren die Option *Adresse beim Antworten in das Adressbuch übernehmen*. Outlook Express trägt dann neue E-Mail-Adressen automatisch ins Adressbuch ein, sobald Sie auf eine eingegangene E-Mail antworten.

➔ Wollen Sie die Originalnachricht, auf die Sie antworten, in Ihre Antwort einfügen, damit der Empfänger weiß, worauf sich Ihre Antwort eigentlich bezieht, dann klicken Sie auf das Register *Senden* und wählen die Option *Originalnachricht in Antwort einbeziehen*.

➔ Möchten Sie eine Bestätigung bekommen, sobald der Empfänger Ihre E-Mail erhalten hat, also sozusagen Einschreiben mit Rückschein benutzen, dann klicken Sie auf das Register *Bestätigungen* und aktivieren die Option *Lesebestätigung für alle gesendeten Nach-*

richten anfordern. Achtung: Die Bestätigung, die Sie erhalten, bedeutet nur, dass die E-Mail-Nachricht beim Empfänger eingegangen ist, nicht aber, dass er sie auch geöffnet und gelesen hat. Und: Der Empfänger kann die Lesebestätigung auch verweigern und hat die E-Mail also womöglich trotzdem empfangen. Falls andere eine Lesebestätigung von Ihnen einfordern, legen Sie im Feld darunter fest, ob die Lesebestätigung immer, nie oder nur nach Rückfrage zurückgeschickt wird.

➔ Verfassen Sie eine neue E-Mail, dann wählen Sie *Nachricht – Priorität festlegen* und wählen *Hoch,* wenn es sich um eine besonders wichige Nachricht handelt. Sie wird dann besonders markiert. Wählen Sie diese Priorität aber nur, wenn es sich wirklich um eine wichtige Nachricht handelt, nicht bei jeder E-Mail also. Andernfalls verärgern Sie über kurz oder lang Ihren Adressaten.

E-Mail sortieren, einordnen und löschen

Anfangs werden die ersten E-Mails sicher mit großem Hallo begrüßt, aber bald werden Sie wissen, warum es in vielen Firmen bereits Kurse zum Bewältigen der Informationsflut gibt: Häufig trudeln bald zig oder hunderte von E-Mails am Tag ein. Da wird es schwierig, die Übersicht zu behalten.

Deshalb lohnt es sich, E-Mails aus dem *Posteingang*-Ordner heraus in andere Ordner zu ziehen, um sie thematisch zu gliedern. Einen neuen Ordner bekommen Sie, wenn Sie links mit der rechten Maustaste auf *Lokale Ordner* klicken und dann *Neuer Ordner* wählen. Geben Sie dem Ordner einen Namen. Schon können Sie E-Mails aus dem *Posteingang*-Ordner in Ihren neuen Ordner herüberziehen.

Wollen Sie Junk-Mail und andere überflüssige E-Mails löschen, dann klicken Sie die Post mit der rechten Maustaste an und wählen *Löschen.* Und auf Wunsch kümmert sich Outlook Express sogar von selbst um die richtige Einsortierung Ihrer Mails. Dazu wählen Sie *Extras – Nachrichtenregeln – E-Mail.*

Klicken Sie auf *Neu.* Wollen Sie alle E-Mail, die von einem bestimmten Absender kommt (beste Freundin?), in einen besonderen Ordner umleiten, dann wählen Sie *Enthält den Absender »Absender« in der »Von:«-Zeile.* Als Aktion wählen Sie *In den Ordner »...« verschieben.* Daraufhin wird die Regel im dritten Feld zusammengestellt.

Klicken Sie auf den blau unterstrichenen Absender, um den Absender festzulegen, für den diese Regel gelten soll. Klicken Sie dann auf das blau unterstrichene ..., um den Ordner anzugeben, in den die Post dieses Absenders gelegt werden soll.

Geben Sie der Regel noch einen Namen, und klicken Sie auf *OK*. Die neue Regel wird in die Liste der Nachrichtenregeln aufgenommen. Klicken Sie auf *OK*. Künftig werden E-Mails des angegebenen Absenders automatisch in den von Ihnen angegebenen Ordner gelegt.

6.4 Mit dem Messenger Sofortnachrichten austauschen

Der Microsoft Messenger ist Ihr kleiner Helfer im Internet:

➜ Der Messenger zeigt an, welcher Ihrer Freunde und Bekannte gerade ebenfalls mit dem Internet verbunden ist. So sehen Sie sofort, wer sonst noch erreichbar ist, und können kleine Textbotschaften austauschen.

➜ Haben Sie ein Hotmail-E-Mailkonto eingerichtet, dann zeigt der Messenger sofort an, ob neue Nachrichten für Sie eingegangen sind.

➜ Brauchen Sie Unterstützung bei einem Problem wie zum Beispiel beim Installieren eines neuen Gerätes oder einer anderen kniffligen Sache, dann können Sie Freunde und Bekannte auf Ihren Bildschirm einladen und dann dort gemeinsam das Problem lösen. Ihr zu Hilfe gerufener Bekannter sieht also denselben Bildschirm wie Sie und kann zusammen mit Ihnen die Maus bedienen und Tasten drücken. *Remoteunterstützung* nennt Microsoft das.

➜ Mit Soundkarte und Webcam wird aus dem Messenger sogar ein richtiges Bildtelefon, und außer den Internet-Einwahlkosten entstehen keine weiteren Gebühren – selbst wenn Sie mit Ihrer Liebsten am anderen Ende der Welt konferieren.

Der Messenger ist bereits in Windows XP eingebaut. Damit er funktioniert, brauchen Sie sich nur noch beim Messenger-Dienst anzumelden, damit er weiß, wer Sie sind. Nur so kann der Messenger zwischen Ihnen und anderen vermitteln und anzeigen, wer gerade da ist und wer nicht.

.NET-Passport anlegen

Der Messenger verwaltet Sie mit einem so genannten .NET-Passport. Das ist so etwas wie Ihre Messenger-Club-Mitgliedskarte. Anfangs haben Sie so eine Clubkarte natürlich noch nicht und können deshalb auch noch nicht beim bunten Messenger-Treiben mitmachen. Gleich aber schon.

Eine Messenger-Identität ist nämlich schnell eingerichtet, vorausgesetzt, Sie besitzen bereits ein E-Mail-Konto. Das ist zwingende Voraussetzung. Falls Sie also noch kein E-Mail-Konto haben, blättern Sie kurz zu Kapitel 5 und richten sich dort ein kostenloses E-Mail-Konto ein.

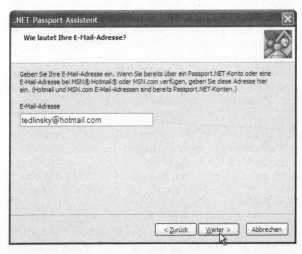

6.5 Geben Sie als Benutzernamen beim Messenger Ihr eigenes E-Mail-Konto an

Espresso-Tipp! Falls Sie früher schon eine .NET-Passport-Identität eingerichtet haben, erscheint sofort das Anmelde-Dialogfenster. Aber auch von hier aus kommen Sie bequem in den .NET-Passport-Assistenten, wenn Sie sich ein neues .NET-Passport-Konto anlegen wollen. Dazu klicken Sie im Messenger auf *Klicken Sie hier, um sich anzumelden.* Im Anmeldefenster klicken Sie dann unten links auf den Link *.NET-Passport.*

Starten Sie dann den Messenger. Dazu wählen Sie im Startmenü *Alle Programme* und klicken anschließend auf *Windows Messenger*. Der .NET-Passport-Assistent erscheint und will wissen, ob Sie schon ein E-Mail-Konto haben. Klicken Sie auf *Ja* und danach auf *Weiter*.

Nach ein paar Sekunden werden Sie aufgefordert, Ihre E-Mail-Adresse einzugeben. Klicken Sie auf *Weiter*. Wenn Sie unter dieser E-Mail bereits ein .NET-Passport-Konto eingerichtet haben, dann brauchen Sie nur noch Ihr Kennwort einzugeben, um sich auszuweisen. Haben Sie noch kein .NET-Passport-Konto eingerichtet, dann tun Sie das jetzt!

➜ Falls Sie eine Microsoft-eigene E-Mail-Adresse wie Hotmail oder MSN eingegeben haben, ist die Sache besonders einfach. Weil Microsoft Ihre persönlichen Kundendaten hier schon kennt, brauchen Sie sie nicht noch einmal einzugeben. Stattdessen genügt es, Ihr .NET-Passport-Konto mit dem E-Mail-Kennwort zu aktivieren. Geben Sie das Kennwort für Ihr E-Mail-Konto ein (dieses Kennwort wurde beim Anlegen des E-Mail-Kontos von Ihnen ausgesucht), aktivieren Sie die Option *Passport.NET-Angaben in meinem Windows XP-Benutzerkonto speichern*, und klicken Sie auf *Weiter*.

➜ Haben Sie ein anderes E-Mail-Konto verwendet, dann müssen Sie ein Kennwort für .NET-Passport einrichten. Dieses Kennwort hat nichts mit dem E-Mail-Konto-Kennwort zu tun, und das ist gut so. Weil es sich um ein für Microsoft fremdes E-Mail-Konto handelt, darf Microsoft das E-Mail-Konto nicht kennen. Suchen Sie sich also ein mindestens sechs Zeichen langes Kennwort aus und bestätigen Sie es im zweiten Textfeld. Dann klicken Sie auf *Weiter*. Danach suchen Sie sich eine geheime Frage aus und geben die passende Antwort. Mit dieser Frage können Sie später beweisen, dass Sie der Inhaber des Kontos sind – falls Sie das .NET-Passport-Kennwort, das Sie gerade eingerichtet haben, einmal vergessen sollten. Danach will der Messenger wissen, aus welcher Region Sie stammen. Zum Schluss müssen Sie dem Benutzungsvertrag mit der Option *Ich stimme dem Vertrag zu* zustimmen und auf *Weiter* klicken. Abschließend müssen Sie sich entscheiden, ob Partner-Websites die von Ihnen gespeicherten Daten abrufen dürfen. Wenn Sie nicht allzu paranoid sind, dann stimmen Sie zu. So ersparen Sie sich später, Ihre Basisinformationen ständig neu einzugeben zu müssen. Die Informationen, die weitergegeben werden, sind ohnehin nicht besonders geheim oder sensibel.

Anschließend werden Sie beim Messenger angemeldet. Haben Sie eine Microsoft-fremde E-Mail-Adresse für Ihr .NET-Passport verwendet, dann muss der Messenger nur noch überprüfen, dass Sie auch wirklich Inhaber dieser E-Mail-Adresse sind und sie sich nicht nur ausgedacht haben.

Dazu wählen Sie *Datei – Meine E-Mail-Adresse überprüfen*. Ein Hinweisfenster erscheint. Es meldet, dass Microsoft Ihnen eine Prüfmail geschickt hat. Die müssen Sie nun in Ihrem Posteingang öffnen und über einen mitgeschickten Link bestätigen. So ist klar, dass Sie die Mail empfangen haben und also Besitzer des angegebenen E-Mail-Kontos sind.

> **Espresso-Tipp!** Ihr Anmeldekonto beim Messenger, das .NET-Passport-Konto, wird in Ihrem Windows XP-Benutzerkonto vermerkt. Sie können also in der Systemsteuerung das Modul *Benutzerkonten* öffnen, Ihr Konto auswählen (falls es nicht schon gewählt ist) und dann über den Befehl *Eigenen .NET-Passport ändern* die Einstellungen nachträglich ändern.

Wer ist online?

Der Messenger zeigt Ihnen, welcher Ihrer Freunde und Kollegen jetzt gerade gemeinsam mit Ihnen im Internet online ist. Damit das klappt, muss der Messenger natürlich gestartet und mit Ihrem Konto verbunden sein. Falls sich der Messenger nach dem Start also nicht von allein anmeldet, dann klicken Sie auf *Klicken Sie hier, um sich anzumelden*, und geben Sie Ihr .NET-Passport und Ihr Kennwort ein.

Solange der Messenger läuft, erscheint unten rechts im Infofeld der Taskleiste ein kleines Männchen. Ist ein rotes Kreuz darin zu sehen, dann sind Sie noch nicht mit Ihrem Konto verbunden, also nicht angemeldet.

Natürlich muss der Messenger wissen, wer überhaupt Ihre Freunde und Bekannte sind, damit er Ihnen zeigen kann, ob diese online sind. Dazu fügen Sie Ihre Freunde und Bekannten in die Kontaktliste des Messengers ein. Und das geht so:

Wählen Sie *Datei – Kontakt hinzufügen*. Wenn Sie die E-Mail-Adresse des Kollegen oder Bekannten kennen, dann wählen Sie *Nach der E-Mail-Adresse oder dem Benutzernamen* und klicken auf *Weiter*.

Natürlich nützt die Sache nur etwas, wenn der Freund oder der Bekannte ebenfalls den Windows Messenger verwendet. Um ganz sicher zu gehen, können Sie deshalb anschließend auf die Schaltfläche *E-Mail senden* klicken. Der Messenger schickt dann an die angegebene E-Mail-Adresse automatisch eine Mail, in der steht, wo man den Messenger kostenlos herunterladen kann und wie man sich anmeldet. Nur für den Fall, dass der Adressat den Messenger noch gar nicht kennt. Ein paar persönliche Worte können Sie ebenfalls in die E-Mail einfließen lassen. Sobald der Adressat Ihrer Einladung zustimmt, erscheint Ihr Kontakt im Messenger-Fenster.

Wenn jemand anderes Sie in Ihre Kontaktliste einfügen will, klappt das nur, wenn Sie auch Ihr Einverständnis geben. In diesem Fall erscheint eine Meldung, die Ihnen sagt, welcher Benutzer gern Kontakt mit Ihnen aufnehmen möchte. Sie haben dann die Möglichkeit, dem mit der Option *Dem Benutzer ermöglichen, Sie online zu sehen und zu kontaktieren* stattzugeben. Im Messenger sehen Sie jetzt sofort, welcher Ihrer Bekannten gerade erreichbar ist und welcher nicht. Alle Benutzer, die im Bereich *Online* zu sehen sind, haben im Moment Kontakt mit dem Internet und sind im Messenger angemeldet. Alle anderen sind im Bereich *Nicht online* zu sehen.

Kommunikation pur

Alle Benutzer, die im Messenger im Bereich *Online* angezeigt werden, sind sofort erreichbar. Möchten Sie sich mit jemandem aus diesem Bereich unterhalten, dann doppelklicken Sie auf den Benutzernamen.

> **Espresso-Tipp!** Neben reinem Text können Sie auch so genannte Emoticons verschicken, kleine Piktogramme also, die die allgemeine Stimmungslage anzeigen. Ein *:-)* wird zum Smiley, und ein *(k)* zum Kussmund. Über *Bearbeiten – Smileys anzeigen* legen Sie fest, ob solche Piktogramme angezeigt werden sollen oder nicht.

Das *Unterhaltung*-Fenster öffnet sich, und Sie können Text eingeben. Der erscheint sofort beim Gesprächspartner, wenn Sie *Eingabe* drücken. Der kann Ihnen nun antworten, und Sie können Fragen und Verabredungen ohne großen Aufwand sofort klären.

Haben Sie eine Soundkarte mit Mikrofon oder gar eine Webcam, dann können Sie rechts oben auf *Kamera starten* oder *Sprechen starten* klicken, um aus dem Messenger ein Bildtelefon zu machen und Ihre Tastatur zu entlasten.

Sofortnachrichten verstehen

Damit der Messenger funktioniert und andere sehen können, ob Sie online sind oder nicht, muss er natürlich gestartet sein. Das Messenger-Fenster brauchen Sie aber trotzdem nicht ständig mit Argusaugen zu überwachen. Sobald eine Nachricht für Sie eingeht oder jemand mit Ihnen Kontakt aufnehmen möchte, erscheint ein *Sofortnachrichten*-Fenster und weist sie darauf hin.

6.6 Der Messenger zeigt neue Nachrichten in einem Popup-Fenster an

Dieses Fenster erscheint übrigens auch, wenn neue Nachrichten in Ihrem Hotmail-E-Mail-Konto eintrudeln. Das überwacht der Messenger nämlich gleich mit. Normale E-Mail-Konten dagegen nicht.

Festlegen, was der Messenger über Sie verrät

Wenn Sie sich beim Messenger anmelden, gibt dieser diese Information an alle anderen angemeldeten Messenger-Benutzer weiter, denen Sie erlaubt haben, Sie in ihrer Kontaktliste zu führen. Es kann also nicht jeder sehen, dass Sie online sind.

Unter welchem Namen Sie der Messenger führt, ist nicht fest verdrahtet. Sie können Ihre Spitznamen je nach Laune ändern. Dazu wählen Sie *Extras – Optionen*. Im Feld *Mein Anzeigename* geben Sie an, unter welchem Namen Sie der Messenger bei anderen anzeigen soll. Aber der Messenger hat noch mehr Tricks auf Lager. Er kann zum Beispiel anzeigen, ob Sie gerade zu tun haben oder mal kurz zum Mittagessen geeilt sind. Dazu wählen Sie *Datei – Mein Status* oder Sie klicken auf das Männchen im Info-Feld der Taskleiste und wählen *Mein Status*.

6.5 Radio im Internet

Die Zeiten überproportionaler Riesenantennen sind gezählt: Dank Internet entwickelt sich eine ganz neue Radio-Branche, die nicht mehr auf knappe Sendefrequenzen angewiesen ist. Stattdessen wird über das Internet gesendet, als Daten-Stream. Und Sie können so Sound aus aller Welt empfangen.

Radioempfang mit dem Medienplayer

Der mitgelieferte Windows Media Player ist ein vollwertiger Internet-Weltempfänger. Wollen Sie damit Radio hören, dann starten Sie einfach den Windows Media Player im Startmenü, zum Beispiel über *Alle Programme*. Klicken Sie dann links auf die Schaltfläche *Radioempfänger*. Schon landen Sie auf der Startseite mit einer ganzen Reihe deutschsprachiger Internet-Radios.

Klicken Sie auf eine »Station«, die Sie interessant finden. Schon sehen Sie, in welcher Qualität dieser Radiosender »streamt«. Klar, dass Sie die Datenrate auch an der Art Ihres Internetzugangs messen sollten. Wer noch über ein Modem mit dem Internet verbunden ist, sollte keine Datenraten höher als 28K wählen. Ansonsten wird der Musikgenuss ständig durch Nachladephasen unterbrochen. *Um* Radio zu hören, klicken Sie einfach auf *Wiedergabe*. Möchten Sie den Sender häufiger hören, dann klicken Sie auf *Zu ,Eigene Sender' hinzufügen*. Die Station erscheint dann unten in Ihrer Lieblingsliste.

Lifestyle und digitale Unterhaltung

Noch mehr Lifestyle-Informationen und aktuelle News zum Thema Musik und Video liefert der Medienplayer über die Schaltfläche *Medienseite*. Was hier angezeigt wird, hängt ganz vom Tagesgeschehen ab.

6.6 Newsgruppen – virtuelle Stammtische

Newsgroups funktionieren wie weltweite Stammtische, an denen sich jeder über bestimmte Themen unterhalten kann. Natürlich nicht gleichzeitig: Jeder kann seine Meinung als kleine Textbotschaft hinzufügen. Newsgroups gibt es zu beinahe jedem Thema, von der Gartenbepflanzung bis hin zur Active Directory-Einrichtung. Ein guter Ort, um Spezialinformationen zu diesem oder jenem zu erhalten.

Den Newsserver einrichten

Ihr Newsgroup-Betrachter ist Outlook Express. Dieses Programm kann also nicht nur E-Mails verwalten, sondern auch Newsgroups. Bevor Sie allerdings kräftig mitdiskutieren können oder einfach nur still Mäuschen spielen, muss zuerst festgelegt werden, woher Outlook Express die Newsgroup-Nachrichten empfangen soll.

Ähnlich wie bei POP3-E-Mailkonten ist also wieder ein Server gesucht, diesmal ein Newsserver. Wenn Ihr Internetprovider keinen eigenen Newsserver bereitstellt, dann könnten Sie sich zumindest mit dem Newsserver von Microsoft verbinden. Hier finden Sie allerdings nur technisch orientierte Newsgruppen. Wählen Sie also im Startmenü links oben *E-Mail*. Outlook Express startet. Wählen Sie *Extras – Konten* und klicken Sie dann auf *Hinzufügen – News*. Geben Sie nun Ihren Namen ein. Unter diesem Namen werden Ihre Beiträge in den Newsgruppen erscheinen. Dann klicken Sie auf *Weiter*.

Damit Ihnen Newsgruppenteilnehmer auch private Post senden können, fragt der Assistent nun nach Ihrer E-Mail-Adresse. Ob Sie die wirklich preisgeben wollen, ist natürlich Ihre Sache. Am besten verwenden Sie hier eine kostenlose E-Mail-Adresse, die Sie notfalls auch wieder löschen können – spätestens dann, wenn Sie tonnenweise E-Mail-Werbung im Briefkasten haben.

Nun wird es ernst: Der Assistent will den Namen des Newsservers wissen, der die Newsgruppen verwaltet. Wenn Sie keinen besonderen Newsserver kennen, dann verwenden Sie den von Microsoft: *msnews. microsoft.com*. Wählen Sie nun *Fertig stellen* und *OK*. Outlook Express bietet jetzt an, die Newsgruppen vom Newsserver herunterzuladen, damit Sie überhaupt wissen, welche Diskussionsthemen es dort gibt. Klicken Sie auf *Ja*.

Sobald die Liste der Diskussionsthemen geladen ist, können Sie oben im Textfeld ein Stichwort eingeben und sehen dann alle Newsgruppen, die sich um dieses Thema drehen. Geben Sie doch mal Windows XP ein!

> **Espresso-Tipp!** Die Auswahlliste mit den Newsgruppen können Sie auch später jederzeit öffnen. Dazu klicken Sie links in der Spalte mit der rechten Maustaste auf Ihren Newsserver und wählen *Newsgroups*.

Doppelklicken Sie auf die Newsgruppen, die Sie »abonnieren« wollen. So ein Abonnement kostet Sie natürlich keinen Pfennig und bedeutet nur, dass diese Newsgruppen später in Ihrer Auswahlliste erscheinen und abgerufen werden können.

Haben Sie genug Gruppen ausgesucht, dann klicken Sie auf *OK*. Schauen Sie sich nun die linke Spalte von Outlook Express näher an.

Eine Newsgruppe besuchen

Unter *Lokale Ordner* ist ein neuer Newsserver-Eintrag hinzugekommen, und wenn Sie den doppelklicken, dann sehen Sie die von Ihnen gerade abonnierten Newsgruppen.

Klicken Sie einfach eine Newsgruppe an. Schon lädt Outlook Express die Kopfdaten der letzten eingegangenen Nachrichten herunter, also die Überschriften der Nachrichten. Die erscheinen in der rechten Spalte.

Wollen Sie sich eine Nachricht näher ansehen, dann klicken Sie in der rechten Spalte darauf. Im unteren Bereich des Fensters können Sie jetzt die Nachricht lesen.

Schnell werden Sie sehen, dass es sich bei den Nachrichten um so genannte »Diskussionsfäden« handelt. Wenn Sie einen neuen Beitrag in die Newsgruppe »posten«, dann erscheint der in der Nachrichtenliste. Alle Beiträge, die auf diesen Beitrag antworten, sind unter der ersten Nachricht eingerückt und erscheinen erst, wenn Sie die Ursprungsnachricht öffnen oder auf das Plus-Zeichen davor klicken. Nachrichten ohne Plus-Zeichen haben noch keine Antworten erhalten.

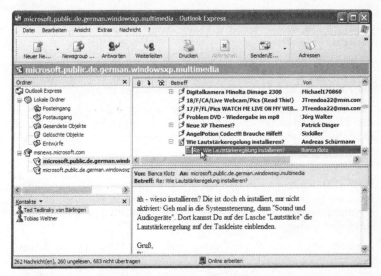

6.7 Newsgruppen sind amüsant und bieten viel Hilfestellung

Sich in der Newsgruppe einbringen

Wollen Sie selbst eine Frage in der Newsgruppe loswerden, dann achten Sie zuerst darauf, dass Sie sie auch an die richtige Newsgruppe senden.

Zwar schlägt Ihnen niemand einen Plattspaten über den Hinterkopf, wenn Sie sich ein wenig vertun, aber wer die neuesten Petersilienzuchtergebnisse in einer Newsgruppe mit dem Thema *Multimedia* postet, braucht sich nicht zu wundern, in Verruf zu geraten.

Um einen eigenen Beitrag abzusenden, klicken Sie auf *Neue Nachricht* und geben dann eine möglichst aussagekräftige Zusammenfassung ins *Betreff*-Feld.

Ins Textfeld gehört die Nachricht. Verzichten Sie auf Romane, wer Newsgruppen liest, hat meist nur wenig Zeit. Und sparen Sie sich Bilder, Anhänge und ähnlichen Krimskrams. Der stört in Newsgruppen nur.

Mit einem Klick auf *Senden* wird die Nachricht an die Newsgruppe gesendet. Bis sie darin erscheint, kann es allerdings einige Minuten dauern.

Möchten Sie dagegen auf einen Beitrag in der Newsgruppe antworten, weil Sie vielleicht die gesuchte Lösung kennen, dann öffnen Sie die Nachricht, auf die Sie antworten wollen, per Doppelklick.

Sie können nun entweder per *Newsgroup antworten* eine Antwort in den Diskussionsfaden einfügen, die von allen gesehen werden kann. Oder Sie wählen *Antworten* und senden damit eine private Nachricht an die E-Mail-Adresse des Verfassers – wenn er eine gültige E-Mail-Adresse angegeben hat.

Newsgruppen enthalten eine Unmenge Fachwissen und sehr interessante Lösungen. Nur findet man die nicht so leicht. Sie müssten schon stundenlang Newsgruppen durchforsten, bis Sie die gesuchten Informationen finden.

Deshalb gibt es seit einiger Zeit spezielle Such-Webseiten, die sich auf Newsgruppen spezialisiert haben. Damit brauchen Sie dann nur noch ein Stichwort einzugeben und erhalten sofort alle Newsgruppen-beiträge, in denen die Suchwörter vorgekommen sind.

Diese Such-Seiten sind meist wesentlich gehaltvoller als Suchseiten, die sich auf Webseiten spezialisiert haben, und das ist auch klar: Aktuelle Themen werden in Newsgroups bereits monatelang diskutiert, bevor Webseiten diese Inhalte veröffentlichen.

6.7   Remoteunterstützung: Probleme gemeinsam meistern

Remoteunterstützung ist eine brandneue Funktion von Windows XP, die den Schrecken aus vielen verzwickten Problemen nimmt. Wer kennt die Situation nicht? Man möchte etwas tun, zum Beispiel eine Digitalkamera anschließen oder ein Bild in einen Brief einfügen, nur fällt einem gerade einfach nicht mehr ein, wie das eigentlich geht.

Wenn Sie jemanden kennen, der das wissen könnte, dann haben Sie nicht wie bei Günther Jauch nur einen Anruf frei. Per Remoteunterstützung laden Sie Ihren fachkundigen Bekannten ein, sich mit auf Ihren Bildschirm aufzuschalten.

Der kann dann genau wie Sie Ihren Bildschirm sehen und mit Maus und Tastatur aktiv ins Geschehen eingreifen. Anders als früher brauchen Sie sich also nicht mehr am Telefon oder einer teuren Hotline den Mund fusselig zu reden, um Ihr Problem zu beschreiben. Stattdessen lösen Sie das Problem gemeinsam, schnell und elegant. Na also.

> **Espresso-Tipp!** Remote Unterstützung setzt voraus, dass auch Ihr Helfer Windows XP verwendet. *Remote Unterstützung* funktioniert – anders übrigens als *Remote Desktop* – sowohl bei Windows XP Home als auch bei Windows XP Professional.

Remoteunterstützung ist auf zwei Arten zur Stelle:

➔ Entweder laden Sie Ihren Helfer per E-Mail ein. Diese Variante ist allerdings meist unpraktisch, weil Sie nicht wissen, wann der Helfer Ihre E-Mail tatsächlich liest. E-Mail-Einladungen funktionieren nur, wenn Sie bis zur Annahme der Einladung ununterbrochen im Internet bleiben. Sobald Sie sich abmelden, verfällt die Einladung und funktioniert nicht mehr.

➔ Oder aber Sie nutzen den Messenger, den Sie gerade eingerichtet haben. Hier sehen Sie sofort, wer erreichbar ist, und können die Remoteunterstützung mit ein paar Klicks aktivieren.

Sie haben ein Problem, und der Messenger zeigt in der Online-Liste jemanden an, der Ihnen vielleicht dabei helfen könnte?

Dann wählen Sie im Messenger *Extras – Remoteunterstützung anfordern* und klicken auf denjenigen, den Sie einladen wollen.

Daraufhin sendet der Messenger eine Einladung an den Partner. Nimmt der Ihre Einladung an, dann dauert es ein paar Sekunden, während sich die beiden Windows XP miteinander synchronisieren. Nun brauchen Sie nur noch auf *Ja* zu klicken, damit Ihr Helfer zu Ihnen durchgeschaltet wird.

Kurz darauf sieht der eingeladene Helfer Ihren Bildschirm und kann sich links in einer Spalte weiter mit Ihnen unterhalten, also Texte austauschen oder sogar mit Mikrofon und Soundkarte eine Unterhaltung führen.

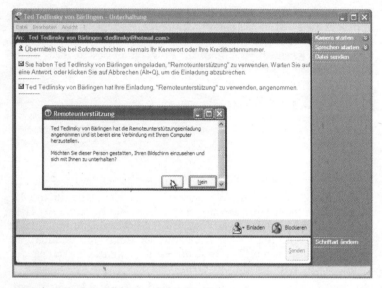

6.8 Geben Sie Ihren Bildschirm für andere frei

Bildschirmdaten schrumpfen

Das Übertragen der Bildschirmdaten kostet Zeit, und damit Remote-unterstützung möglichst ruckelfrei funktioniert, sollten Sie nicht nur eine schnelle Internetverbindung verwenden, sondern möglichst diese Verbindung nicht zusätzlich belasten. Verzichten Sie wenigstens auf die Webcam, am besten tauschen Sie nur Textnachrichten aus.Bevor Sie Remoteunterstützung anfordern, sollten Sie die Bildschirmauflö-sung auf ein normal erträgliches Maß zurückdrehen, zum Beispiel auf 1024x768 Punkte.

Verwenden Sie einen zweiten Bildschirm, dann sollten Sie den ab-schalten. Andernfalls werden riesige Bildschirmflächen übertragen, und das funktioniert nur bei ADSL-Nutzern (oder anderen super-schnellen Internetzugängen) wirklich gut.

Wenn Sie diese Tipps beherzigen, werden Sie allerdings bald feststel-len, dass Remoteunterstützung erstaunlich gut funktioniert. Kein

Wunder: Microsoft setzt hier die seit Jahren in der Industrie bewährte Terminal Server Technik ein, die die Bildschirmdaten auf ein absolutes Mindestmaß eindampft. Der Helfer sieht nun also auf Ihrem Bildschirm ganz genau, wo das Problem liegen könnte, und kann Ihnen Ratschläge geben. Eingreifen darf er aber nicht. Maus und Tastatur gehören weiterhin nur Ihnen.

Ist das Problem kniffliger, und wollen Sie Ihrem Helfer erlauben, selbst einzugreifen? Dazu braucht Ihr Helfer nur oben links auf *Steuerung übernehmen* zu klicken. Das allein genügt nicht: Jetzt sehen Sie zuerst eine Meldung und müssen mit *Ja* zustimmen. Sonst kann Ihr Helfer rein gar nichts tun. Wollen Sie ihm die Steuerung wieder entziehen, dann drücken Sie ⌨Esc.

Remoteunterstützung erlauben – oder verbieten

Die Remoteunterstützung verwendet ein spezielles Support-Benutzerkonto, um sich an Ihrem Rechner anzumelden – diesen Anmeldevorgang können Sie sogar am Anfang der Verbindungsherstellung beobachten. Und genau über dieses Konto wird auch geregelt, ob die Remoteunterstützung überhaupt grundsätzlich erlaubt sein soll oder nicht.

Schließlich könnte auf diese Weise ein bösartiger Firmenmitarbeiter Dritten ganz leicht Zugang zu seinem Firmenrechner verschaffen – und dazu müsste sich der Saboteur noch nicht einmal mehr am Pförtner vorbeischleichen. Der Hauptschalter für die Remoteunterstützung ist etwas versteckt. Klappen Sie dazu das Startmenü auf und klicken Sie mit der rechten Maustaste auf *Arbeitsplatz*. Dann wählen Sie *Eigenschaften*.

Klicken Sie auf das Register *Remote*, und aktivieren Sie die Option *Ermöglicht das Senden von Remoteunterstützungsangeboten*, wenn Sie sich über Remoteunterstützung ab und zu unter die Arme greifen lassen wollen. Mit der Schaltfläche *Erweitert* können Sie noch genauer festlegen, wie die Remoteunterstützung funktionieren soll und wie lange Ihre Einladungen wirksam sein sollen.

Die Remoteunterstützung über den Messenger funktioniert am besten. Alternativ können Sie Unterstützung aber auch per E-Mail anfordern. Dazu wählen Sie zum Beispiel im Startmenü *Hilfe und Support*.

6.9 Hier bestimmen Sie, ob Ihr Computer ferngesteuert werden darf oder nicht

Jetzt können Sie im Bereich *Support erhalten* einen Bekannten auffordern, Remoteunterstützung zu leisten. Klicken Sie dann auf *Jemanden einladen, Ihnen zu helfen*. Nun können Sie Ihre Einladung entweder per Messenger oder per E-Mail versenden.

Der Haken an der E-Mail-Variante: Ihre Einladung funktioniert nur, solange Sie im Internet noch über dieselbe IP-Adresse erreichbar sind, unter der Sie angemeldet waren, als Sie die E-Mail verschickt haben.

Und genau das ist die Crux: Wer sich nur bedarfsweise per Modem oder ISDN anmeldet, bekommt in den meisten Fällen eine temporäre IP-Adresse. Die ändert sich von Einwahl zu Einwahl. Sie müssten also so lange online bleiben, bis der Adressat sich auf Ihre E-Mail meldet – und das kann dauern, und also horrende Telefonkosten nach sich ziehen. E-Mail-Einladungen für Remoteunterstützung sind also nur dann eine gute Idee, wenn Sie dank Flatrate kontinuierlich mit dem Internet verbunden sind oder über die Firma eine feste IP-Adresse im Internet nutzen.

6.8 Windows XP kostenlos aktualisieren

Noch nie war es einfacher, sich bei Windows XP zu beschweren. Geht etwas schief, oder hängt sich ein Programm auf, dann brauchen Sie nicht mehr mit rotgeschwollenem Gesicht »Meister...!« in die teure 0190er-Hotline zu schnaufen. Stattdessen bietet Windows XP von ganz allein an, das Problem an die zuständigen Stellen zu melden. Kostenlos, versteht sich.

Und damit Sie von Ihren Beschwerdemeldungen auch etwas haben, kann Windows automatisch nach Updates und Verbesserungen suchen, die sich vielleicht aus Ihren (oder fremden) Beschwerdemeldungen inzwischen ergeben haben. Möchten Sie dafür sorgen, dass Windows XP sich bei Programmfehlern automatisch beschwert und die für den Absturz verantwortlichen technischen Eckdaten an das betroffene Software-Haus sendet? Das machen Sie so:

Klappen Sie das Startmenü auf, und klicken Sie mit der rechten Maustaste auf *Arbeitsplatz*. Dann wählen Sie *Eigenschaften*. Klicken Sie dann auf das Register *Erweitert*, und klicken Sie unten rechts auf die Schaltfläche *Fehlerberichterstattung*.

Wählen Sie jetzt die Option *Windows-Betriebssystem*, damit alle Fehler rund um Windows XP weitergepetzt werden. Wollen Sie auch Fehler fremder Programme melden, dann aktivieren Sie außerdem die Option *Programme*. Diese Informationen gibt Microsoft dann postwendend an die betroffenen Unternehmen weiter.

Microsoft feilt natürlich auch dann noch an Windows XP weiter, wenn Sie es längst gekauft und installiert haben. Damit Sie Verbesserungen trotzdem nicht verpassen, kann Windows XP automatisch im Internet für Sie nachsehen, welche Neuerungen und Erweiterungen es inzwischen gibt. Die werden dann auf Wunsch sofort und kostenlos bei Ihnen installiert. Mit dieser Frischzellenkur bleibt Ihr Windows XP ständig auf allerneuestem Stand.

Sicherheitsupdates

Allein schon aus Sicherheitsgründen sollten Sie einmal im Monat auf Updates prüfen lassen. Hacker und Datenterroristen probieren rund um die Uhr neue Sicherheitslücken und versteckte Hintertürchen aus, nicht nur bei Windows, sondern bei allen Betriebssystemen. Als Windows-Nutzer können Sie sich gegen sowas wehren, indem Sie sich die allerneuesten Sicherheitstechnologien über das Update besorgen. Einen absolut sicheren Computer gibt es nämlich nie, bei keinem Hersteller. Sicherheit ist immer nur ein Wettrüsten zwischen Eindringlingen und dem Hersteller. Um Windows XP zu aktualisieren, brauchen Sie allerdings einen funktionierenden Internetanschluss. Wählen Sie dann im Startmenü *Hilfe und Support*. Im Bereich *Eine Aufgabe auswählen* klicken Sie dann auf *Den Computer auf dem neuesten Stand mit Windows Update halten*.

Jetzt wird eine Internetverbindung zum Update-Server von Microsoft hergestellt. Dabei kann es passieren, dass Sicherheitswarnungen erscheinen. Und das kommt so: Damit das Update Sie nicht mit zig Updates überflutet, die Sie gar nicht brauchen, wird ein Update-Control installiert.

Das kann nachschauen, welche Grafikkarte und sonstigen Gerätschaften Ihr Computer eigentlich verwendet und welche Updates schon aufgespielt wurden. So sehen Sie anschließend maßgeschneidert nur noch die Dinge, die wirklich sinnvoll sind. Damit das klappt, müssen Sie dem Update Control allerdings erlauben, ausgeführt zu werden. Klicken Sie also auf *Ja*. Wer auf *Nein* klickt, kann das Update nicht nutzen. Es können zwei oder mehr solcher Warnungen auftauchen.

Update – ist es sicher?

Natürlich wurde das Update bereits von den Verschwörungstheoretikern genau unter die Lupe genommen und der Verdacht geäußert, Microsoft nutze die übermittelten Daten, um die Menschheit zu klonen. Richtig ist, dass Microsoft über das Update ein gutes Bild über die Hardwareausstattung der im Umlauf befindlichen Computer erhält. Persönliche Daten wie Ihren Geburtstag, Ihre Anschrift oder den Spitznamen Ihres Hundes erfährt Microsoft aber nicht.

Das Update ist ein »Deal«: Sie bekommen maßgeschneidert die allerneuesten Informationen, und zwar kostenlos, und Microsoft erfährt im Gegenzug etwas über die »Welt da draußen«. Wer diesen Deal nicht eingehen mag, braucht bei der Sicherheitswarnung nur auf *Nein* zu klicken.

Klicken Sie auf *Scan for updates*. Jetzt analysiert das Update Control Ihren Computer und meldet dann der Update-Webseite, wie Ihr Computer ausgestattet ist. Die Update-Seite revanchiert sich dafür mit einer Liste der Neuerungen, die für Sie infrage kommen.

6.10 Stimmen Sie zu, dass das Update Control seine Arbeit aufnehmen darf

Das Ergebnis teilt sich in drei Kategorien:

→ *Critical Updates*: Wichtige Updates, die Sie unbedingt installieren sollten, weil Windows XP sonst womöglich nicht richtig funktioniert oder weil Sie sonst eine Sicherheitslücke hätten.

→ *Windows XP*: Nützliche Updates für Windows. Ob Sie die installieren wollen, können Sie selbst entscheiden

→ *Driver Updates*: Treiberaktualisierungen für Ihre Geräte. Update ist clever genug, hier nur die Treiberaktualisierungen anzuzeigen, die Sie auch wirklich gebrauchen können.

Um sich Updates näher anzusehen, klicken Sie einfach auf die entsprechende Kategorie. So sehen Sie zum Beispiel, dass es via Windows XP Update nun doch noch eine Java Virtual Machine für den Internet Explorer gibt, um die Java-Applets der Konkurrenz anzuzeigen.

Suchen Sie sich nun die Updates per Klick auf *Add* zusammen, die Sie installieren wollen. Um die Installation zu beginnen, klicken Sie anschließend auf *Review and install updates*. Sie sehen noch einmal die

Liste der Updates, die Sie sich ausgesucht haben. Werfen Sie einen unauffälligen Blick auf die Gesamtgröße, damit das Update nicht die halbe Nacht heruntergeladen werden muss. Ist es zu groß, dann suchen Sie sich weniger Updates aus und verschieben den Rest auf ein andermal.

Klicken Sie dann auf *Install Now.*

Möglicherweise erscheinen nun noch Lizenzvereinbarungen, und dann startet der Update-Prozess. Dabei werden die Updates zuerst heruntergeladen und dann installiert.

> **Espresso-Tipp!** Besonders interessant ist natürlich die Sektion mit den Gerätetreibern. Neue Gerätetreiber funktionieren meist sicherer und schneller als ältere, und so können Sie mit neuen Treibern Ihre Hardware noch besser ausnutzen.

Über den Link *View installation history* in der linken Windows Update-Spalte können Sie sich anschließend genau anzeigen lassen, welche Updates wann auf Ihren Rechner gelangt sind.

6.9 Ab zur Inspektion: Service Packs

Als *Service Packs* bezeichnet Microsoft ganze Pakete voller Verbesserungen und Berichtigungen an käuflichen Microsoft-Produkten. Die Pakete werden in loser Folge kostenlos veröffentlicht und sorgen dafür, dass etwa Ihre Windows-Version auch in Zukunft so leistungsfähig wie möglich arbeitet. Ein erstes Aktualisierungspaket (SP1) für Windows XP steht als Download bei *http://windowsupdate.microsoft.com* zur Verfügung. Dieses Update behebt nicht nur zahlreiche offenkundig gewordene Sicherheitslücken, es bietet auch handfeste Verbesserungen wie zum Beispiel USB 2.0-Unterstützung. Falls Sie letztlich Ihren Computer mit vorinstalliertem Windows XP gekauft haben, stehen die Chancen gut, dass die Computerhersteller dieses Service Pack bereits mitinstalliert haben.

1. Um dies herauszufinden, klicken Sie im Startmenü mit der rechten Maustaste auf *Arbeitsplatz* und wählen im Kontextmenü *Eigenschaften.*

2. Ein Fenster öffnet sich. Klicken Sie auf das Register *Allgemein*, und schauen Sie rechts unter *System* nach, ob dort ein Service Pack angezeigt wird. Falls ja, brauchen Sie die Aktualisierung nicht mehr zu installieren und können den nächsten Abschnitt überspringen.

Installation des Pakets

Sie erhalten das Paket aus dem Internet unter *http://windowsupdate. microsoft.com*. Diese Adresse führt Sie zum Windows-Update-Center, wo Ihr Computer maßgeschneidert neben dem eventuell noch fehlenden Service Pack auch mit allen weiteren wichtigen Aktualisierungen versorgt wird. Voraussetzung dafür ist allerdings, dass Sie als Administrator oder Benutzer mit dem Status *Computeradministrator* angemeldet sind. Eingeschränkte Benutzer dürfen so grundlegende Dinge wie eine Generalüberholung des PCs nicht durchführen.

Die wesentlichen Neuerungen

→ Software: Entscheiden Sie künftig selbst, welche Microsoft-Zubehörprogramme aktiv sein sollen und welche Sie lieber zugunsten anderer Programme abschalten. Fortan können Sie also selbst bestimmen, ob Sie mit dem Internet Explorer oder einem anderen Browser im Internet surfen wollen.

→ USB 2.0: Sofern Ihr Computer über die neuen und sehr viel schnelleren USB 2.0-Anschlüsse verfügt, kann Ihr PC nun mit externen Festplatten und anderen Peripheriegeräten über diese Schnittstelle rasant schnell Daten austauschen.

Windows-Zubehör kontrollieren

Aus juristischen Gründen ist Microsoft künftig verpflichtet, es Ihnen freizustellen, ob Sie die vielen zusätzlichen Microsoft-Hilfsprogramme für E-Mail, Internet und Sofortnachrichten nutzen wollen oder lieber auf die Angebote anderer Anbieter ausweichen möchten. Das Service Pack erweitert deshalb die Auswahlmöglichkeiten, die Sie im *Software*-Modul der Systemsteuerung haben.

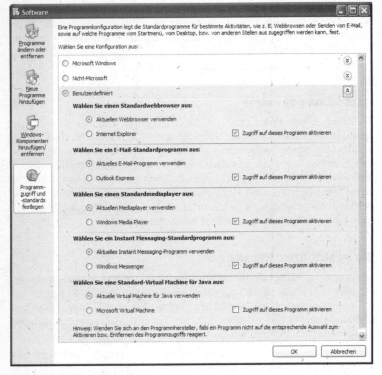

6.11 Endlich verbraucherfreundlich

Um das entsprechende Auswahlfenster zu sehen, wählen Sie im Startmenü *Systemsteuerung* und öffnen dann das Modul *Software*. Klicken
Sie hier links in der Symbolspalte auf *Programmzugriff und -Standards
festlegen*.

Hier haben Sie nun die Wahl zwischen Zubehörprogramme von *Microsoft Windows* und *Nicht-Microsoft* (alle Internet-bezogenen Zubehörprogramme werden abgeschaltet und erscheinen nicht mehr als Auswahl). Möchten Sie einige Zubehörprogramme abschalten, ist *Benutzerdefiniert* die richtige Wahl. Jetzt können Sie die Programme einzeln
aktivieren oder deaktivieren. Es lohnt sich auf jeden Fall, die aktuellen

Einstellungen kritisch zu überprüfen. Einige Computerhersteller haben nämlich Abkommen mit Internetdiensten getroffen, die den Herstellern Zusatzverdienste einbringen und entsprechend dazu führen, dass Ihr Computer von vornherein nicht mit den meist kostenlosen Microsoft-Diensten zusammenarbeiten sondern mit AOL oder anderen kommerziellen Anbietern.

USB 2.0 - Peripheriegeräte schnell und einfach anschließen

Der USB-Port (*Universal Serial Port*) hat sich inzwischen auf breiter Front durchgesetzt und sorgt dafür, dass Sie die meisten modernen Peripheriegeräte wie Scanner, Memorysticks und externe Laufwerke problemlos anschließen können – Verbindungskabel einstecken genügt.

Der im Vergleich zu älteren Anschlussmöglichkeiten recht schnelle USB-Port wird wegen dieser Beliebtheit aber mittlerweile zu einer Bremse. Seine maximale Datenübertragungsrate von 12 MB/Sekunde reicht zwar für Scanner und Speichersticks vollkommen aus, aber moderne Geräte wie Videoanwendungen und externe Festplatten könnten wesentlich höhere Geschwindigkeiten besser gebrauchen. Deshalb wurde der USB-Standard weiterentwickelt. USB 2.0 erlaubt nun eine Höchstgeschwindigkeit von 480 MB/Sekunde, ist also theoretisch 40-mal schneller als die einfachen USB-Ports. Windows XP unterstützt mit dem Service Pack 1 nun auch solche Turbo-USB-Ports. Allerdings werden nicht alle Ihre USB-Anschlüsse künftig mit Überschallgeschwindigkeit funktionieren. Das SP1 sorgt nur dafür, dass neue und dem 2.0-Standard entsprechende USB-Ports auch tatsächlich die maximale Geschwindigkeit nutzen. Sie werden gewarnt, falls Sie ein Hochgeschwindigkeitsgerät an einen langsamen alten Port anschließen.

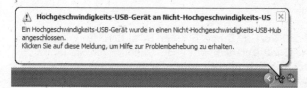

6.12 Das passt nicht zusammen

Schließen Sie eine Hochgeschwindigkeitsfestplatte an einen langsamen USB-Port an, erscheint eine Warnmeldung, dass dieses Gerät zwar funktioniere, aber lange nicht so leistungsfähig sein wird, wie es sein könnte, wenn Sie es an einen USB 2.0-Port anschließen würden. Klicken Sie auf die entsprechende Sprechblase der Meldung, öffnet sich ein weiteres Fenster und klärt Sie auf, welche USB-Ports in Ihrem System überhaupt vorhanden sind. Sollten USB 2.0-Ports darunter sein, genügt es, das Gerät einfach an den schnelleren USB-Port umzustecken.

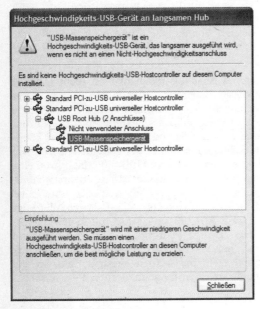

6.13 Die Qual der Wahl

Ist kein USB 2.0-Port in Ihrem System zu finden, funktioniert das angeschlossene Gerät trotzdem, nur eben erheblich langsamer. In diesem Fall sollten Sie sich überlegen, ob Sie nicht moderne USB 2.0-Ports nachrüsten wollen. Aufrüstsätze gibt es für Desktop-PCs als Steckkarten und für Notebooks als PCMCIA-Einschübe.

7 Zusätzliche Geräte anschließen

Wie man eine TV-Karte oder eine digitale Kamera mit Windows XP verbindet, erfahren Sie hier.

7.1 So fahren Sie vor

Bevor Sie sich ultra-konkret anschauen, wie neue Geräte bei Windows XP angemeldet werden, sehen Sie sich den Automatik-Erkennungsmodus von Windows XP doch mal aus der Nähe an! So wissen Sie sofort, wie Windows XP neue Geräte erkennt und was zu tun ist, wenn Ihr Computer neue Geräte einfach nur höflich ignoriert – oder nach irgendwelchen Treibern fragt.

Damit Windows XP glücklich und harmonisch mit anderen Geräten zusammenarbeitet, sind zwei Dinge wichtig:

→ Das Gerät muss an einem unterstützten Anschluss ordnungsgemäß angeschlossen sein. Windows XP unterstützt so gut wie alle Anschlusstypen, sodass hier die geringsten Probleme auftauchen.

→ Windows XP muss das Gerät kennen, also den für das Gerät passenden Gerätetreiber zur Verfügung haben. Der Gerätetreiber übersetzt die Anweisungen in die Sprache des jeweiligen Gerätes. Hier sind Probleme schon eher möglich, denn Windows XP bringt zwar selbst tausende Gerätetreiber mit, aber besonders uralte Erbstücke und brandneue Geräte, die nach Erscheinen von Windows XP erfunden wurden, sind natürlich nicht dabei.

Der Gerätekauf

Schon beim Kauf eines neuen Gerätes entscheidet sich also, ob Sie damit sofort Spaß haben oder frustriert den Gerätekarton anknabbern und sich ansonsten gar nichts aufregendes tut. Achten Sie bei Neuanschaffungen unbedingt darauf, dass dem Gerät ein Windows XP-Treiber beiliegt – oder zumindest ein Windows 2000-Treiber, die nächstbeste Alternative.

Planen Sie gerade die Umsetzung der familiären Wunschliste, dann hilft Ihnen eine Webseite weiter: Surfen Sie zu *www.microsoft.com/hcl*, und werfen Sie einen Blick auf die Hardware Compatibility List, die Liste der mit Windows XP verträglichen Geräte.

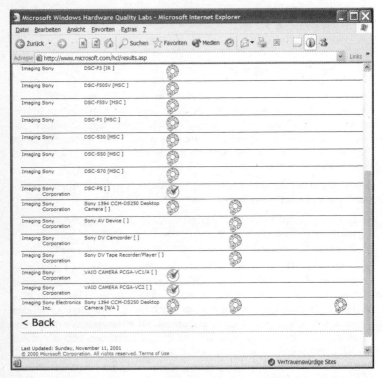

7.1 Schauen Sie in der HCL nach, bevor Sie sich neue Geräte leisten – das spart später eine Menge Sorgen

Wollen Sie sich zum Beispiel eine Digitalkamera anschaffen, dann machen Sie das so: Wählen Sie im Startmenü *Ausführen*, und geben Sie ein: *www.microsoft.com/hcl* ↵. Der Internetzugang wird hergestellt, und wenig später landen Sie auf der Infoseite. Interessieren Sie sich für Digitalkameras von Sony, dann tragen Sie ins Feld *Search for the following* ein: Sony. Ins Feld darunter geben Sie ein, nach was für einem Gerät Sie eigentlich suchen. Das ist gar nicht so leicht, denn Digitalkamera oder Digital Camera suchen Sie in dieser Liste leider vergebens. Wählen Sie stattdessen *Imaging* (suchen Sie eine Videokamera, dann wählen Sie übrigens *Video Capture/Camera*).

Jetzt tauchen alle infrage kommenden Geräte von Sony auf. In der Kategorie *Imaging* sind das neben Digitalkameras auch Scanner. In den Spalten rechts neben den Produkten sehen Sie die einzelnen Windows-Versionen und können sofort sehen, mit welchen Versionen die Geräte harmonisch zusammenarbeiten. Steht in der Spalte ein *Compatible*-Symbol, dann wissen Sie, dass das Gerät zwar funktioniert, aber vermutlich nur mit der mitgelieferten Herstellersoftware und vielleicht auch nur eingeschränkt. Prangt in der Spalte dagegen ein *Logo*-Symbol, dann hat das Gerät den Logo-Test für diese Windows-Version bestanden und nutzt Windows bestmöglich aus.

Bei Digitalkameras heißt das zum Beispiel: Das Gerät wird direkt nach dem Einstecken erkannt, und Sie können auf die Bilder in der Kamera zugreifen, als handele es sich dabei um ein ganz normales Laufwerk. Der Kamerainhalt benimmt sich also wie ein Explorer-Ordner und kann über das Arbeitsplatz-Fenster geöffnet werden. Das ist doch wesentlich angenehmer, als jedesmal mit komplizierter Zusatzsoftware herumhantieren zu müssen – der Blick in die HCL hat sich also schon gelohnt! Die HCL verrät Ihnen also, ob ein Gerät den Windows XP Logo-Test bestanden hat. Allerdings muss Ihr Gerät nicht zwingend in dieser Liste auftauchen und kann trotzdem prima funktionieren. Nur garantiert Ihnen das dann niemand. Windows XP kommt neben seinen eigenen Windows XP-Gerätetreibern auch mit den älteren Windows 2000-Treibern klar. Notfalls lassen sich die meisten Geräte sogar mit Windows 98-Treibern installieren. Aber das klappt nicht in jedem Fall. Und es kann Ihnen interessante Möglichkeiten vorenthalten, die Windows XP normalerweise anbieten würde, von denen der Windows 98-Treiber aber keinerlei Ahnung hat.

7.2 Der Anschluss

Windows XP erkennt die meisten modernen Geräte von ganz allein. Beim Einbau kommt es nur ein wenig darauf an, wie das Gerät angeschlossen werden will: Moderne Geräte für den klassischen PC werden in aller Regel über USB-Stecker angeschlossen. Der Vorteil: Sie dürfen Geräte jederzeit ein- und ausstöpseln, und der Datenverkehr via USB ist rasant schnell.

→ Bei Notebooks gibt es zusätzlich PCMCIA-Steckkarten, die aussehen wie Kreditkarten. In diesen flachen Karten sind Geräte wie Modem oder Netzwerkkarte bereits eingebaut, sodass Sie sich unterwegs nicht mit einem halben Christbaum voller Peripheriegeräte abzuplagen brauchen. Dafür sind PCMCIA-Steckkarten deutlich teurer. Für PCMCIA-Karten gelten dieselben Freiheiten wie für USB-Geräte: Sie dürfen diese Karten also auch im laufenden Betrieb ein- und ausstecken.

→ Sehr verbreitet bei klassischen PCs sind zudem fest einzubauende Steckkarten. Die älteren und schwierig zu konfigurierenden ISA-Karten spielen zum Glück keine Rolle mehr. Heute werden üblicherweise nur noch PCI-Steckkarten verwendet. Die konfigurieren sich selbst, sind schnell und einfach einzubauen. Natürlich lassen sich solche Geräte nicht im laufenden Betrieb austauschen.

→ Älter, aber trotzdem noch »in« ist die Parallelschnittstelle, auch Druckerschnittstelle genannt – weil die meisten Drucker über diesen Anschluss mit dem Computer verbunden werden. Die Parallelschnittstelle ist ebenfalls pflegeleicht, und Geräte dürfen im laufenden Betrieb daran angeschlossen werden. Damit Windows allerdings Geräte an diesem Anschluss auch wirklich erkennen kann, müssen Sie darauf achten, bidirektionale Parallelkabel zu verwenden, und auch die Schnittstelle selbst muss im Bidirektionalmodus arbeiten – Daten fließen dann nicht nur in einer Richtung vom Computer zum Gerät, sondern das Gerät kann sich in umgekehrter Richtung auch bei Windows anmelden.

→ Etwas problematisch ist die serielle Schnittstelle, an die noch gern Mäuse angeschlossen werden. Aber auch Modems und externe Infrarotempfänger sowie sehr alte Digitalkameras verwenden diesen Anschluss. Bei Mäusen und Modems ist die Schnittstelle gut geeignet und auch leicht zu verwenden. Multimediageräte und alles, was hohe Datenmengen transportieren soll, gehören aber nicht (mehr) an eine serielle Schnittstelle. Die Übertragung eines einzigen Fotos aus Ihrer Kamera könnte sonst leicht mit einigen Minuten Wartezeit zu Buche schlagen.

➜ Ganz modern und drahtlos sind Infrarotverbindungen zwischen Computer und Geräten wie zum Beispiel bei Druckern oder Handys. Notebooks verfügen fast immer über Infrarotschnittstellen und verstehen sich dank Windows XP fast immer sofort mit externen Infrarotgeräten. Bei normalen PCs muss eine Infrarotschnittstelle meist nachgerüstet werden.

Hier eine kleine Einkaufshilfe, die Ihnen sagt, welche Geräte mit welchen Anschlüssen ausgerüstet sein sollten:

Gebräuchliche Anschlusstypen	
Maus, Modem	Seriell
Drucker	Parallel oder USB
Scanner	USB
Digitalkamera	USB
Externe Laufwerke	USB
ISDN	PCI-Steckkarte, PCMCIA-Karte bei Notebooks
Netzwerkkarte	PCI-Steckkarte, PCMCIA-Karte bei Notebooks

Tab. 7.1 Wichtige Geräte und die bewährten Anschlusstypen

Der Einsatz

Bevor Sie irgendetwas am Computer herumstöpseln, nehmen Sie sich trotz aller (Neu)gier die Zeit und lesen Sie die Gebrauchs- und Installationsanweisung des Gerätes durch, das Sie installieren wollen. Häufig muss nämlich vor dem Einbau oder dem Anschluss zuerst der passende Treiber per CD-ROM installiert werden. Nur wer das tut, versetzt Windows XP anschließend in die Lage, das Gerät einfach und sorgenfrei zu erkennen und zu installieren.

Espresso-Tipp! Bei älteren Geräten kann es Ihnen passieren, dass das Setup-Programm auf der Hersteller-CD keinen Mucks tut oder sich über eine falsche Windows-Version beschwert. Der Grund: Solche Installationsprogramme prüfen die Windows-Version, und wenn die nicht so aussieht wie zu den Zeiten, als das Installationsprogramm gemacht wurde, streiken die Programme.

Macht aber nichts. Wenn Ihnen sowas passiert, dann klicken Sie das Setup-Programm auf der Geräte-CD mit der rechten Maustaste an und wählen *Eigenschaften*. Klicken Sie dann auf das Register *Kompatibilität*, und aktivieren Sie die Option *Programm im Kompatibilitätsmodus ausführen für*. In der Liste darunter stellen Sie das Betriebssystem ein, für das dieses Programm ursprünglich einmal gemacht worden ist, zum Beispiel *Windows 98*.

Schließen Sie das Gerät an. Bei Geräten, die über USB, PCMCIA oder Parallelport angeschlossen werden, können Sie das im laufenden Betrieb tun. Windows XP meldet kurz darauf neu entdeckte Hardware. Was anschließend passiert, hängt davon ab, wie viel Funktionen das neue Gerät übernehmen kann und ob die dafür nötigen Treiber parat sind.

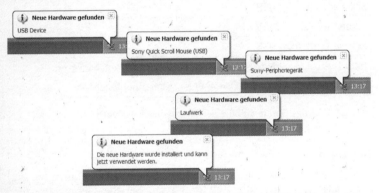

7.2 Hier wird eine USB-Maus mit Memory-Card-Reader installiert: Multifunktional

Im Idealfall meldet eine Sprechblase zuerst ganz nüchtern den allgemeinen Gerätetyp, den Windows XP entdeckt hat. Anschließend wird die Sprechblase schon spezifischer und nennt den Hersteller und Typ.

Das kann gleich mehrmals passieren, wenn das angeschlossene Gerät mehr als eine Funktion erfüllt. Geht alles glatt, dann meldet die letzte Sprechblase, dass die Installation zur allgemeinen Zufriedenheit fertiggestellt ist und Sie das Gerät jetzt benutzen können. Fein!

Was aber, wenn die Sache nicht so glatt abläuft? Drei große Probleme gilt es zu meistern:

→ Was, wenn Windows XP gar keine Notiz vom neuen Gerät nimmt, es also einfach ignoriert?

→ Und was, wenn zwischendrin merkwürdige Dialogfenster aufspringen und irgendwelche Treiber von Ihnen verlangen?

→ Und was, wenn das Gerät zwar installiert wird, aber anschließend gar nicht funktioniert?

Scanner installieren

Schauen Sie sich einen typischen Installationsverlauf eines Scanners an. Im Beispiel handelt es sich um den *HP Scanjet 5400c*, der einfach nur über die USB-Schnittstelle mit dem Computer verbunden wird.

7.3 USB-Geräte melden sich von allein bei Windows XP

Nun können zwei ganz unterschiedliche Dinge passieren:

→ Entweder verfügt Windows XP schon über die nötigen Geräteinformationen und Treiber. Dazu sucht Windows seinen *INF*-Ordner im Windows-Ordner durch und prüft jede einzelne *INF*-Datei. *INF*-Datei enthalten Informationen, wie bestimmte Geräte zu installieren und wo die Treiber zu finden sind. Geräte, die Windows XP schon von Haus aus kennt, haben bereits eine eigene *INF*-Datei, und der nötige Treiber ist dann in der von Windows XP mitgebrachten *DRIVER.CAB*-Datei zu finden. Wenn das der Fall ist, installiert sich das Gerät ohne weitere Rückfragen von selbst.

→ Oder aber das Gerät ist so modern (oder so alt), dass Windows XP es gar nicht kennt. In diesem Fall öffnet sich ein Dialogfenster und fragt nach, wo die Geräteinformationen zu finden sind. Beim Scanjet 5400c ist das der Fall.

Der Assistent macht Ihnen die Sache aber sehr einfach. Alles, was Sie brauchen, ist eine Hersteller-CD mit dem passenden Treiber. Legen Sie diese CD ins Laufwerk, bevor Sie auf *Weiter* klicken!

Den Assistenten verstehen

Der Assistent bietet Ihnen zwei Möglichkeiten zur Auswahl. Entscheiden Sie sich für die Vorgabe *Software automatisch installieren*, dann sucht der Assistent den fehlenden Treiber im *INF*-Ordner und in Ihrem CD-ROM-Laufwerk. Das ist die richtige Wahl, wenn Sie die Hersteller-CD zur Hand haben oder das Hersteller-Setup-Programm bereits ausgeführt wurde. In diesem Fall hat das Setup-Programm nämlich die nötige INF-Datei bereits in den *INF*-Ordner hineingelegt, sodass der Assistent die Informationen auch ohne Hersteller-CD finden kann.

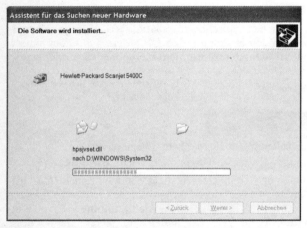

7.4 Sobald der Assistent fündig geworden ist, beginnt die Installation

Achten Sie bei Hersteller-CDs unbedingt darauf, ob mehr als eine CD dem Gerät beilag. Beim Scanjet 5400c lagen zum Beispiel drei CDs bei, und nur eine davon war für Windows XP gedacht. Legen Sie aus Versehen die CD für Windows 98 oder Windows 2000 ein, dann installiert Windows XP brav die älteren Treiber, und das Gerät wird vermutlich auch funktionieren. Nur kann es jetzt viele moderne Funktionen nicht nutzen, weil es von vornherein mit einem veralteten Treiber installiert wird. Das muss nicht sein.

Haben Sie sich den nötigen Treiber selbst besorgt, zum Beispiel über ein Download auf der Hersteller-Webseite, dann wählen Sie die Option *Software von einer Liste oder bestimmten Quellen installieren*. Jetzt ist etwas mehr Herumgeklicke nötig, denn jetzt müssen Sie dem Assistenten verraten, in welchem Ordner Sie den Treiber gespeichert haben, damit er ihn finden kann.

Der Assistent sucht nun an den angegebenen Orten nach der richtigen INF-Datei und dem passenden Treiber. Wird er fündig, dann installiert er das Gerät anschließend. Je nach Gerät kann das bedeuten, dass auch eine Reihe von herstellerspezifischen Zusatzprogrammen wie beispielsweise eine Scan-Software installiert werden.

Systemwiederherstellungspunkte

Konnte der Assistent für Ihr Gerät nur veraltete Treiber finden, die nicht für Windows XP gemacht wurden, dann richtet er sich nach Ihren Sicherheitseinstellungen. In der Regel erscheint dann ein Fenster und meldet das Malheur. Sie haben jetzt die Wahl, die Installation abzubrechen (um einen besseren Treiber zu besorgen) oder erst einmal mit dem veralteten Treiber zu installieren (und später den Treiber zu aktualisieren).

Obwohl das Dialogfenster eindringlich warnt: Alte Gerätetreiber funktionieren in aller Regel sehr gut. Allerdings besteht das potenzielle Risiko, dass der veraltete Treiber Murks macht und anschließend Windows XP schlimmstenfalls nicht mehr richtig funktioniert. Deshalb legt Windows XP bei solchen Treibern automatisch einen Systemwiederherstellungspunkt an, konserviert also alle wichtigen Systemdateien und -Einstellungen, bevor der Treiber ins System hineingelassen wird. Geht beim nächsten Windows-Start etwas gründlich schief, dann können Sie das System immer mit der letzten funktionierenden Konfiguration starten. Entpuppt sich der Treiber erst später als Zeitbombe, dann können Sie dank des Systemwiederherstellungspunktes das System auch später noch in den Zustand zurückversetzen, in dem es war, bevor Sie den Treiber installiert haben. Treiber-Probefahrten sind also beinahe gefahrlos möglich.

Sobald die Installation abgeschlossen ist, meldet eine Sprechblase Erfolg (oder Misserfolg). Sollten bei der Installation Probleme aufgetaucht sein, dann schauen weiter hinten in diesem Kapitel nach, wie Sie dem Fehler auf die Spur kommen. In allen anderen Fällen ist Ihr Gerät jetzt startklar. Herzlichen Glückwunsch!

7.5 Windows XP meldet, wenn es bei der Installation Probleme gab

Die Automatik-Erkennung von Hand starten lassen

Windows XP kann Geräte zwar meistens zuverlässig automatisch erkennen, aber nur, wenn es auch weiß, dass es nach neuen Geräten suchen soll. Geräte, die Sie über USB oder PCMCIA anschließen, sind clever genug, Windows XP auf die Schulter zu klopfen und den Erkennungsprozess zu starten. Bei anderen Geräten, vor allen Dingen denen, die an Parallel- oder Seriellanschluss gesteckt wurden, ist das nicht so. Hier müssen Sie Windows XP einen Wink geben. Und das machen Sie so:

Öffnen Sie das Startmenü und klicken Sie *Arbeitsplatz* mit der rechten Maustaste an. Dann wählen Sie *Eigenschaften*. Ein Fenster öffnet sich. Klicken Sie auf das Register *Hardware* und dann auf die Schaltfläche *Geräte-Manager*. Jetzt sehen Sie eine Liste der gesamten momentan erkannten Hardware.

Um die Hardware neu zu erkennen, klicken Sie mit der rechten Maustaste auf den obersten Eintrag und klicken im Kontextmenü auf *Nach geänderter Hardware suchen*. Schon erkennt Windows XP alle Geräte neu – vorausgesetzt natürlich, die angeschlossenen Geräte sind auch eingeschaltet. Ausgeschaltete Geräte stellen sich tot und können von Windows XP niemals erkannt werden – das ist klar.

> **Espresso-Tipp!** Bei USB-Geräten kann es helfen, alle übrigen und nicht lebensnotwendigen USB-Geräte für die Dauer der Erkennung auszustöpseln.

Problembehandlung

Wird Ihr neues Gerät trotz manueller Hardware-Erkennung einfach nicht erkannt? Dann ist es vielleicht schon erkannt worden! Was dumm klingt, ist bei näherer Betrachtung gar nicht so dumm. Vielleicht wurde das Gerät früher schon einmal erkannt, und dann wurde der Installationsprozess mittendrin abgebrochen – vielleicht, weil kein passender Treiber zur Hand war. In solchen Fällen ordnet Windows das Gerät je nach Fortschritt der bereits abgelaufenen Installation entweder in die Kategorie *Unbekannte Geräte* ein, oder das Gerät findet sich bereits im Geräte-Manager in der richtigen Kategorie, ist aber mit einem gelben Warnsymbol markiert, das anzeigt: Hier stimmt noch etwas nicht! Was genau nicht stimmt, sehen Sie, wenn Sie den markierten Eintrag im Gerätemanager öffnen.

Unter dem Feld *Gerätestatus* sehen Sie dann die Schaltfläche *Problembehandlung*, und wenn Sie draufklicken, öffnet sich ein freundlicher Assistent und versucht, Ihnen beim Eingrenzen des Problems behilflich zu sein.

7.6 Der Gerätemanager verrät, welche Probleme es gegeben hat, und bietet Hilfe an

Das sollten Sie zuerst durchaus ausprobieren: Die Hinweise des Assistenten sind häufig recht nützlich. Aber nicht immer. Und wenn Ihnen der Geduldsfaden reißt, dann können Sie das halb- oder nicht richtig erkannte Gerät auch einfach aus dem Gerätemanager herauswerfen: Rechtsklick auf das Gerät und *Löschen*.

Bei der nächsten Hardware-Erkennung, zum Beispiel wie eben im letzten Abschnitt gezeigt, wird das Gerät dann ganz neu und von Anfang an erkannt. Ob das zu einem besseren Resultat führt, weiß niemand, aber wenigstens sehen Sie den Erkennungsvorgang von Anfang an und können reagieren, wenn Windows Sie um einen aktuellen Gerätetreiber bitten sollte.

Geräte von Hand installieren!

Wird das neue Gerät partout immer noch nicht erkannt, dann können Sie es auch von Hand integrieren. Dazu geben Sie Windows einfach an, um welchen Gerätetyp es sich handelt und wo das Gerät angeschlossen ist. Zuständig hierfür ist das Modul *Hardware* aus der Systemsteuerung. Allerdings hat diese Sache einen Haken: wenn Windows Ihr neues Gerät nicht von selbst erkennt, dann stimmt in fast allen Fällen etwas nicht – Anschluss, Treiber, irgendetwas ist faul. Und daran ändert dann auch die gut gemeinte manuelle Installation mit dem Hardware-Assistenten nichts mehr.

Das ist auch der Grund, warum Microsoft alle Geräte aus dem Hardware-Assistenten gestrichen hat, die sich in aller Regel automatisch erkennen lassen. Viel zu oft hatten früher Windows-Anwender bei Anschlussproblemen zum Hardware-Assistenten gegriffen und manuell Geräte ins System hineingequetscht, die dort einfach nichts zu suchen hatten. Trotzdem sollten Sie in verzweifelten Fällen das Modul *Hardware* der Systemsteuerung ausführen. Wenn Sie ein wenig Glück haben, löst der Hardware-Assistent das Problem vielleicht doch noch.

Uralt-Geräte installieren

Hier ein weiteres »Real-World-Szenario«: An einen PC soll eine (technisch gesehen uralte) serielle Infrarotschnittstelle nachgerüstet werden, damit der Desktop-PC drahtlos via Infrarot mit dem Notebook und dem Handy Daten austauschen kann.

Wie bei allen Geräten, die nicht über USB oder einen anderen modernen Steckplatz angeschlossen werden, hat Windows XP hier Schwierigkeiten, das Gerät zu erkennen. Wobei das übertrieben ist: Windows XP hat überhaupt keine Schwierigkeiten, ihm geht es gut. Es »bemerkt« das neue Gerät an der alten Schnittstelle einfach erst gar nicht. Bei solchen Geräten müssen Sie mehr Hand anlegen. Dazu wählen Sie in der Systemsteuerung das *Hardware*-Modul (klicken Sie links auf *Zur Kategorieansicht wechseln*, falls diese Option zu sehen ist).

Der Hardware-Assistent sucht zuerst nach normaler Plug&Play-Hardware und fragt dann nach: Haben Sie die Hardware schon angeschlossen? Dann wählen Sie *Ja, die Hardware wurde bereits angeschlossen*. Klicken Sie auf *Weiter*. Jetzt sehen Sie eine Liste der gesamten Hardware, die Windows XP schon erkannt hat. Schauen Sie diese Liste penibel durch: Ist das Gerät bereits dabei? Falls ja, dann wurde es zwar erkannt, aber nicht richtig zu Ende installiert. Wählen Sie es dann in der Liste aus und klicken Sie auf *Weiter*. Der Assistent hilft Ihnen jetzt dabei, die Panne zu finden und auszubügeln.

Wird Ihr Gerät nicht in der Liste geführt, dann wählen Sie den untersten Punkt: *Neue Hardware hinzufügen*. Klicken Sie auf *Weiter*. Sie können den Assistenten nun zunächst für sich schuften lassen und ihn beauftragen, mit der Option *Nach neuer Hardwarekomponente automatisch suchen und installieren* noch einmal gründlich nachzuschauen. Meist wird das aber keinen Erfolg bringen, denn sonst hätte Windows XP Ihr Gerät schon längst erkannt.

Konnte der Assistent keine neuen Geräte finden, dann bietet er Ihnen an, dass Sie ihm sagen, was für ein Gerät Sie anschließen wollen. Klicken Sie auf *Weiter*. Jetzt suchen Sie sich aus einer Liste die Gerätekategorie aus, um die es sich handelt. Bei der Infrarot-Schnittstelle heißt sie *Infrarotgeräte*. Nun kramt der Assistent in seinem *INF*-Ordner herum und findet alle Geräte, für die er Installationsanweisungen besitzt (und die normalerweise nicht automatisch erkannt werden).

Falls Ihr Gerät in der Liste nicht auftaucht, dann kennt Windows XP es noch nicht. Sie haben hier zwei Möglichkeiten: Entweder schließen Sie den Assistenten, besorgen sich das Installationsprogramm für das Gerät und führen es aus.

Dann starten Sie den Assistenten noch einmal. Weil das Installationsprogramm inzwischen die Geräteinformationen im *INF*-Ordner hinzugefügt hat, erscheint Ihr Gerät jetzt in der Liste. Der Assistent ist also lernfähig.Oder aber Sie klicken auf *Datenträger* und verraten dem Assistenten, wo sich die Installations-CD oder Diskette des Geräteherstellers befindet. Der Assistent sucht dann dort nach der passenden *INF*-Datei, und wenn er sie finden kann, wird das Gerät ebenfalls in der Liste angezeigt.

Sie sehen jetzt eine zweispaltige Liste aller infrage kommender Geräte. Links wählen Sie den Hersteller aus, im Falle dieses Beispiels also *Tekram*. Rechts wählen Sie anschließend das Modell aus, hier *Tekram IRMate-210 serielles Infrarotgerät*. Dann klicken Sie auf *Weiter*.

Erledigt. Ein paar Sekunden später ist die Infrarotschnittstelle aktiv und meldet bereits die ersten in der Nähe befindlichen Computer und Geräte, bei denen die Infrarotschnittstelle aktiviert ist (bei Handys muss die Infrarotschnittstelle meist zuerst in den Geräteeinstellungen aktiviert werden und bleibt dann auch nur für wenige Minuten aktiv, damit sich Ihr Handy unterwegs nicht ungefragt mit dem PC Ihres Nachbarn unterhält).

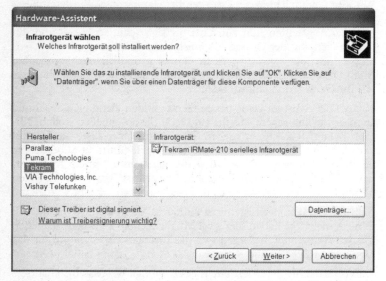

7.7 Infrarotschnittstelle für normale PCs – in wenigen Minuten nachgerüstet

Windows-Tricks

Damit neue Geräte funktionieren können, muss der passende Gerätetreiber vorhanden sein. Das aber ist nur die halbe Miete. Der Treiber muss natürlich auch installiert werden, und genau das dürfen normale eingeschränkte Benutzer nicht. Stellen Sie also bei Installationsproblemen zuallererst sicher, dass Sie sich mit einem Benutzerkonto angemeldet haben, das vom Typ Computeradministrator ist.

Gerätetreiber gibt es außerdem in zwei verschiedenen Sorten:

➜ Zertifizierte Treiber sind für Windows XP gemacht und ausführlich getestet. Die funktionieren also immer.

➜ Ältere Treiber sind nicht für Windows XP gemacht und können funktionieren, müssen aber nicht.

Windows XP hat deshalb einen eingebauten Schutzmechanismus. In der strengsten Stufe akzeptiert Windows XP nur zertifizierte Treiber. Sie können fast sicher sein, dass nicht alle Ihre Geräte über solche verfügen.

Deshalb gibt es als Kompromiss den Nachfrage-Modus: Soll ein nichtzertifizierter Treiber installiert werden, dann fragt Windows nach, ob Sie das auch wirklich wollen, und wenn Sie *Ja* sagen, legt Windows einen Systemwiederherstellungspunkt an. So können Sie den neuen Treiber gefahrlos probefahren, und wenn er Unsinn anstellt oder der Computer sich plötzlich sonderbar benimmt, können Sie den alten Zustand einfach wiederherstellen.

In der laschesten Einstellung wird jeder Treiber ohne Rückfrage sofort installiert. Überprüfen Sie also als Nächstes Ihre Treiber-Sicherheitseinstellungen. Dazu klappen Sie das Startmenü auf und klicken mit der rechten Maustaste auf *Arbeitsplatz*. Wählen Sie *Eigenschaften*, und klicken Sie auf das Register *Hardware*. Klicken Sie dann auf die Schaltfläche *Treibersignierung*.

Jetzt können Sie sich aussuchen, wie Windows XP mit nicht für Windows XP zertifizierten Treibern umgehen soll. Die beste Einstellung lautet *Warnen – Zum Auswählen einer Aktion auffordern*.

Was aber, wenn Windows während der Geräteinstallation ein Fenster zückt und wissen will, wo der nötige Gerätetreiber zu finden ist? Das ist ein schlechtes Zeichen ...leider.

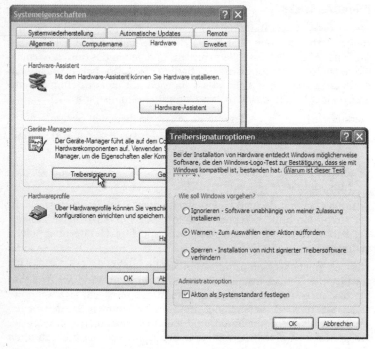

7.8 Legen Sie fest, ob ältere Gerätetreiber verwendet werden dürfen

Sie wissen dann nämlich, dass der nötige Gerätetreiber nicht von Windows XP mitgebracht worden ist. Jetzt sind Sie gefragt. Wenn dem Gerät eine CD-ROM beilag, dann legen Sie die ein und wählen die Option *Wechselmedien durchsuchen*.

Haben Sie dagegen den Gerätetreiber selbst über das Internet besorgt und heruntergeladen, dann geben Sie hinter der Option *Folgende Quelle ebenfalls durchsuchen* den Ordner an, in dem Sie den Treiber heruntergeladen und ausgepackt haben.

Sobald Sie auf *Weiter* klicken, sucht Windows automatisch an den angegebenen Orten nach dem Treiber. Sie brauchen also nicht zu wissen, wie die Treiberdatei heißt, nur vorhanden muss sie sein.

Fehlt der Treiber, dann meldet Windows, dass es keinen Treiber finden konnte, und Sie sind genauso schlau wie vorher. Spätestens jetzt wird es Zeit, im Internet auf der Herstellerseite des Gerätes oder bei Seiten wie *www.treiber.de* selbst nach dem Treiber zu suchen und ihn herunterzuladen.

7.3 Neue Treiber

Auch wenn Ihre Gerätschaften wunderbar arbeiten, lohnt es sich, von Zeit zu Zeit nach neueren Treibern Ausschau zu halten. Treiber werden wie alle anderen Programme auch ständig weiterentwickelt und verbessert. Neue Treiber installieren bringen häufig mehr Leistung und zusätzliche Möglichkeiten.

Einen neueren Treiber testweise installieren

Haben Sie einen neuen Treiber entdeckt, zum Beispiel für Ihre Grafikkarte? Solche Treiber finden Sie im Internet, auf den CDs der einschlägigen Computerzeitschriften und über das Windows-Update. Gut, dann schauen Sie sich nun an, wie Sie den neuen Treiber testweise aktivieren:

Speichern Sie den Treiber in einem separaten Ordner. Anschließend klappen Sie das Startmenü aus und klicken mit der rechten Maustaste auf *Arbeitsplatz*. Wählen Sie *Eigenschaften*. Klicken Sie dann auf das Register *Hardware* und als Nächstes auf die Schaltfläche *Geräte-Manager*. Jetzt sehen Sie alle installierten Geräte. Wollen Sie Ihrer Grafikkarte einen neuen Treiber zuweisen, dann doppelklicken Sie auf die Kategorie *Grafikkarte* und dann auf die Grafikkarte. Ein weiteres Fenster öffnet sich.

Klicken Sie auf das Register *Treiber*. Um einen aktuelleren Treiber zu verwenden, klicken Sie auf *Aktualisieren*. Wählen Sie jetzt die Option *Software von einer Liste oder einer bestimmten Quelle installieren*, und klicken Sie auf *Weiter*.

Wählen Sie dann die Option *Folgende Quelle ebenfalls durchsuchen*, geben Sie darunter den Ordnerpfad an, wo der neue Treiber lagert, und klicken Sie auf *Weiter*. Windows prüft nun, ob der neue Treiber geeignet und tatsächlich neuer als der bereits verwendete Treiber ist. Falls ja, können Sie ihn installieren. Sollte der neue Treiber sich als doch nicht so bahnbrechend herausstellen, wie Sie gedacht haben, dann können Sie jederzeit den alten Treiber reaktivieren. Dazu gehen Sie genauso vor, klicken diesmal aber anstelle von *Aktualisieren* auf *Installierter Treiber*. Probefahrt beendet.

7.9 Neue Treiber können bei Windows XP gefahrlos getestet werden

Espresso-Tipp! Auch wenn Sie keine Lust haben, das Internet nach neuesten Gerätetreibern zu durchforsten, sollten Sie doch wenigstens ab und zu das Windows-Update laufen lassen. Das liefert Ihnen nämlich neben lebenswichtigen Sicherheitsupdates auch den einen oder anderen renovierten Gerätetreiber – ganz ohne lästige Suche.

7.4   Mit Hardwareprofilen arbeiten

Normalerweise gibt es auf Ihrem Rechner nur ein einziges Hardwareprofil: Das speichert all die Gerätschaften, die an Ihren Computer angeschlossen sind, und Sie brauchen sich gar nicht weiter damit zu beschäftigen. Etwas anders sieht das aus, wenn Sie ein Notebook verwenden. Notebooks können zu Hause oder am Arbeitsplatz in so genannte Docking-Stationen eingedockt werden. So kann das Notebook zu Hause mit allen vorhandenen Geräten verbunden werden.

Deshalb gibt es bei Notebooks zwei Hardwareprofile, eins für den eingedockten Zustand und eins für den ausgedockten Zustand. Windows XP verwendet so automatisch die richtige »Geräteliste« und kommt nicht ins Schleudern, wenn unterwegs der Scanner oder die Netzwerkkarte nicht gefunden werden.

Eigene Hardwareprofile einrichten

Ob Sie nun ein Notebook verwenden oder nicht: Sie können in jedem Fall eigene neue Hardwareprofile einrichten, wenn Sie Ihren Computer mal mit dieser und mal mit jener Hardware betreiben wollen.

Dazu klicken Sie im Startmenü mit der rechten Maustaste auf *Arbeitsplatz* und klicken dann auf das Register *Hardware*. Jetzt klicken Sie auf die Schaltfläche *Hardwareprofile*. In der Liste sehen Sie jetzt alle Hardwareprofile, die es bei Ihnen gibt. Auf normalen Rechnern ist nur eins vorhanden und heißt *Profil 1 (Aktuell)*.

Darunter legen Sie fest, wie sich Windows XP verhalten soll, wenn Sie mehr als ein Hardwareprofil eingerichtet haben. Dann nämlich erscheint beim Computerstart eine zusätzliche Auswahlliste und fragt nach, mit welchem Hardwareprofil Sie diesmal starten wollen.

Entscheiden Sie sich also, ob diese Liste ewig auf Ihre Antwort wartet oder nach einer bestimmten Frist von allein das Profil auswählt, das in der Profilliste an oberster Position geführt wird.

Nur bei Notebooks ist das anders: Hier kümmert sich Windows XP von allein um das richtige Profil und schaut dafür einfach nach, ob das Notebook gerade eingedockt ist oder nicht.

Wie das genau funktioniert, sehen Sie, wenn Sie ein Profil in der Liste anklicken und dann auf *Eigenschaften* klicken.

7.10 Bei Dockingstationen werden Profile automatisch ausgewählt

7.11 Fügen Sie neue Hardwareprofile in die Liste ein

Um ein neues Hardwareprofil hinzuzufügen, klicken Sie auf *Kopieren*, um das ausgewählte Profil als Vorlage zu kopieren. Geben Sie dem neuen Profil dann einen Namen. Schon erscheint es ebenfalls in der Liste.

Mit *Umbenennen* können Sie vorhandene Profile jederzeit umtaufen und ihnen sinnvollere Namen geben, die anzeigen, für welchen Zweck sie gedacht sind. Und mit *Löschen* entfernen Sie überflüssig gewordene Profile wieder aus der Liste.

Der Gerätemanager

Damit Ihre Hardwareprofile auch sinnvolle Dinge tun, können Sie anschließend Geräte aus den Profilen entfernen, die Sie nicht nutzen wollen, solange dieses Profil aktiv ist.

Dazu klappen Sie wieder Ihr Startmenü auf, klicken mit der rechten Maustaste auf *Arbeitsplatz* und wählen *Eigenschaften*. Klicken Sie auf das Register *Hardware*. Dann klicken Sie auf *Geräte-Manager*.

Jetzt sehen Sie alle Geräte, die Windows augenblicklich erkannt hat. Möchten Sie ein Gerät aus dem aktuell gewählten Profil ausschließen, dann öffnen Sie zuerst im Gerätemanager per Doppelklick die entsprechende Gerätekategorie, zum Beispiel *Netzwerkadapter*, und doppelklicken dann auf das Gerät.

Ganz unten sehen Sie nun die Liste *Geräteverwendung*. Darin können Sie drei verschiedene Dinge auswählen:

➜ *Gerät verwenden (aktivieren)*: Das Gerät wird in allen Profilen aktiviert

➜ *Gerät im aktuellen Hardwareprofil nicht verwenden (deaktivieren)*: Das Gerät wird im aktuell gewählten Hardwareprofil abgeschaltet, bleibt aber in den übrigen Profilen aktiv. Melden Sie sich später mit einem anderen Profil an, dann ist das Gerät hier möglicherweise aktiv.

➜ *Gerät in keinem Hardwareprofil verwenden (deaktivieren)*: Das Gerät wird in allen Profilen abgeschaltet

Im Gerätemanager werden deaktivierte Geräte mit einem roten Warnsymbol markiert, damit Sie sich nicht wundern, wenn diese Geräte nicht funktionieren.

Ein alternatives Profil aussuchen

Haben Sie mehr als ein Profil eingerichtet, und sind die Profile nicht an den Dockingstatus einer Dockingstation gekoppelt, dann will Windows XP beim Neustart von Ihnen wissen, mit welchem Profil Sie starten wollen.

```
Hardwareprofil und Wiederherstellung der Konfiguration

In diesem Menü können Sie ein Hardwareprofil auswählen, das beim
Start von Windows verwendet werden soll.

Dieses Menü ermöglicht Ihnen außerdem, zu einer früheren System-
konfiguration zu wechseln, um eventuelle Systemstartprobleme zu
beheben.
WICHTIG: Alle Änderungen der Systemkonfiguration, die seit dem letzten
         erfolgreichen Starten gemacht worden sind, gehen verloren.

     Profil 1
     Neues Profil




Verwenden Sie ↑ und ↓, um einen Eintrag zu markieren.
Drücken Sie anschließend die EINGABETASTE.
Drücken Sie die L-TASTE, um die letzte als funktionierend bekannte
Konfiguration zu verwenden. Drücken Sie die F3-TASTE, um dieses Menü
zu verlassen und den Computer neu zu starten.
```

7.12 Bei mehreren Profilen müssen Sie sich eins beim Start aussuchen

Der Wechsel zwischen Profilen ist – mit Ausnahme von Notebooks und Dockingstationen – also nicht im laufenden Betrieb möglich, sondern setzt voraus, dass Sie Windows XP neu starten.

Und noch etwas wird deutlich: Richten Sie Hardwareprofile nicht einfach nur so zum Spaß ein. Die zusätzliche Abfrage beim Computerstart kann lästig sein und tut nicht not, wenn Sie sowieso mit immer denselben Geräten arbeiten.

7.5   Installierte Geräte verwalten

Möchten Sie sich einen Überblick darüber verschaffen, welche Geräte Windows XP erkannt hat und welche Ressourcen mit welchen Geräten verbunden sind? Dann schauen Sie sich die vielen Werkzeuge an, mit denen Windows XP Ihnen erlaubt, in seine Karten zu schauen.

Die Spezialoptionen des Gerätemanagers

Der Gerätemanager ist Ihre zentrale Anlaufstelle für alle Geräte- und Hardwarefragen. Ihn erreichen Sie auf zwei Wegen:

→ Klappen Sie entweder das Startmenü auf und klicken Sie mit der rechten Maustaste auf *Arbeitsplatz*. Wählen Sie *Eigenschaften*. Sie könnten ebenso gut in der Systemsteuerung das *System*-Modul öffnen. Nun klicken Sie auf das Register *Hardware* und dann auf die Schaltfläche *Geräte-Manager*.

→ Oder aber Sie klappen Ihr Startmenü auf und klicken *Arbeitsplatz* mit der rechten Maustaste an, wählen diesmal aber *Verwalten*. Die *Computerverwaltung* öffnet sich, und auch darin ist der Gerätemanager zu sehen.

In der Voreinstellung zeigt der Gerätemanager die Geräte nach Typ sortiert. Sie sehen also die Gerätekategorien und können darin die erkannten Geräte finden. Allerdings sehen Sie nicht wirklich alles. Der Gerätemanager blendet viele Geräte aus.

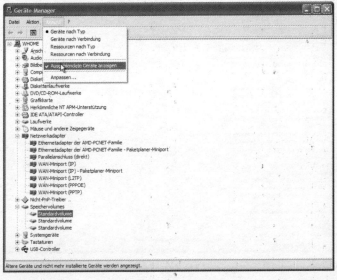

7.13 Wirklich alle Geräte im Gerätemanager sehen – auch die versteckten

Über *Ansicht – Ausgeblendete Geräte anzeigen* blicken Sie voll durch und
sehen spätestens jetzt wirklich alle Geräte, darunter die gesamte Gerä-
tegruppe *Nicht-PnP-Treiber*, also die nicht-Plug&Play-fähigen Treiber
des Systems.

Ressourcen und Interrupts

Aber der Gerätemanager kann noch viel mehr. Wählen Sie *Ansicht –
Ressourcen nach Typ*, dann zeigt er Ihnen zum Beispiel, wie die Interrupts und die Ein/Ausgabe-Adressen den Geräten zugeordnet sind.

Glücklicherweise brauchen Sie sich um diese Dinge bei Windows XP
kaum noch zu kümmern, denn Plug&Play sowie PCI-Steckkarten sorgen von selbst dafür, dass Interrupts gerecht verteilt und gemeinsam
genutzt werden.

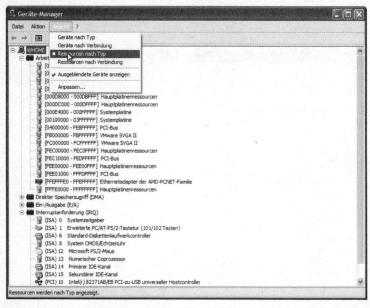

7.14 Alle Interrupt-Belegungen und E/A-Adressen kontrollieren

Die Ressourcen, die ein Gerät verwendet, können Sie auch über das Gerät selbst kontrollieren. Dazu doppelklicken Sie auf einen Eintrag im Gerätemanager. Das betreffende Gerät öffnet sich. Klicken Sie dann auf das Register *Ressourcen*. Nun sehen Sie in der Liste *Ressourceneinstellungen*, welche Ressourcen sich dieses Gerät unter den Nagel gerissen hat.

Darunter sehen Sie abgeblendete Elemente, die Sie meist nicht verändern können. Das bedeutet: es handelt sich um ein Plug&Play-Gerät, das von Windows XP autonom verwaltet wird. Verwenden Sie dagegen noch Uralt-Steckkarten (so genannte Legacy-Geräte), dann sind die Steuerelemente möglicherweise nicht abgeblendet, und Sie können dem Gerät von Hand Ressourcen zuweisen. Das ist keine dankbare Aufgabe, denn nun müssen Sie selbst entscheiden, welche Ressourcen überhaupt noch frei sind und mit welchen Einstellungen das Gerät auch wirklich funktioniert. Im Feld *Gerätekonflikt* zeigt Windows an, ob sich zwei oder mehr Geräte um dieselben Ressourcen streiten – und deshalb meist ein Gerät nicht mehr funktioniert.

Gerätekonflikte schlichten

Eine gute Möglichkeit, Ressourcenkonflikte von Steckkarten zu lösen, ist der Schraubenzieher: Öffnen Sie den PC, und tauschen Sie die Steckkarten gegeneinander aus. Weil nun die Steckkarten in umgekehrter Reihenfolge erkannt werden, weist Windows dem sensiblen zweiten Gerät die Ressourcen zuerst zu, und das ehemals erste Gerät bekommt, was übrig bleibt. Häufig löst sowas das Problem, weil nur wenige Geräte sensibel sind und ganz bestimmte Ressourcen brauchen. Auf dem Register *Allgemein* finden Sie außerdem zu jedem Gerät eine spezielle *Problembehandlung*-Schaltfläche. Wenn Sie die anklicken, hüpft der für diese Gerätekategorie zuständige Service-Assistent auf den Bildschirm und hilft Ihnen dabei, das Gerät richtig einzustellen und Fehler auszubügeln.

Mit dem Systeminformationstool arbeiten

Ihr zweiter großer Joker neben dem Gerätemanager ist das Systeminformationstool. Das erreichen Sie, wenn Sie im Startmenü *Ausführen* wählen und MSINFO32 ↵ eingeben. Links sehen Sie nun alle nur erdenklicken Gerätekategorien, und wenn Sie auf eine klicken, werden rechts die nötigen Informationen dazu angezeigt. Klicken Sie zum Beispiel auf den Zweig *Hardwareressourcen – Konflikte/Gemeinsame Nutzung*, dann sehen Sie sofort, welche Geräte sich einen Interrupt teilen und ob das schlimm ist. Wählen Sie dagegen *Komponenten – Netzwerk –Winsock* aus, dann sehen Netzwerkexperten auf einen Blick, welche WinSock-Version von Windows verwendet wird und wo die gespeichert ist. Mit dem Feld *Suchen nach* ganz unten im Fenster können Sie sogar nach Begriffen suchen lassen, falls Sie die entsprechende Kategorie nicht auf Anhieb entdecken.

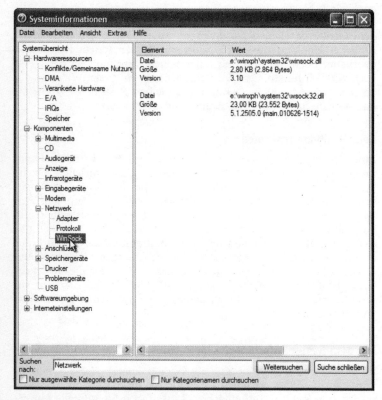

7.15 Detaillierte Systeminformationen mit MSINFO32

Espresso-Tipp! Über *Datei – Drucken* können Sie den Report jederzeit ausdrucken und zu den Akten legen. Und über das *Extras*-Menü gelangen Sie zu vielen weiteren nützlichen Systemwerkzeugen.

7.6 Hardware für Spiele und Multimedia

Spiele sind für viele ein Hauptgrund, beim Computerkauf tief in die Tasche zu greifen. Windows XP ist eine ausgezeichnete Spieleplattform. Wenn man ein paar Dinge darüber weiß.

Damit Spiele wirklich atemberaubende Hetzjagden durch das Weltall in Fotorealismus bieten, brauchen die Spiele möglichst rasanten Zugriff auf die Multimedia-Hardware wie zum Beispiel die Grafikkarte.

Bei uralten Systemen von vor ein paar Jahren ging sowas nur durch direkte Hardware-Zugriffe: Die Spieleprogrammierer bauten also selbst Unterstützung für alle möglichen Grafikkarten ein und steuerten die Hardware dann direkt. Der Nachteil an der Sache: Sie selbst mussten bei der Spieleinstallation jede Menge technischer Dinge über Ihre Multimedia-Hardware einstellen. Sonst lief erstmal gar nichts.

DirectX-Unterstützung

Bei Windows XP ist der direkte Zugriff auf die Hardware nicht mehr nötig – und vor allen Dingen auch gar nicht mehr möglich. Weil es sich um ein sicheres Betriebssystem handelt, gibt es so wichtige Dinge wie die direkte Hardwaresteuerung nicht mehr aus der Hand – sonst könnten wildfremde Programme schließlich beinahe alles mit dem Computer anstellen, was sie wollten. Uralt-Spiele laufen deshalb nicht mehr.

Stattdessen stellt Windows XP (und auch schon frühere Windows-Versionen wie Windows 98) den Spieleprogrammierern alle wichtigen Multimedia-Funktionen zur Verfügung und nennt das DirectX. Die Spieleprogrammierer brauchen sich also nicht mehr darum zu kümmern, wie die Grafikkarte X des Herstellers Y ein Raumschiff darstellt, sondern beauftragen einfach DirectX, das Raumschiff zu zeichnen, ganz egal, welche Grafikkarte bei Ihnen installiert ist.

Windows XP bringt alles mit, was für DirectX nötig ist. Wenn also die Spieleprogrammierer sich an die DirectX-Richtlinien gehalten haben und nicht versuchen, direkt auf die Hardware zuzugreifen, dann funktionieren unter Windows XP alle DirectX-Spiele ganz wunderbar – und die stellen die Mehrheit der heute verfügbaren Spiele.

OpenGL-Unterstützung

Neben DirectX hat sich eine Zeitlang ein weiterer Grafikstandard etabliert: OpenGL. Microsoft unterstützt OpenGL allerdings bei Windows XP nicht mehr. Es funktioniert trotzdem noch, nur müssen Sie sich OpenGL-Treiber von anderen besorgen. Häufig liefern Grafikkartenhersteller OpenGL-Treiber mit. Veraltete OpenGL-Treiber, die nicht für Windows XP gemacht wurden, liefern allerdings nur dürftige Resultate.

Ob OpenGL-Spiele also bei Ihnen funktionieren, hängt davon ab, ob Sie einen funktionierenden OpenGL-Treiber für Ihre Grafikkarte auftreiben können.

DirectX auf Herz und Nieren testen

Damit Spiele auf Windows XP alle Register ziehen können, muss DirectX betriebsbereit sein. Windows XP bringt zwar DirectX mit, aber ob die DirectX-Treiber mit Ihrer Hardware harmonieren, entlarvt erst der folgende Test.

Dazu wählen Sie im Startmenü *Ausführen* und geben ein: DXDIAG ⏎. Das Diagnoseprogramm startet.

Sie können nun mit den verschiedenen Registern prüfen, ob alle nötigen Dateien vorhanden sind und ob die DirectX-Treiber mit Ihren Geräten zusammenarbeiten.

Wollen Sie zum Beispiel herausfinden, ob Ihre Grafikkarte alle DirectX-Effekte anzeigen kann, dann klicken Sie auf das Register *Anzeige* und führen die Tests durch: Klicken Sie auf *DirectDraw testen* und auf *Direct3D testen*. Ist eine dieser Schaltflächen von vornherein abgeblendet, dann wissen Sie: Hier stimmt was nicht. Besorgen Sie sich in diesem Fall einen aktuellen Grafikkarten-Treiber.

8 Netzwerk einrichten

→ Sie wollen Daten gemeinsam nutzen? Dann geben Sie im Netzwerk einen Ordner Ihrer Festplatte frei. Alles, was darin gespeichert wird, kann jetzt von allen Computern im Netzwerk verwendet werden. Einfach so.

→ Sie haben keine Lust, jeden Computer im Haushalt mit einem eigenen Drucker auszustatten? Brauchen Sie auch nicht: Geben Sie einen Drucker frei, dann können alle darauf ausdrucken.

→ Das ganze Büro oder die ganze Familie soll ins Internet gelangen können? Sparen Sie sich zig Modems und Streitereien um die Telefonleitung. Richten Sie einen Internetzugang ein, und geben Sie den im Netzwerk frei. Schon können alle über diesen Internetzugang surfen gehen.

Mit dem Netzwerk sind außerdem weitere Dinge möglich: Wer mag, kann netzwerkfähige Spiele spielen und muss so nicht mit dem Computergegner Vorlieb nehmen, sondern kann sich Gefechte mit dem kleinen Brüderchen leisten.

Und auch drahtlose Funknetze sind mit etwas Kleingeld möglich: So könnten Sie sich mit dem Notebook frei durch's Haus bewegen und sind trotzdem mit Internet und anderen Rechnern verbunden. All diese Möglichkeiten sind bereits in Windows XP integriert, und ein Heimnetzwerk-Assistent macht alles in wenigen Augenblicken startklar.

8.1 So geht's

Netzwerke sind keine teure Luxusangelegenheit. Alles, was Sie dafür brauchen, sind Netzwerkkabel, ein Hub und ein paar Kabel. Allerdings die richtigen. Hier eine Liste der Dinge, auf die Sie beim Einkauf achten sollten:

→ Netzwerke gibt es in zwei unterschiedlichen Geschwindigkeiten: 10 Mbit/s und 100 Mbit/s. Auch wenn ein 100 Mbit/s-Netzwerk nicht automatisch zehnmal schneller ist, lohnt sich die Investition.

Die Komponenten sind nur unwesentlich teurer. Allerdings dürfen Sie die Komponenten des Netzwerks nicht mischen. 10 Mbit/s-Netzwerkkarten sprechen nicht mit 100 Mbit/s-Netzwerkkarten. Wer größtmögliche Flexibilität braucht, sollte sich deshalb für 10/100 Mbit/s-Kombigeräte entscheiden. Die handeln die jeweils richtige Geschwindigkeit geduldig aus.

→ Pro Computer brauchen Sie eine Netzwerkkarte. Fest einzubauende PCI-Netzwerkkarten für normale PCs gibt es für wenige Zehneuroscheine. Wer sein Notebook mit dem Netzwerk verbinden will, muss zu den teureren PCMCIA-Netzwerkkarten oder zu externen USB-Netzwerkkarten greifen – oder beim Kauf des Notebooks darauf achten, dass schon ein Netzwerkanschluss vorhanden ist.

→ Wollen Sie nur zwei Computer miteinander verbinden, dann brauchen Sie außer den beiden Netzwerkkarten nur noch ein gekreuztes Netzwerkkabel. Gekreuzt heißt: Die Adern des Kabels sind überkreuz verlötet. Mit diesem Kabel können Sie genau zwei Computer miteinander verbinden. Mehr geht nicht. Wer mehr als zwei Computer verbinden will, braucht zusätzlich einen Hub. Der funktioniert wie eine Mehrfachsteckdose für Netzwerkkabel. In diesem Fall sind ungekreuzte Netzwerkkabel richtig, denn die Verschaltung passiert jetzt im Hub. Auf jeden Fall brauchen Sie CAT5-Netzwerkkabel. Die sehen zwar genauso aus wie die billigen ISDN-Telefonkabel, sind aber besser abgeschirmt, und die Kabelpaare im Kabel sind verdrillt. Das vermeidet Störungen.

→ Wollen Sie mehr als zwei Computer verbinden und haben deshalb einen Hub auf die Einkaufsliste geschrieben, dann achten Sie bitte beim Hub ebenfalls auf die richtige Netzwerkgeschwindigkeit. Der Hub muss zu den Netzwerkkarten passen, also entweder alles in 10 Mbit/s-Technik oder alles in 100 Mbit/s-Technik einkaufen. Oder ein wenig mehr bezahlen und einen 10/100 Mbit/s-Kombihub besorgen.

Verkabelung

Haben Sie die Einzelteile eingekauft, dann ist die Verkabelung des Netzwerks schnell erledigt. Stecken Sie in jede Netzwerkkarte ein Netzwerkkabel. Die anderen Enden der Netzwerkkabel gehören in den

Hub, der außerdem in den meisten Fällen mit Strom versorgt werden will. Wollen Sie nur zwei Computer verbinden und haben sich dazu ein gekreuztes Kabel eingekauft, dann verbinden Sie einfach die beiden Netzwerkkarten mit dem Kabel. Fertig.

Windows XP erkennt die Netzwerkkarten beim nächsten Start. Falls nicht, oder falls bei der Hardwareerkennung sonderbare Sachen passieren, ziehen Sie Kapitel 7 zu Rate. Sobald Windows XP ein neues Netzwerk entdeckt, startet es den Heimnetzwerk-Assistenten. Der hilft Ihnen dabei, das Netzwerk schnell und einfach in Betrieb zu nehmen. Startet der Assistent nicht von selbst, dann locken Sie ihn einfach von Hand hervor. Das ist auch nötig, wenn Sie die Einstellungen Ihres Netzwerks später ändern wollen.

Dazu wählen Sie im Startmenü *Alle Programme – Zubehör – Kommunikation* und klicken auf *Assistent für neue Verbindungen*. Klicken Sie auf *Weiter*. Jetzt wählen Sie die Option *Ein Heim- oder ein kleines Firmennetzwerk einrichten*. Klicken Sie auf *Weiter*. Klicken Sie dann auf *Fertig stellen*. Der Netzwerkinstallations-Assistent öffnet seine Pforten und übernimmt.

Klicken Sie auf *Weiter*. Der Assistent fragt noch einmal vorsichtshalber nach, ob Sie die Grundvoraussetzungen für das Netzwerk schon geschaffen haben, ob also die Verkabelung steht und die Netzwerkkarten erkannt worden sind. Insbesondere empfiehlt der Assistent, alle Drucker und Internetzugänge zuerst fix und fertig einzurichten, und er hat Recht: Weil Sie diese Dinge gleich im Netzwerk freigeben können, sollten sie schon betriebsbereit sein. Sind sie es nicht, dann können diese Dinge jetzt nicht freigegeben werden, und Sie müssten den Assistenten später noch einmal aufrufen. Klicken Sie auf *Weiter*. Jetzt will der Assistent wissen, wie Sie mit dem Internet verbunden sind. Nutzen Sie die Gelegenheit, Ihren Netzwerk-Verkabelungsplan noch einmal gründlich zu überdenken. Die folgenden Szenarien sind möglich:

Fall 1: Direkter Internetzugang, Netzwerk ist schon eingerichtet

Falls Ihr Computer eine eigene Internetverbindung besitzt, also zum Beispiel über Modem oder ISDN mit dem Internet verbunden ist, und falls Sie Ihren Internetanschluss anderen Netzwerkbenutzern ebenfalls zur Verfügung stellen wollen, dann wählen Sie die Option *Dieser Computer verfügt über eine direkte Verbindung mit dem Internet*.

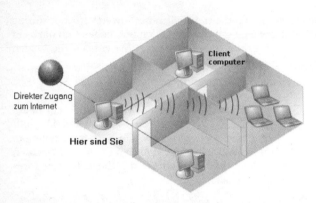

8.1 Sie haben einen eigenen Internetzugang und wollen den im Netzwerk freigeben

Klicken Sie anschließend auf *Weiter*. Nun sehen Sie eine Liste der vorhandenen Netzwerkverbindungen. Suchen Sie sich die Verbindung aus, über die Sie ins Internet gelangen, und klicken Sie auf *Weiter*.

Geben Sie dann eine kurze Beschreibung Ihres Computers ein. Andere können diesen Text später im Netzwerk lesen und wissen dann, mit welchem Computer sie verbunden sind. Darunter tragen Sie den Netzwerknamen Ihres Computers ein. Unter diesem Namen ist er später im Netzwerk erreichbar.

> **Espresso-Tipp!**   Jeder Computer im Netzwerk braucht einen unverwechselbaren eigenen Namen! Verzichten Sie dabei auf Leer- und Sonderzeichen.

Klicken Sie auf *Weiter*. Geben Sie nun den Namen der Arbeitsgruppe ein, in der Ihr Computer Mitglied sein soll. Damit die Zusammenarbeit reibungslos klappt, sollten alle Computer Mitglied in derselben Arbeitsgruppe sein. Jetzt fasst der Assistent Ihre Angaben noch einmal zusammen und meldet, was er gleich einrichten wird:

➔ Ihre Internetverbindung wird für andere im Netzwerk freigegeben.

➔ Die Internet-Verbindungsfirewall für diese Internetverbindung ist aktiviert.

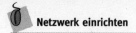

→ Der Ordner *Gemeinsame Dokumente* und alle an den Computer direkt angeschlossenen Drucker werden für andere freigegeben.

Fall 2: Direkter Internetzugang, Netzwerk ist noch nicht eingerichtet

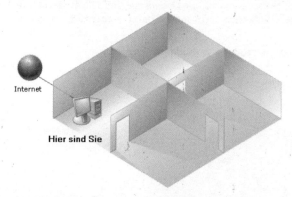

8.2 Sie haben einen eigenen Internetzugang, den nur Sie allein nutzen wollen

Ist Ihr Computer über Modem oder ISDN direkt mit dem Internet verbunden, und ist das übrige Netzwerk noch gar nicht eingerichtet, oder wollen Sie Ihren Internetzugang nicht für andere freigeben, dann wählen Sie *Andere Methode* klicken auf *Weiter* und wählen *Dieser Computer verfügt über eine direkte Verbindung mit dem Internet. Das Netzwerk wurde noch nicht eingerichtet.*

Klicken Sie dann auf *Weiter*. Nun sehen Sie eine Liste der vorhandenen Netzwerkverbindungen. Suchen Sie sich die Verbindung aus, über die Sie ins Internet gelangen, und klicken Sie auf *Weiter*.

Geben Sie jetzt eine kurze Beschreibung Ihres Computers ein. Andere können diesen Text später im Netzwerk lesen und wissen dann, mit welchem Computer sie verbunden sind. Darunter tragen Sie den Netzwerknamen Ihres Computers ein. Unter diesem Namen ist er später im Netzwerk erreichbar. Klicken Sie auf *Weiter*. Geben Sie nun den Namen der Arbeitsgruppe ein, in der Ihr Computer Mitglied sein soll. Damit die Zusammenarbeit reibungslos klappt, sollten alle Computer Mitglied in derselben Arbeitsgruppe sein.

Jetzt fasst der Assistent Ihre Angaben noch einmal zusammen und meldet, was er gleich einrichten wird:

Ihre Internetverbindung wird für andere im Netzwerk nicht freigegeben. Die Internet-Verbindungsfirewall für diese Internetverbindung ist aktiviert. Der Ordner *Gemeinsame Dokumente* und alle an den Computer direkt angeschlossenen Drucker werden für andere freigegeben.

Fall 3: Gar kein Internetzugang vorhanden

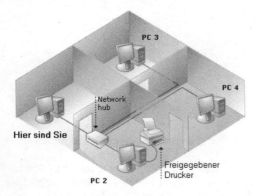

8.3 Nirgends in Ihrem Netzwerk gibt es einen Internetzugang

Ist gar kein Computer in Ihrem Netzwerk mit dem Internet verbunden, dann wählen Sie *Andere Methode*, klicken auf *Weiter* und entscheiden sich dann für *Dieser Computer ist Teil eines Netzwerks, das über keine Internetverbindung verfügt.*

Klicken Sie auf *Weiter*. Geben Sie jetzt eine kurze Beschreibung Ihres Computers ein. Andere können diesen Text später im Netzwerk lesen und wissen dann, mit welchem Computer sie verbunden sind. Darunter tragen Sie den Netzwerknamen Ihres Computers ein. Unter diesem Namen ist er später im Netzwerk erreichbar.

Klicken Sie auf *Weiter*. Geben Sie nun den Namen der Arbeitsgruppe ein, in der Ihr Computer Mitglied sein soll. Damit die Zusammenarbeit reibungslos klappt, sollten alle Computer Mitglied in derselben Arbeitsgruppe sein.

Jetzt fasst der Assistent Ihre Angaben noch einmal zusammen und meldet, was er gleich einrichten wird:

→ Es wird keine Internetverbindung eingerichtet.

→ Die Internet-Verbindungsfirewall ist nicht aktiviert.

→ Der Ordner *Gemeinsame Dokumente* und alle an den Computer direkt angeschlossenen Drucker werden für andere freigegeben.

Fall 4: Internetverbindung über einen anderen Computer mitnutzen

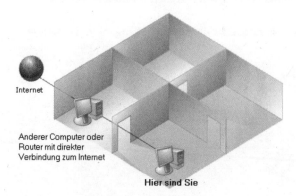

Internet

Anderer Computer oder
Router mit direkter
Verbindung zum Internet

Hier sind Sie

8.4 Sie haben keinen eigenen Internetzugang und wollen einen fremden mitnutzen

Hat Ihr Computer keine eigene Internetverbindung, aber wollen Sie ihn über einen anderen Computer oder einen Router ins Internet schlüpfen lassen, dann ist die Option *Dieser Computer stellt eine Internetverbindung über einen anderen Computer im Netzwerk oder einen lokalen Gateway her* richtig.

Geben Sie anschließend eine kurze Beschreibung Ihres Computers ein. Andere können diesen Text später im Netzwerk lesen und wissen dann, mit welchem Computer sie verbunden sind. Darunter tragen Sie den Netzwerknamen Ihres Computers ein. Unter diesem Namen ist er später im Netzwerk erreichbar. Klicken Sie auf *Weiter*. Geben Sie nun den Namen der Arbeitsgruppe ein, in der Ihr Computer Mitglied sein soll. Damit die Zusammenarbeit reibungslos klappt, sollten alle

Computer Mitglied in derselben Arbeitsgruppe sein. Jetzt fasst der Assistent Ihre Angaben noch einmal zusammen und meldet, was er gleich einrichten wird:

➜ Sie erhalten Zugriff auf die freigegebene Internetverbindung eines anderen Computers im Netzwerk, falls ein solcher vorhanden ist.

➜ Die Internet-Verbindungsfirewall wird auf Ihrem Rechner nicht aktiviert.

➜ Der Ordner *Gemeinsame Dokumente* und alle an den Computer direkt angeschlossenen Drucker werden für andere freigegeben.

Fall 5: Mehrere Computer über denselben Zugang mit dem Internet verbunden

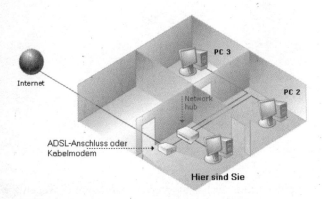

8.5 Mehrere Computer teilen sich direkt einen vorhandenen Internetzugang

Verwenden Sie einen ADSL-Anschluss, und haben Sie das ADSL-Modem direkt mit einem Hub verbunden, sodass mehrere Computer direkt auf das ADSL-Modem zugreifen können, dann klicken Sie auf *Andere Methode*, dann *Weiter* und wählen *Dieser Computer stellt eine direkte Internetverbindung her oder verwendet einen Netzwerkhub*. Diese Verkabelungsvariante birgt allerdings Risiken, die Sie im nächsten Abschnitt genauer kennen lernen.

Anderes Szenario: Alle Computer in Ihrem Netzwerk sind über eigene Modems oder ISDN-Karten mit dem Internet verbunden. In diesem Fall wählen Sie ebenfalls die genannten Optionen. Verwendet jeder Computer seinen eigenen Internetzugang, dann ist das risikolos möglich. Klicken Sie auf *Weiter*. Nun sehen Sie eine Liste der vorhandenen Netzwerkverbindungen. Suchen Sie sich die Verbindung aus, über die Sie ins Internet gelangen, und klicken Sie auf *Weiter*.

Falls diese Verbindung nicht nur von Ihnen, sondern auch von anderen Computern genutzt werden kann, dann erscheint eine Alarmmeldung. Sie sollten jetzt lieber nicht weitermachen, sondern zuerst im nächsten Abschnitt lesen, warum Windows XP händeringend warnt. Erscheint keine Warnung, dann haben Sie eine Internetverbindung ausgesucht, die nur Sie allein nutzen können, und alles ist gut.

Geben Sie eine kurze Beschreibung Ihres Computers ein. Andere können diesen Text später im Netzwerk lesen und wissen dann, mit welchem Computer sie verbunden sind. Darunter tragen Sie den Netzwerknamen Ihres Computers ein. Unter diesem Namen ist er später im Netzwerk erreichbar.

Eindeutige Namen im Netzwerk!

Jeder Computer im Netzwerk braucht einen unverwechselbaren eigenen Namen! Verzichten Sie dabei auf Leer- und Sonderzeichen. Klicken Sie auf *Weiter*. Geben Sie nun den Namen der Arbeitsgruppe ein, in der Ihr Computer Mitglied sein soll. Damit die Zusammenarbeit reibungslos klappt, sollten alle Computer Mitglied in derselben Arbeitsgruppe sein. Jetzt fasst der Assistent Ihre Angaben noch einmal zusammen und meldet, was er gleich einrichten wird:

→ Ihre Internetverbindung wird für andere im Netzwerk nicht freigegeben.

→ Die Internet-Verbindungsfirewall für diese Internetverbindung ist aktiviert. Haben Sie sich über die Warnmeldung hinweggesetzt, dann ist nun auch Ihr privates Netzwerk von dieser Firewall betroffen und funktioniert nicht mehr richtig.

→ Der Ordner *Gemeinsame Dokumente* und alle an den Computer direkt angeschlossenen Drucker werden für andere freigegeben.

Firewalls

Das Internet ist ein öffentliches Netzwerk, hier treiben sich neben vielen Millionen netten Leuten auch eine Menge lichtscheues Gesindel herum.

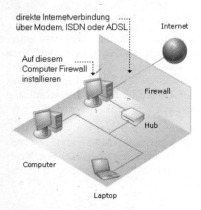

8.6 Die Firewall schottet öffentliche Netzwerke vom eigenen privaten Netzwerk ab

Damit Sie bei Ihren Internet-Abenteuern sicher ins Internet kommen, ohne dass umgekehrt jemand auf gleichem Wege Ihrem eigenen Computer oder Ihrem Netzwerk einen unliebsamen Besuch abstattet, gibt es Schutzmechanismen, nämlich die Internet-Verbindungsfirewall. Die haben Sie schon im Kapitel 5 kennen gelernt.

Die Crux an der Sache: der Firewall-Schutzschirm unterscheidet nicht zwischen Internetdaten und zwischen Daten, die aus Ihrem eigenen Netzwerk kommen. Die Firewall kann also nur dann optimal arbeiten, wenn sie auf eine ausschließlich öffentliche Verbindung angesetzt wird und Ihre privaten Netzwerkverbindungen in Ruhe lässt.

Die foldende Abbildung zeigt, wie eine Firewall im Idealfall konfiguriert ist: Der interne Datenverkehr läuft ungestört, und nur die Daten, die ins öffentliche Netz wandern oder daraus stammen, werden durch die Firewall gefiltert.

Dieses Szenario klappt, weil in diesem Netzwerk öffentliches Netzwerk und das eigene private Netzwerk hermetisch voneinander abgeriegelt werden können.

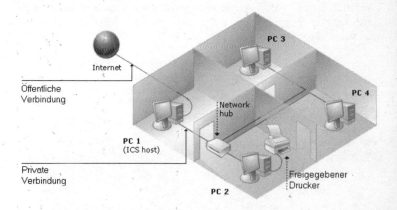

8.7 Öffentliche und private Netzwerkverbindungen sicher voneinander trennen

Anders sieht es in der nächsten Abbildung aus. Hier wurde einfach das ADSL-Modem mit einem Hub verbunden, sodass sich jetzt gleich mehrere Computer mit dem ADSL-Modem direkt verbinden können. Was clever klingt, birgt ein kleines Problem: Die öffentlichen Netzdaten erreichen nun jeden Computer direkt, nutzen also teilweise dieselbe Wegstrecke wie das private Netzwerk. Einzige Rettung in diesem Szenario: Jeder Computer aktiviert seine eigene Firewall, und genau das würde auch passieren, wenn Sie den Netzwerkinstallations-Assistenten beauftragen würden, solch ein Netzwerk für Sie einzurichten.

Weil nun aber alle Daten durch die Firewall reisen, auch die Daten Ihres privaten Netzwerks, würde Ihr privates Netzwerk nicht mehr richtig funktionieren. Dinge wie freigegebene Ordner und Drucker, die die Firewall ja ausdrücklich vor dem Internet verstecken soll, wären jetzt auch im eigenen privaten Netzwerk versteckt. Damit wäre das gesamte private Netzwerk sinnlos. Verwenden Sie also diese Netzwerkkonfiguration besser nicht.

Das Internet spricht das TCP/IP-Protokoll, und die Firewall filtert nur Daten heraus, die über dieses Protokoll reisen. Wenn Sie also Netzwerkexperte sind und unbeding solch ein Netzwerk einsetzen wollen, dann könnten Sie sich behelfen, indem Sie für Ihr privates Netzwerk ein zusätzliches Protokoll wie IPX installieren. Darüber ließen sich dann Ordner freigeben, die nicht mehr von der Firewall angetastet und versteckt würden.

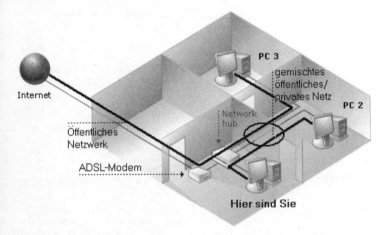

8.8 Gemischte öffentliche/private Netzwerke lassen sich nicht absichern

Der ausdrücklich bessere Weg: Schließen Sie nur einen Computer an das ADSL-Modem an, und geben Sie seine Internetverbindung frei. Die folgende Abbildung zeigt, wie das dann aussieht. Der mit dem ADSL-Modem verbundene Rechner kann dann seine Firewall aktivieren, und das private Netzwerk bleibt davon unberührt.

Wollen Sie die Internetverbindungsfreigabe nicht einsetzen? Dann verwenden Sie stattdessen einen Router. Das ist ein kleines Gerät, das die Aufgabe einer Internetverbindungsfreigabe automatisch übernimmt und über eine eingebaute eigene Firewall verfügt (verwenden Sie keine Router ohne Firewall). In diesem Fall nutzt kein Computer in Ihrem privaten Netzwerk seine eigene Firewall, weil ja nun der Router die Firewall bereitstellt.

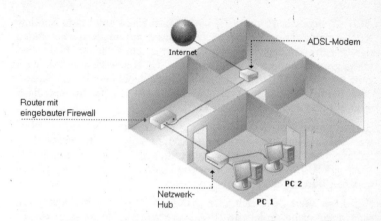

8.9 Ein Router mit eingebauter Firewall ist eine sinnvolle Alternative

8.2 Netzwerkverbindung testen

Sobald Ihr Netzwerkassistent seine Arbeit erledigt hat, sollte das Netzwerk einsatzbereit sein. Ob wirklich alles klappt wie geplant, werden Sie gleich sehen. Lernen Sie in diesem Kapitel Ihren Netzwerk-Werkzeugkasten kennen, mit dem Sie sofort sehen, an welchen Stellen es vielleicht noch hakt.

Ist das Netzwerkkabel vorhanden?

Windows XP merkt, wenn das Netzwerkkabel fehlt, und deaktiviert daraufhin die Netzwerkkarte. Sie können dann keinen der hier gezeigten Tests durchführen. Achten Sie also darauf, dass Ihr Netzwerk vor allen weiteren Tests ordentlich verkabelt und startklar ist.

Eine Hauptaufgabe des Netzwerkassistenten ist die Vergabe einer eindeutigen IP-Adresse für jeden Computer in Ihrem Netzwerk. Dazu verwendet Windows XP *APIPA*. *APIPA* bedeutet, dass sich Ihr Computer eine eigene IP-Adresse aus einem speziell festgelegten Bereich ausdenkt und dann im Netzwerk nachschaut, ob diese Adresse schon besetzt ist. Falls nicht, behält er sie, falls doch, denkt er sich eine neue aus.

APIPA (*Automatic Private IP Addressing*) ist eine Funktion in Windows XP, die dafür sorgt, dass der Netzwerkkarte automatisch eine eindeutige IP-Adresse zugewiesen wird, wenn Sie selbst dazu zu faul waren. Ohne große Konfiguration funktioniert das Netzwerk auf diese Weise ganz von allein.APIPA weist dem Rechner dabei eine IP-Adresse aus dem Bereich 169.254.0.1 bis 169.254.0.254 zu, die Subnetzmaske wird auf 255.255.255.0 eingestellt.

Setzen Sie auf APIPA (indem Sie gar nichts weiter tun und das Netzwerk automatisch konfigurieren lassen), funktioniert Ihr Netzwerk allerdings nur dann reibungslos, wenn auch alle übrigen Computer im Netzwerk APIPA verwenden oder von Hand auf eine Adresse im angegebenen Bereich eingestellt wurden.

Auf diese Weise weist sich jeder Windows XP-Computer eine garantiert noch nicht vergebene IP-Adresse zu. Allerdings kann die IP-Adresse von Tag zu Tag eine andere sein. Ihre erste Aufgabe ist, nachzuschauen, ob alle Computer in Ihrem Netzwerk auch wirklich die richtigen IP-Adressen verwenden. Ist einem Computer keine oder eine völlig falsche IP-Adresse zugeordnet, dann kann er in Ihrem Netzwerk nicht mitmachen.

Das ist unschön, und deshalb dieser Test. Finden Sie zuerst heraus, welche Netzwerk-IP-Adresse Ihrem Computer zugewiesen ist und auf welchen Namen Ihr Computer im Netzwerk hört.

Klappen Sie Ihr Startmenü auf, wählen Sie *Systemsteuerung* und öffnen Sie dann das Modul *Netzwerkverbindungen*. Jetzt sehen Sie alle Netzwerkverbindungen, die Ihr Computer kennt. Darunter sollte neben eventuell vorhandenen DFÜ-Internetverbindungen auch eine LAN-Verbindung sein. Die öffnen Sie jetzt per Doppelklick.

Ein Fenster öffnet sich. Hier sehen Sie auf dem *Allgemein*-Register die Geschwindigkeit Ihres Netzwerks, also 10 oder 100 Mbit/s. Achten Sie darauf, dass diese Geschwindigkeit bei allen Computern im Netzwerk gleich ist. Falls nicht, dann haben Sie Netzwerkkomponenten (Netzwerkkarte oder Hub) unterschiedlicher Geschwindigkeit miteinander gemischt, und sowas ist illegal.

Es wird mit Funktionslosigkeit bestraft. Leider.

Klicken Sie dann auf das Register *Netzwerkunterstützung*. Jetzt sehen Sie den Adresstyp. Der sollte auf *Von DHCP zugewiesen* eingestellt sein, es sei denn, Sie haben auf Ihrem Rechner die Internetfreigabe eingerichtet.

Darunter sehen Sie die augenblicklich zugewiesene IP-Adresse und die dazu passende Subnetz-Maske. Eventuell ist auch ein Standard-Gateway eingetragen. Notieren Sie sich all diese Angaben für alle Computer in Ihrem Netzwerk.

➜ Netzwerkgeschwindigkeit

➜ Adresstyp

➜ IP-Adresse

➜ Subnetzmaske

➜ Standardgateway

Haben Sie die Daten aller Computer gesammelt, dann wird es Zeit für eine kleine Analyse:

➜ Weicht die Netzwerkgeschwindigkeit eines Computers ab, dann bauen Sie in diesen Computer eine Netzwerkkarte mit der passenden Netzwerkgeschwindigkeit ein.

➜ Weicht der Adresstyp ab, dann ist das zunächst nicht schlimm, aber ein erster wichtiger Hinweis. Entscheidend ist, ob die verwendeten IP-Adressen und Subnetzmasken stimmen, egal über welchen Adresstyp die zustande gekommen sind.

➜ Die IP-Adressen sollten im Bereich 169.254.0.1 – 169.254.0.254 liegen. Finden Sie Ausreißer, dann ist dort vermutlich die IP-Adresse von Hand zugewiesen worden. Wie Sie das ändern, lesen Sie im nächsten Abschnitt.

➜ Die Subnetzmaske sollte überall gleich sein und 255.255.255.0 lauten. Weicht sie ab, dann korrigieren Sie diese Angabe wie im nächsten Abschnitt gezeigt.

➜ Das Standardgateway sollte nur eingetragen sein, wenn der jeweilige Computer über keine eigene Internetverbindung verfügt, sondern die eines anderen Computers oder eines Routers nutzen will. Entweder ist als Standardgateway die IP-Adresse eines Routers eingetragen, oder das Standardgateway lautet 169.254.0.1. Das ist die IP-Adresse des Computers in Ihrem Netzwerk, der seine Internetverbindung für andere freigegeben hat.

IP-Adressen selbst auswählen

Die vielen netten Assistenten in Windows XP sind eine tolle Erfindung, solange anschließend auch alles reibungslos klappt. Im Netzwerk ist das leider nicht immer der Fall, und deshalb pfeifen Sie bei Problemen besser auf die Assistenten und bearbeiten die Netzwerkeinstellungen notfalls von Hand etwas nach.

> **Espresso-Tipp!** Verwendet Ihr Computer die automatische IP-Adressvergabe (APIPA), und gibt es in Ihrem Netzwerk auch noch ältere Windows-Versionen, dann haben Sie zwei Möglichkeiten:Entweder lassen Sie vom Netzwerkassistenten eine Installationsdiskette erstellen. Mit der können Sie dann die älteren Windows-Versionen passend einstellen. Oder Sie weisen den älteren Rechnern von Hand eine IP-Adresse im APIPA-Bereich und die Subnetzmaske 255.255.255.0 zu.

Um Ihrer Netzwerkkarte eine IP-Adresse von Hand zuzuweisen, wählen Sie im Startmenü *Systemsteuerung* und öffnen dann das Modul *Netzwerkverbindungen*. Klicken Sie *LAN-Verbindung* (entspricht Ihrer Netzwerkkarte) mit der rechten Maustaste an, und wählen Sie *Eigenschaften*.

Falls das nun erscheinende Dialogfenster meldet, der Adapter sei Teil einer Netzwerkbrücke, dann wissen Sie schon, dass hier vermutlich etwas nicht stimmt. Netzwerkbrücken »überbrücken« zwei oder mehr unterschiedliche Netzwerksegmente und sind neu bei Windows XP.

Manche Computerhersteller stellen das Netzwerk von vornherein so ein, dass es zum Beispiel mit einem Internetanschluss eine Brücke bildet. In diesem Fall können Sie die Einstellungen der Netzwerkkarte aber nicht mehr selbst festlegen, und deshalb sollten Sie Netzwerkbrücken bei Problemen unbedingt erst mal ausschalten.

Dazu klicken Sie *LAN-Verbindung* mit der rechten Maustaste an und wählen *Von der Brücke entfernen*. Klicken Sie *LAN-Verbindung* dann noch einmal mit der rechten Maustaste an, und wählen Sie erneut *Eigenschaften*. Diesmal klappt's.

Sie sehen jetzt ein Fenster mit der Liste *Diese Verbindung verwendet folgende Elemente*. Diese Liste ist ungeheuer wichtig, denn hier sehen Sie die Komponenten, die in Ihrem Netzwerk die Arbeit erledigen sollen. Schauen Sie mal, was in der Liste stehen sollte:

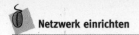

Wichtige Netzwerkelemente	
Client für Microsoft-Netzwerke	Wird gebraucht, um auf freigegebene Ressourcen (Ordner und Drucker) anderer Windows-Rechner zuzugreifen
Datei- und Druckerfreigabe für Microsoft-Netzwerke	Wird gebraucht, um selbst eigene Ordner und Drucker im Netzwerk freizugeben
QoS-Paketplaner	Regelt den Datenverkehr und sorgt dafür, dass Bandbreiten eingehalten und Prioritäten beachtet werden
Internetprotokoll (TCP/IP)	Die »Sprache«, die Ihr Netzwerk spricht und mit der die Daten untereinander ausgetauscht werden. Hat nichts mit dem Internet zu tun, das Internet verwendet nur zufällig dasselbe Protokoll

Tab. 8.1 Wichtige Netzwerkkomponenten, ohne die nichts geht

Sollte bei Ihnen einer dieser Einträge in der Liste noch fehlen, dann richten Sie zuerst Ihr Netzwerk mit dem Netzwerkassistenten ein. Wer Profi ist, kann die Komponenten auch über die Schaltfläche *Installieren* hinzufügen. Um Ihrer Netzwerkkarte selbst IP-Adressen zuzuweisen, klicken Sie in der Liste auf *Internetprotokoll (TCP/IP)* und dann auf *Eigenschaften*.

Möchten Sie, dass Ihr Computer *APIPA* verwendet und sich selbst IP-Adressen aus dem privaten APIPA-Adressbereich zuweist, dann wählen Sie hier die Optionen *IP-Adresse automatisch beziehen* und *DNS-Serveradresse automatisch beziehen*.

Denken Sie daran, dass die Internetfreigabe (gemeinsame Nutzung eines Internetzugangs im Netzwerk) nur funktioniert, wenn Ihr Computer APIPA verwendet.

Wollen Sie den Computer dagegen auf andere Netzwerkadressen einstellen, zum Beispiel, weil der Computer in ein schon bestehendes Netzwerk eingeklinkt werden muss, dann wählen Sie *Folgende IP-Adresse verwenden* und geben darunter IP-Adresse, Subnetzmaske und Standardgateway ein. Was hier zu beachten ist, erfahren Sie vom Verwalter Ihres Netzwerks.

Noch mehr Optionen für Profis

Netzwerk-Profis werden erfreut eine Menge weiterer Optionen entdecken. Über die Schaltfläche *Erweitert* können Sie der Netzwerkkarte zum Beispiel mehr als nur eine IP-Adresse zuweisen. Und wenn Sie die Option *IP-Adresse automatisch beziehen* gewählt haben, dann erscheint zusätzlich das Register *Alternative Konfiguration*. Hier können Sie die Option *Benutzerdefiniert* wählen und bekommen dann das beste aus beiden Welten:

Der Computer verwendet dann nämlich die unter *Benutzerdefiniert* festgelegte IP-Adresse, allerdings nur, wenn es im Netzwerk keinen DHCP-Server gibt, der selbst dynamische IP-Adressen verteilt. So könnten Sie Ihr Notebook fest auf eine IP-Adresse im heimischen Netzwerk einstellen, und wenn Sie sich in der Firma einklinken, erhielte das Notebook trotzdem eine Firmen-IP-Adresse vom firmeneigenen DHCP-Server zugewiesen.

Aber mal im Ernst: Wenn Sie solch verzwickte Netzwerksszenarien einrichten oder IP-Adressen selbst von Hand auswählen wollen, dann sollten Sie sich unbedingt noch ein Buch über Netzwerkkonfiguration zulegen.

Haben Sie die Einstellungen der Netzwerkkarte geändert, dann sollten Sie sich das Ergebnis testweise anzeigen lassen, um zu sehen, ob auch alles geklappt hat. Dazu wählen Sie zum Beispiel im Startmenü *Ausführen* und geben ein: CMD ⏎. Die Konsole startet. Geben Sie jetzt ein: IPCONFIG ⏎. Schauen Sie, ob Ihre Netzwerkkarte hier mit der von Ihnen ausgesuchten IP-Adresse, Subnetzmaske und Gateway angezeigt wird.

8.3 Im Netzwerk arbeiten

Was können Sie mit Ihrem Netzwerk nun tun? Zum Beispiel fremde Computer besuchen – oder fremde Drucker für eigene Ausdrucke mitbenutzen! Und das alles ohne größere Konfiguration.

Windows XP ist nämlich clever genug, vom Start weg alles so einzurichten, wie Sie es brauchen. Die Netzwerkumgebung zeigt Ihnen, welche fremden Computer im Netzwerk erreichbar sind. Wählen Sie also im Startmenü *Netzwerkumgebung*.

Ist vom *Netzwerkumgebung*-Befehl in Ihrem Startmenü keine Spur zu sehen? Eine Sparversion von Windows XP haben Sie zum Glück nicht erwischt. Der Befehl kann im Startmenü ganz einfach ein- und ausgeblendet werden, und bei Ihnen ist er vermutlich gerade ausgeblendet.

Um ihn wieder sichtbar zu machen, klicken Sie mit der rechten Maustaste auf die *Start*-Schaltfläche links in der Taskleiste und wählen *Eigenschaften*. Klicken Sie anschließend auf das Register *Startmenü* und auf die Schaltfläche *Anpassen* rechts hinter Startmenü.

Klicken Sie dann auf das Register *Erweitert*. In der Liste *Startmenüelemente* klicken Sie ins Kästchen vor *Netzwerkumgebung*. Dann klicken Sie auf *OK*, bis alle Fenster geschlossen sind. Klappen Sie nun noch einmal Ihr Startmenü auf. Schwupp, schon wird die *Netzwerkumgebung* rechts oben angezeigt. Na also …

Das Fenster *Netzwerkumgebung* öffnet sich. Und oh Wunder: Darin werden möglicherweise bereits all die freigegebenen Ordner anderer Computer angezeigt, die Sie besuchen können.

Jedenfalls nach einigen Minuten – es dauert einen Moment, bis Windows XP solche Automatikinformationen gesammelt hat.

Falls das Fenster leer ist, können Sie Netzwerkcomputer auch direkt besuchen.

Dazu klicken Sie links in der *Netzwerkaufgaben*-Liste auf *Arbeitsgruppencomputer anzeigen*. Nun sehen Sie alle Computer in Ihrem Netzwerk, die online sind und in derselben Arbeitsgruppe geführt werden wie Ihr eigener Computer. Öffnen Sie einen der angezeigten Computer, um zu sehen, welche Dinge er öffentlich bereitstellt.

Diese Dinge hat der Netzwerkassistent normalerweise freigegeben:

➔ Alle Drucker, die direkt mit dem Computer verbunden sind, also alle lokalen Drucker

➔ Einen Ordner namens SharedDocs oder Dokumente, mit dem Sie Arbeitsergebnisse untereinander austauschen können

➔ Drucker und Faxgeräte, um zu sehen, wie der Druckstatus auf den Druckern dieses Computers aussieht, um also zu sehen, wie viel Druckaufträge gerade abgearbeitet werden

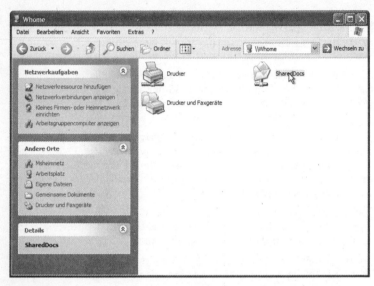

8.10 Schauen Sie nach, welche Dinge ein Netzwerkcomputer freigibt

Arbeitsgruppen verstehen

In einem Netzwerk können zig Computer online sein. Damit die Netzwerkumgebung also nicht unzählige Computer anzeigt, mit denen Sie sowieso nie zusammenarbeiten, gibt es Arbeitsgruppen. Jeder Computer im Netzwerk kann Mitglied in genau einer Arbeitsgruppe sein und zeigt so an, wo er eingeordnet werden möchte. Haben Sie sich selbst ein kleines privates Netzwerk aufgebaut, dann sorgen Sie dafür, dass alle Computer Mitglied in derselben Arbeitsgruppe sind.

Dazu klappen Sie das Startmenü auf und klicken mit der rechten Maustaste auf *Arbeitsplatz*. Wählen Sie *Eigenschaften*, und klicken Sie im Fenster auf das Register *Computername*.

Jetzt sehen Sie den Namen und die Arbeitsgruppe, unter der dieser Computer im Netzwerk geführt wird. Sind Sie damit nicht einverstanden und wollen Computernamen oder Arbeitsgruppe ändern, dann klicken Sie auf *Ändern*.

Jetzt können Sie dem Computer einen anderen Netzwerknamen und eine andere Arbeitsgruppe zuweisen. Damit die Einstellungen wirksam werden, ist allerdings ein anschließender Neustart nötig.

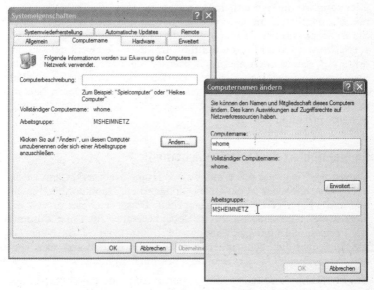

8.11 Computernamen im Netzwerk und Arbeitsgruppe neu festlegen

Freigegebene Ordner nutzen

Möchten Sie einen der angezeigten Ordner öffnen, dann öffnen Sie den Ordner einfach in der Netzwerkumgebung. Schon sehen Sie den Inhalt des Ordners – der sich in Wirklichkeit nicht auf Ihrer eigenen Festplatte befindet, sondern auf einem der anderen Netzwerkcomputer gespeichert ist.

Sie können nun mit dem Ordner genauso arbeiten wie mit eigenen lokalen Ordnern auf der Festplatte, also zum Beispiel Dateien darin öffnen oder via Maus und Drag&Drop Dateien quer durch das Netzwerk transportieren.

Was aber, wenn Sie sich erst gar nicht mit dem freigegebenen Ordner verbinden können? Was, wenn Sie daraus zwar Dateien öffnen dürfen, aber selbst nichts im Ordner speichern können?

Hier kommen die Ordnerberechtigungen ins Spiel. Freigegebene Ordner sind nämlich nicht automatisch Freiwild. Bei der Freigabe können Sie festlegen, ob ein Ordner von anderen nur gelesen oder auch beschrieben werden darf. Und wenn Sie in Ihrem Netzwerk neben Windows XP Home noch andere Betriebssysteme verwenden, wird die Sache noch verzwickter. Die anderen Betriebssysteme bieten nämlich noch ausgefallenere Schutzmechanismen, die Sie zu spüren bekommen, wenn Sie sich mit einem freigegebenen Ordner auf solch einem System verbinden wollen.

So funktioniert die Freigabe-Sicherheit

Verwenden Sie ein reines Windows XP Home-Netzwerk, dann ist die Sache klar: entweder ist ein Ordner freigegeben. Dann können Sie ihn benutzen. Oder er ist nicht freigegeben. Dann erscheint er erst gar nicht in der Netzwerkumgebung. Sobald Sie aber auch nur Windows XP Professional oder gar Windows NT, 2000 oder 98 im Netzwerk mischen, sieht die Sache anders aus. In diesen Betriebssystemen können freigegebene Ordner besonders geschützt werden.

Ist ein Netzwerkordner geschützt, dann kann eine Kennwortabfrage erscheinen. In diesem Fall wissen Sie, dass Sie sich zuerst als ein bestimmter Benutzer ausweisen müssen. Geben Sie also den Benutzernamen und das dazu passende Kennwort des Benutzers ein, der Zugriffsrechte auf diesen Ordner hat.

8.12 Weisen Sie sich aus, wenn Sie auf geschützte Ordner zugreifen wollen

Etwas ernster ist die Lage schon, wenn Sie eine Meldung bekommen, die darüber lamentiert, dass das angesprochene Konto gesperrt sei. Hier greifen Sie zum Beispiel auf einen Windows 2000 Domänencontroller zu, und Ihr Computer- oder Benutzerkonto auf dem Domänencontroller ist gesperrt. Oder aber Sie haben bereits eine Netzwerkverbindung zum Domänencontroller unter dem gleichen Benutzernamen von einem anderen Computer aus aufgebaut.

In diesem Fall können Sie aber trotzdem eine Verbindung aufbauen, nur müssen Sie dazu einen anderen Benutzernamen und ein anderes Kennwort verwenden als das, mit dem Sie gerade bei Windows XP Home angemeldet sind.

Dazu öffnen Sie die Netzwerkumgebung und wählen *Extras – Netzlaufwerk verbinden*. Das Fenster *Netzlaufwerk verbinden* öffnet sich.

Geben Sie nun den UNC-Pfad zu dem freigegebenen Ordner ins Feld *Ordner* ein. Schalten Sie die Option *Verbindung bei der Anmeldung wiederherstellen* aus. Klicken Sie dann auf *anderem Benutzernamen*.

8.13 Geben Sie ein gültiges Benutzerkonto für die Freigabe ein!

Nun geben Sie ein Benutzerkonto und das dazu passende Kennwort ein, das Zugriffsrechte auf den freigegebenen Ordner besitzt. Klicken Sie auf *OK* und *Fertig stellen*. Schwupp – schon öffnet sich der Netzwerkordner, und Sie sehen den Inhalt. Jedenfalls dann, wenn Sie tatsächlich das richtige Benutzerkonto angegeben haben. Und was, wenn Sie von vornherein die Meldung *Zugriff verweigert* kassieren? Dann wissen Sie, dass Ihr augenblickliches Benutzerkonto nicht über die nötigen Berechtigungen verfügt. Der Ordner ist also für dieses Benutzerkonto nicht zugelassen.

Sie könnten nun entweder wie eben gezeigt ein Netzlaufwerk einrichten und dabei ein Benutzerkonto angeben, das Zugriff auf den freigegebenen Ordner besitzt. Oder Sie schauen sich die Sache ganz genau an.

8.14 Zugriff verweigert – und was nun?

Wie kommt es überhaupt dazu, dass Sie keine Zugriffsrechte auf einen Ordner haben?

Bei Windows XP Home ist das unmöglich. Wenn Sie bei Windows XP Home einen Ordner im Netzwerk freigeben, dann wird automatisch eine Zugriffsberechtigung für die Gruppe *Jeder* eingerichtet – alle Benutzer haben also Zugriff, ganz egal, aus welcher versteckten Ecke des Netzwerks sie auf die Freigabe zugreifen.

Anders ist das bei Windows NT, 2000 und auch bei Windows XP Professional. Richten Sie mit Windows XP Professional zum Beispiel eine Freigabe ein, dann wird dabei nicht unbedingt die nötige Berechtigung für *Jeder* gesetzt. Fehlt sie, dann kassieren Sie die Zugriff verweigert-Meldung.

Bei Windows NT und 2000 müssen Sie beim Anlegen einer Freigabe also selbst darauf achten, der Gruppe *Jeder* die passenden Zugriffsrechte zuzuweisen. Bei Windows XP Professional gibt es einen Trick.

Hier können Sie nämlich wählen, ob Windows XP Professional sich in punkto Netzwerk so verhalten soll wie Windows 2000 oder lieber so wie Windows XP Home. Wählen Sie also im Startmenü *Systemsteuerung*, und öffnen Sie das Modul *Ordneroptionen*. Klicken Sie auf das Register *Ansicht*, und schalten Sie die Option *Einfache Dateifreigabe verwenden* ein. Dann klicken Sie auf *OK*.

Jetzt können Sie mit Windows XP Professional Ordner genauso freigeben, wie dies unter Windows XP Home gemacht wird. Klicken Sie den Ordner, der bislang nur Zugriff verweigert meldet, auf seinem heimischen Computer im Explorer mit der rechten Maustaste an, und wählen Sie *Freigabe und Sicherheit*. Schalten Sie die Option *Diesen Ordner im Netzwerk freigeben* aus, und klicken Sie auf *Übernehmen*. Schalten Sie die Option dann wieder ein, und klicken Sie noch einmal auf *Übernehmen*. So wird eine neue Freigabe eingerichtet, die die für XP Home nötigen *Jeder*-Berechtigungen bekommt. Das Problem ist gelöst.

Vergessen Sie auf dem Windows XP Professional-System nicht, die Option *Einfache Dateifreigabe verwenden* wieder auszuschalten, wenn Sie sie gerade aktiviert haben. Solange nämlich Windows XP Professional die *Einfache Dateifreigabe* nutzt, verhält es sich netzwerktechnisch wie Windows XP Home und ist damit ziemlich eingeschränkt.

Windows XP Home (und Windows XP Professional mit eingeschalteter Einfacher Dateifreigabe) kann sich zwar mit beliebigen Netzwerkrechnern verbinden und sich dort als beliebiger Benutzer anmelden – das haben Sie gerade gesehen. Umgekehrt geht es aber nicht. Wer auf einen Windows XP Home-Computer vom Netzwerk aus zugreift, ist immer nur Gast-Benutzer und kann deshalb nur auf Dinge zugreifen, die für die *Jeder*-Gruppe freigeschaltet sind.

Anders gesagt: Solange ein Windows XP Professional-System die Einfache Dateifreigabe verwendet, kann sich kein Administrator mit Administratorrechten an diesem Computer anmelden und zum Beispiel Fernwartungsaufgaben durchführen.

Automatische Freigabe-Erkennung

Wie funktioniert eigentlich die automatische Freigabe-Erkennung in der *Netzwerkumgebung*?

Im Idealfall zeigt die Netzwerkumgebung automatisch alle Freigaben an, die Sie erreichen können. Dahinter steht ein Mechanismus namens *WorkgroupCrawler*, der Ihre Arbeitsgruppe automatisch im Netzwerk durchsucht, alle Freigaben findet und dann als Symbol in der *Netzwerkumgebung* anzeigt.

Damit diese Erkennung auch funktioniert, ist es nötig, dass Sie mindestens einmal von Hand den betreffenden Rechner kontaktiert haben. Wollen Sie zum Beispiel dafür sorgen, dass die Netzwerkumgebung alle Freigaben des Computers *WILLIBALD* anzeigt, dann wählen Sie im Startmenü *Ausführen* und geben ein: \\WILLIBALD ⏎.

Auf diese Weise können Sie auch Computer erreichen, die nicht Mitglied in Ihrer Arbeitsgruppe sind und deshalb auch nicht über *Arbeitsgruppencomputer anzeigen* sichtbar sind. Die automatisch in der Netzwerkumgebung eingefügten Freigaben sind natürlich nur ein Angebot. Wollen Sie eine der angezeigten Freigaben gar nicht nutzen, dann klicken Sie sie mit der rechten Maustaste an und wählen *Löschen*. So dünnen Sie die angezeigten Freigaben bis auf die aus, die Sie wirklich brauchen.

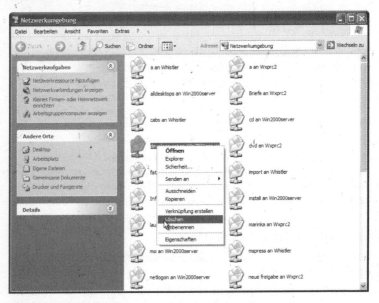

8.15 Entfernen Sie alle Freigaben, die Sie nicht brauchen

Und was, wenn Sie die Automatikerkennung irgendwann in den Ausgangszustand zurückversetzen wollen? Wie sorgen Sie dafür, dass Windows alle Freigaben neu erkennt, auch die, die Sie vielleicht irgendwann einmal aus der Netzwerkumgebung herausgelöscht haben?

Dazu öffnen Sie im Startmenü über *Ausführen* den Registrierungseditor: Geben Sie REGEDIT ⌈Eingabe⌋ ein. Navigieren Sie dann zum Zweig *HKEY_CURRENT_USER\Software\Microsoft\Windows\Current Version\Explorer\WorkgroupCrawler\Shares*. Nun sehen Sie unter dem Zweig all die Netzwerkfreigaben, die der Crawler entdeckt hat (und die er deshalb nicht noch einmal entdeckt).

Um die Erkennung ganz von vorn zu starten, klicken Sie in der linken Spalte auf den Schlüssel *Shares* und wählen *Löschen*. Er wird entfernt.

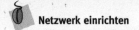

Nun sammelt der WorkgroupCrawler die Informationen wieder ganz von vorn und legt die Freigaben in der Netzwerkumgebung neu an.

Daten im Netzwerk austauschen

Möchten Sie selbst eigene Dateien für andere im Netzwerk anbieten, dann ziehen Sie diese Dateien einfach in den besonderen Ordner *Gemeinsame Dokumente*. An den kommt jeder heran. Er ist für alle freigegeben. Diesen besonderen *Gemeinsame Dokumente*-Ordner finden Sie im *Arbeitsplatz*-Fenster. Dieser Ordner wird vom Netzwerkassistenten automatisch im ganzen Netzwerk veröffentlicht.

Besondere Orte im Arbeitsplatz

Das *Arbeitsplatz*-Fenster zeigt in der Sektion *Auf diesem Computer gespeicherte Dateien* besondere Ordner an. Als normaler eingeschränkter Benutzer sehen Sie hier den Ordner *Gemeinsame Dokumente*, der dazu dient, Arbeitsergebnisse mit anderen Benutzern zu teilen – egal ob über das Netzwerk zur selben Zeit oder nacheinander von verschiedenen Benutzern desselben Computers.Benutzer vom Rang eines Computeradministrators sehen in dieser Sektion sogar noch mehr: Der Arbeitsplatz zeigt jetzt auch die privaten Ordner aller Benutzer an, die auf diesem Computer ein Benutzerkonto haben.

Schauen Sie sich mal an, wie Sie eigene Dateien mit anderen Personen gemeinsam nutzen.Dazu legen Sie sich zuerst eine Textdatei an, die als Beispiel dienen soll. Klicken Sie also mit der rechten Maustaste auf eine freie Stelle des Desktops, und wählen Sie *Neu – Textdokument*. Eine neue Textdatei erscheint. Der geben Sie einen Namen wie zum Beispiel *Projekt 1*. Dann öffnen Sie die Datei, tippen ein paar Sätze ein und speichern das Ergebnis mit *Datei – Speichern*.

Noch liegt die Datei auf Ihrem Desktop und ist so unerreichbar für andere. Gut so, der Desktop ist schließlich Ihr Privatbereich. Damit andere die Datei sehen und damit weiterarbeiten können, verschieben Sie die Datei nun in den Ordner *Gemeinsame Dokumente*.

Dazu wählen Sie im Startmenü *Arbeitsplatz* und öffnen dann den Ordner *Gemeinsame Dokumente*. Ziehen Sie Ihre Testdatei nun in diesen Ordner hinein. Die Datei zieht um. Melden Sie sich jetzt im Startmenü ab, indem Sie auf *Abmelden* klicken, und melden Sie sich dann als jemand anderes an. Wählen Sie wieder im Startmenü *Arbeitsplatz*, und öffnen Sie den Ordner *Gemeinsame Dokumente*. Tatsächlich: das Dokument *Projekt 1* von eben ist nun auch für diesen Benutzer sichtbar. Öffnen Sie es!

Sollte Windows nun lapidar *Zugriff verweigert* melden, dann hat das Dokument bei seiner Reise in den *Gemeinsame Dokumente*-Ordner seinen Zugriffsschutz von Ihrem Desktop mitgenommen und bleibt also weiter geschützt. Wenn Ihnen das passiert, dann probieren Sie den Exkurs neu, legen aber diesmal das Dokument direkt im *Gemeinsame Dokumente*-Ordner an und nicht zuerst auf Ihrem geschützten Desktop.

Der Inhalt des *Gemeinsame Dokumente*-Ordners ist aber nicht nur für alle Benutzer Ihres Computers sichtbar, sondern auch im ganzen Netzwerk. Im Arbeitsplatz-Fenster haben Sie das schon sehen können, denn der Ordner *Gemeinsame Dokumente* wird darin von einer Hand »serviert«, die anzeigt, dass dieser Ordner öffentlich ist.

Begeben Sie sich nun also testweise an einen anderen Computer in Ihrem Netzwerk, und wählen Sie dort im Startmenü *Netzwerkumgebung*. Klicken Sie anschließend links in der *Netzwerkaufgaben*-Liste auf *Arbeitsgruppencomputer anzeigen*. Dann öffnen Sie den Computer, in dessen *Gemeinsame Dokumente*-Ordner Sie gern hineinschauen wollen. Öffnen Sie jetzt den Ordner *SharedDocs* bzw. *Dokumente*. Aha, auch über das Netzwerk kommen Sie nun an die gemeinsam genutzten Dateien dieses Ordners heran. Elegant ...

Auf freigegebene Ordner zugreifen

Bislang haben Sie immer die Netzwerkumgebung bemühen müssen, um auf einen freigegebenen Ordner zuzugreifen. Das kann lästig und klickintensiv sein. Deshalb gibt es bessere Wege. Haben Sie sich zum Beispiel in der Netzwerkumgebung zu einem interessanten freigegebenen Ordner durchgeklickt, dann ziehen Sie diesen Ordner einfach mal auf Ihren Desktop.

Schon legt Windows XP dort eine Verknüpfung auf den Netzwerkordner an. Künftig brauchen Sie nur noch diese Verknüpfung zu öffnen und landen ohne Umwege im Netzwerkordner. Wenn Sie die Verknüpfung mal testweise mit der rechten Maustaste anklicken und *Eigenschaften* wählen, dann wissen Sie auch, warum. Im Feld *Ziel* ist der Netzwerkname des freigegebenen Ordners eingetragen, der so genannte UNC-Dateiname. Der beginnt mit zwei umgekehrten Schrägstrichen und dem Netzwerknamen des Computers, den Sie besuchen wollen. Dahinter folgt der Name des freigegebenen Ordners. Würden Sie im Startmenü *Ausführen* wählen und dann diesen Pfadnamen eingeben, könnten Sie auch auf diese Weise den Netzwerkordner direkt öffnen.

8.16 Einen freigegebenen Ordner als Pseudo-Laufwerk einrichten

Verknüpfungen auf freigegebene Ordner sind aber nur ein Weg, um schnell und ohne Klickorgien an den Ordner heranzukommen. Der andere Weg sind Netzlaufwerke. Ein Netzlaufwerk benimmt sich so wie eine direkt in Ihren Computer eingebaute Festplatte, macht also Netzwerkordner über Laufwerksbuchstaben verfügbar. Probieren Sie das doch einfach mal aus.

Dazu navigieren Sie in der Netzwerkumgebung zu dem freigegebenen Ordner, den Sie künftig wie ein Laufwerk ansprechen wollen. Klicken Sie den Ordner dann mit der rechten Maustaste an, und wählen Sie *Netzlaufwerk verbinden*.

Ein Fenster öffnet sich und will wissen, welchen Laufwerksbuchstaben Sie dem Netzwerkordner zuweisen möchten. Wenn Sie zusätzlich die Option *Verbindung bei Anmeldung wiederherstellen* wählen, dann richtet Windows dieses Netzlaufwerk permanent ein, es bleibt also auch beim nächsten Windows-Start erhalten.

Unter anderem Namen anmelden!

Liegt der freigegebene Ordner auf einem anderen Windows XP Home-Rechner, dann können Sie immer auf ihn zugreifen, denn Windows XP Home wirft alle Netzwerkbesucher in einen gemeinsamen Topf. Anders ist das, wenn Sie im Netzwerk auch Windows XP Professional oder Windows 2000 einsetzen. Hier können freigegebene Ordner detailreicher freigegeben werden. Der Besitzer des Ordners kann zum Beispiel nur bestimmten Personen den Zugriff auf den Ordner erlauben.

In solchen Fällen muss vor der Benutzung des Ordners das Benutzerkonto und dazu passende Kennwort der Person eingegeben werden, die auf diesen Ordner zugreifen darf. Klicken Sie im Fenster *Netzlaufwerk verbinden* auf den unterstrichenen Link *anderem Benutzernamen*, wenn Sie sich unter einem anderen Benutzernamen am freigegebenen Ordner anmelden möchten.

Der Netzwerkordner öffnet sich. Aber in Wirklichkeit ist noch sehr viel mehr passiert. Wählen Sie im Startmenü *Arbeitsplatz*, dann sehen Sie, dass Windows XP den Netzwerkordner als neues Netzlaufwerk eingerichtet hat und zusammen mit Festplatten und anderen Datenquellen im Arbeitsplatz-Fenster anzeigt.

Netzlaufwerke sind nicht ganz risikolos. Deshalb hier die größten Vor- und Nachteile:

➔ Ein Netzlaufwerk ist immer leicht über den Arbeitsplatz zu erreichen, und weil Windows dem Netzwerkordner einen Laufwerksbuchstaben zugewiesen hat, benimmt sich das Netzlaufwerk wie ein normales Laufwerk. Ältere Programme, die nicht mit Netzwerkpfadnamen wie *\\COMPUTER12\ORDNER2* zurechtkommen, können auf Netzlaufwerke problemlos zugreifen, denn die erscheinen ja genauso wie eine normale lokale Festplatte.

➔ Beim Windows-Start überprüft Windows alle eingerichteten Netzlaufwerke, schaut also nach, ob der betreffende freigegebene Ordner überhaupt erreichbar ist. Diese Überprüfung dauert pro Netzlaufwerk einige Sekunden. Die Folge: Wenn Sie viele Netzlaufwerke zu Rechnern eingerichtet haben, die nicht ständig online sind, dann verlangsamt sich das Öffnen des *Arbeitsplatz*-Fensters enorm. Das Fenster erscheint nicht mehr zackig, sondern erst nach einer mehrsekündigen Verzögerung. Nicht so schön.

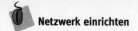

Verwenden Sie Netzlaufwerke deshalb nur, wenn es sein muss, und richten Sie keine Netzlaufwerke zu freigegebenen Ordnern ein, die immer wieder offline sind, weil die betreffenden Computer gar nicht eingeschaltet wurden oder (Notebook) unterwegs sind.

Möchten Sie ein Netzlaufwerk wieder los werden, dann klicken Sie es im Arbeitsplatz-Fenster mit der rechten Maustaste an und wählen *Verbindung trennen*. Weg ist es.

8.4 Verwalten Sie Ihre freigegebenen Ordner

Anfangs ist nur ein einziger Ordner auf Ihrem Computer freigegeben: *Gemeinsame Dokumente*. Aber das muss nicht so bleiben. Sie können (fast) jeden Ordner im Netzwerk freigeben, wenn Sie wollen. Allerdings nur, wenn Sie den Rang eines Computeradministrators haben. Normale eingeschränkte Benutzer können keine eigenen Freigaben einrichten.

Das Freigabe-Dialogfenster

Um einen Ordner im Netzwerk freizugeben, klicken Sie den Ordner mit der rechten Maustaste an und wählen *Freigabe und Sicherheit*. Ein Dialogfenster öffnet sich.

Die Sektion *Lokale Freigabe und Sicherheit* kümmert sich um die lokale Sicherheit, legt also fest, ob dieser Ordner nur für Sie persönlich zur Verfügung steht oder auch anderen Benutzerkonten auf Ihrem Rechner. Kernstück ist die Option *Diesen Ordner nicht freigeben*. Ist diese Option aktiviert, dann können nur Sie allein in den Ordner hineinschauen, und eine Freigabe im Netzwerk ist nicht möglich.

Im Feld *Netzwerkfreigabe und -sicherheit* geht es um die Freigabe des gewählten Ordners im Netzwerk. Ist die Option *Diesen Ordner im Netzwerk freigeben* aktiv, dann können alle Netzwerkbesucher den Inhalt dieses Ordners sehen. Ist außerdem die Option *Netzwerkbenutzer dürfen Dateien verändern* aktiv, dann können Fremde die Daten im Ordner sogar ändern, löschen oder eigene Dateien darin ablegen.

➔ Möchten Sie den Ordner dazu verwenden, um anderen Dinge im Netzwerk bereitzustellen, aber verhindern, dass andere an den bereitgestellten Dingen herumspielen, dann wählen Sie nur die Option *Diesen Ordner im Netzwerk freigeben*.

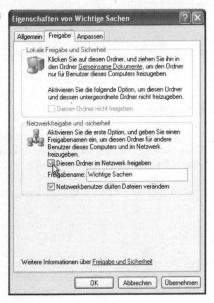

8.17 Hier legen Sie fest, ob ein Ordner im Netzwerk gesehen wird oder nicht

→ Möchten Sie einen gemeinsamen »Marktplatz« einrichten, wo jeder nach Lust und Laune eigene Daten zentral bereitstellen kann, dann aktivieren Sie außerdem die Option *Netzwerkbenutzer dürfen Dateien verändern*.

→ Im Feld *Freigabename* taufen Sie den Ordner. Unter diesem Namen ist er künftig im Netzwerk erreichbar. Beschränken Sie den Namen auf maximal 12 Zeichen und verzichten Sie auf Leer- und Sonderzeichen. Windows XP sind solche Beschränkungen zwar egal, aber andere Windows-Versionen können sonst nicht auf den Ordner zugreifen.

Freigegebene Ordner werden anschließend im Explorer mit einer blauen Hand »serviert«.

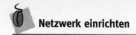

Der Ordner wird nicht freigeben

Dummerweise nur ist das Optionsfeld *Diesen Ordner im Netzwerk freigeben* möglicherweise abgeblendet und kann gar nicht ausgewählt werden. Wie kommt das?

→ Wenn Sie nicht den Status eines *Computeradministrators* haben, dann dürfen Sie keine Freigaben einrichten. Pech gehabt.

→ Wenn sich der Ordner in einem geschützten privaten Bereich befindet, dann kann er nicht im Netzwerk freigegeben werden. Schauen Sie mal unauffällig nach, ob die Option *Diesen Ordner nicht freigeben* im oberen Teil des Fensters aktiviert ist. Falls ja, dann blockiert diese Einstellung die Freigabe im Netzwerk. Das bedeutet in der Praxis, dass Sie keine Ordner freigeben können, die sich irgendwo auf Ihrem Desktop oder im Ordner *Eigene Dateien* befinden.

→ Wenn Sie den Netzwerkassistenten noch nie ausgeführt haben, dann ist die Freigabe ebenfalls unmöglich. Erst der Netzwerkassistent schaltet den Drucker- und Dateifreigabedienst aktiv, der die Freigaben im Netzwerk anbietet. Unten im Dialogfenster sehen Sie in diesem Fall einen kleinen Hinweis, zusammen mit einem unterstrichenen Link, der den Installationsassistenten startet, um das Netzwerk einzurichten.

Alle freigegebenen Ordner zentral überwachen

Zwar markiert der Explorer alle freigegebenen Ordner mit einer servierenden Hand, und so ist es gar nicht schwer, einen freigegebenen Ordner wieder privat zu machen. Dazu gehen Sie einfach vor wie bei der Einrichtung der Freigabe und schalten dann die Option *Diesen Ordner im Netzwerk freigeben* wieder aus.

Aber trotzdem wäre es schön, zentral an einer Stelle alle freigegebenen Ordner auf einen Blick zu sehen. Und das geht auch. Jedenfalls dann, wenn Sie Computeradministrator sind:

Klappen Sie dazu das Startmenü aus, und klicken Sie mit der rechten Maustaste auf *Arbeitsplatz*. Wählen Sie dann *Verwalten*. Expandieren Sie per Klick auf das kleine Pluszeichen den Zweig *Freigegebene Ordner*, und klicken Sie auf *Freigaben*. Schon sehen Sie rechts alle eingerichteten Netzwerkfreigaben auf Ihrem Rechner.

Freigaben des Systems	
IPC$	Freigabe für die Interprozess-Kommunikation
Print$	Ordner mit Druckertreibern
SharedDocs	Spezieller Ordner »Gemeinsame Dokumente«

Tab. 8.2 Freigaben, die das System einrichtet

Das sind nicht nur die Ordner, die Sie selbst freigegeben haben. Windows hat auch bereits einige Ordner freigegeben. Darunter ist zum Beispiel der Ordner *SharedDocs*, Ihr gemeinsamer Austausch-Marktplatz, mit dem Sie Daten untereinander im Netzwerk teilen können.

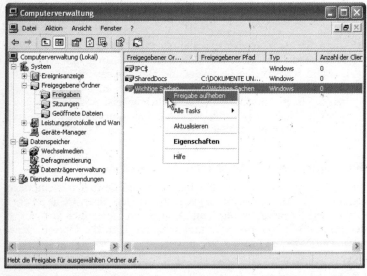

8.18 Alle eingerichteten Freigaben zentral überwachen und wieder abschalten

Wollen Sie eine Freigabe loswerden, dann klicken Sie sie in der rechten Spalte mit der rechten Maustaste an und wählen *Freigabe aufheben*. Sie können aber auch neue Freigaben einrichten. Dazu klicken Sie in der linken Spalte mit der rechten Maustaste auf *Freigaben* und wählen *Neue Dateifreigabe*.

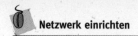

8.5 Die Internetfreigabe einrichten

Über das Netzwerk können Sie nicht nur Ordner und Drucker gemeinsam nutzen, sondern auch einen Internetzugang teilen. Es genügt also, nur einen Computer im Netzwerk ans Internet anzuschließen und dann über dessen Zugang mit allen Computern im Internet zu surfen. Damit das klappt, muss Ihr Netzwerk allerdings komplett vom Netzwerkassistenten eingerichtet worden sein. Worauf es genau ankommt, sind die vergebenen IP-Adressen. Nur wenn die im APIPA-Bereich vergeben sind, kann die Internetfreigabe funktionieren.

So geht's

Wenn die Internetfreigabe auf dem Rechner aktiviert wird, der über den Internetzugang verfügt, dann stellt Windows XP dessen IP-Adresse automatisch auf *192.168.0.1* fest ein. Andere Computer im Netzwerk können jetzt diesen Computer nur noch erreichen, wenn sie ebenfalls IP-Adressen aus diesem Adressbereich verwenden.

Damit andere Computer den freigegebenen Internetzugang des Rechners *192.168.0.1* mitbenutzen können, muss bei ihnen das Internet-Gateway auf ebendiese IP-Adresse *192.168.0.1* eingestellt sein. Findet der Computer dann die Internetseite nicht im privaten Netzwerk, geht die Anfrage automatisch ans Gateway und darüber dann an den freigegebenen Internetzugang. Der »Fahrplan« für die Internetfreigabe sieht also so aus:

➔ Richten Sie zuerst den Internetzugang ein (siehe Kapitel 5).

➔ Richten Sie Ihr Netzwerk ein und verkabeln Sie es. Überprüfen Sie das Netzwerk, indem Sie zum Beispiel fremde Computer besuchen und auf freigegebene Ordner zugreifen.

➔ Geben Sie dann den Internetzugang im Netzwerk frei.

➔ Sorgen Sie schließlich dafür, dass alle übrigen Computer den freigegebenen Internetzugang mitnutzen dürfen.

Einen Internetzugang freigeben

Beginnen Sie die Internetfreigabe mit dem Computer, der über den »echten« Internetzugang verfügt. Nachdem Sie dort den Internetzugang eingerichtet haben, testen Sie den Zugang. Stellen Sie sicher, dass Sie problemlos im Internet surfen können.

Internetzugang nutzbar machen

Wollen Sie anderen Benutzern im Netzwerk Ihren Internetzugang nur dann zur Verfügung stellen, wenn Sie sowieso gerade damit verbunden sind, dann brauchen Sie nichts weiter zu beachten.Anders sieht das aus, wenn andere im Netzwerk auch in der Lage sein sollen, selbstständig ihre Internetverbindung auf- und abzubauen. Dann nämlich muss der Internetzugang so eingerichtet werden, dass auch fremde Benutzer damit ins Internet kommen.

Im Zweifelsfall richten Sie den Internetzugang noch einmal neu ein, so wie in Kapitel 5 genau beschrieben.

Wenn Sie aufgefordert werden, den Benutzernamen und das Kennwort für den Zugang einzugeben, dann schauen Sie sich die weiteren Optionen ganz genau an. Aktivieren Sie die Option *Diesen Kontonamen und Kennwort für die Internetverbindung aller Benutzer dieses Computers verwenden, Verbindung als Standardverbindung wählen* und *Internetverbindungsfirewall für diese Verbindung aktivieren.*

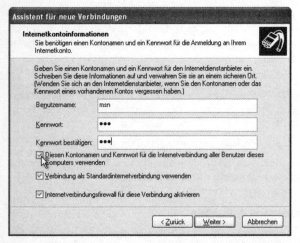

8.19 Achten Sie bei der Einrichtung darauf, den Zugang für alle einzurichten

Anschließend kann der Internetzugang im Netzwerk freigegeben werden. Dazu wählen Sie im Startmenü *Systemsteuerung* und öffnen dann das Modul *Internetoptionen*. Klicken Sie auf das Register *Verbindungen*. Klicken Sie die Verbindung, die Sie im Internet freigeben wollen, in der Liste *DFÜ- und VPN-Einstellungen* an, und wählen Sie die Option *Immer Standardverbindung wählen*. Dann klicken Sie auf *Einstellungen*. Noch ein Fenster erscheint. Klicken Sie unten rechts auf *Eigenschaften*. Im nächsten Fenster klicken Sie auf das Register *Erweitert*.

Achten Sie darin darauf, dass die Internetverbindungsfirewall aktiviert ist. Dann wählen Sie die Option *Anderen Benutzern im Netzwerk gestatten, die Internetverbindung dieses Computers zu verwenden*.

Und nun gibt es eine langersehnte Überraschung: Im Gegensatz zu früheren Windows-Versionen haben Sie bei Windows XP sehr viel genauere Kontrolle darüber, wie die Internetverbindung freigegeben wird:

→ Wählen Sie *Eine DFÜ-Verbindung herstellen, wenn ein Computer im Netzwerk auf das Internet zugreift*, dann können andere Netzwerkbenutzer Ihre Internetverbindung aufbauen, falls sie gerade nicht steht. Wählen Sie diese Option nicht, dann können andere nur dann ins Internet, wenn Sie sowieso gerade im Internet zu tun haben.

→ Wählen Sie *Anderen Benutzern im Netzwerk gestatten, die gemeinsame Nutzung der Internetverbindung zu steuern oder zu deaktivieren*, dann können andere im Netz die Internetverbindung genau wie eine eigene lokale Internetverbindung steuern, also die Internetverbindung zum Beispiel nach Gebrauch einfach wieder trennen. Na endlich!

Sobald Sie auf *OK* klicken, nimmt Windows XP die dafür nötigen Netzwerkeinstellungen vor.

Vorher erscheint jedoch eine Warnung, und das aus gutem Grund: Durch die Internetfreigabe wird die IP-Adresse Ihres Rechners auf die feste Adresse 192.168.0.1 eingestellt.

Wenn Sie nicht ohnehin Ihr ganzes Netzwerk automatisch konfiguriert haben, dann sind dadurch möglicherweise auch Einstellungen auf den übrigen Computern nötig. Dazu gleich mehr. Klicken Sie einstweilen auf *OK*, um die Internetfreigabe einzurichten.

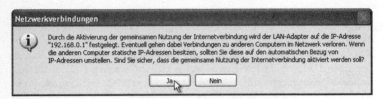

8.20 Die Internetfreigabe ändert die IP-Adressen im Netzwerk

Schauen Sie sich nur noch an, wie Ihr Computer jetzt im Netzwerk repräsentiert wird. Dazu wählen Sie im Startmenü *Systemsteuerung* und öffnen das Modul *Netzwerkverbindungen*.

Klicken Sie Ihre LAN-Verbindung mit der rechten Maustaste an, und wählen Sie *Status*. Dann klicken Sie auf das Register *Netzwerkunterstützung*. Jetzt sehen Sie:

→ Die IP-Adresse ist fest auf 192.168.0.1 eingestellt

→ Die Subnetzmaske ist auf 255.255.255.0 eingestellt

→ Das Standardgateway ist leer, weil ja dieser Computer das Gateway selbst darstellt

Von anderen Computern auf die Internetfreigabe zugreifen

Wechseln Sie nun Ihren Standort, und begeben Sie sich zu einem anderen Netzwerkcomputer, von dem aus Sie gern die Internetfreigabe nutzen wollen. Wählen Sie nun im Startmenü *Systemsteuerung*, und öffnen Sie das Modul *Netzwerkverbindungen*. Jetzt wird es spannend!

Wenn bereits alles automatisch eingerichtet ist, dann erscheint spätestens nach einigen Sekunden die Kategorie *Internetgateway*, und dort ist die freigegebene Internetverbindung zu sehen. Sie bräuchten das Symbol nur noch zu öffnen, um die Internetverbindung herzustellen.

Was aber, wenn bei Ihnen kein Internetgateway angezeigt wird? Dann ist Ihr Computer noch nicht im APIPA-Adressbereich des Netzwerks registriert, verwendet also eine andere IP-Adresse als zugelassen.

In diesem Fall klicken Sie mit der rechten Maustaste auf Ihre LAN-Verbindung und wählen *Eigenschaften*. In der Liste *Diese Verbindung verwendet folgende Elemente* wählen Sie *Internetprotokoll (TCP/IP)* aus und klicken dann auf *Eigenschaften*.

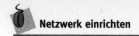

Sorgen Sie nun dafür, dass die Optionen *IP-Adresse automatisch bezie-hen* und *DNS-Serveradresse automatisch beziehen* aktiviert sind. Klicken Sie auf *OK*. Spätestens jetzt sollte Ihr Computer den freigegebenen Internetzugang nach wenigen Sekunden erkannt haben.

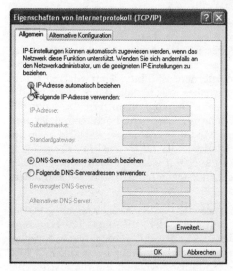

8.21 Sorgen Sie dafür, dass Windows XP automatische IP-Adressen bezieht

Zur Kontrolle klicken Sie noch einmal mit der rechten Maustaste im *Netzwerkverbindungen*-Fenster auf Ihre LAN-Verbindung und wählen *Status*. Klicken Sie auf das Register *Netzwerkunterstützung*.

Jetzt sehen Sie die folgenden Einstellungen:

→ Adresstyp ist *Von DHCP zugewiesen*, also eine automatische Netz-werkkonfiguration

→ Die IP-Adresse liegt im Bereich 192.168.0.x, also in demselben Bereich wie die der Internetfreigabe

→ Die Subnetzmaske lautet 255.255.255.0, also genau wie bei der Internetfreigabe

→ Das Standardgateway ist auf 192.168.0.1 eingestellt, also auf die IP-Adresse des Rechners, der den Internetzugang freigegeben hat

Freigegebene Verbindung konfigurieren

Damit Sie künftig problemlos auf die Internetfreigabe zugreifen können, sind noch ein paar Feineinstellungen nötig. Wählen Sie im Startmenü *Systemsteuerung* und öffnen Sie das Modul *Netzwerkverbindungen*. Klicken Sie dann das *Internetgateway* mit der rechten Maustaste an, und wählen Sie *Eigenschaften*. Aktivieren Sie nun die Option *Symbol bei Verbindung im Infobereich anzeigen*, damit Sie wie bei einem lokalen Anschluss sofort im Infobereich der Taskleiste sehen, wenn die Internetverbindung aktiv ist. Über einen Rechtsklick auf dieses Symbol und *Trennen* können Sie die Internetverbindung dann jederzeit abbrechen, wenn Sie fertig gesurft haben – jedenfalls dann, wenn bei der Einrichtung der Internetfreigabe fremden Benutzern die Kontrolle erlaubt wurde. Wählen Sie dann im Startmenü noch einmal *Systemsteuerung*, und öffnen Sie das Modul *Internetoptionen*. Klicken Sie auf das Register *Verbindungen*. Die Liste der *DFÜ- und VPN-Einstellungen* ist vermutlich leer, und das ist auch gut so. Schließlich wollen Sie sich nicht über einen lokalen eigenen Zugang mit dem Internet verbinden, sondern über das Netzwerk.

Achten Sie deshalb darauf, dass die Option *Keine Verbindung wählen* aktiviert ist, falls sich doch Einträge in der *DFÜ- und VPN-Verbindungen*-Liste befinden, damit diese nicht gewählt werden. Danach wählen Sie im Startmenü *Ausführen* und geben eine Webadresse ein. Jetzt wird die freigegebene Internetverbindung verwendet, um Sie ins Internet zu bringen. Ob Sie über die Internetfreigabe jederzeit lossurfen können oder nur, wenn der Eigentümer der Internetfreigabe sowieso gerade mit dem Internet verbunden ist, wird bei der Einrichtung der Internetfreigabe festgelegt. Die »Mitnutzer« können diese Einstellungen nicht festlegen. Klar ist, dass die Internetfreigabe nur verfügbar ist, solange der Computer eingeschaltet ist, der den Internetzugang freigibt. Und klar ist auch, dass es im Netzwerk nur einen einzigen freigegebenen Internetzugang geben kann, weil der fest an eine einzige IP-Adresse gekoppelt ist.

8.6   Die Netzwerkdiagnose

Wollen Sie sich einen Generalüberblick über den Zustand Ihres Netzwerks verschaffen, dann nutzen Sie doch einfach die Netzwerkdiagnose!

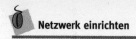

Das Netzwerk auf Herz und Nieren prüfen

Dazu wählen Sie im Startmenü *Hilfe und Support*. Im Hilfecenter klicken Sie in der Kategorie *Eine Aufgabe auswählen* auf *Tools zum Anzeigen von Computerinformationen und Ermitteln von Fehlerursachen verwenden*. Wählen Sie dann aus der Liste die *Netzwerkdiagnose,* und klicken Sie rechts auf *Überprüfungsoptionen festlegen*. Aktivieren Sie nun alle Prüffunktionen, die Sie verwenden wollen, und klicken Sie dann auf *Optionen speichern*. Anschließend klicken Sie auf *System überprüfen*. Windows XP scannt nun das Netzwerk und bereitet einen umfangreichen Diagnosereport vor.

So funktioniert die Netzwerkdiagnose

In der Kategorie *Internetdienst* verrät die Diagnose, ob Sie erfolgreich E-Mail-Konten und Newsgruppen eingerichtet haben. Interessanter wird es in der Kategorie *Modems und Netzwerkadapter*. Schauen Sie, ob hinter *Netzwerkadapter ERFOLGREICH* gemeldet wird. Falls ja, dann ist Ihr Netzwerkadapter in Ordnung und richtig eingestellt.

Internetdienst		
☐ Standard-Outlook Express Mail	Nicht konfiguriert	
☐ Standard-Outlook Express News	Nicht konfiguriert	
☐ Internet Explorer-Webproxy	Nicht konfiguriert	
Computerinformationen		
⊞ Computersystem	XPHOME1	
⊞ Betriebssystem	Microsoft Windows XP Personal	
⊞ Version	5.1.2505	
Modems und Netzwerkadapter		
☐ Modems		
⊞ Netzwerkadapter		ERFOLGREICH
⊞ DNS-Server	[00000001] Ethernetadapter der AMD-PCNET-Familie	ERFOLGREICH
⊞ Standardgateways	[00000001] Ethernetadapter der AMD-PCNET-Familie	ERFOLGREICH
⊞ DHCP-Server		ERFOLGREICH
⊞ IP-Adresse	[00000001] Ethernetadapter der AMD-PCNET-Familie	ERFOLGREICH
☐ WINS-Server	[00000001] Ethernetadapter der AMD-PCNET-Familie	
⊞ Netzwerkclient		

8.22 Die Ergebnisse verraten, wo es im Netzwerk hakt – wenn überhaupt ...

Klicken Sie dann auf das Plus-Zeichen vor *DNS-Server*. Wieder sollte *ERFOLGREICH* gemeldet und die IP-Adresse *192.168.0.1* angegeben werden, wenn Sie die Internetfreigabe verwenden. Von diesem Rechner bezieht Ihr Computer also die Namensauflösungen, die dafür sorgen, dass aus *www.irgendwas.de* eine ansurfbare IP-Adresse wird.

Auch bei *Standardgateways* sollte *ERFOLGREICH* gemeldet und die IP-Adresse Ihrer Internetfreigabe angegeben werden. An diese Adresse werden Surfaufträge ins Internet weitergeleitet.

> **Espresso-Tipp!** Sollte Ihr Netzwerk nicht so funktionieren, wie Sie sich das wünschen, dann besuchen Sie doch mal den eingebauten Netzwerk-Servicetechniker! Dazu wählen Sie im Startmenü *Hilfe und Support*. Klicken Sie dann links unten auf *Beheben eines Problems*.

Klicken Sie links auf *Netzwerkprobleme*. Rechts sehen Sie nun all die vielen Helferlein, die nur darauf warten, Ihnen unter die Arme zu greifen. Haben Sie zum Beispiel Probleme mit der Internetfreigabe, dann klicken Sie rechts auf *Ratgeber für die Gemeinsame Nutzung der Internetverbindung*. »Schon werden Sie geholfen«.

Die Netzwerkauslastung sehen

Über einen versteckten Kniff können Sie sich sogar die aktuelle Netzwerkauslastung ansehen und so sofort erkennen, ob Ihr Netzwerk ausreichend schnell ist oder vor Daten nur so überquillt. Dazu klicken Sie mit der rechten Maustaste auf die Uhr in der Taskleiste und wählen *Task-Manager*. Klicken Sie dann auf das Register *Netzwerk*. Jetzt sehen Sie die aktuelle Netzwerkgeschwindigkeit und die Netzwerkauslastung. In den meisten Netzwerken ist allerdings nicht allzu viel los.

8.7 Drahtlose Netzwerke einsetzen

Neben den klassischen verdrahteten Netzwerken werden drahtlose Netzwerke immer populärer: kein umständliches Kabellegen, Internetzugang quer durch die Wohnung und auch mal sonntags mit dem Notebook im Bett – das wär schon was. Zwei unterschiedliche Techniken kommen bei Windows XP zum Einsatz:

➔ Infrarot: Am einfachsten funktionieren Infrarot-Verbindungen, die eigentlich keine »echten« Netzwerke sind, sondern nur dazu dienen, Dateien von einem Computer auf einen anderen zu übertragen. Voraussetzung ist nur eine Infrarot-Schnittstelle, über die die beiden beteiligten Computer verfügen müssen. Kommen sich zwei Computer mit aktiver Infrarotschnittstelle zu nahe, dann begrüßen sie sich und bieten sofort an, Daten auszutauschen.

➔ Funk: echte Funknetzwerke bestehen aus Netzwerkkarten, die die Daten nicht per Draht versenden, sondern über eine Art Sprechfunk, so ähnlich wie bei Walky-Talkys. Solche Funknetzkomponenten sind nach IEEE 802.11 genormt, sodass Sie Geräte unterschiedlicher Hersteller mischen können. Wie bei allen hochfrequenten Funkgeräten sollten keine größeren Stahlbetondecken zwischen den einzelnen Funk-Netzwerkkarten stehen, weil die maximale Reichweite von rund 300 Metern sonst schnell auf wenige Meter zusammenschrumpft.

IEEE 802.11-Funknetze

Windows XP unterstützt von Haus aus IEEE 802.11-Funknetze, die Daten mit bis zu 11 MBit/s übertragen können. Was Sie noch brauchen, sind nur die Funknetzwerkkarten selbst sowie möglicherweise einen so genannten Access Point. Bei Funknetzen wird nämlich zwischen zwei verschiedenen Betriebsarten unterschieden:

➔ Im Ad-hoc-Modus nimmt eine Funknetzwerkkarte mit einer anderen Funknetzwerkkarte eine Verbindung auf. So lassen sich genau zwei Computer miteinander verbinden, die nun Daten miteinander austauschen können.

➔ Über einen Access Point kann eine Funknetzwerkkarte aber auch mit einem kompletten drahtgestützten Netzwerk verbunden werden. Der Access Point ist dabei ein eigenständiges Gerät, das nur noch mit Drahtnetzwerk und Steckdose verbunden zu werden braucht. Alle Funknetzwerkkarten in Empfangsreichweite können sich über den Access Point ins Drahtnetz einklinken, so als wären sie direkt damit verbunden. Über den Access Point können also alle Computer im Drahtnetzwerk angesprochen werden, und auch Internet-Gateways wie zum Beispiel Router und ADSL-Anbindungen stehen so dem Funknetzwerk-Computer zur Verfügung.

Access Point einrichten

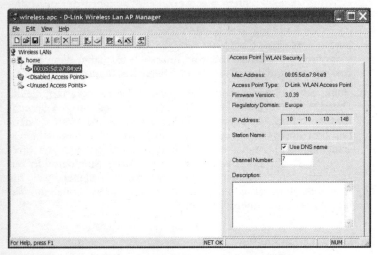

8.23 Einen Access Point für ein drahtloses Netzwerk konfigurieren

Der Access Point wird mit dem drahtgebundenen Netzwerk und mit Strom verbunden. In den meisten Fällen ist er nun bereits aktiv. Um ihn zu konfigurieren, liegt dem Access Point in aller Regel Software bei. Über diese Software kann man dem Access Point eine IP-Adresse zuweisen und die Feineinstellung vornehmen.

Damit das möglich wird, muss der Access Point zuerst gefunden und angesprochen werden. Das geschieht über seine MAC-Adresse, die je nach Hersteller meist auf der Geräterückseite angegeben und manchmal als »Seriennummer« bezeichnet wird. Das genaue Vorgehen entnehmen Sie bitte der Gerätedokumentation des Access Points.

Funknetzwerkkarte konfigurieren

Die Funknetzwerkkarte besteht meist aus einer PCMCIA-Steckkarte, die bei Notebooks in einen PCMCIA-Steckplatz gesteckt wird. Für normale PCs gibt es PCI-Steckkarten, die die PCMCIA-Karte aufnehmen, sowie reine Funknetz-PCI-Steckkarten.

Nach dem Einbau und der Installation der Funknetzwerkkarte scannt die Karte den Frequenzbereich, um festzustellen, ob sich ein Access Point oder eine andere Funknetzwerkkarte in der Nähe befindet. Damit das klappt, muss die Funknetzwerkkarte in fast allen Fällen zuerst feinjustiert werden. Am wichtigsten ist die Frage, ob die Karte ein Adhoc-Netzwerk mit einer anderen Funknetzwerkkarte aufbauen oder sich mit einem allgemeinen Access Point verbinden soll.

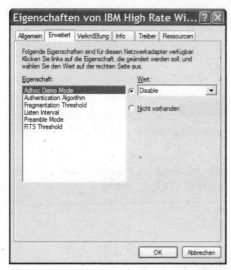

8.24 Wichtig – Ad hoc-Netzwerk oder Access Point?

Falls der Netzwerkkarte keine eigene Konfigurationssoftware beilag, dann versuchen Sie Ihr Glück im Gerätemanager. Dazu klicken Sie im Startmenü mit der rechten Maustaste auf *Arbeitsplatz* und wählen *Verwalten*. Das Fenster *Computerverwaltung* öffnet sich. Klicken Sie auf *Geräte-Manager*, und schauen Sie sich die erkannten Netzwerkkarten an. Ihre drahtlose Netzwerkkarte sollte darunter sein. Fehlt sie, dann wurde sie nicht einwandfrei installiert. Doppelklicken Sie auf die Netzwerkkarte, und klicken Sie auf das Register *Einstellungen*. Nun sehen Sie die Feineinstellungen, die von Kartenhersteller zu Kartenhersteller variieren können (und wie im Beispiel manchmal auch mit deutschen Umlauten nicht wirklich zurecht kommt).

Über das *Verknüpfung*-Register sind weitere Einstellungen möglich. Hier können Sie den Frequenzbereich abtasten lassen. Die Einstellmöglichkeiten variieren allerdings von Hersteller zu Hersteller etwas.

Das Funknetzwerk nutzen

Ist die Funknetzwerkkarte sowie der Access Point eingerichtet, dann meldet Windows automatisch, sobald ein Funknetzwerk in Reichweite ist und bietet Ihnen an, das Funknetzwerk auszusuchen.

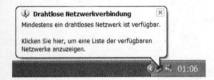

8.25 Suchen Sie sich aus, mit welchem Funknetzwerk Sie verbunden werden wollen

Windows XP merkt sich diese Auswahl, und wenn später dasselbe Funknetz erneut erreichbar ist, wird die Verbindung automatisch wiederhergestellt.

8.26 Funknetzwerk wurde erkannt und Verbindung eingerichtet

Doppelklicken Sie auf die Sprechblase, dann wird die *Eigenschaften*-Seite der drahtlosen Verbindung geöffnet, und Sie sehen das Empfangs-Meter, das die Stärke des empfangenen Signals angibt.

Die drahtlose Netzwerkverbindung wird auch im Netzwerkverbindungen-Modul der Systemsteuerung geführt und kann also auch von dort aus begutachtet werden. Klicken Sie auf das Register *Netzwerkunterstützung*, dann sehen Sie, welche IP-Adresse der drahtlosen Netzwerkverbindung zugeordnet wurde.

9 Multimedia und Digital Imaging

Windows XP enthält eine wahre Fülle neuer Multimedia-Fuktionen. Eine davon heisst »End-to-End-Unterstützung«. Windows XP unterstützt ab sofort alle Funktionen von A bis Z: von der Datenakquise (über Scanner, Digitalkamera, Handy), über die Bearbeitung (Malprogramm, Videobearbeitung) bis hin zum Endergebnis (Ausdruck, ZIP-Datei, selbstgebrannte CD-ROM, Videofilm oder Diashow).

9.1 Digitalkamera, Scanner und Video

Digitalmedien wie Webcams, digitale Fotoapparate, Videokameras und Scanner werden von Windows XP auf zwei unterschiedliche Arten eingebunden: entweder über einen alten *TWAIN*-Treiber, oder über einen modernen *WIA*-Treiber. Und diese Alternativen sind von allergrößter Bedeutung für Sie.

TWAIN-Treiber

TWAIN (*Technology Without An Important Name*) ist der klassische Weg, um an solche Geräte heranzukommen und Bilder auszulesen. Alte Gerätetreiber, die für Windows 98 & Co gemacht wurden, verwenden die TWAIN-Technologie. Der Trick hierbei: Alle Programme, die an die digitalen Bilddaten herankommen wollen, greifen auf die im TWAIN-Treiber eingebauten Befehle zurück. Windows XP selbst unterstützt TWAIN nicht direkt. TWAIN-Geräte können nur über TWAIN-fähige Programme verwendet werden.

Meist finden Sie in solchen Programmen im *Datei*-Menü einen Befehl wie *Von Scanner oder Kamera*, über den Sie dann eine Liste der TWAIN-fähigen Geräte sehen und sich ein Gerät aussuchen können. TWAIN hat allerdings einige Nachteile: Nur jeweils ein Programm kann mit einem TWAIN-Gerät kommunizieren. Solange das passiert, ist das Gerät »besetzt«, und andere Programme können keine Verbindung zum Gerät mehr aufbauen. Und sollte etwas bei der Kontaktaufnahme zum TWAIN-Gerät schieflaufen, dann kann sich der TWAIN-Treiber zusammen mit dem aufrufenden Programm verabschieden – Totalab-sturz möglich. Viele Gerätehersteller liefern deshalb eigene Auslese-Software mit, also Programme, mit denen Sie z. B. die Bilder aus einer Digitalkamera auslesen können. Solche Programme müssen zuerst in-stalliert werden, und weil jeder Hersteller sein eigenes Auslese-Pro-gramm erfinden kann, ist die Handhabung nicht immer einfach.

WIA-Treiber

WIA-Treiber (*Windows Image Acquisiton*) ist da schon wesentlich mo-derner. Mehrere Programme können WIA-Geräte gleichzeitig nutzen. Weil der WIA-Treiber als Dienst im User-Mode und eigenem Prozess-raum werkelt, kann er zwar bei Fehlern immer noch abstürzen, zieht dann aber keine anderen Programme oder gar Windows selbst mit in den Abgrund. Und die WIA-Schnittstelle lässt sich außerdem kom-plett skripten, sodass Sie kleine Skripte selbst schreiben könnten, die automatisch Ihre Digitalkamera auslesen und die Bilder speichern oder öffnen.

Ein beinahe noch größerer Vorteil der WIA-Treiber ist ihre nahtlose Integration in Windows XP selbst. WIA-Geräte erscheinen wie ganz normale Laufwerke im *Arbeitsplatz*-Fenster, sodass Sie Digitalkameras & Co dort einfach nur zu öffnen brauchen, um die darin gespeicher-ten Bilder zu sehen. Herstellerspezifische Auslese-Programme brau-chen Sie bei WIA-Geräten also nicht. Sie lassen sich genauso einfach bedienen wie ein Festplattenordner. Zudem bieten WIA-Treiber er-weiterte Scanner-Unterstützung für Dinge wie Dokumenteneinzug-Unterstützung, Multipage-TIFF-Generierung für Dokumente, die mit Einzug gescannt werden und Scroll-Feed-Scanner-Unterstützung.

Espresso-Tipp! Das Systemsteuerungs-Modul *Scanner und Kameras* küm-mert sich ausschließlich um Geräte, die mit WIA-Treibern angesteuert werden. TWAIN-Treiber werden von diesem Modul gänzlich ignoriert.

TWAIN oder WIA?

Wann immer Sie die Wahl haben: WIA-Treiber sind die bessere Wahl. Sie sind absturzsicher und viel angenehmer in die Windows-Oberfläche eingebettet. Allerdings haben auch TWAIN-Treiber noch ihre Berechtigung. Setzen Sie viel alte Software ein, die nur mit TWAIN-Geräten zusammenarbeitet, dann kann es durchaus sinnvoll sein, anstelle der WIA-Treiber die klassischen TWAIN-Treiber zu verwenden. WIA ist zwar zu TWAIN 1.7 kompatibel, aber einige ältere Programme erkennen WIA-Geräte möglicherweise nicht.

Zwingend nötig sind TWAIN-Treiber allerdings in keinem Fall. Selbst bei älteren Programmen verlieren Sie mit WIA-Treibern höchstens die Möglichkeit, direkt aus dem Programm heraus Bilder einzuscannen oder aus der Kamera auszulesen. Sie können die WIA-Geräte aber jederzeit im *Arbeitsplatz* öffnen und die Bilder von dort aus in Ihr Programm hineinkopieren. Modernere Programme wie Office XP kommen mit beiden Treibertypen klar. Wenn Sie also können, dann besorgen Sie sich die WIA-Treiber für Ihr Gerät.

Espresso-Tipp! WIA oder TWAIN: Nur eins von beiden geht. Sie können also nicht sowohl WIA- als auch TWAIN-Treiber für ein und dasselbe Gerät installieren. Wollen Sie also partout einen TWAIN-Treiber installieren, dann entfernen Sie zuerst den WIA-Treiber, falls solch ein Treiber schon installiert ist. Alle Geräte mit WIA-Treibern finden Sie im Systemsteuerungsmodul *Scanner und Kameras*, allerdings nur, wenn das Gerät auch angeschlossen und eingeschaltet ist.

➔ Moderne Multimedia-Geräte werden über WIA-Treiber angesprochen und integrieren sich nahtlos in Windows XP und in WIA-fähige Anwendungsprogramme. Schließen Sie zum Beispiel eine Digitalkamera über einen WIA-Treiber an, dann erscheint die Kamera im Arbeitsplatz-Fenster und kann genauso einfach geöffnet werden wie eine Festplatte oder ein Ordner. Windows XP ersetzt bei einem Upgrade von einer älteren Windows-Version automatisch ältere TWAIN-Gerätetreiber durch WIA-Treiber, wenn die WIA-Treiber verfügbar sind.

➔ Ältere Geräte ohne WIA-Treiber können nach wie vor wie in alten Tagen über TWAIN-Treiber angesprochen werden. Fehler in solchen Treibern können aber zu Systeminstabilitäten führen, und TWAIN-Geräte werden auch nicht im Arbeitsplatz angezeigt. Auch das Systemsteuerungsmodul *Scanner und Kameras* zeigt TWAIN-Geräte nicht an, sondern nur WIA-Geräte.

→ Ältere Anwendungssoftware funktioniert nur mit TWAIN-Geräten. WIA-Geräte sind für solche Anwendungen unsichtbar. Diese Einschränkung spielt aber nur eine Rolle, wenn Sie aus Programmen heraus direkt einscannen oder eine Kamera auslesen wollen. Meist ist das gar nicht nötig. Ein mindestens ebenso guter Weg ist das Öffnen des WIA-Gerätes im Arbeitsplatz. Von dort können die Bilder dann in ältere Anwendungen hineinkopiert werden. Manche Programme wie Adobe Photoshop bieten inzwischen Erweiterungen (Plug-Ins) für WIA-Geräte an.

→ Alle modernen Anwendungsprogramme wie Office XP und PictureIt! 2001 kommen sowohl mit den älteren TWAIN-Treibern als auch mit den modernen WIA-Treibern klar.

 9.1   Achten Sie bei neuen Geräten auf das Windows XP-Logo

Wollen Sie sich ein neues Gerät anschaffen, dann hilft Ihnen die Windows-Hardware Compatibility List weiter, die Sie unter *www.microsoft.com/hcl* im Internet erreichen. Achten Sie darauf, dass Ihr Traumgerät über ein Windows XP Logo verfügt. Das Logo garantiert, dass das Gerät WIA unterstützt. WIA-Treiber gibt es außerdem für Windows Millennium.

Multimedia-Geräte

Windows XP unterscheidet zuerst zwischen Bilderfassungsquellen und anderen Multimedia-Geräten. Deshalb lernen Sie im ersten Teil dieses Kapitels die Bilderfassungsquellen kennen. Im zweiten Teil geht es dann um andere Multimediageräte wie DVD-Laufwerke & Co. Die Bilderfassungsgeräte werden von Windows XP normalerweise ganz automatisch verwaltet, sobald Sie die Geräte anschließen und einschalten. Geräte, die automatisch erkannt wurden, verschwinden also wieder aus dem Arbeitsplatz-Fenster. Daneben können Bilderfassungsgeräte auch von Hand installiert werden. Zuständig ist das Modul *Scanner und Kameras* aus der Systemsteuerung.

Geräte, die Sie hier von Hand installieren, werden nicht automatisch von Windows XP verwaltet und bleiben also auch sichtbar, wenn sie gar nicht angeschlossen oder eingeschaltet sind. Prinzipiell werden alle modernen Bilderfassungsgeräte automatisch von Windows XP erkannt, sodass Sie das *Scanner und Kameras*-Modul der Systemsteuerung besser höflich ignorieren. Es wird wirklich nur bei Exotengeräten gebraucht, die von Windows XP nicht entdeckt werden.

Bilderfassungsquellen	
Scanner	Bietet besondere Befehle zum Einscannen von Vorlagen und der Arbeit mit Dokumenteneinzügen
Digitale Fotoapparate	Bietet spezielle Befehle zum Auslesen und Übertragen von aufgenommenen Bildern
Videokameras	Bietet maßgeschneiderte Befehle zum Schießen von Schnappschüssen und Übertragen dieser Bilder

Tab. 9.1 Diese Bilderfassungsquellen behandelt Windows XP unterschiedlich

9.2 Eine Digitalkamera anschließen

Moderne Kameras mit WIA-Treibern brauchen Sie bloß einzuschalten und mit dem Computer zu verbinden. Das geschieht in aller Regel über ein mitgeliefertes USB-Kabel. Windows XP erkennt die Kamera und installiert die nötigen Treiber. Hat Windows XP die Treiber nicht selbst dabei, dann werden Sie höchstens aufgefordert, die Hersteller-CD ins Laufwerk einzulegen.

Klappt die Erkennung nicht so bequem, dann schmökern Sie wohl oder übel doch noch das Benutzerhandbuch durch und lesen nach, wie sich der Gerätehersteller die Installation vorstellt. Bei älteren TWAIN-Treibern muss auf jeden Fall die vom Hersteller mitgelieferte Software installiert werden.

Für meine Experimente wollte ich Ihnen natürlich gern eine aktuelle WIA-Digitalkamera vorstellen. Deshalb informierte ich mich zuerst bei *www.microsoft.com/hcl* unter der Produktgruppe *Imaging* nach Digitalkameras, die nicht nur kompatibel zu Windows XP sind, sondern das Windows XP Logo tragen. Schnell stellte sich heraus, dass die *Sony DSC-P5* diesen Anforderungen entsprach, und so war sie gekauft. Schließt man diese Kamera an, dann erscheint im Infofeld der Taskleiste zuerst die übliche Sprechblase, die neu erkannte Hardware meldet. Haben Sie außerdem Microsoft Office installiert, dann springt womöglich der *Microsoft Office Document Scanning*-Assistent auf den Bildschirm und will das Gerät testen. Anschließend öffnet sich ein Fenster, aus dem Sie sich die Bilder aussuchen können, die von der Kamera übertragen werden sollen. Einfach, oder?

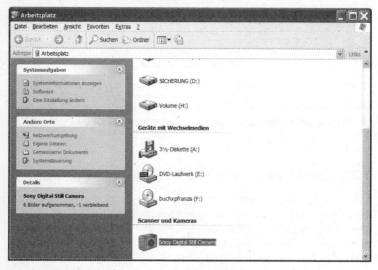

9.2　WIA-Geräte erscheinen direkt im Arbeitsplatz-Fenster

Es geht aber sogar noch einfacher. Öffnen Sie im Startmenü *Arbeitsplatz*, dann entdecken Sie, dass Ihre Digitalkamera dort in friedlicher Eintracht zusammen mit Festplatte & Co als Kamera erscheint, und wenn Sie die Kamera im *Arbeitsplatz*-Fenster öffnen, sehen Sie ebenfalls die darin enthaltenen Bilder. Wählen Sie höchstens noch *Ansicht – Miniaturansicht*, um die Bilder sofort im Fenster bewundern zu können. Links sehen Sie die Liste *Kameraaufgaben*, und darin bietet Windows XP alle speziellen Funktionen rund um Ihre Digitalkamera an. Klicken Sie zum Beispiel auf *Kameraeigenschaften anzeigen*, dann öffnet sich ein Fenster, mit dem Sie die Feineinstellungen der Kamera vornehmen und über die Schaltfläche *Kamera testen* auch gleich einen kleinen Funktionstest ausprobieren können.

Über das Register *Ereignisse* legen Sie fest, was Windows XP tun soll, wenn die Kamera angeschlossen wird. Hier stellen Sie also das Programm ein, das automatisch starten soll, wenn Sie die Kamera anschließen. Wollen Sie Bilder aus der Kamera auf Ihren Computer übertragen, dann klicken Sie zum Beispiel links in die *Kameraaufgaben*-Liste und klicken auf *Bilder von der Kamera übertragen*. Ein Assistent öffnet sich und zeigt Ihnen alle Bilder. Sie können jetzt ganz leicht die Bilder markieren, die Sie übertragen wollen. Steht ein Bild auf dem Kopf oder auf der Seite, weil Sie es hochkant aufgenommen haben, lassen sich die Bilder vorher sogar noch über die kleinen Symbolschaltflächen zurechtdrehen.

Geben Sie dann auf *Weiter*. Jetzt können Sie einen Namen für den Bilderordner angeben, in dem die Bilder aufbewahrt werden sollen. Windows kopiert sie automatisch in Ihren *Eigene Bilder*-Ordner und legt dort einen neuen Ordner für die Bilder an. Anschließend werden die Bilder in diesen Ordner hineingelegt. Jetzt brauchen Sie nur noch Ihren *Eigene Bilder*-Ordner zu öffnen. Den finden Sie entweder über *Eigene Dateien* im Startmenü, oder noch einfacher: Sie lassen sich *Eigene Bilder* direkt im Startmenü anzeigen!

Dazu klicken Sie mit der rechten Maustaste auf die *Start*-Schaltfläche am linken Ende der Taskleiste und wählen *Eigenschaften*. Klicken Sie hinter der Option *Startmenü* auf *Anpassen*, und klicken Sie auf das Register *Erweitert*. In der Liste *Startmenüelemente* aktivieren Sie die Option *Eigene Bilder – Als Verknüpfung anzeigen* und klicken dann auf *OK*. Wenn Sie nun Ihr Startmenü ausklappen, sehen Sie oben rechts den neuen Befehl *Eigene Bilder*. Der führt Sie schnurstracks zu Ihren gespeicherten Bildern. Hier können Sie sich die Bilder mit *Ansicht – Miniaturansicht* als Vorschau anzeigen lassen oder gleich *Ansicht – Filmstreifen* wählen. So wird das ausgewählte Bild besonders groß angezeigt, und Sie haben einfache Bildbearbeitungsfunktionen zur Verfügung wie zum Beispiel das Drehen und Kippen von Bildern. Möchten Sie sich ein Bild ansehen, dann öffnen Sie es einfach. Es erscheint in der *Windows Bild- und Faxanzeige*, einem kleinen Vorschaufenster. Wollen Sie das Bild bearbeiten klicken Sie mit der rechten Maustaste ins Bild und wählen *Bearbeiten*. Das hinterlegte Bildbearbeitungsprogramm öffnet das Bild. Anfangs ist das das kleine *Paint*, aber wenn Sie zum Beispiel Microsoft Office installiert haben, dann startet der viel mächtigere *Photo-Editor*.

Über das *Effekte*-Menü haben Sie in diesem Programm geradezu künstlerische Möglichkeiten zur Hand und könnten Fotos in Sekundenschnelle in Gemälde verwandeln. Selbst wenn Sie sonst mit Malerei wenig am Hut haben. Speichern Sie das Bild ab, landet es wieder in Ihrem Photo-Ordner. Und markieren Sie darin das Bild, dann sehen Sie links in der *Bildaufgaben*-Liste all die Dinge, die Sie mit Ihrem Bild nun tun könnten.Sie könnten

Ihr neues Bild zum Beispiel auf CD brennen (wenn Sie einen CD-Brenner eingebaut und einen Rohling zur Hand haben). Oder ausdrucken. Oder als neues Desktop-Hintergrundbild verwenden. Oder sogar glänzende Abzüge über das Internet bestellen. Wussten Sie eigentlich, dass sowas überhaupt geht? Ihr Bild würde dann von einem Fotoentwickler auf echtes Fotopapier gedruckt und zu Ihnen nach Hause geschickt. Zusammen mit der Rechnung, versteht sich.

Kameras und PCs

Digitale Fotoapparate, die über WIA-Treiber so wie im Beispiel eben angesprochen werden, verwenden *PTP*, das *Picture Transfer Protocol*. Nur dann erscheinen sie als Kamera im *Arbeitsplatz*-Fenster. *PTP* ist eine einheitliche Sprache, mit der Digitalkameras sich mit Computern unterhalten können. Dabei ist *PTP* transportunabhängig, funktioniert also über USB, Firewire (IEEE 1394), Infrarot und BlueTooth. Kameras, die PTP unterstützen, setzen dabei einfach auf den eingebauten PTP-Universal-WIA-Treiber von Windows XP auf.

Viele moderne Kameras können sich aber auch ganz anders bei Windows anmelden, nämlich anstelle von *PTP* mit *MSC* (*Mass Storage Class*). Jetzt erscheint die Kamera zwar auch im Arbeitsplatz-Fenster, aber nicht als Kamera, sondern als Wechselplattenlaufwerk, genauso also wie ein ZIP- oder Diskettenlaufwerk. Hier springt ähnlich wie bei Multimedia-CDs ein *AutoPlay*-Fenster auf, mit dem Sie sich aussuchen können, was mit den Bilddaten der Kamera passieren soll. Sie können nun zwar keine Kameraeigenschaften mehr steuern, dafür aber auf den eingebauten Speicherchip wie auf ein ganz normales Laufwerk zugreifen. Wer mag, kann so nicht nur die Bilder direkt auslesen, sondern die Kamera auch mit Bildern von der heimischen Festplatte beladen – oder sogar ganz andere Dateien wie Programme auf dem Kamerachip speichern. Das kann durchaus eine Notlösung sein, um Daten zu Ihren Bekannten zu transportieren.

9.3 Kameras, die als Laufwerk verwendet werden, unterstützen AutoPlay

Wie die Kamera-Metamorphose von *PTP* zu *MSC* vonstatten geht, hängt von der Kamera ab. Beim Sony-Modell in diesem Beispiel geht man dazu in den Setup-Modus und ändert die Einstellung für den USB-Anschluss von *PTP* in *Normal*.

Die meisten Digitalkameras verwenden kleine Speicherchips, um die aufgenommenen Bilder zu speichern. Und die sind herausnehmbar. So können Sie nicht nur sehr einfach mehrere Speicherchips in den Urlaub mitnehmen, sondern natürlich auch die meist viel zu kleinen mitgelieferten 8 MB Chips durch sehr viel leistungsfähigere ersetzen, zum Beispiel 128 MB.

Jetzt können Sie 16mal mehr Bilder speichern, bevor Sie eine Datentankstelle zum Abladen brauchen.Sehr empfehlenswert können externe Lesegeräte sein. Die schließen Sie an den PC an und stecken später nur noch den Speicherchip der Kamera hinein. Die Lesegeräte funktionieren dann wie ein Laufwerk, und Sie können die aufgenommenen Bilder direkt einlesen. Ohne jedesmal die Kamera zum Compu-ter zu schleppen und dort anzuschließen. Meist funktioniert der Dateitransfer außerdem auf diese Weise erheblich schneller. Und wenn Sie wenig Platz auf dem Schreibtisch haben, dann gibt es inzwischen sogar spezielle Mäuse mit eingebautem Kartenleser.

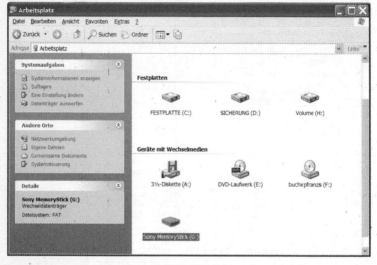

9.4 Verwenden Sie normalen oder MSC-USB-Modus, dann wird die Kamera zum Laufwerk

9.3 Video und Webcams

Urlaubsvideos schneiden Sie künftig ganz bequem am Bildschirm – wenn Sie mögen. Mit dem Movie Maker bringt Windows XP schon eine Schnittsoftware mit, und natürlich gibt es gegen Bares erheblich leistungsfähigere Programme, mit denen Sie Ihre Auslandsreisen professionell wie in einer Fernseh-Reportage aussehen lassen können.

Und auch Webcams, die kleinen »Bullaugen«, die man auf den Monitor stellen kann, funktionieren prima: Windows XP macht so mit dem Messenger Bildtelefonie über das Internet möglich, denn der Messenger unterstützt den Voice-Over-IP-Standard, und natürlich können Webcams auch Fotos schießen, die Sie anschließend in Ihre E-Mail einfügen oder für Visitenkarten nutzen könnten.

Möglichkeiten über Möglichkeiten – und das beste daran ist, dass die Sache kaum Vorbereitung benötigt.

Videoquellen verstehen

Windows XP ist es herzlich egal, ob Sie eine 2000-Euro-Superkamera, eine Webcam vom Grabbeltisch oder gar eine TV-Karte verwenden. Für Windows XP sind das alles Videoquellen, die auf immer gleiche Art und Weise bedienbar sind. Allerdings natürlich nur, wenn die Geräte aktuelle Windows XP-Treiber dabei haben. Glücklicherweise ist das gerade im Videobereich bereits weit verbreitet. Ohne Windows XP-Treiber können Ihre Videogeräte zumindest wie in alten Tagen über die Herstellersoftware angesteuert werden. Allerdings ist das nicht immer genauso schön einfach.

Videoquellen

Installieren Sie zuerst Ihre Videoquelle. In den meisten Fällen genügt es dazu, einfach die Videokamera via USB mit Windows XP zu verbinden. Sie wird dann von allein erkannt. Ist der Anschluss etwas kniffliger, dann schauen Sie in Kapitel 7 mal ganz genau nach, wie sowas geht. Ihre neue Videoquelle wird anschließend direkt im *Arbeitsplatz*-Fenster angezeigt – zumindest dann, wenn sie über einen modernen Windows XP-Treiber installiert wurde. Und wenn Sie die Kamera dort öffnen, passiert genau das gleiche, als hätten Sie einen ganz normalen Ordner geöffnet: Der Explorer zeigt Ihnen den »Inhalt« der Kamera an. Das ist das laufende Videobild sowie eine kleine Bilderablage für Schnappschüsse, die Sie mit der Kamera gemacht haben.

> **Espresso-Tipp!** Damit Ihnen die untere Liste die Schnappschüsse nicht als kryptische Dateinamen anzeigt, sondern als Bilder, klicken Sie mit der rechten Maustaste in den unteren Bereich hinein und wählen *Ansicht – Miniaturansicht*. Na also, geht doch!

Links sehen Sie wieder wie immer die speziellen Aufgabenlisten, die hier *Kameraufgaben* heißen. Dort finden Sie auch die Aufgabe *Neues Bild aufnehmen*, und wenn Sie darauf klicken, schießt die Kamera einen Schnappschuss. Der wird unten in der Liste dann angezeigt. Wollen Sie mit einem der Schnappschüsse mehr machen, ihn zum Beispiel in einen Brief einfügen oder per E-Mail an jemanden senden? Dann klicken Sie den Schnappschuss in der unteren Liste mit der rechten Maustaste an.

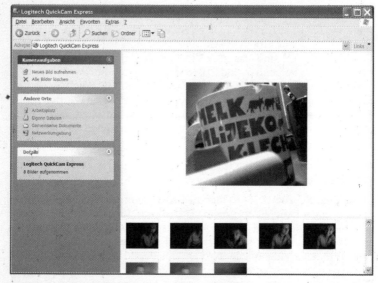

9.5 Der Explorer zeigt das laufende Videobild an und kann Schnappschüsse schießen

Wählen Sie *Kopieren*, dann merkt sich Windows den Schnappschuss, und Sie könnten nun in Ihre Textverarbeitung wechseln, den Cursor an die richtige Stelle setzen und über *Bearbeiten – Einfügen* das Bild dort in Ihren Text hineinplumpsen lassen. Das Ergebnis sieht bereits ziemlich professionell aus. Oder Sie wählen *Speichern unter Eigene Bilder*. Dann wird der Schnappschuss in Ihren Ordner *Eigene Bilder* kopiert. Den öffnen Sie anschließend direkt im Startmenü.

Espresso-Tipp! Wird der Befehl *Eigene Bilder* nicht in Ihrem Startmenü erwähnt? Dann wird es Zeit, ihn dort einzublenden. Kapitel 3 hat schon gezeigt, wie sowas geht. Sie können aber auch *Eigene Dateien* wählen und dort den *Eigene Bilder*-Ordner öffnen.

Ihr Bild finden Sie dann im *Eigene Bilder*-Ordner. Dort könnten Sie es mit der rechten Maustaste anklicken und zum Beispiel *Senden an – E-Mail-Empfänger* wählen. Sofern Sie bereits wie in Kapitel 5 gezeigt Ihr

E-Mail-Konto flottgemacht haben, würde Ihr Bild nun ganz automatisch komprimiert als JPEG-Bild an Ihre Oma geschickt – oder wen auch immer Sie damit beglücken wollen. Und wenn Sie das Bild im *Eigene Bilder*-Ordner markieren, bietet Ihnen links die Bildaufgabenliste noch mehr Möglichkeiten. Vielleicht wollen Sie sich ja einen Fotoabzug schicken lassen oder das Bild einfach nur ausdrucken.

Videokonferenzen und Bildtelefonie

Mit dem Windows Messenger können Sie sehen, welche Freunde und Bekannte gerade mit dem Internet verbunden sind, und dann Kurznachrichten austauschen. Das ist viel billiger und schneller als sich via SMS die Finger zu verknoten.

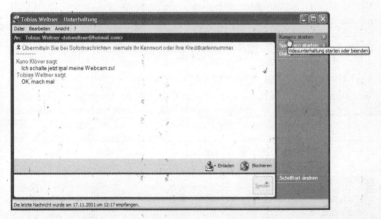

9.6 Videounterhaltung ist mit dem Messenger ganz leicht möglich

Dank Ihrer neuen Webcam sind jetzt aber auch Bildtelefonate möglich. Dazu starten Sie wie gewohnt eine Unterhaltung und klicken dann rechts oben auf *Kamera starten*. Wenn Sie das zum ersten Mal tun, erscheint ein Assistent und hilft dabei, die richtigen Video- und Klangeinstellungen vorzunehmen. Anschließend wird Ihr Gesprächspartner zu einer Videokonferenz eingeladen.

Ob die allerdings auch zustande kommt, hängt davon ab, ob Ihr Gesprächspartner ordentlich angezogen ist und die Einladung also annimmt, und ob er überhaupt einen videofähigen Messenger verwendet. Bei Windows XP ist das kein Problem, aber bei älteren Windows-Systemen (und natürlich Linux) ist hier weitaus weniger möglich.

9.4   Scanner

Scanner sind für Windows XP ebenfalls nur Videodatenquellen und erscheinen deshalb in friedlicher Eintracht neben Videokameras und digitalen Fotoapparaten im Arbeitsplatz-Fenster.

Scanner und PCs

Wenn Sie den Scanner im *Arbeitsplatz*-Fenster öffnen, dann öffnet sich automatisch ein Scan-Programm. Welches das ist, hängt von den Feineinstellungen ab. Entweder übernimmt der eingebaute Windows XP-Scan-Assistent die Aufgabe. Oder ein Scanprogramm des Herstellers oder Drittsoftware wie Microsoft Office mit seinem Microsoft Office Document Scanning Assistenten übernehmen die Initiative.

Welches Programm tatsächlich übernehmen soll, kann über *Ereignisse* geregelt werden. Ein Ereignis wäre zum Beispiel der Anschluss des Gerätes. Bei Scannern mit Bedientasten können Ereignisse aber auch das Drücken einer dieser Tasten sein. Diesen Ereignissen können Sie dann Programme Ihrer Wahl zuordnen, und zwar so:

> **Espresso-Tipp!**   Klicken Sie das Scanner-Symbol mit der rechten Maustaste an, dann können Sie immer den Befehl *Mit Hilfe des Scanner-Assistenten Bild übertragen* wählen und so den eingebauten (und sehr übersichtlichen) Scan-Assistent von Windows XP zu Rate ziehen.

Klicken Sie das Scanner-Symbol im *Arbeitsplatz*-Fenster mit der rechten Maustaste an, und wählen Sie *Eigenschaften*. Über die Schaltfläche *Scanner testen* könnten Sie nun das Gerät kurz durchchecken. Klicken Sie auf das Register *Ereignisse*. Jetzt sehen Sie oben in der Ausklappliste *Ereignis* auswählen, welche Ereignisse das Gerät unterstützt. Suchen Sie sich ein Ereignis aus, und wählen Sie dann darunter aus, was passieren soll, wenn das Ereignis eintritt. Entweder suchen Sie sich also ein festes Programm aus, oder Sie beauftragen Windows, jedesmal eine Auswahlliste anzuzeigen.

9.7 Legen Sie fest, welche Programme den Scanner steuern

Office-Assistent nervt ...

Der mit Microsoft Office mitgelieferte Scan-Assistent kann ungeheuer nerven, denn er erklärt sich grundsätzlich immer für zuständig und versucht von digitalen Fotoapparaten und Scannern Bilder einzulesen, auch wenn Sie längst eine ganz andere Vorauswahl getroffen haben. Wenn Sie also auf diesen Assistenten nicht unbedingt angewiesen sind, dann sollten Sie diesen Softwareteil aus dem Office-Paket mit dem Software-Modul der Systemsteuerung schleunigst ins Daten-Nirvana schicken.

Bilder einscannen

Gerade weil WIA-Bildgeräte so leicht anzusteuern sind, wird es künftig immer mehr Programme geben, die direkte Scanfunktionen anbieten. In diesem Teil zeige ich Ihnen, wie der eingebaute Windows XP

Scan-Assistent die Sache in die Hand nimmt und wie Sie mit seiner Hilfe Bilder einscannen und weiterbearbeiten. Wählen Sie dazu im Startmenü *Arbeitsplatz*, und klicken Sie das Scanner-Symbol mit der rechten Maustaste an. Wählen Sie *Mit Hilfe des Scanner-Assistenten Bild übertragen*. Der Assistent startet. Klicken Sie auf *Weiter*. Jetzt sehen Sie schon das Haupt-Bedienfeld. Wählen Sie links aus, wie Sie einscannen wollen, also ob in Farbe oder nur schwarzweiss. Mit der Schaltfläche *Benutzerdefinierte Einstellungen* haben Sie hier weitere Feinjustierungsmöglichkeiten und könnten über die DPI-Einstellung zum Beispiel die Feinheit des Scanbildes regulieren. Klicken Sie dann auf *Vorschau*, damit der Scanner eine Übersicht anzeigt. Jetzt wählen Sie sich aus der Übersicht den Bereich aus, den Sie einscannen wollen (oder tun gar nichts, wenn Sie die ganze Seite einscannen möchten).

Klicken Sie auf *Weiter*. Jetzt geben Sie noch an, wo das Bild gespeichert werden soll. Dazu geben Sie ins erste Feld den Namen der Bildgruppe an. Damit ist der Name des Bilderordners gemeint, in dem Windows XP das Bild speichern soll. Gibt es den Ordner mit dem von Ihnen gewählten Namen noch gar nicht, dann legt Windows XP zuvorkommend einen für Sie an. Darunter legen Sie das Dateiformat fest. Diese Einstellung ist extrem wichtig, denn sie legt fest, wie hochwertig das Bild gespeichert wird und wie groß die Bilddatei anschließend ist.

Bildformate verstehen	
BMP	Unkomprimiertes (und daher riesengroßes speicherhungriges) Bildformat, das unverfälscht speichert und Bildbearbeitung in einfachen Malprogrammen wie Paint erlaubt
JPG	Sehr effizientes komprimiertes Bildformat vor allen Dingen für Fotografien
TIF	Sehr effizientes komprimiertes Bildformat für Zeichnungen, wenn diese in Textverarbeitungen wie WinWord eingefügt werden sollen. Viele Programme können TIF-Bilder allerdings nicht anzeigen
GIF	Sehr effizientes komprimiertes Bildformat für Zeichnungen und Bilder mit großen gleichfarbigen Bereichen (deshalb nicht für Fotos geeignet), im Internet sehr verbreitet
PNG	Internes Grafikformat ähnlich wie BMP

Tab. 9.2   Diese Bilderfassungsquellen behandelt Windows XP unterschiedlich

Bei Fotos verwenden Sie am besten JPG, bei einfachen Zeichnungen und Grafiken GIF, und nur wenn Sie die Bilder noch mit Malprogrammen verlustfrei weiterbearbeiten wollen BMP. Im dritten Feld bestimmen Sie jetzt nur noch, wo die Grafik gespeichert werden soll. Voreingestellt ist der Ordner *Eigene Bilder* mit dem Ordner, den Sie als Bildgruppe im ersten Feld festgelegt haben.

Jetzt erst wird das Bild endgültig vom Scanner erfasst, denn jetzt erst steht genau fest, in welcher Qualitätsstufe gescannt werden soll. Der eigentliche Scanvorgang kann mehrere Minuten dauern, je nachdem, wie hoch die Qualität sein soll und welchen Bildausschnitt Sie sich ausgewählt haben.

Anschließend bietet der Assistent Ihnen an, das eingescannte Bild auf einer Webseite zu veröffentlichen oder online Abzüge davon zu bestellen. Wenn Sie nichts davon tun wollen, ist *Nichts* die richtige Wahl. Klicken Sie auf *Weiter*.

Wollen Sie Ihr Resultat sofort bewundern, dann klicken Sie auf der nächsten Seite des Assistenten auf den unterstrichenen Link. Der öffnet sofort den zuständigen Ordner, in dem das Bild liegt.

Verwenden Sie das moderne NTFS-Dateisystem, dann hat der Assistent das Bild nicht nur in den Ordner gelegt, sondern auch gleich komprimiert. Das Bild wird also besonders platzsparend gespeichert und belegt nicht so viel kostbaren Festplattenspeicher.

Sie erkennen das an der blauen Schrift im Explorerfenster. Ist die Schrift dagegen schwarz, dann konnte nicht komprimiert werden. Vermutlich nutzen Sie in diesem Fall das NTFS-Dateisystem noch gar nicht.

Ein in hoher Qualität eingescanntes Bild kann nun durchaus als 6 bis 10 MB große Bilddatei im Ordner liegen. Klicken Sie das Bild an, und suchen Sie sich dann links in der Liste *Bildaufgaben* aus, was Sie als Nächstes machen wollen.

Natürlich können Sie das Bild auch einfach öffnen. Es wird dann in der *Bild- und Faxanzeige* gezeigt, und mit einem Rechtsklick und *Bearbeiten* lädt Windows es ins zuständige Bildbearbeitungsprogramm. Wegen der enormen Bildgrößen kann es einige Sekunden dauern, bis das Bildprogramm das Bild »gefressen« hat.

9.5   Profi-WIA

Klappt die Sache mit WIA nicht so richtig, oder wollen Sie einfach nur
mal genauer sehen, was dabei eigentlich passiert, dann wählen Sie im
Startmenü *Ausführen* und geben ein: %WINDIR%\WIADEBUG.LOG ↵. Jetzt
öffnet sich das geheime WIA-Logbuch, in das Windows alle Unregel-
mäßigkeiten einträgt. Fehlt es, dann haben Sie noch gar keine WIA-
Geräte genutzt. Das Fehlerlogbuch sollte Ihnen nicht allzu viel graue
Haare wachsen lassen. Fehler sind bei WIA normal, denn dabei handelt es sich häufig nur um Tests: Der Treiber versucht, ein Bild in bestmöglicher höchster Auflösung einzulesen und bekommt vom Gerät
einen Dämpfer, weil es so hohe Auflösungen vielleicht gar nicht unterstützt. Wollen Sie mehr Informationen im Logbuch sehen, dann ist ein
kleiner Eingriff in der Registry nötig. Im Registrierungseditor surfen
Sie zu *HKLM\System\CurrentControlSet\Control\StillImage\Debug* und
sehen nun die einzelnen Module, die WIA möglich machen.

9.8 Das WIA-Logbuch verrät Experten, was im Hintergrund so alles passiert

Klicken Sie ein Modul an, dann sehen Sie in der rechten Spalte den
Eintrag *DebugFlags*. Den meisten Modulen ist als Flag der Wert *1* zu-

geordnet. Der bedeutet: Nur Fehler sollen protokolliert werden. Aber andere Zahlen sind ebenfalls möglich:

1 Fehler

2 Warnung

3 Nachricht

Möchten Sie also nicht nur Fehler sehen, sondern auch Warnungen und Nachrichten, dann lautet der richtige Zahlenwert 1+2+4 = 7. Verwenden Sie diese Einstellung aber nur kurz, also für eine Diagnose-Session, weil Windows XP jetzt bei der Verwendung von WIA-Geräten so viele Notizen machen muss, dass darunter die Geschwindigkeit leidet. Ihre Änderungen in der Registry werden erst wirksam, wenn Sie den WIA-Dienst stoppen und dann neu starten. Dazu wählen Sie im Startmenü *Ausführen* und geben ein: %COMSPEC% ↵. Ein Konsolenfenster öffnet sich. Geben Sie jetzt ein: NET STOP STISVC ↵. Der WIA-Dienst wird angehalten. Starten Sie ihn neu: NET START STISVC ↵. Arbeiten Sie nun mit Ihrem WIA-Gerät, und schauen Sie sich dann das Logbuch noch einmal an.

9.9 WIA-Dienste müssen neu gestartet werden, wenn Protokolleigenschaften geändert werden

WIA-Geräte mit Skripten fernsteuern

WIA ist eine skriptbare Technik. Sie können sich also mit Skriptsprachen wie dem mitgelieferten VBScript in die WIA-Schnittstelle einklinken und Ihre eigenen WIA-Prögrämmchen schreiben. Das nächste Skript zeigt, wie so etwas geht. Es verbindet sich mit einem WIA-Gerät und zeigt dann mit dem offiziellen Dialogfenster an, welche Bilder zur Verfügung stehen. Sie können sich dann genau ein Bild aussuchen. Dieses Bild wird anschließend in die Zwischenablage kopiert und kann von dort aus über *Bearbeiten – Einfügen* in die meisten Programme eingefügt werden.

Geben Sie das Skript im Texteditor Notepad ein und speichern Sie es mit der Extension *.vbs*.

```
' clipboard.vbs

' (C)2002 T. Weltner

' Franzis'-Verlag: Espresso! Windows XP Home Edition


Const BestPreview = 262144

Const SingleImage = 2

Const UseCommonUI = 4



' WIA Scripting Layer

Set wia = CreateObject("Wia.Script")


On Error Resume Next

Set device = wia.Create(Nothing)

If err.number<>0 then

        MsgBox "Keine WIA-Geräte gefunden...!"

        WScript.Quit

End If

On Error Goto 0


Set coll = device.GetItemsFromUI(SingleImage,BestPreview)
```

```
If coll.count=0 then

    MsgBox "Sie haben sich kein Bild ausgesucht.", vbInformation

Else

    Set bild = coll.Item(0)

    bild.Transfer "clipboard", false

    MsgBox "Bild befindet sich jetzt in der Zwischenablage.", _

    vbInformation

End If
```

Aber auch verzwicktere Szenarien sind möglich. Das nächste Skript (auch unter WWW.FRANZIS.DE zu kopieren) zuliest alle Bilder des WIA-Gerätes aus und kopiert sie in den Ordner *C:\MEDIA*. Falls dieser Ordner noch nicht existiert, wird er angelegt. Die Bilder werden dann als »Bild« und mit fortlaufender Seriennummer gespeichert. Schon vorhandene Bilder im Ordner werden dabei nicht überschrieben.

```
' transfer.vbs

' (C)2002 T. Weltner

' Franzis'-Verlag: Espresso! Windows XP Home Edition


ordner = „c:\media"

prefix = „bild"

zaehler = 0


' Microsoft (r) Script Runtime

Set fs = CreateObject(„Scripting.FileSystemObject")

' WIA Scripting Layer

Set wia = CreateObject("Wia.Script")

' Windows Script Host Runtime Library

Set wshshell = CreateObject("WScript.Shell")
```

```
' WIA-Gerät vorhanden?
On Error Resume Next
Set device = wia.Create(Nothing)
If err.number<>0 then
      MsgBox "Keine WIA-Geräte gefunden...!"
      WScript.Quit
End If
On Error Goto 0

' existiert der Ordner?
If not fs.FolderExists(ordner) then fs.CreateFolder ordner

Set bilder = device.Children

gefunden = 0
For each pic in bilder
      Do
            dateiname = fs.BuildPath(ordner, prefix & zaehler &
".jpg")
            zaehler = zaehler + 1
      Loop while fs.FileExists(dateiname)
      wshshell.popup            „Übertrage           "            &
dateiname,1,"Hinweis",vbInformation
      on error resume next
      pic.Transfer dateiname, false
      If err.number<>0 then
            MsgBox "Datei " & pic.name & _
                  „ konnte nicht übertragen werden."
      End If
```

```
      On Error Goto 0
Next


MsgBox „Erledigt..."
```

9.6   Audio-CDs abspielen und brennen

Natürlich kann Windows XP Musik-CDs abspielen. Die Stereoanlage im Büro können Sie sich also sparen, wenn die Kollegen mitspielen.

Das ist aber noch längst nicht alles: Schauen Sie sich unbedingt außerdem an, wie Sie ganze Audio-CDs (oder nur Ihre Lieblings-Musikstücke) platzsparend auf der Festplatte konservieren, damit Sie die CDs nicht ständig mit zur Arbeit nehmen müssen. Und wie Sie die Lieblingsstücke Ihrer Musik-CDs mit wenigen Mausklicks auf eine eigene »Best of«-CD brennen, die Sie sich dann in jedem handelsüblichen CD-Spieler anhören können – also auch in der Stereoanlage und unterwegs im Auto.

Von Lautsprechern und Soundkarten

Bevor ich Ihnen ganz genau zeige, was Sie alles mit Musik-CDs machen können, schauen Sie sich zuerst die grundlegenden Klangeinstellungen an. Die müssen nämlich richtig eingestellt sein, damit Sie überhaupt etwas hören. Erste Voraussetzung für Musikgenuss ist eine Soundkarte. Die ist zwar heutzutage in fast jeden PC eingebaut, aber wenn sie noch fehlt, dann wissen Sie ja jetzt, was zu tun ist: Spurten Sie zu Ihrem Computerhändler, und rüsten Sie eine nach! Ob eine Soundkarte eingebaut ist oder nicht erkennen Sie meist schon beim Windows-Start. Erklingt dort eine bombastische Fanfare, dann ist alles gut.

Schauen Sie sich dann den Lautsprecheranschluss an. Dazu begutachten Sie die Rückseite Ihres Computers. Die Soundkarte erkennen Sie an einer Serie runder Klinkenbuchsen. Dummerweise sehen die alle gleich aus, sodass Sie sich mit Taschenlampe und Lupe bewaffnet die Einprägungen in ihrer näheren Umgebung anschauen müssen. Die Klinkenbuchsen sind für Mikrofon, Lautsprecher und externem

Klangeingang gedacht. Klar, dass die Lautsprecher keinen Klang produzieren, wenn Sie sie versehentlich in den Mikrofoneingang stöpseln. Die allgemeine Lautstärke Ihrer Soundkarte wird über ein Lautsprechersymbol rechts unten im Infobereich der Taskleiste geregelt.

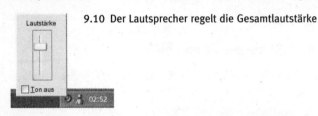

9.10 Der Lautsprecher regelt die Gesamtlautstärke

Klicken Sie auf das Lautsprechersymbol, dann flutscht oben ein Lautstärkeregler heraus, mit dem Sie die Gesamtlautstärke einstellen. Diese Einstellung bezieht sich nur auf das gerade aktive Programm. Sie können die Lautstärke also für einzelne Programme unterschiedlich einstellen. Ist das Lautsprechersymbol im Infofeld nicht zu entdecken? Dann wählen Sie im Startmenü *Systemsteuerung* und öffnen anschließend das Modul *Sounds und Audiogeräte*.Meldet das Register *Lautstärke* ganz oben *Kein Audiogerät*, dann wissen Sie, dass noch gar keine Soundkarte vorhanden ist.

In allen anderen Fällen können Sie mit einem Schieberegler die allgemeine Lautstärke festlegen und mit der Option *Lautstärkeregelung in der Taskleiste anzeigen* das Lautsprechersymbol im Infobereich einblenden. Schauen Sie sich bei dieser Gelegenheit auch gleich den Bereich *Lautsprechereinstellungen* an! Damit können Sie Windows XP melden, was für Lautsprecher Sie verwenden. Windows passt die Tonqualität entsprechend an.

Doppelklicken Sie dagegen auf das Lautsprechersymbol, dann öffnet sich das Mischpult. Hier regeln Sie die Lautstärke der einzelnen Klangquellen, und das ist ganz besonders wichtig. Häufig hören Sie nämlich einfach nur deshalb nichts, weil die betreffende Klangquelle in diesem Mischpult heruntergeregelt ist. Für Musik-CDs ist der Regler *CD-Audio* zuständig. Die normalen Windows-Klänge werden über *Wave* geregelt, und Musik in Spielen ist häufig MIDI-Sound und wird deshalb über *SW-Synthesizer* geregelt. Mit *Ton aus* wird eine Klangquelle völlig stummgeschaltet.

9.11 Vielleicht muss die Lautstärkeregelung zuerst noch eingeblendet werden

Nachdem Sie die Klangeinstellungen feinjustiert haben, sollten zumindest die Windows-Klänge einwandfrei zu hören sein. Jedesmal, wenn Sie den Lautstärkeregler verschieben, sollte es also »Pling« machen. Nun ist es Zeit, eine Audio-CD anzuhören. Dazu öffnen Sie einfach die CD-Schublade und legen die Musik-CD ein. Das ist alles. Jetzt kann es höchstens ein paar Sekunden dauern, bis Windows die CD analysiert hat. Sobald Windows die CD als Audio-CD erkannt hat, öffnet sich das AutoPlay-Fenster und bietet an, die Musik im Media Player abzuspielen. Gute Idee – klicken Sie auf *OK*. Und schon erleben Sie die nächste Überraschung: Verfügen Sie über einen Internetanschluss, dann kann der Media Player die Titelliste und sogar ein Cover herunterladen, sodass Sie sofort die genauen Titelnamen sehen, die hier abgespielt werden.

Mediaplayer in Spaßverpackung

Der Mediaplayer hat tausend Gesichter – so genannte Skins sorgen dafür, dass er bei Ihnen vielleicht wie ein Kopf oder ein altes Dampfradio aussieht. Der Bedienung sind solche Skins allerdings nicht besonders zuträglich. Mit Strg+1 schalten Sie in den Normalmodus, mit Strg+2 in den Designmodus. Über Designauswahl links in der Menüleiste können Sie sich Ihr Lieblings-Skin aussuchen.

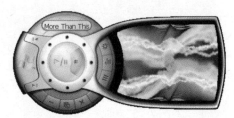

9.12 Medienplayer in Design-Verpackung

Über *Ansicht – Wiedergabe-Tools – Equalizer und Einstellungen anzeigen* blendet der Media Player im unteren Bereich eine Menge Zusatzfunktionen ein, die sich lohnen. Damit entlocken Sie nämlich auch noch den klirrendsten Computerlautsprechern einen akzeptablen Klang.

Wählen Sie in *Ansicht – Wiedergabe-Tools – Equalizer und Einstellungen* den *SRS-WOW-Effekt*, dann spielen Sie ein wenig mit den Bassverstärkern herum. Mit dem *Grafik-Equalizer* lassen sich die Klangkurven entweder selbst auswählen oder über ein kleines Schaltelement aus vielen vordefinierten Einstellungen auswählen.

Visualisierungen

Wollen Sie die Musik nicht nur hören, sondern auch sehen, ohne dabei allzu viel LSD einkaufen zu müssen? Dann wählen Sie *Ansicht – Visualisierungen* und schalten um von *Albumcover* auf eine der mitgelieferten Visualisierungen. Einige Visualisierungen können über Alt+↵ sogar in einen Vollbildmodus geschaltet werden, und mit einem Rechtsklick in die Visualisierung lässt sich bequem zu einer anderen umschalten.

Noch mehr Visualisierungen gibt es im Internet. Wählen Sie *Extras – Visualisierungen downloaden*, und suchen Sie sich dann eine neue Visualisierung aus. Laden Sie sie herunter und öffnen Sie sie, damit die neue Visualisierung installiert wird. Sie finden sie dann in der Liste zusammen mit den übrigen Visualisierungen.

Musik-CDs auf die Festplatte kopieren

Wer mag, kann die Musiktracks der CD platzsparend auf die eigene Festplatte kopieren. Die Musik wird dabei im modernen WMA-Format komprimiert. Wie stark die Kompression ausfällt und wie stark dabei die Klangqualität leidet, das sollten Sie natürlich vor der Kopieraktion auswählen. Dazu wählen Sie *Extras – Optionen* und klicken auf das Register *Musik kopieren*. Wählen Sie als Dateiformat *Windows Media Audio*, und legen Sie dann die Qualität mit dem Schieberegler darunter fest. In höchster CD-Qualität belegt so eine normalerweise 700 MB große Musik-CD gerade noch 86 MB.

9.13 Der Mediaplayer kann Musik-CDs auf die Festplatte kopieren

Allerdings ist die höchste Qualität nicht immer clever. Wenn Ihr Computer sowieso nur mit HiFi-untauglichen Klärrkästen ausgestattet ist, dann genügt vielleicht auch eine geringere Klangqualität. In der geringsten Qualität sind pro CD nur noch 22 MB fällig. Klicken Sie auf *OK*. Nun kann der Kopierprozess losgehen.

Dazu klicken Sie links auf *Von CD kopieren*. Kreuzen Sie die Kästchen vor den Titeln an, die Sie auf Ihre Festplatte kopieren möchten. Dann klicken Sie auf *Musik kopieren*, oben über den Musiktitel. Sobald die CD auf Ihre Festplatte kopiert ist, brauchen Sie die Silberscheibe nicht mehr und können sie herausnehmen. Das CD-Laufwerk ist also wieder frei für Datenträger. Die kopierte Musik landet im Ordner *Eigene Musik* innerhalb Ihres *Eigene Dateien*-Ordners. Über die Schaltfläche *Medienbibliothek* links in der Menüleiste haben Sie sofort vollen Überblick über alle Musik-Medien, die Sie sich in Ihre eigene Mediothek kopiert haben.

Mediothek anlegen

Alle Multimedia-Inhalte, die Sie auf die Festplatte verfrachtet haben, landen automatisch in Ihrer persönlichen Mediothek. Die erreichen Sie links über die Schaltfläche *Medien-Bibliothek*. Hier sortiert der Medienplayer die Stücke nach Album, Interpret und weiteren Kriterien. Über einen Rechtsklick auf ein Album in der linken Spalte oder ein Stück in der rechten Spalte haben Sie noch mehr Möglichkeiten. *Wiedergabe* startet die Wiedergabe dieses Musikstücks

➔ *Namen abrufen* sucht im Internet nach den Namen der Musiktitel und dem Albumcover. Dazu muss allerdings eine Internetverbindung bestehen. *Namen aktualisieren* schaut nach aktuellen Änderungen. Und *Info* liefert weitere Hintergrundinformationen über Interpret und Album.

➔ *Auf CD kopieren* kopiert den Track auf eine eigene CD. Mehr dazu gleich.

Eigene Musik-CDs

Wollen Sie sich aus den vielen CDs, die Sie besitzen, eine absolute Favoriten-CD zusammenbrennen? Alles, was Sie dafür brauchen, ist ein CD-Brenner-Laufwerk und einen Rohling. Legen Sie den Rohling ins Laufwerk. Danach klicken Sie im Medienplayer links auf Medien-Bibliothek. Suchen Sie sich nun jeweils die Tracks aus, die Sie auf

Ihren Rohling brennen wollen, und klicken Sie die Tracks mit der rechten Maustaste an. Wählen Sie *Auf CD kopieren*.

Der Medienplayer fügt die Titel in die Liste der zu brennenden Stücke ein und wechselt dazu jeweils auf den Menüpunkt *Kopieren auf...* Klicken Sie anschließend wieder auf *Medien-Bibliothek*, um weitere Titel auszusuchen. Zeigt die Liste im Feld *Status* die Meldung *Typ passt nicht* an, dann wissen Sie, dass das Zielgerät keine Stücke aufnehmen kann. Entweder ist in der Ausklappliste rechts über der rechten Spalte nicht der CD-Brenner eingestellt, oder es liegt noch gar kein beschreibbarer Rohling im Laufwerk. Klicken Sie rechts oben auf *Musik kopieren*, wenn Sie den Brennvorgang starten wollen. Die Stücke werden dabei im normalen Musik-Format gebrannt, sodass Sie die CD auch auf ganz normalen CD-Spielern anhören können.

9.14 Eigene Musik-CDs brennen – der Media Player macht's möglich

9.7 DVDs

Um es gleich vorwegzunehmen: Windows XP enthält zwar ein DVD-Wiedergabeprogramm, aber nicht die für die Entschlüsselung notwendigen CODECs (COdierung-DECodierung). Sie können deshalb mit Windows XP zwar wunderbar Daten-DVDs lesen, aber eben nicht ohne weiteres Filme genießen.

Das funktioniert erst, wenn Sie ein DVD-Wiedergabeprogramm eines Drittherstellers (zum Beispiel PowerDVD) hinzuinstallieren. Weil das die nötigen CODECs mitbringt, funktioniert die DVD-Wiedergabe nun auch mit dem windowseigenen Media Player.

Filme auf DVD

Haben Sie ein DVD-Wiedergabeprogramm installiert, dann brauchen Sie anschließend bloß einen DVD-Spielfilm in Ihr DVD-Laufwerk einzulegen. Schon startet wie bei CD-ROM und DVD üblich der AutoPlay-Mechanismus und zeigt Ihnen an, welche Programme mit den Daten umgehen können. Wählen Sie in der Liste Ihren DVD-Player, dann wird der Film abgespielt. Allerdings nicht immer, und nicht immer ist das auch ein Genuß.

Wenn die Anzeige nur flackert und sich Bild für Bild quälend langsam aufbaut, dann wissen Sie: Ihr Grafikkartreiber ist reif für ein Update! Ihre Grafikkarte unterstützt in diesem Fall nämlich den Overlay-Modus nicht.

Und das ist schlecht. Der Overlay-Modus blendet das DVD-Bild einfach nur in den Bildschirm ein, so wie auch der Nachrichtensprecher in Fernsehstudios einfach nur in seine virtuelle Studioumgebung eingeblendet wird. Ohne Overlay-Modus muss der DVD-Spieler den Film Bild für Bild in den normalen Videospeicher schreiben, und das dauert unendlich lange. Daher die Flackerei – oder aber gar kein Bild.

Index

$contents 191
-Assistent 357
.NET-Passport 305
/E, ... 158
/IDLIST 158
/N, ... 158
/ROOT, ... 158
/S, ... 158
/sagerun 116
/sageset 116
/SELECT, ... 158
[Umschalt] 225
[Visual Styles] 87
_ XE Taskleistefixieren _), ... 148
3D-Objekte 88

A

Abdocken 128
Abmelden 58, 128
Absenderinformationen 256
Abzüge über das Internet
    bestellen 408
ACPI-konform 62
Administrator
    eingebautes Notfall-Konto 35
Administrator-Konto 23
Adress-Leiste 49
Adresse beim Antworten in das
    Adressbuch übernehmen 302
Adresse-Leiste 148
Adresstyp 368
ADSL-Anschluss 258, 268, 362
Ähnliche Elemente gruppieren
    Taskleiste 41
Aktualisieren 343
    Explorer 154
Aktuelle Objekte im Infofeld 41
All Users 136

Alle Desktopsymbole ausblenden
    und deaktivieren 95
Alle Geräte wählen, ISDN 264
Alle Programme 98, 118, 127
    im Startmenü 27
Allgemeine Aufgaben in Ordnern
    anzeigen 55
Alte Dateien komprimieren 196
Alternative Konfiguration 372
Am Raster ausrichten 70
An Startmenü anheften 27
AND 191
Andere Programme 138
Anderes Symbol 184
Anderes Symbol, Verknüpfung .. 161
Ändern der Einstellungen für die
    Taskleiste und das Startmenü
    verhindern 100, 129
Änderungsdatum 151
Anhang, Email 168
Animierte Figur nicht
    verwenden 192
Anmeldedialog feinjustieren 21
Anmeldung 20
Anpassen 184
    Aufgabenlisten im
      Explorerfenster 56, 57, 58
    der Desktopsymbolleisten nicht
      zulassen 97
    Infofeld der Taskleiste 41
    Startmenü 28
Ansicht 149
Ansicht-Optionen, im Explorer
    speichern 155
Anzeigename 309
AOL 259
APIPA 367, 371
APIPA-Adressbereich 371

Application 140
Arbeitsgruppe 360, 373
Arbeitsgruppencomputer
    anzeigen 373
Arbeitsplatz 133
    auf Desktop anzeigen 38
    im Startmenü 28
Art der Benutzeranmeldung
    ändern 31, 60
Assistent für neue
    Verbindungen 260, 357
Assistent nach Abschluss des
    Schreibvorgangs schließen 182
Audio-CDs 423, 425
Auf dem Desktop anzeigen . 63, 160
    Systemsymbole 39
Auf diesem Computer
    gespeicherte Dateien 381
Auf diesem Computer
    gespeicherte Daten 134
Aufgaben zum Schreiben
    auf CDs 181
Aufgabenlisten, Explorer 53
Auflösung 74
Aufnahme 182
Aus Liste entfernen 27, 98
Ausblenden, wenn inaktiv
    Symbole im Infofeld 41
Ausdruckgeschwindigkeit 245
Ausführen 127, 129
Ausführen oder Beenden von
    'einem Task verhindern 117
Ausführungsintervall 115
Ausgabe in Datei umleiten 247
Ausgangsfach, Fax 255
Ausgeblendete Geräte 350
Ausschalten 60
Ausschneiden 166
Automatisch anordnen 70
Automatisch im Hintergrund
    Symbolleiste verstecken 49

Automatische
    Cookiebehandlung aufheben . 284
AutoPlay 213
Autoplay deaktivieren 214
AutoPlay-CDs 213
AutoPlay-Fenster 408
AutoPlay-Mechanismus 212
AUTORUN.INF 212
Autostart 113
AutoVervollständigen 280
AutoVervollständigen
    deaktivieren 193

B

Baloon-Tipps 24
Befehl Herunterfahren ent-
    fernen und Zugriff darauf
    verweigern 126
Beim Beenden die Liste der zuletzt
    geöffneten Dokumente leeren 125
Beispielbilder 54
Belichter 248
Benutzer ermöglichen, Sie
    online zu sehen und zu
    kontaktieren 308
Benutzer wechseln 58
Benutzeranmeldung 20
Benutzerdefinierte
    Einstellungen 416
Benutzerkonten 31
    anmelden 20
    Feineinstellungen 30
    mit Kennwort schützen 36
    neues Konto anlegen 32
Benutzernamen 126
    aus Startmenü entfernen 126
    Internet 261
Benutzerüberwachung
    deaktivieren 125
Benutzerwechsel 58
Bereinigen, Festplatte 196

Bereinigung des Infobereichs
deaktivieren 129
Beschreibung 153
Besser mit Windows
zurechtkommen
Bequem zwischen Programmen
umschalten 224
Bestätigungen 302
Bevorzugte Einstellungen
ändern 192
Bildaufgaben 54
Bildaufgaben-Liste 408
Bildbearbeitungsfunktionen 407
Bilddatei, anlegen 141
Bilder auf CD sichern 408
Bilder, komprimieren 168
Bilder von der Kamera
übertragen 404, 407
Bilderfassungsgeräte 404
Bildgruppe 416
Bildschirm, gemeinsam nutzen . 315
Bildschirmauflösung 74
Bildschirmlupe 81
Bildschirmschoner 87
Bildtelefonate 413
Bildwiederholfrequenz 77
BIOS, Startbildschirm 16
BlueTooth 408
BMP 417
Bootmenü 17
Breitbandverbindung 268
Brennvorgang 181
Brief
neuen anlegen 52
schreiben 24
Briefvorlage 224
Brücke 370

C

CAB-Dateien 173
Call-by-Call-Nummern 259

CAT5-Netzwerkkabel 268, 356
CD-Audio 424
CD-AutoPlay-Mechanismus 226
CD-Autostarts verhindern 226
CD-Brenner-Laufwerk 428
CD-Laufwerk 181
CD-Rohling 182
CD-ROM-Brenner .. 167, 180, 181
CD-ROM-Laufwerke 181
CLEANMGR.EXE 115
Client für Microsoft-Netzwerke 371
CODECs 430
CompuServe 259
Computer auf dem neuesten
Stand mit Windows Update
halten 320
Computer ausschalten 128
Computeradministrator 33
Computername 374
Computerstart, Probleme 17
Computerverwaltung 349
Computerviren 293
Cookies 283
Critical Updates 321

D

Darstellung 84
Datei
kopieren 164
löschen und wiederherstellen .. 175
mit x-beliebigem Programm
öffnen 226
per Email versenden 168
speichern 52
verschieben 164
Datei- und Druckerfreigabe für
Microsoft-Netzwerke 371
Datei- und Ordneraufgaben 55, 164
Datei- und Ordnersuch-
verhalten ändern 192
Datei-Extensionen 143

Dateien
  auf CD schreiben 181
  sofort löschen 225
  verstecken 223
Dateiextensionen 180
Dateiformat 416
Dateinamen oder Schlüssel-
  lwörter ändern 187
Dateistart-Automatik 137
Dateityp immer mit dem aus
  gewählten Programm öffnen . 142
Dateityp, Zuordnung zu
  Programmen 141
Dateitypen 143
Datenrechercheure 188
Datenschutz 284
  Eigene Dateien 51
Datenspeicher 194
Datenträgerbereinigung 177
DEFRAG 195
Defragmentierung 194
Designs 84
Desktop 63
  anpassen 39, 94
  Symbole darauf ablegen 63
Desktop (Verknüpfung erstellen) 101
DESKTOP.INI 57
Desktopbereinigungs-Assistent
  ausführen 66
Desktopbereinigungs-Assistent
  entfernen 93
Desktopsymbole 39
Desktopsymbole anzeigen 71
Details 149, 150
Details auswählen 152
DFÜ- und VPN-Einstel-
  lungen 260, 264
Dia-Show 55
Diagnose, Modem 267
Dialog zur Bestätigung des Lösch-
  vorgangs anzeigen 176

Dialogfeld Ausführen ein
  Kontrollkästchen für In
  getrenntem Speicherbereich
  ausführen hinzufügen 130
Diashow eigener Bilder 88
Dienste und Anwendungen 190
Digitalkamera 405, 409
Direct3D testen 354
DirectDraw testen 354
DirectX 353
Diskette
  Symbol auf Desktop legen 67
DLLs 153
DNS-Namensserver 289
DNS-Server 272, 290
DNS-Serveradresse auto-
  matisch beziehen 371
Docking-Stationen 345
Dokumente 127
Download-Link 292
DPI 81
DPI-Einstellung 416
Drag & Drop 165
  Kontextmenüs aus dem Start-
  menü entfernen .. 100, 121, 130
  nicht zulassen 117
Drahtlose Netzwerke einsetzen . 396
Driver Updates 321
DRIVER.CAB 173, 333
Druckaufgaben 234
Druckauflösung 244
Druckauftrag 232
Druckeinstellungen 244, 245
Drucken 242
  Internetseiten 280
Drucker
  anhalten 247
  freigeben 239
  hinzufügen 245
  offline verwenden 247
  suchen 241

Drucker
Symbol auf Desktop legen 67
und andere Hardware 228
und Faxgeräte 227
Drucker-Auftragsbuch 232
Druckeranschluss 247
Druckeraufgaben 241
Druckerinstallation 227
Druckerspeichern 232
Druckerspooler 252
Druckertreiber 227
Druckqualität 245
DualView 82
Durchsichtigen Hintergrund
für Symbolunterschriften
auf dem Desktop 73
Durchsuchen deaktivieren 117
DVD-Medien wiedergeben 430
DVD-Player 83
DVD-Wiedergabeprogramm 430

E

E-Mail 293
Adresse überprüfen 307
einrichten 294
Empfänger 168
löschen 303
senden 308
Startmenü-Eintrag 27
verfassen 300
versenden 301
Eigene 163
Eigene Bilder 54, 128
Eigene Bilder-Ordner 407
Eigene Dateien 51, 128
Spezialsymbol anlegen 160
Eigene Dateien-Ordner
entrümpeln 199
Eigene Musik 128, 428
Eigenes Bild ändern
Benutzerkonto 30

Eigenschaftenseite ausblenden .. 117
Ein/Ausgabe-Adressen 350
Eine andere Figur verwenden ... 192
Einen neuen Anschluss erstellen 235
Einfache Dateifreigabe
verwenden 378
Einfügen 166
Eingabe 245, 290
Eingabehilfen 81
Eingeschränkt, Benutzerkonto 33
Eingeschränkte Sites 281
Einstellungen, Drucker 244
Einstellungen nicht beim
Beenden speichern 94
Eintrag Eigenschaften aus dem
Kontextmenü des Papierkorbs
entfernen 97
Eintrag Eigenschaften aus dem
Kontextmenü des Papierkorbs
entfernen 97
Eintrag Eigenschaften aus dem
aus dem Kontextmenü des
Papierkorbs entfernen 97
Empfohlene Programme 138
End-to-End-Unterstützung 401
Endausdruck 245
Energieoptionen 61
Energieschemas 89
Energieverwaltung 89
Equalizer 426
Ereignisse 407, 414
Erstellen von neuen Tasks
nicht zulassen 117
Erweitert, Firewall 273
Erweiterte Abfrage 191
Erweiterung bei bekannten
Dateitypen ausblenden ... 144, 180
Eselsbrücke
Anmeldekennwort 22
einrichten für Anmelde-
kennwort 31

Euro-ISDN-Nummer 263

Explorer 53, 146

  Alle Benutzer 120

  Hintergründe 158

  Explorer

  Sortieren 150

  Spaltenbreiten anpassen 152

Explorer-Fenster mehrere

  schließen 226

EXPLORER.EXE 158

Explorerleiste 55, 165

F

Farbtiefe 76

Favoriten 127, 147, 277

Fax 253

  einrichten 253

  konfigurieren 256

  senden 253

Faxdruckerkonfiguration 256

Faxdruckerstatus 256

Faxkonsole 254

Faxmodem 253

Faxmonitor 256

Faxunterstützung 253

Fehlerberichterstattung 319

Fenster

  schließen 25

  sichtbar machen 25

  umschalten 224

  verstecken 25

Festplatte 134, 193

  abschalten 90

  korrigieren 20

FILE 235, 247

FileExts 139

Filmstreifen 149, 407

Finden, überflüssige Daten 199

Firewall 272, 364

  konfigurieren 273

  Ports 273

Firewire 408

Fixieren

  Symbolleisten 148

  Taskleiste 45

Flackereffekte 76

FOLDER.HTT 55

Fotoalbum 56

Fragmentierung 193

Freigabe, Drucker 239

Freigabe und Sicherheit 378

Freigaben 387

Freigabename, Drucker 239

FTP-Port 274

Für alle übernehmen 156

G

Gateway 271, 272, 361, 369

Gebilligte Sites 286

Gemeinsame

  Dokumente 134, 381

Gemeinsame Dokumente

  vom Arbeitsplatz entfernen 134

Gepackte Größe 171

Geplante Tasks 114

Geplanten Task hinzufügen 115

Gerät als primären Monitor

  verwenden 83

Gerät im aktuellen Hardware-

  profil nicht verwenden 347

Gerät in keinem Hardware-

  profil verwenden 347

Gerät verwenden 347

Geräte mit Wechselmedien 134

Geräte-Manager 336, 349

Gerätekonflikt 351

Gerätestatus 337

Gerätetreiber 233, 322

Geräteverwendung 347

Gesamtlautstärke 424

Geschützte Systemdateien

  ausblenden 223

Gesendete Elemente 255
Gewalt 286
GIF.. 417
Global Universal Identifier 162
Grafikformat, umwandeln 169
Größe auf Datenträger 174
Große Symbole 149
Große Symbole, Symbolleiste 48
Große Symbole verwenden 80
Größenangabe 187
Gruppierung von
    Taskleistenelementen
    verhindern 130
Gruppierungsfunktion
    Taskleiste 41
    versteckte Optionen 41
GUID 162

H

Hardware 338
Hardware-Erkennung 338
Hardwareprofil 344
Heim- oder kleines Firmen-
    netzwerk einrichten 357
Herkömmliche Windows-Ordner
    verwenden 55
Herunterfahren 126
Hilfe und Support 28, 127,
    .... 317, 320
Hintergrundbilder, Desktop 72
Hinzufügen
    Modem 267
    Port für Firewall 274
    Verschieben und Schließen der
    Symbolleisten der Taskleiste
    nicht zulassen 97
Hotmail 294
HTML-Code 291
HTTP-Port 274
HTTP-Protokoll 291
Hub 356
Hypertext Transfer Protocol 291

I

Icon-Bibliotheken 184
Identifizieren 83
IEEE 1394 408
Immer ausblenden
    Symbole im Infofeld 41, 196
Immer einblenden, Symbole im
    Infofeld 41
Immer im Vordergrund,
    Symbolleiste 47
Immer Standardverbindung
    wählen 262
In Gruppen anzeigen 154
Inaktive Symbole ausblenden,
    Infofeld der Taskleis 41
Indexdienst 188
    aktivieren 189
    Erweiterte Anwendungs-
    möglichkeiten 190
    nicht aktivieren 189
Indexserver 191
INF-Ordner 333
INF-Treiberdateien 78
Infobereich 129
Infobereich ausblenden 130
Infofeld, Taskleiste 25
Infosymbole für
    Startmenüeinträge entfernen . 130
Infrarot 258
Infrarotgeräte 339
Infrarotschnittstelle 340
Infrarotschnittstelle, Handy 269
Infrarotverbindungen 331
Inhalt für schnelle Dateisuche
    indizieren 190
Inhalt komprimieren, um
    Speicherplatz zu sparen 174
Inhaltsratgeber 286
Internet 257, 281, 357
    Fehler 279
    Startmenü-Eintrag 27
Internet Explorer 28

Internet-Weltempfänger 310
Internetdienst 395
Internetfreigabe 389
Internetfreigabe im Netzwerk
    einrichten 389
Internetmöglichkeiten 275
Internetoptionen 260, 265, 280
Internetprotokoll
    (TCP/IP) 271, 371
Internetverbindungs-
    firewall 269, 272
    aktivieren 262
Internetverbindungsfreigabe 271
    Voraussetzung schaffen 262
Internetzonen 281
Internetzugang
    ADSL 267
    Handy 269
    ISDN 262
    Mobilfunk 269
    Modem 259
    T-DSL 267
Interrupts 350
Intranet 259
IP-Adresse 289, 368
    Gateway 272
IP-Adresse automatisch
    beziehen 371
IP-Adresse verwenden 371
IP-Einstellungen 272
IPC$ 388
IPCONFIG 289, 372
ISA-Karten 330
ISDN 258
ISDN-Kanäle 263
ISDN-Karte 262

J

Java 321
JPEG-Fotos 171
JPG 417

JPG-Profiformat 169
Jugendschutzrichtlinien 285

K

Kabelnetze 258
Kacheln 149
Kamera starten 309
Kameraeigenschaften anzeigen . 406
Kameraufgaben 411
Kanalbündelung, ISDN 263
Kartenleser 409
Katalog durchsuchen 191
Keine benutzerdefinierten
    Symbolleisten in der
    Taskleiste anzeigen 130
Keine Verbindung wählen 262
Kennwort
    Benutzerkonto 20
    Drucker 240
    Eselsbrücke 22
    Internet 261
    sichere aussuchen 37
    vergessen 22
    Windows-Anmeldung 20
Kennwort erstellen 37
    für Benutzerkonto 31
    Jugendschutz 287
Kennwortabfrage 376
Kennworteingabe 22
    bei Wiederaufnahme 88
Kennwortrücksetzungsdiskette 22
Klangeinstellungen 423
Klassisches Startmenü 24
Klassisches Startmenü
    erzwingen 129
Kleine Symbole 149
Klinkenbuchsen 423
Knowledgeworker 188
Kompatibilität 332
Kompatibilitätsmodus 332
Kompression 170

Komprimierter Ordner 170
Konfigurieren, ISDN-
  Kanalbündelung 265
Kontakt hinzufügen 308
Kontextmenü, bearbeiten 144
Konto gesperrt 377
Kontotyp ändern 36
Kopieren 164, 166

L

LAN-Gateway 271
LAN-Verbindung 271, 368, 370
Laufwerk für schnelle
  Dateisuche indizieren 190
Laufwerke 133
Laufwerke unabhängig
  konfigurieren 178
Laufwerkinhalte anzeigen 135
Laufwerkinhalte ausblenden 135
Lautsprecheranschluss 423
Lautsprechersymbol 424
Lautstärke 424
Lautstärkeregelung in der
  Taskleiste anzeigen 424
Legacy-Geräte 351
Lesebestätigung 303
Letzter Zugriff am 152
Lieblingsprogramme im
  Startmenü 26
Linotype Belichter 248
Liste 150
Liste alle Programme aus
  dem Startmenü
  entfernen 100, 121, 127
Liste angehefteter aus dem
  Starmenü entfernen 101, 127
Liste der kürzlich geöffneten
  Dokumente dem
  Starmenü entfernen 125
Liste häufig verwendeter
  Programme dem Starmenü
  entfernen 100, 125, 127

Liste löschen, Zuletzt ver-
  wendete Dokumente 30
Lokale Ordner 303
Lokalen Faxdrucker
  installieren 253
Lokaler Drucker 234
Lokales Intranet 281
Löschdatum 177
Löschen 176, 338
  Drucker 241
  von Tasks nicht zulassen 117
LPR 248

M

Malprogramm 142
Markieren 164
Markierungen 164
Mass Storage Class 408
Mass Storage Class verstehen ... 408
Medien 147
Medienbibliothek 428
Medienseite 310
Mehr Optionen anzeigen 168
Mehrere Geräte, ISDN 264
Mein Status 310
Menü Erweitert entfernen 117
Menü Suchen aus dem Start-
  programm entfernen 127
Menüeintrag Ausführen aus dem
  Startmenü entfernen 127
Menüeintrag Dokumente aus
  dem Startmenü entfernen 127
Menüeintrag Favoriten aus dem
  Startmenü entfernen 127
Menüeintrag Hilfe aus dem
  Startmenü entfernen 127
Messenger 304
  einrichten 305
Microsoft Messenger 304
Microsoft Office Document
  Scanning 414
Mikrofoneingang 424

Miniaturansicht 149, 406
Minimale Batteriebelastung 89
Mit Hilfe des Scanner-
 Assistenten Bild übertragen ... 414
Modem 257
 abfragen................................. 267
 eingebaute Diagnose 267
 Einstellungen 267
 Geschwindigkeit 260
 und Netzwerkadapter 395
Modi ausblenden, die von
 diesem Monitor nicht
 angezeigt werden 78
Monitor ausschalten 90
Monitoreinstellungen 78
MPEG3-Musik 171
MSC 408
MSINFO32 351
MSN-Call-by-Call-Dienst 261
Multimedia über TWAIN-
 Treiber einbinden 401
Multimedia über WIA-Treiber
 einbinden 402
Multimedia-Autostart 212
Multimedia-Hardware 353
Multisession-Modus 182
Musik kopieren 427, 429
Musik-CDs 425
 abspielen............................... 423
 selbst zusammenstellen 428
 speichern 427
Musiktracks............................. 427

N

Nach Bildern und Fotos suchen 186
Nach geänderter Hardware
 suchen 336
Nach neuer Hardwarekomponente
 automatisch suchen 339
Nachrichtenregeln 303
Nacktaufnahmen 286

Namen abrufen 428
Namen aktualisieren 428
Navigationsleiste 147
NEAR 191
NET START 419
NET STOP 419
Netzlaufwerk 383
Netzlaufwerk verbinden 377, 383
Netzwerk................................. 396
 Geschwindigkeit 368
 Geschwindigkeiten 355
 testen 367
 Verkabelung 356
Netzwerk-Verkabelungsplan 357
Netzwerk-Werkzeugkasten 367
Netzwerkaufgaben 373
Netzwerkauslastung 396
Netzwerkbrücke 370
Netzwerkdiagnose 395
Netzwerkdrucker
 228, 230, 235, 241
Netzwerkgeschwindigkeit 396
Netzwerkhub 362
Netzwerkkabel 268, 356
Netzwerkkarte 356
Netzwerkordner geschützt 376
Netzwerkumgebung. 128, 163, 372
 auf Desktop anzeigen 38
Netzwerkunterstützung............. 368
Netzwerkverbindungen 127, 370
Netzwerkverbindungen aus
 dem Startmenü entfernen 127
Neue Hardware hinzufügen 339
Neue Nachricht 313
Neue Symbolleiste 48
Neues Bild aufnehmen 411
Neues Konto erstellen 33
Newsgroup antworten 314
Newsgroup-Betrachter............... 311
Newsgroups 311
Newsserver............................... 311

Index **441**

Nicht verfügbare Windows Installer-Programmeaus dem Startmenü entfernen 130
Nicht-PnP-Treiber 350
Notabschaltung Internet-Wählverbindung 265
Notfalloptionen, Bootmenü 17

O

OpenGL 354
OpenWithList 140
Option Abmelden aus dem Startmenü entfernen 127, 128
Ordner
anpassen 56
im Netzwerk freigeben 378
neuen anlegen 52
öffnen 52
Ordner im Netzwerk freigeben .. 378
Ordnerberechtigungen 376
Ordnerinhalte anzeigen 135
Ordneroptionen . 55, 156, 174, 180
Ordnersymbole 184
Ordnertyp 56
Originalnachricht in Antwort einbeziehen 302
Outlook Express 28, 297
Overlay-Modus 83, 430

P

Paint 142
Paint.Picture 145
Papier/Qualität 244
Papierformate 243
Papierkorb 176, 177
Papierkorb leeren 177
Papierkorbsymbol 65, 177
Papierkorbsymbol vom Desktop entfernen 95
Parallelschnittstelle 330
Passport 305

PCI-Steckkarten 350
PCL.SEP 252
PCMCIA-Steckkarten 260, 330
Persönlich angepasste Menüs deaktivieren 129
Persönliche Deckblätter 256
Pfadänderung für den Ordner Meine Dateien nicht zulassen .. 97
Photo-Editor 407
Photo-Ordner 408
Picture Transfer Protocol 408
kennen lernen 423
verstehen 408
PING 290
Plug & Play-Drucker automatisch ermitteln und installieren 234
PNG 417
POP3-Emailserver 294
POP3-Konto 296
Ports 235
Postausgangsserver 296
Posteingangs-Ordner 303
Posteingangsserver 296
Postscript-Datei 248
Print$ 388
Priorität, Drucken 251
Priorität festlegen, Email 303
Probeausdrucke 245
Problem, Computerstart 17
Problembehandlung 337, 351
Drucken 229
Modem 267
Produktversion 153
Profil
schützen 135
Programme 98
im Kompatibilitätsmodus ausführen 332
im Menü Einstellungen entfernen 129
starten 26

Programme
  umschalten 224
Programmgruppe 27
PSCRIPT.SEP 252
PTP 408

Q

QoS-Paketplaner 371
Quelltext 291
QuickLaunch 46

R

R.. 222
Radioempfänger 310
Recent-Ordner 30
Rechner 27
  einschalten 16
  Startbildschirm 16
Registrierte Dateitypen 143
Registrierungseditor 139
Remote Desktop 315
Remoteunterstützung 314
Remoteunterstützung
  anfordern 315
Reservierter Speicher,
  Papierkorb 179
Ressourcen 351
  Einstellungen 351
  Konflikte 351
  nach Typ 350
Richtlinie 95, 118
ROOT 158
Router 271
Ruckelfreies Bild 83
Ruhezustand 17, 60, 90
Ruhezustand aktivieren 61

S

Satellit 259
Scan for updates 320
Scan-Assistent 414

Scanner 405, 414
  anschließen 414
  testen 414
  und Kameras 134, 402
Schaltfläche Abdocken aus dem
  Startmenü entfernen 128
Schaltfläche Computer
  ausschalten entfernen und
  deaktivieren 128
Schnell Windows neu starten 226
Schnelle Benutzerum-
  schaltung 31, 58, 59
Schnellstartleiste 46, 111
Schreibgeschützt-Attribut 224
Seite einrichten 243
SELECT 158
Senden an-Menü 167
  erweitern 215
SendTo 215
SEP 251
Serielle Schnittstelle 330
Setup, Internet 260
SharedDocs 388
Sicherheit
  Drucker 240
  Internet 281
Sicherheitseinschränkungen 281
Sicherheitsrichtlinien 96, 117
Sicherheitsstufe 281
Sitzungscookie 283
Sitzungscookies immer
  zulassen 284
Skript, Digitalkamera 420
Sofortnachrichten 309
Sortieren 150
Soundkarte 423
Spaltenbreiten, Explorer 152
Speicherchips 409
Speichern, Datei 52
Speichern unter 53
Speicherplatz, weniger 195

Speicherverschwender 198
Spiele 353
Splitter 267
Spooler 253
Sprechblasen 24
Sprechblasentipps nicht
   anzeigen 193
Sprechen starten 309
Standard-Gateway 369
Standarddrucker 237
Standardgateway 371
Standardprogrammgruppen aus
   dem Startmenü entfernen 121
Standardstufe 283
Standardverbindung, Internet ... 262
Standby 60
Standby-Modus 17
Start-Menü 25
   anzeigen 28
   klassisches 24
Start-Schaltfläche 26
   Aufbau 26
Starten, Indexdienst 189
Startmenüelemente 407
   festlegen 28
Startseite 280
Statusleiste 148
Steuerung übernehmen 317
Stromnetze 258
Subnetzmaske 371
Suche speichern 188
Suchen 127, 147, 185
Suchen nach
   Allen Dateien und Ordnern 186
   Bildern, Musik oder Videos 185
   Dokumenten 185
Suchformular 186
Suchfunktion 151
Suchseiten 276
Suchspalte 185
Suchtipps 191

Support-Benutzerkonto 317
SW-Synthesizer 424
Symbol
   Eigene Bilder aus dem
     Startmenü entfernen 128
   Eigene Dateien aus dem
     Startmenü entfernen 128
   Eigene Musik aus dem
     Startmenü entfernen 128
   Netzwerkumgebung aus dem
     Startmenü entfernen 128
Symbolbeschriftungen,
   transparent 73
Symbole 150
   anordnen nach 71, 151
   im Infofeld ausblenden 41
Symbolleiste
   andocken 49
   fixieren 148
   in Taskleiste einblenden 44
   schließen 50
SYSPRINT.SEP 252
System, Indexkatalog 189
System-Attribut 199
System-Modul 349
Systemaufgaben 135
Systemsteuerung, als
   Menü anzeigen 28
Systemsymbole, auf Desktop
   anzeigen 38
Systemwiederherstellungs-
   punkt 335

T

T-DSL 258
   Benutzerkennung 268
T-Online-Nummer 268
Taschenrechner 27
Task-Manager 396
Taskleiste 25
   Aufbau und Neuerungen 40

Taskleiste
  fixieren 45, 50, 112, 131, 148
  Symbolleisten einblenden 44
Taskplaner 117
Tastatur-Abkürzungen 224
Tastenkombination 101
TCP/IP 271
Technischer Hintergrund, der
  Explorer 158
Telefon- und Modemoptionen .. 267
Temporäre Dateien löschen 181
Testseite drucken 229
Text anzeigen, Symbolleiste 48
TIF 417
Tintenstrahldrucker 238
Tipp 24
Tipps und Tricks 147
Titel anzeigen, Symbolleiste 48
Ton aus 424
TRACERT 290
Treibersignierung 235, 341
Trennseite 251
TV-Karte 411
TWAIN 401
TWAIN-Treiber 401, 403

U

Über Spooler drucken 253
Übergangseffekte für Bilder
  verwenden 89
Überprüfen, Festplatte 194
Überprüfungsoptionen
  festlegen 395
Uhrzeit 25
Uhrzeiteinstellungen, Drucker .. 250
Umbenennen 162, 179
Unbekannte Geräte 337
UNC-Dateiname 383
Unterhaltung 308
Updates 319
USB-Modems 260

USB-Stecker 330
User-Mode 402

V

Verbindung
  bei Anmeldung
    wiederherstellen 377, 383
  Internet 260
  Internet trennen 266
  manuell einrichten Internet 260
Verbindung
  mit dem Internet herstellen 260
  mit einem DFÜ-Modem herstellen
    260
Verbindungsfirewall 364
Verbrauchskosten 245
Verknüpfung 68, 164, 382
  anlegen 159
  einfügen 166
  erstellen 161
  Fenstergröße festlegen 69
Verknüpfungen und Zugriff auf
  Windows-Update entfernen .. 131
Verknüpfungspfeil 166
Verlauf 147
Verschieben 164
Verschlüsselte oder kompri-
  mierte NTFS-Dateien in
  anderer Farbe anzeigen 174
Versteckt-Dateiattribut 223
Versteckte Dateien und
  Ordner anzeigen 223
Vertrauenswürdige Site 281
Verwalten 194
Verwenden der Abfragesprache,
  Indexdienst 190
Video- und Klangeinstel-
  lungen 413
Videokamera anschließen 411
Videokameras 405
Videoquellen 411

Videos 56
Viren 293
Virenscanner 293
Virtual Machine 321
Visualisierungen 426
Visuelle Effekte 73
Volltextrecherchen 188
Vom Startmenü lösen 27, 98
Von CD kopieren 428
Von der Brücke entfernen 370
Vorherige Elemente, im Infofeld .. 41
Vorlage für alle Unterordner
    übernehmen 56
Vorlagen 224
Vorschau 416

W

Wählvorgang wiederholen,
    Internet 266
Wahlwiederholungen, Internet .. 266
Warez 291
Wartezeit 88
Wave 424
Webcam 411
Webcams anschließen 410
Webelemente auf dem
    Desktop fixieren 74, 148
Webseite, speichern 278
Wechselmedien 134
Wechselmedien durchsuchen 342
Weitere erweiterte Optionen 185
Wenig Speicherplatz 196
Wetter 276
WIA 402
WIA-Dienst stoppen 419
WIA-Logbuch 418
WIA-Schnittstelle
    Skripte 419
WIA-Treiber 401
WIADEBUG.LOG 418
Wiederherstellen 177

Datei-Programm-Zuord-
    nungen 144
Ordnersymbol 184
Willkommens-Bildschirm 20, 31
Willkommens-Fenster fehlt 21
Willkommens-Seite
    verwenden 31, 59
Willkommensseite, bei
    Wiederaufnahme 88
WIN 71
Windows
    Bild- und Faxanzeige 142, 407
    Desktop auf diesen Monitor
        erweitern 83
    Desktop klassisch 23
    Explorer, Richtlinien 221
    Image Acquisiton 402
    klassisch 85
    Media Audio 427
    Update 320
    XP Startbildschirm 18
    XP-Scan-Assistent 414
    XP-Stil 84
Winsock 352
WMA-Format 427
WorkgroupCrawler 379
WOW-Effekt 426

Z

Ziehen und Ablegen aktivieren .. 119
Ziel 161
Ziel suchen, einer
    Verknüpfung 68
ZIP-Archiv 169, 171, 188
ZIP-Datei 171
ZIP-komprimierten Ordner 171
ZIP-Ordner 171
Zu ‚Eigene Sender' hinzufügen . 310
Zubehör 27
Zugang auf ungefilterte Sites
    zulassen 287

Zugriff auf Kontextmenüs für
die Taskleiste deaktivieren 100,
.... 121, 131
Zugriff verweigert 135, 377, 382
Zuletzt installierte Programme
hervorheben 121

Zuletzt verwendete
Dokumente 29, 122
Zur Kategorieansicht wechseln . 339
Zur klassischen Ansicht wechseln,
Systemsteuerung.................... 61